U0552786

天水师范学院
甘肃省一流特色学科中国史、
重点学科专门史学术研究丛书

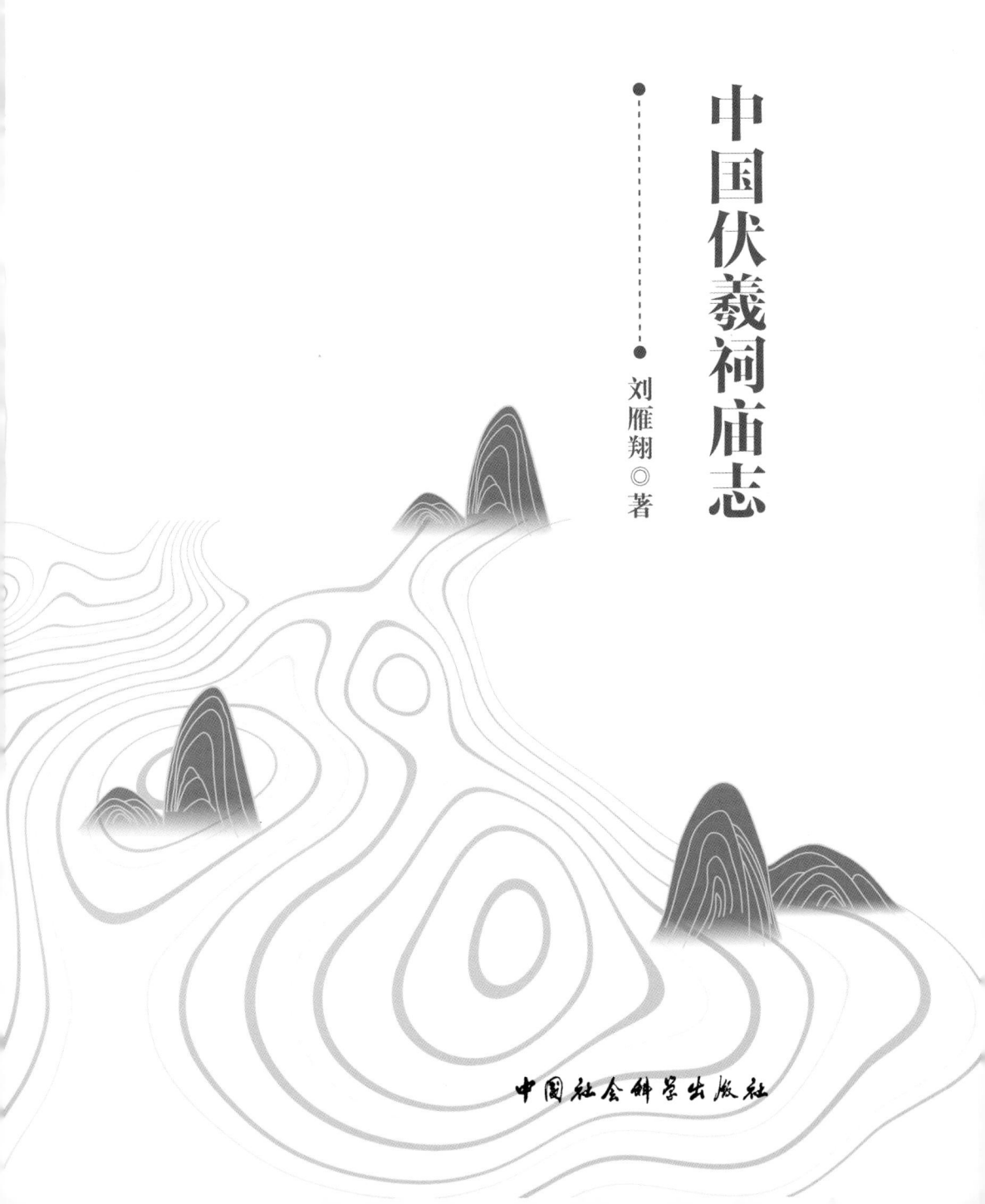

中国伏羲祠庙志

刘雁翔 ◎ 著

中国社会科学出版社

图书在版编目（CIP）数据

中国伏羲祠庙志/刘雁翔著 . —北京：中国社会科学出版社，2021.5
ISBN 978 - 7 - 5203 - 7600 - 6

Ⅰ.①中… Ⅱ.①刘… Ⅲ.①伏羲—信仰—研究—中国②伏羲—祠堂—介绍—中国③伏羲—寺庙—介绍—中国 Ⅳ.①B933②K928.75

中国版本图书馆 CIP 数据核字（2020）第 247826 号

出 版 人	赵剑英
责任编辑	张　林
特约编辑	宗彦辉
责任校对	冯英爽
责任印制	戴　宽

出　　版	中国社会科学出版社
社　　址	北京鼓楼西大街甲 158 号
邮　　编	100720
网　　址	http://www.csspw.cn
发 行 部	010 - 84083685
门 市 部	010 - 84029450
经　　销	新华书店及其他书店

印刷装订	三河弘翰印务有限公司
版　　次	2021 年 5 月第 1 版
印　　次	2021 年 5 月第 1 次印刷

开　　本	710×1000　1/16
印　　张	26
插　　页	2
字　　数	401 千字
定　　价	148.00 元

凡购买中国社会科学出版社图书，如有质量问题请与本社营销中心联系调换
电话：010 - 84083683
版权所有　侵权必究

总　序

史学是人类知识体系中最为古老而又年轻的学问，从口耳相传的远古传说历史，到今天信息时代的多元书写，历史之于人类的人文价值和社会意义，始终占据重要的地位。而且，随着社会进步和文化普及，其作用与价值则更为显著。重视历史、研究历史、借鉴历史，可以给人类带来了解昨天、把握今天、开创明天的智慧。因此，习近平总书记说："历史研究是一切社会科学的基础。""究天人之际，通古今之变"既是史家的追求，也是时代与社会赋予史家的使命所在。

中华民族自古就有浓厚的历史意识和优良的修史传统；中华民族悠久的历史，灿烂的文化，又为史学的发展提供了得天独厚的条件。在中华民族、中华文化波澜壮阔的成长和发展历程中，历史对于自我认同、民族认同和文化认同，对于提升民族自信和文化自信，培育家国情怀，开发民族智慧，塑造国民性格，熔铸民族精神，其所发挥的纽带作用和规范功能无可替代。在当今史学教育大众化的时代条件下，如何更好地认识历史、研究历史和书写历史、普及历史，凸显其聚力铸魂的作用，是历史科学和史学工作者共同需要面对的重大问题。我国高校"双一流"建设的启动，为历史学学科建设提供了新的路径和机遇。"天水师范学院甘肃省一流特色学科中国史、重点学科专门史学术研究丛书"的出版即由此缘起。

学科建设涉及方向凝练、科学研究、知识传授和人才培养等方方面面；也与每个学科的自身基础和环境氛围密切相关。天水师范学院中国史学科的发展从起步到现在，已经过大约15年的建设历程。学科从最初（2002年）的陇右文化到专门史省级重点学科（2012年）、甘肃省一流特色学科中国史

(2017年），正体现了学科及其团队由草创到规范、由弱小到壮大的发展历程。作为地方院校，立足地域优势和自身特点开展学术研究，是我们始终努力的方向和追求。十多年来，学科团队在陇右文化体系构建、科学研究、校本课程开发和服务社会的过程中，不仅取得了一系列成果、得到社会认可并产生了一定影响，而且，围绕陇右历史文化资源申报国家项目和开展科学研究，进一步整合了学科团队，形成相对固定的研究方向，促进史学研究和学科建设共同提高。陇右文化学科建设也示范和带动了学校学科建设的开展。

2014年，学校设立历史文化学院，我们的学科专业建设进度进一步加快。为了优化学科结构，培育学科新领域和方向，以推动历史学整体实力的增强，我们以陇右文化研究中心省级人文社科重点研究基地和教育部国别和区域研究中心——高加索地区研究中心为平台，将专门史、西北社会经济史重点学科建设与中国古代史教学团队、中国古代史特色专业建设有机结合，统筹发展，在师资队伍、科学研究、专业发展、人才培养和学科特色凝练诸方面都取得了新的突破。现已初步形成以生态环境史、区域文化史和西北开发史为主攻方向，包括中国政治史、民族史、文化史、社会史、敦煌学和中外文化交流史等领域，并取得一系列标志性成果。通过省、校两级立项共建和经费资助，一支以中青年为主，高职称、高学历为骨干的学科、师资队伍迅速成长。2013年以来，专门史学科入选甘肃省"飞天学者"设岗学科，先后有雍际春教授入选甘肃省"飞天学者"特聘教授，陈于柱博士入选"飞天学者"青年学者，还有多人次入选省级以上各类人才库。初步形成了专门史、国别史和文化史团队共同支撑中国史学科发展，中国史学科推动历史教育、文物与博物馆学专业建设的学科专业发展新格局。

2017年中国史学科入选甘肃省一流特色学科，这为我们历史学的发展既迎来了新的发展机遇，也提出了新的任务和更高的要求。我们将一如既往在强化学科专业优势特色的同时，进一步拓展学科视野，凝练学科方向，以项目申报为抓手，科学研究为关键，协同攻关为途径，创新突破为着力点，推动学科建设上台阶、上水平。要求团队成员立足各自特长，结合学科方向，开展联合攻关和重点突破，催生更多研究成果和学术精品。为了展示学科建设新成果，发挥科研成果在繁荣学术和服务社会的双重作用，我们决定资助出版"天水师范学院甘肃省一流特色学科中国史、重点学科专门史学术研究丛书"。

  我们的初步设想和计划是根据一流学科建设目标,围绕学科方向,结合团队实际,以发挥学科优势,彰显学科特色,深化史学研究为导向,为团队成员高质量完成项目任务和立足特长开展特色化创新研究提供服务。所以,本套丛书将在学科建设期内,依据团队成员各自研究和自由探索进度陆续出版,即完成一部、成熟一部、出版一部,坚持数年,必有收获。期待并预祝这套丛书在促进学科建设和繁荣史学研究上双获成功!

雍际春
2017.6.8

前　言

谈论中国历史，有一句耳熟能详的俗语："自从盘古开天地，三皇五帝到如今"，这其中位居三皇之首的便是伏羲。在伏羲身上附着有始作八卦等一系列的创造发明，因此被尊为"人文始祖"。不论是在古史系统中还是在民众心目中，其地位非常崇高。可以说伏羲是中国历史发展过程中选择和确立的民族文化的象征，伏羲信仰本身体现出一个民族血缘和文化观念形成的过程，而为数众多的伏羲祠庙正是伏羲信仰民俗的物化和具体表现。

关于伏羲的记载至迟在春秋战国之时就见诸典籍，秦汉以降至清代，经、史、子、集各类典籍代不绝书。与此同时，伏羲的祭祀场所——伏羲祠庙在北魏之后屡见于正史之中，明清之时有伏羲遗迹之地关于伏羲祠庙等的记载更是成为其地方志的必有内容。但总体而言，史志关于伏羲祠庙及其祭祀的内容，除秦州（甘肃天水）、陈州（河南淮阳）两地方志比较丰富外，其余有伏羲遗迹地方的地方志往往是"伏羲庙，有四，一在马氏村，一在范山之阳，一在华林，一在垞山之颠"之类寥寥数语，不足以了解事情的原委，且时有相互抵牾之处。因此，有必要对全国范围的伏羲祠庙算一笔"总账"，考清其数量分布、历史源流。具体而言，对全国范围史志记载的每一处伏羲祠庙逐个儿考述一遍，摸清家底，记沿革，记建筑，记祭祀，记碑碣诗文，记民俗传说，使原本原始记录状态下面目混沌的伏羲祠庙，眉目清晰起来，这对了解民族的心路历程、对学术界继续探讨同类问题、对相关地方进行旅游开发，应该都有实实在在的价值。

一

本书所考述涉及的伏羲庙，按章节次序排列、分省统计，甘肃7处、陕西 4 处、山西 11 处、河南 16 处、河北 3 处、山东 20 处、安徽 2 处、江苏 5 处、湖北 1 处、湖南 3 处、广东 1 处、广西 5 处、四川 2 处、台湾 2 处。涉及全国 14 个省份，共计 82 处。作几点简单说明。

1. 排查全国伏羲庙以明清地方志为主、辅之以网络搜索进行，只要是有名在册者，都力所能及予以考述。哪怕只有一个名称，也要记录这个名称，证明"有"。

2. 中国这么大，史籍那么浩瀚，要穷尽全国所有伏羲庙，何其难也！不过，这些年不少地方弘扬伏羲文化、打造旅游景点，能露"脸"的伏羲祠庙都基本露脸了。因此，我们的排查应该八九不离十。

3. 伏羲女娲传说流传范围遍及全国各地，历年各地考古发现的西汉以来有伏羲女娲交尾形象的画像砖、画像石、绢画在 300 通（幅）之上，但不是有伏羲故事和出土伏羲画像的地方就一定有伏羲庙。如闻一多的《伏羲考》引证了诸多贵州、云南等地的伏羲女娲故事，但云贵二地的地方志找不到伏羲庙的踪影。如新疆吐鲁番盆地唐代墓葬、吉林集安高句丽墓葬多有女娲交尾形象画像，但新疆、吉林也没有伏羲庙的踪影。

4. 正因为中国伏羲祠庙不是每省每地都有，通过努力，可以考述得过来。所以本书才敢冠之以"中国伏羲祠庙志"这样的名称。

5. 本书考察的伏羲庙指单体伏羲庙、和伏羲庙相关的伏羲遗迹以及伏羲女娲合祀庙，伏羲、神农、黄帝合祀的三皇庙不在考述之列。在事无巨细考述各省伏羲祠庙的同时，每省选择一处有全国影响的女娲祠庙作考述，因为女娲和伏羲在文化上有千丝万缕的联系。考述女娲庙是为了更好地理解伏羲庙。

综观中国伏羲祠庙，其建设的缘由有以下几种。

1. 和史籍记载的伏羲诞生地、建都地、后裔居住地相关。如甘肃天水伏羲庙，就是因为《明史·礼志》所言"秦州，古成纪地（史籍载伏羲生成纪）"而建，河南的太昊陵就是因为《左传》有"陈，太昊之墟也"而建，山东省的多处伏羲庙，就是因为《左传》有"任、宿、须句、颛臾，风姓也，实司太昊与有济之祀，以服事诸夏"的记载而建。

2. 和地名有"风"字（史籍载伏羲风姓）相关。如山西吉县人祖山伏羲庙，就是因为《水经注》有关于黄河岸边有"风山"的记载而建。山上有人祖庙即伏羲庙，于是山也就成了人祖山。

3. 和地方有大湖或大沼泽有关。如汉代纬书、皇甫谧《帝王世纪》等史籍有伏羲母华胥氏于雷泽履大人迹而生伏羲的记载，于是甘肃仇池山（山上曾有大湖）、山东泗水等地建有伏羲庙。

4. 和地方传说是伏羲画卦地有关。如甘肃天水的画卦台，山西洪洞的画卦台，河南巩义的伏羲台、上蔡的蓍台等就是因有伏羲"在此"画卦的说法而建有伏羲庙。

5. 还有如山西平定，因有伏羲女娲大洪水之后在县境内浮化山避难、繁衍人类的传说而建有伏羲女娲庙。再如湖北天门市皂市镇五华山，因有相传伏羲之后封于此的说法而建有伏羲庙。再如四川威远县，因县令李南晖无比热衷《周易》八卦而主持修建伏羲庙。

"建庙者，建祀也"，人们修建伏羲庙，或者说找理由证明"伏羲是我们这儿的"修建伏羲庙，都是因为伏羲是诸多民生事物的创造者，是人们心目中的老祖宗。都是为了表达崇敬之情。甘肃天水伏羲庙会、河南淮阳太昊陵庙会、河北新乐伏羲台庙会传承至今，经久不衰。民间称伏羲为"人祖爷""人宗爷"，全国都一个样。甘肃天水伏羲庙有纸人灸病习俗，山东伏羲庙有求子、祈雨习俗，这些都和普通老百姓生活密切相关。河北赵县的伏羲女娲庙俗称哥姐庙、山东的伏羲女娲庙多称作爷娘庙。伏羲庙里的伏羲是圣灵，在民众心目中也是兄长、父亲和老祖宗，离人很近，与人很亲切。伏羲庙广泛分布，也和固有的敬天法祖意识有密切关系。

二

本书涉及伏羲祠庙众多，内容庞杂，很有必要做个分章提要。

第一章　甘肃省伏羲祠庙。关键词：伏羲庙；女娲祠；卦台山；天水市区西关；大像山；古风台；华盖寺；仇池山；陇西县；兰州五泉山。内容介绍：以甘肃省内各地的"伏羲庙"为节，考述省内所有伏羲祠庙即"关键词"标示的卦台山等地伏羲庙之历史沿革、建筑等及承载的文化，重点为卦台山伏羲庙和天水西关伏羲庙。尤其是天水西关伏羲庙，乃是明代和河南淮阳太昊陵齐名的国家级伏羲祭祀中心，本章予以浓墨重彩考述。连带考述了秦安陇城女娲祠。

第二章　陕西省伏羲祠庙。关键词：伏羲庙（人祖庙）；华胥陵；风陵；临潼骊山；伏羲山；蓝田县；延川县；洛川县；宜川县；潼关。内容介绍：以陕西省内各地的"伏羲庙"为节，考述省内伏羲祠庙和相关祠庙即"关键词"标示的临潼骊山等地伏羲庙、华胥陵、三皇庙之历史沿革、建筑等及承载的文化。重点考述骊山伏羲庙。潼关风陵即女娲陵，《水经注》、"两唐书"等典籍都有记载，颇具传奇色彩，于是考辨记载风陵的各种资料，力图给风陵的历史一个合理的说法。

第三章　山西省伏羲祠庙。关键词：伏羲庙（人祖庙）；女娲庙；女娲陵；洪洞卦地村；洪洞伏牛村；吉县人祖山；平定浮化山；平顺县；昔阳县；和顺县；长子县；泽州县；洪洞赵城镇。内容介绍：以山西省内各地的"伏羲庙"为节，考述省内所有伏羲祠庙即"关键词"标示的洪洞卦地村等地伏羲庙之历史沿革、建筑等及承载的文化，重点为洪洞卦地伏羲庙和吉县人祖山伏羲庙。山西女娲崇拜氛围浓郁，境内有多所女娲庙，即便是伏羲庙也多和女娲庙相伴而存，庙内伏羲女娲同祀，所以在考述伏羲庙时连带考述女娲祭祀情况。赵城女娲陵北宋以来被确定为国家祭祀女娲之地，明清时期朝廷多次遣使致祭，影响深远，故予以浓墨重彩考述。

第四章　河南省伏羲祠庙。关键词：伏羲庙；太昊陵；白龟庙；女娲城；淮阳；孟津龙马负图寺；上蔡蓍台；巩义伏羲台；新密浮山岭；沁阳市；荥阳市；信阳市；禹州市；项城市；扶沟县。内容介绍：以河南省各地的"伏羲庙"为节，考述省内伏羲祠庙和相关祠庙即"关键词"标示的淮阳等地太昊陵、伏羲庙之历史沿革、建筑等及承载的文化，重点考述淮阳太昊陵、孟津龙马负图寺（祀伏羲）、上蔡蓍台白龟庙（祀伏羲）。尤其是太昊陵，历史悠久，乃是宋代之后国家确定的最高规格的伏羲祭祀地，明清时期朝廷多次遣使致祭，影响深远，故予以浓墨重彩考述。

第五章　河北省伏羲祠庙。关键词：伏羲庙（人祖庙）；双庙；龙泉庙；娲皇宫；新乐伏羲台；赵县双庙村；赵县宴头村；井陉县；涉县。内容介绍：以河北省各地的"伏羲庙"为节，考述省内伏羲祠庙和相关祠庙即"关键词"标示的新乐伏羲台等地伏羲庙、双庙等伏羲祠庙之历史沿革、建筑等及承载的文化，重点考述新乐伏羲台伏羲庙。涉县娲皇宫始建于汉代，历史悠久，求子等习俗极具特色，故予以浓墨重彩考述。

第六章　山东省伏羲祠庙。关键词：伏羲庙；爷娘庙；伏羲陵；画卦台；女娲陵；微山县；邹城；滕州染山；滕州大彦村；嘉祥县；曲阜市；泗水县；枣庄伏山；肥城市；费县；泰山区；任城区。内容介绍：以山东省各地的"伏羲庙"为节，考述省内伏羲祠庙和相关祠庙即"关键词"标示的微山等地伏羲祠庙之历史沿革、建筑等及承载的文化，重点考述微山刘村伏羲庙和邹城爷娘庙村伏羲庙。山东伏羲祠庙众多，始建时间早，但大多湮没无闻，或破坏殆尽，于是以地方志资料为主详考之。任城女娲陵唐《元和郡县图志》有载，古籍中时有所见，于是一并考述之。

第七章　其他各省伏羲祠庙。关键词：伏羲庙；人祖庙；伏羲山；女娲山；耶（爷）娘庙；伏羲女娲庙；华胥之渊；肥东县；界首市；铜山区；沛县；天门市五华山；竹山县；平江县幕阜山；郴州市；邵阳市；陆川县；始兴县；威远县；台北市；宜兰市。内容介绍：以有伏羲庙的省份标节，再以各省的伏羲庙或伏羲遗迹为目，考述史志中有记载之伏羲祠庙的历史与现状。本章所述的伏羲庙绝大多数已不复存在，地方志的记载也是粗枝大叶，不载其祭祀、建筑布局的状况。于是采用有多少资料录多少资料的办法考证之，力图将散落在各省的伏羲庙搜寻净尽，有一个较完整的交代。其中肥东县伏羲山伏羲庙、天门市皂市镇五华山伏羲庙、四川威远县伏羲庙资料较多，考述也就较为详尽。

全书以"志"称，基本突出了志的特色。凡有资料支撑的伏羲庙，按沿革、建筑、祭祀、碑碣、诗歌、传说立目，资料不足，则按实际情况立目，力所能及将每一处伏羲庙都考述清楚。本书也可以看成是由若干小志构成的一部"大志"。

三

接下来，解释一番本书引用资料情况。

作伏羲祠庙研究，落实每个地方的庙，那就成了地方史研究范畴，正史对个别"大庙"如淮阳太昊陵等有零星记载，其余均不载，因此必须求助于事无巨细俱载其中、有"一方之全史"之称的地方志。是的，课题研究用得最多、频次最高的就是地方志，其中有全国一统志、省志及府州县志。应用办法一般是研究某一伏羲庙，先找县志，再找管这个县的那个州的州志，再找管这个县和这个州的那个府的府志。依次类推，先县志，再州府志，再一统志。在这些个地方志中淘出研究所需资料。这是重头戏，是居于"君主"地位的资料，非此将一事无成。其次是伏羲祠庙所在地学人编或著的相关资料，这些资料虽然许多没有正规出版，虽然许多作者也不是名家，但诸多地方作者以耳闻目睹加文献写出的描述或研究地方风物的著述时有研究伏羲祠庙最需要的东西，更何况其中还有《伏羲庙志》《太昊陵》《龙马负图寺志》这样的专业书。这是第二层次的资料，是居于"宰辅"地位的资料。其余一些专门之书如古史名著《路史》等，如现代研究古史的名著《伏羲考》等对研究本论题而言是第三层次的资料，是居于"九卿"地位的资料。但凡用到的资料，都力求做到由来有自，注明出处。

参考到的书很多。本书书尾列有一个参考书目名录，很多很长，足以让人厌烦。不过，也是实情，非为炫耀也。

四

最后，我们试探性地讨论两个问题。

1. 如前面统计，中国的伏羲祠庙主要分布在北方，长江以南较少，且基本没有保存下来。北方的伏羲祠庙分布主要集中在渭水流域和黄河中下游地区，正好和黄河文明的中心地带相吻合，且"中华文明探源工程"选择的先期启动地豫西、晋南，也正是伏羲祠庙分布最密集的地带。既如此，是否可以将伏羲信仰的原生地和探讨中华文明的起源结合起来考量。对待传说时代的历史，我们是否有矫枉过正之嫌。

2. 黄河流域伏羲祠庙众多，甘肃天水伏羲庙、河南淮阳太昊陵都是国家级文物保护单位，庙貌巍峨，规模宏大；天水、淮阳两地的太昊伏羲祭典列入第一批国家级非物质文化遗产名录，河北新乐伏羲台伏羲祭典列入第三批国家级非物质文化遗产名录；另外，河南孟津、山东微山的伏羲祠庙和庙会活动也富有特色，一句话，伏羲祠庙及其庙会、祭典活动等极具旅游价值。既如此，在我国全面建设小康社会，旅游热持续升温之际，伏羲祠庙所在地搁置谁为正宗"羲皇故里"的争议，横向联合、共同开发出一款寻根祭祖旅游产品是不是很有现实意义呢。

目 录

第一章　甘肃省伏羲祠庙 ··· 1

　第一节　麦积区卦台山伏羲庙 ································· 1

　第二节　天水市区西关伏羲庙 ································· 29

　第三节　甘肃省其他地方伏羲祠庙 ····························· 69

　第四节　秦安陇城女娲祠 ······································· 81

第二章　陕西省伏羲祠庙 ··· 84

　第一节　临潼区骊山人祖庙 ···································· 84

　第二节　蓝田三皇庙 ··· 98

　第三节　陕西省其他地方伏羲祠庙 ····························· 102

　第四节　潼关风陵 ··· 107

第三章　山西省伏羲祠庙 ··· 117

　第一节　洪洞卦底村伏羲女娲庙 ······························· 117

　第二节　洪洞明姜镇北伏牛村伏羲庙 ··························· 125

　第三节　吉县人祖山伏羲庙 ···································· 139

· 1 ·

第四节　平定人祖庙 ·· 146
第五节　山西省其他地方伏羲祠庙 ······························ 155
第六节　赵城女娲陵庙 ·· 159

第四章　河南省伏羲祠庙 ·· 179
第一节　淮阳太昊陵 ·· 179
第二节　孟津龙马负图寺 ··· 226
第三节　上蔡白龟庙 ·· 247
第四节　河南省其他地方伏羲祠庙 ······························ 266
第五节　西华女娲城 ·· 272

第五章　河北省伏羲祠庙 ·· 278
第一节　新乐伏羲台 ·· 278
第二节　赵县双庙 ··· 297
第三节　涉县娲皇宫 ·· 306

第六章　山东省伏羲祠庙 ·· 318
第一节　微山伏羲庙 ·· 319
第二节　邹城郭里伏羲庙 ··· 333
第三节　滕州伏羲庙 ·· 343
第四节　山东省其他地方伏羲祠庙 ······························ 348
第五节　任城女娲陵 ·· 354

第七章　其他各省伏羲祠庙 ··· 357
第一节　江苏省伏羲祠庙 ··· 357

第二节　安徽省伏羲祠庙 ·················· 358

第三节　湖北省伏羲祠庙 ·················· 361

第四节　湖南省伏羲祠庙 ·················· 366

第五节　广东省、广西壮族自治区伏羲祠庙 ·········· 368

第六节　四川省伏羲祠庙 ·················· 369

第七节　台湾省伏羲祠庙 ·················· 373

附：黄河流域伏羲祠庙考察日记 ················ 375

参考书目 ··························· 389

后　　记 ··························· 399

第一章　甘肃省伏羲祠庙

甘肃的伏羲庙以天水市城区西关伏羲庙最负盛名,以天水市西北麦积区境内卦台山伏羲庙建庙时间最早。汉代纬书即有伏羲生成纪的说法,经西晋皇甫谧《帝王世纪》、唐代《史记索隐》等史籍的称述,成为不刊之论。成纪自秦汉设县,县治几度迁移,而以今地对应,或在今天水市所辖的秦州区、秦安县,或在秦安县西北,所以天水自古有"羲皇故里"之称,故唐代晚期卦台山建有伏羲庙,明代朝廷批准在秦州城建立伏羲庙。天水市辖县甘谷有古风台,传为伏羲诞生地,于是县内名胜大像山明万历时建有伏羲庙。甘肃西和仇池山古代有泽有池,和伏羲母华胥雷泽踩大人脚印而孕育伏羲的故事遥相呼应,于是有伏羲崖、伏羲庙。而陇西县崇羲书院明代的伏羲庙,民国时兰州市五泉山的太昊宫、兰州国立兽医学院的伏羲堂则是基于振兴文教而设。

第一节　麦积区卦台山伏羲庙

一　卦台山·分心石·龙马洞

天水市区西北15公里有三阳川。三阳川西渭河入川处有卦台山,在行政区域上属天水市麦积区渭南镇,卦台山侧旁有龙马洞、分心石。卦台山是主体,分心石和龙马洞是因卦台山而衍生的两处景观,都和伏羲画卦的传说有关。其故事梗概如此:

说在上古时代渭河上游的一个氏族部落中诞生了一位划时代的伟大人

物——伏羲。他领导部族辛勤劳作，"断竹、续竹、飞土、逐肉"，年复一年，日复一日，即便这样，族落的人们却依旧食不果腹，饥寒交迫。伏羲于是感到十分茫然，闲暇之余，时常盘坐渭河岸边的卦台山巅，修炼修行，苦思宇宙奥秘。伴随着寂寞煎熬，仰观日月星辰变化，俯察山川风物法则，不断地反省自己，追年逐月，风雨无阻。青山着意，流水有情。他无私无畏的真诚终于感动了苍天大地，有一天，眼前突然浮现出一派美妙的境界。一声炸响之后，渭河对岸西北的龙马山火星飞溅、豁然中开，但见龙马振翼飞出，悠悠然顺河而下，直落河心分心石上，通体卦爻分明，闪闪发光。而这时的分心石亦幻化成立体太极，阴阳缠绕，光辉四射。此情此景骤然震撼了伏羲，太极神图深深映入其心灵深处，他顿时目光如炬，彻底洞穿了天人合一的密码：原来天地万物竟是如此简单明了——唯阴阳而已。为了让人们世世代代享受大自然的恩泽，便将神圣的思想化作最为简单的符号，以"—"表示阳，以"--"表示阴，按四面八方的方位排列成八卦。伏羲一画开天，打开了人们理性思维的闸门，将困苦中挣扎的人们送上了幸福的彼岸，从而博得了人们永生永世的怀念和尊崇。卦台山伏羲庙先天殿和天水伏羲庙先天殿伏羲圣像两侧，一面是振翼龙马，一面是河图洛书；天花板上镶六十四卦图，这些都是伏羲画卦传说的形象化写照。

接下来，我们依照相关史料写三则词条，以使卦台山和分心石、龙马洞具象化。

卦台山　又称画卦台、羲皇台、羲台、伏羲台等，因传说伏羲在台上象天法地，始画八卦而得名。海拔1363米，相对高度170米，是渭河长期侵蚀基岩残留的台地，北侧岩石裸露，南侧黄土覆盖。山不甚高，形如龙头，形势奇特，地理风水和伏羲先天八卦暗自吻合，神圣神秘，妙不可言。在史前社会，卦台山属原始先民的活动地域，有仰韶文化文物出土。南北朝时期建有佛教寺院，唐代晚期创修伏羲庙，经宋、金、元数代重修，成为伏羲祭祀中心。明初因禁止全国通祀三皇而一度衰落。明嘉靖时两次重修，但终因祭祀中心转移至秦州城而再度衰落。清初重建，之后放任自流，整修由民间组织进行。但不论如何，民众将卦台山视为圣山，顶礼膜拜，香火从未断绝。"伏羲卦台"自古以来就是著名的秦州十景之一。文人墨客被卦台壮美景色所感染，登台抒怀，留下诸多情景交融的上乘诗作。1966年后残存建筑被拆毁殆尽。1982年后政府支持，民间筹资，着力重建，现已基本恢复如初。

分心石 在卦台山麓东北，当渭河中流。雅称龙石，耸出水面3米多，屹然卓立，呈圆形，中空外突，宛若太极炉。石当乎渭，渭分以流，故名分心石。清代石上建有三层六角小亭一座，小巧玲珑。渭河绕卦台山麓向东冲流，急泻石峡中，分心石横涨中流，与滩石迎挡流水，波涛翻卷，不时引发轰鸣之声，雄宏壮阔，有类苏东坡《石钟山记》中所记的石钟山。入秋时分，水落石出，而渭河澄清，流亦愈急，涛声转为清越，韵味十足，如古琴然。此时独登卦台，俯瞰渭河，放眼四野，秋风拂面，景物扑怀，追思羲皇业绩，顿觉心境高古，苍然慷慨。于是"渭水秋声"作为胜迹，成为秦州十景之一。1958年，卦台附近村民开采白云石，炸飞分心石，现只有石根残存。而石上小亭早在民国28年（1939年）就被洪水冲毁。明胡缵宗《分心石说》认为以"分心"名石，不足以体现其真正意义，提出石是"其天地自然之太极耶，其天地自然之龙图耶"，所以命名为"龙石"。乾隆《直隶秦州新志》沿袭此说，在卷首图录中即标为龙石。分心石和伏羲画卦的传说相关，相传伏羲画卦时，龙马曾飞临此石；又伏羲木德风姓，故又有人附会为"风姓石"。

龙马洞 在卦台山西北1.5公里的余家峡口，处渭河北崖龙马山半腰。相传龙马负图出于此洞，伏羲则图而画卦，故名。洞为不规则天然洞穴，石质，高3米，宽4米，深7米，内有石槽等物，不知何时所为。洞下山脚建有小庙，用以祭祀伏羲。

二 卦台山地理风水探秘

在天水市区西北北道区境，渭河东西横流，葫芦河从北来汇，交相冲积，形成巨大的盆地形平川——三阳川。南北宽3—5.5公里，东西长15公里，总面积达60平方公里。卦台山即在三阳川最西面的渭河入川处，形如龙首，北插渭河，遗世独立。相传伏羲据此台放眼三阳，象天法地，妙悟八卦。天地之大，为何要将伏羲画卦和三阳川之卦台相联系？一言蔽之，风水使然。三阳川之地理风水和八卦的天机暗合，三阳的地理形势构成天然的太极八卦。明胡缵宗《卦台记》纵论西北山川形势，认为卦台附近的山水"是羲皇之所以毓，而卦爻之所以画也"。1994年夏，为探索卦台奥秘，我专程采访卦台山麓吴家庄的吴耀彰。吴先生家世居三阳，从清代开始，即以阴阳职业传家，精通堪舆之学，对三阳之地理更是见解独到。待说明来意，他便开怀畅谈三阳地理大势，并出示所著《伏羲画卦台地理验证》以供参考。兹将当时谈话要点和本文要点整理如下：

1. 渭河由西而来，在三阳川蜿蜒东流，在卦台山和东西峡口的马嘴山之间形成一个巨大的"S"形；而南北山脉，呈外弓形，若抱若合，整个三阳川犹如一幅巨型的太极图，阴阳的分界就是渭河。雪后登卦台遥望，图形格外显明。卦台山如龙首（即上龙头），南山众脉如龙身，至马嘴山形成南山卧龙；导流山（和马嘴山相对）如龙首（即下龙头），北山众脉如龙身，至卦台对面的刘家爷山形成北山卧龙；两龙首尾合围构成太极图的边缘。乾南坤北，与伏羲先天八卦之乾坤两卦暗合；定乾坤即定天地，阴阳六爻互相变换，生成整个卦体。

2. 整个三阳川象天而圆，渭河、葫芦河盘绕交流，暗合天体之银河，而峰峦、山脉分布犹如星座。又太阳黄道经北回归线的夹角为23.27°，而三阳川最南端早阳寺（即善家寺）至最北端郭家寺直线距离是22.8里，符合"上象下形"，可见三阳风水与天象对应。

3. 勘查南山地脉，由三阳川最东马嘴山向西延伸，依次有马王、马鞍子梁、上脯池、下脯池、细尾子沟，止于滴水崖，构成一个马体形象，正是先天卦象乾卦"金化马"的验证。乾卦象天，因可谓之天马。卦台西北新阳川之北山，从牛耳山开始向东延伸，依次有牛蹄湾、牛领上等，构成一个牛体形象，正是先天卦象坤卦"土化牛"的验证。卦台山居三阳川之西北，方位合先天卦之艮卦，正是地理上的"天市"；导流山居川之东南，方位合先天卦之兑卦，正是地理上的"三吉六秀"。卦象相对，关住全川内局，使真气藏而不泄。卦台之下渭河滩头矗立的分心石，正是地理上的大禽星，禽星塞水口，是吉祥之兆，一可使真气不泄，二可阻挡邪风恶气的侵入。因此，三阳川自古以来，很少受冰雹等自然灾害侵袭，充分享受地理之利。村民都喜欢在春节时贴这样一副对联：安居即是羲皇里；乐岁还同富贵春。

4. 勘查卦台山之来龙，起自凤凰山（即古邽山，为秦州镇山），直下大风台，翻转东行五龙城堡，构成地理上的罗帐，浮浮沉沉、吞吞吐吐延落卦台，结为地理上的武曲星，犹如龙首伸延于渭河，而卦台钟灵毓秀，四面八方山脉层层卫护，重重环抱，如紫微垣内，合卦象，应天体。龙头入水，则是生生不息之象。

5. 卦台山上伏羲先天殿坐北朝南，应卦象坐地观天，庭院布置暗合官位明堂，古柏按九宫八卦排列。登卦台东向远眺，但见三阳大地莽莽苍苍，雾气腾涌，灵气袭人。二条银汉，一川星月，八面云出，千家烟村，三阳开泰，万里春光。

明甘肃巡抚陈棐拜谒卦台山伏羲庙，有诗《登卦台山谒羲圣殿示从行诸生》，其中有句："苍莽秦州西，清彻天水泉。北去四十里，乃有三阳川。天一生造化，阳三启画联。凝结八卦台，实开羲圣先。群山八面立，一山中巍然。八山即八卦，或断或相连。斜正方隅定，分明爻象传。中山即太极，混沌形亦圆。渭水坤隅入，流向巽方旋。一山包水内，八山沿水边。阴阳相涵抱，动静亦互缠。东南阙似巽，西北高为乾。自然成易道，混然至理全。地灵羲圣出，圣泄人文宣。何必窥马图，然后悟象诠。"① 诗所言之中心就是三阳川地理风水天地造化，和伏羲八卦可一一对应，故"凝结八卦台，实开羲圣先"。可以想见，卦台山在晚唐即被确立为伏羲画卦之地就是卦台山在成纪县境及其地理风水使然。

三 卦台山史迹钩沉及伏羲庙的建设与沿革

20 世纪 80 年代，天水市文物普查，发现卦台山古遗址，出土仰韶文化时期的陶器、石器等遗物 50 余件。对照与卦台隔渭水相望的汝季、樊家城等仰韶文化遗址，可证在距今 7000—5000 年的仰韶文化时期，今卦台山即是先民劳动生活的聚居地。2002 年，卦台山遗址发现巨形石祖 1 件，考古年代距今 6000—5000 年。有专家推断卦台山是史前社会先民祭祀的场所或观测天象的场所。

---

① 陈棐：《陈文岗先生文集》，《四库全书存目丛书》集部第 103 册，齐鲁书社 1997 年版，第 574 页。

清咸丰末年（约1860年），卦台山麓出土隋《伏生墓志铭》1通，起首一行题"大业六年正月二十五日造"，文曰：

> 伏生，字太宝，天水人，左银青光禄大夫齐州刺史王猛之孙。惠性肃肃，神量锵锵。耿耿有伯起之风，凝凝守道安之器。始观通理，灵涣变其本情；幼述玄门，动志睿于尚德。藏心静地，爱道留诗，知命迁神，林呈异瑞。时年二十一，终于白鹿山崟之侧。铭曰：带苗贤，崇隆裔子，皎皎盛文惠力起。志气消散，仁风息已。神驰白鹿，寄骸仙里。①

考察墓志，可知隋开皇、大业年间，天水高僧伏生在白鹿山寺院潜心修行，超悟禅宗，涅槃后葬于山侧。光绪《秦州直隶州新志》卷24《附考》注白鹿山说："即州北五十里之卦山。"可证今卦台山隋时称白鹿山，山上有寺院，是佛教胜境。白鹿是吉祥长寿的象征，被视为瑞兽。山取名"白鹿"，正是取其神圣吉祥的意思。《晋书》卷105《石勒载记》说："秦州送白兽、白鹿，荆州送白雉、白兔……"又，《新唐书》卷39《五行志二》说："调露元年十一月壬午，秦州神亭治北雾开如日初耀，有白鹿、白狼见。近白祥也。"这都说明，在隋唐以前天水盛产白鹿，境内有山名"白鹿"当是很自然的事。清初分巡陇右道宋琬《大雪自卦台宿张秀才家》诗云："夜深静鸡犬，雪光见麇鹿。"可见直至清代，今三阳川卦台山一带仍然有鹿群出没。

另外，据光绪《秦州直隶州新志》卷24《附考》，今三阳川石佛镇有石造佛像一尊（石佛镇因此而名），佛背镌字，今存石佛寺中。系西魏豫州刺史，曾任秦州大中正的权景宣的遗物，立于西魏恭帝三年（556年）。② 可证在佛教盛行的南北朝本地也是佛教的风水宝地之一，由此可推证位居三阳川的卦台山佛寺兴于是时。

唐代晚期，成纪县治从今秦安叶堡川迁移至秦州附郭，于是有伏羲生秦州成纪的说法，卦台山伏羲庙得以建立。尽管秦汉时所置成纪有多次迁移，而其辖地之大部或全部始终在今甘肃天水市境内，因此天水自古就有"羲皇故里"之称。正因为唐代晚期，成纪由今秦安叶堡川南迁至唐秦州今天水市城区，所

---

① 文见光绪《秦州直隶州新志》卷19《艺文一》，其个别文字和拓片不同，兹对照二者著录。
② 汪明：《麦积区金石录》，三秦出版社2015年版，第13页。

以当时在秦州三阳川蜗牛堡（即今之卦台山）创建伏羲庙，① 始立庙祀。

北宋初，宋以秦州为据点沿渭河开拓西部边疆。宋太祖乾德六年（968年），在秦州三阳川置三阳寨。据北宋王存《元丰九域志》卷3《秦凤路》记载：三阳寨领渭滨、武安、上蜗牛、下蜗牛、闻喜、伏归、照川、土门、四顾、平戎、赤崖湫、西青、远湫、近湫等14堡，其中下蜗牛堡就在今卦台山巅，疑是因地势险要而构筑。顺治《秦州志》卷6《边防志》说：

> 蜗牛，州北三十里三阳川，即伏羲画卦台也。

光绪《秦州直隶州新志》卷2《地域》说：

> 长山之南、寿山之北通名三阳川……宋三阳寨当在其地。其所领上蜗牛堡不可考，下蜗牛堡在白鹿山上。

白鹿山就是今卦台山，因卓然耸起，形如蜗牛，故又名蜗牛堡。现在的卦台堡，当地人有时还称"三角城"，而三角形状的堡寨是北宋最典型的堡寨形制，由"三角"这个依稀流传的名称也能旁证三阳寨所属的下蜗牛堡确在卦台山。有人不察，更是将"三角城"传成或误听成"三国城"并附加一段姜维的故事，这就有些偏离主题了。也有人认定，蜗牛堡本该称卦爻堡，"蜗牛"是"卦爻"讹传造成的。其实，正好相反，所谓"卦爻"才是由"蜗牛"讹传的，或者说是借伏羲画卦传说附会的。元普奕《伏羲画卦台记》说：

> 画卦台者，即古庖牺氏画卦处也……其地突兀，若覆簣而笼冈焉，谚谓"蜗牛堡"。

明胡缵宗《伏羲台》诗序注说：

> 台形似蜗，州人乃称蜗堡。

这两段史料透视出蜗牛堡本是"台形似蜗"而得名的，由来并不复杂。

---

① 今卦台山遗留唐代最流行的莲瓣覆盆式柱础基石，可为旁证。

北宋一朝对以伏羲为首的三皇陵寝的祭祀相当重视，多次下诏令责成地方予以保护。今卦台山遗留《秦州成纪县伏羲庙记》篆额碑首两通（碑文遗失），应该能证明北宋之时卦台山伏羲庙曾经有过建修，因为秦州设成纪县是晚唐至明初之间的事，而宋代秦州是西北最重要的城市，且碑首的雕龙装饰和今天水市麦积区凤凰山现存北宋东岳庙碑首相类。

金章宗完颜璟（1190—1208年在位）时，诏令全国在和三皇（即太昊伏羲氏、炎帝神农氏、轩辕黄帝）事迹有关的州、县修建祠庙。明昌年间（1190—1196年），秦州遂在卦台山再建伏羲庙。①

元初，伏羲庙已成为废墟，秦州民众集资于金朝伏羲庙旧址上重建，"庙堂榱桷，坳垩丹臒，次第一新"。② 具体时间当在元世祖至元十七年至三十一年（1280—1294年）间。元成宗元贞元年（1295年），诏令全国各州县普遍祭祀三皇，庙宇扩建。1993年，重建卦台山东朝房时，在先天殿东侧发现黄帝殿基址，与民间传说的元代庙内有大殿三座（即先天殿、神农殿、黄帝殿），先天殿居中为主殿，其余两殿为配殿，分列两侧的说法吻合。由此可知，元贞年间曾建有配殿。元代对三皇的崇祀空前绝后，料想重建规模不会太小。庙内现存字迹模糊的元代碑刻1通，有秦州官员题名。

明洪武四年（1371年），太祖朱元璋下诏尽数废止各地三皇庙，对三皇祭祀只准许在陵寝所在地进行，河南陈州（今河南淮阳）的伏羲陵被确定为祭祀伏羲的唯一合法场所。当时卦台山伏羲庙也在废止之列，所幸卦台也被列为伏羲的另一处陵墓，③ 因此，官祭虽废，而庙未被人为破坏。明代中后期，对三皇祭祀的规格和禁令较明初有所废弛。巡按甘肃御史马溥然、冯时雍先后上奏朝廷，提请恢复秦州卦台山伏羲庙。正德十一年（1516年），冯的建议被批准，《明史》卷50《礼志》说：

> 正德十一年，立伏羲氏庙于秦州。秦州，古成纪地。从巡按御史冯时雄奏也。

---

① 刘雁翔：《伏羲庙志》，甘肃文化出版社2003年版，第167—169页。
② 普奕：《伏羲画卦台记》，乾隆《直隶秦州新志》卷之末《补遗》，乾隆三十九年刻本。
③ 天顺《大明一统志》卷35《秦州·陵墓》说："伏羲陵，在秦州北四十里。世传三阳川蜗牛堡有伏羲陵。"

按：引文中的"冯时雄"的"雄"字是"雍"字之误。其实，《礼志》所谓"立庙"，是指正德十一年卦台山取得修建伏羲庙的资格，并非当年建庙或庙已建成。正德十六年，巡按甘肃御史许翔凤鉴于卦台山远离州治，官祭不便，又建议朝廷将拟建于卦台山的伏羲庙改建于秦州，获准。从此，卦台山的地位下降，重建工程一拖再拖。嘉靖初年，巡茶御史陈讲《登卦台》诗中所言，正是当时伏羲庙破残景象的写照："古庙已尘土，新垣犹稼穑。殿阁瓦零乱，轩墀石倾侧。"明嘉靖十年（1531年），秦州伏羲庙建成。① 随即巡按甘肃御史方远宜会同巩昌府同知李遑、临洮府同知王卿等组织重建卦台山伏羲庙。工期始于二月二十日，完工于闰六月二十八日。由于记述重建始末的《秦州画卦台新建伏羲庙记》对规模没有提及，故无法确知详情。嘉靖十二年，巡茶御史刘希龙会同秦州知州黄仕隆、同知余光宇组织，整修未尽工程，全面装修先天殿，并于午门前两侧各建一大牌坊，白世卿《增修太昊庙记》说：

> 其诸葺缺而补敝、增美以饰观者，类多有之，功至是而大备矣。②

伏羲庙自此形成完整的建筑群落。建筑物的布局大致是：庙在卦台山巅平地。庙周城墙环绕，建筑物以先天殿和午门间的纵轴为中心排列，由南向北依次是午门，午门前设牌坊两座，东西对峙。午门东有钟楼一所，西有鼓楼一所。入午门即为中心院落，先天殿居后，殿前左右各有朝房一列。院内散布柏树17株，按九宫八卦数排列。由于伏羲祭祀中心最终转移至秦州城，因而卦台庙宇疏于管理，嘉靖末年，已显露荒凉景象。巡茶御史孙永思《登卦台》诗云："斜风疏雨到高台，岁远祠堂半草莱。"又《别卦台》诗云："沙村羸马重回首，古木颓垣乱鸟飞。"

清顺治十一年（1654年），秦州大地震，庙宇完全破废。顺治十二年，秦州营游击郭镇都捐资重建。计建先天殿3间，殿前东、西朝房各3间，午门1座，改建午门前牌坊。乾隆《直隶秦州新志》卷9《名宦》说：

> （郭）尝登卦台，见旧伏羲庙圮废，捐赀重修，视前加壮丽焉。

---

① 秦州西关伏羲庙大规模兴建始于嘉靖元年（1522年），而完全建成是在嘉靖十年。
② 白世卿：《增修太昊庙记》，乾隆《直隶秦州新志》卷之末《补遗》，乾隆二十九年刻本。

就在伏羲庙修葺完工后的次年正月,具体说就是"丙申人日",即顺治十三年正月初七日,郭和分巡陇右道宋琬冒雪看山,畅游卦台,宋留有诗作两首:《大雪自卦台宿张秀才家》《丙申人日大雪同郭将军游卦台》。重修基本恢复明代原貌。之后,再未有官方组织的修葺活动。而卦台山地处偏远,兵火不及,当地民众又视之为神山,自发加以保护,所以庙宇大致维持原状。但已非专祀伏羲之地,而沦为祭祀众神的场所。晚清时,午门前空地东侧建有财神庙、灵官庙,西侧建有娘娘庙、土地庙,午门正前当山门处建有戏楼。同治、光绪年间,还常有僧侣往游,清翰林院编修吴西川《宿卦台禅院》诗有云:"采药僧归晚,挑灯静话禅。寺门关夜月,山径锁秋烟。"住持留住的院落,至今尚保留有"僧房"的称谓,这也是佛教上山的例证。光绪元年(1875年),民间集资,对庙宇进行过一次较大规模的装修。① 由于卦台地势险要,周遭又有墙垣,于是战乱时就成为附近民众的避难所,时称羲台堡。同治元年(1862年)、光绪二十一年(1895年)曾两次重修。

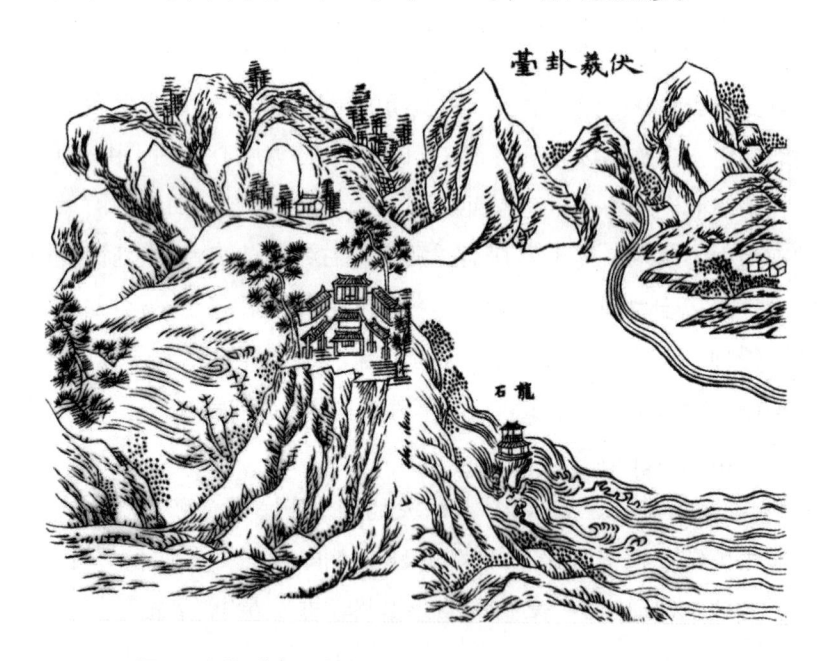

图1 光绪《秦州直隶州新志》所附天水卦台山伏羲庙

---

① 任承允:《重修卦台山伏羲圣庙募化引》,《桐自生斋文集》,《中国西北文献丛书》第107册,兰州古籍书店1990年版,第615页。

民国9年（1920年），甘肃大地震，庙内建筑除先天殿、午门、牌坊、钟鼓楼梁架残存，其余全被震毁。之后，民众集资修葺。为此，前清进士任承允还特作《重修卦台山伏羲圣庙募化引》为募捐鼓动宣传，其中有"回首当时，尚骇雷腾星陨；空存遗像，常悲日炙雨淋。堵倾塓漏尚可为，倘弗兴修于此日；高岸深谷或难测，何忍湮废于他年"等语。①重建恢复西朝房、戏楼、厦房（即住持留住房舍）等，东朝房、娘娘庙、土地庙等始终未恢复。

1949年天水解放后，卦台山伏羲庙一直没有被列为文物保护单位。1958年后祭祀活动停止。1966年8月后，"文化大革命"全面升级，破"四旧"（即旧思想、旧文化、旧风俗、旧习惯）如火如荼，庙内建筑全部被拆毁，瓦砾遍地，一片萧然。所拆建筑材料大部分用于修建山脚的张石小学，小部分用于建筑公房，少许被周围群众搬走。明代大钟、伏羲铁像（捣毁伏羲塑像时于像内发现）当废铁由供销社收购站收购，许多碑刻下落不明。

1981年农历二月十五日（卦台山传统庙会日），周围群众自发上山烧香，恢复祭祀。4月，卦台山文物管护小组成立。9月4日，天水县人民政府将卦台山列为县级文物保护单位，开始重建工作。同年，将山上残存的两块石碑重新竖立，一是明代康海所撰《秦州画卦台新建伏羲庙记》碑；一是《郭镇都重建伏羲庙》碑。1984年3月，新戏楼建成。1987年10月7日，先天殿建成。至此，卦台山庙宇建筑又初具规模。1993年4月，午门建成。同年，卦台山简易公路修通。1994年6月，东朝房建成。1998年5月，午门东西钟鼓楼建成。2000年，西朝房建成。至此，卦台山原有建筑基本恢复。

四　庙内建筑简介

牌坊　在午门前。明嘉靖十二年（1533年）创建，当时有两座，东西相对峙。清顺治十二年（1655年）重修，改建为3座，中间高突，两边略小，俗称"联手牌坊"，坊体与午门平行。光绪元年（1875年）、民国9年（1920

---

① 任承允：《重修卦台山伏羲圣庙募化引》，《桐自生斋文集》，《中国西北文献丛书》第107册，兰州古籍书店1990年版，第615页。

年）后又重修。晚清时，牌坊正中悬周宁书"与天地准"匾。1966 年拆除。

午门 在牌坊后，又名仪门，因面阔 5 间，俗称"五门"，与先天殿俱列中轴线上。明嘉靖十年（1531 年）创建，清顺治十二年（1655 年）、光绪元年（1875 年）、民国 9 年（1920 年）后重修，1966 年拆除。1993 年 4 月，仿原规格重建。

钟楼·鼓楼 分列午门东西两侧。明嘉靖十年至十二年（1531—1533 年）间创建，清顺治十二年（1655 年）、光绪元年（1875 年）、民国 9 年（1920 年）后均曾重修。1966 年拆除，1998 年后仿原规格重建。钟楼原悬大钟一口，通体铸有文字，呈八角形以象征八卦，重过千斤。敲击时声闻几十里，夏秋常用以驱赶暴雨。相传夏季如黑云遮天，有冰雹天气，住持道士即奋力撞击，则云消雾散，庄稼不受侵害。庙毁时钟被打碎，当废铁上交供销社收购站。

先天殿 又称大殿，为庙内主体建筑。元代以前遗迹已无从考察，有史可证者建于明嘉靖十年（1531 年），清顺治十二年（1655 年）重建。光绪元年（1875 年）、民国 9 年（1920 年）后重修。殿面阔 3 间，单檐歇山顶。正面及东西两侧列廊柱 9 根，浮雕盘龙。殿内中心部位置伏羲圣像，右置龙马雕像，左置石雕"伏羲六十四卦二十八宿全图"。藻井施绘河图洛书图案，寓意伏羲得河图洛书而受启发画八卦并推演为六十四卦。晚清时，门楹、门楣及殿壁列有清人书写的众多楹联和匾额。正门悬吴西川书"先天下觉"匾，东西侧门分别为吴其光书"兆传道统"匾和吴正达书"则古称先"匾，殿内龙马像后墙悬吴捷然书"开先启后"匾，神龛上悬"肇兴文教"匾。1966 年拆除。1987 年 10 月重建先天殿，形制仿前，但气势不如。

朝房 有史可证者建于明嘉靖十年（1531 年），列先天殿前东西两侧，各有房 3 间，相向对称。清顺治十二年（1655 年）重建。民国 9 年（1920 年）大地震时被毁，后重建，仅恢复西朝房。1966 年拆除。1994 年，重建东朝房，形制仿前，规模略大。2000 年，重建西朝房，形制和东朝房同。

附：遗物

古柏 列植于先天殿前庭院中。原有 17 株，为明代所植，按九宫八卦之数排列。民国李天煦《游伏羲卦台记》说："只见那廊庑下几株如龙如虬的古柏，矫矫苍苍的上干云霄，居然是有正地维立天柱的意态。"① 1966 年有些古柏被砍伐。1982 年庙宇重建后，施工者仍按原树所列的位置补栽。

伏羲铁像　今已不存。原包藏于伏羲彩绘塑像中，1966 年毁像时发现。据说铁像满身文字，上有一"建兴"年号，弥足珍贵。发现后先被掼下卦台山，陷于山麓池塘烂泥中多日，后被当废铁上交供销社收购站，由于锈蚀严重，折价仅人民币 13 元。时生铁收购价是每市斤 0.03 元，以此可推知铁像重 400 多斤。

伏羲六十四卦二十八宿全图　简称卦盘。原藏卦台山庙内，1966 年庙毁时被卦台山下吴家庄一村民收藏，后仍归庙内。盘系梨木质地，底呈正方形，刻图呈圆形，直径 64 厘米，据鉴定当是明代遗物。以手扣敲，铿锵有声。盘上刻有二十八宿星相图、十二干支、二十四节气、先天六十四卦，细致精美。民国时，朝山群众用朱砂调水上色，覆黄纸或宣纸传拓卦盘图案，装裱后悬于室内，相传有避邪的功用。1966 年初流落农家，曾锯掉一边当架子车挡板使用。现所见盘上的红色正是当年传拓的遗痕，而粘补以复原的"新木"当然就是当年锯作他用的遗痕了。

伏羲石刀　清末出土于卦台山麓，陇上著名学者巨国桂收藏，并名之为"伏羲石刀"。刀呈半月形，系新石器时代遗物。1949 年巨国桂之孙巨寿祥将石刀带至兰州，并请慕寿祺、范振绪、李孔炤、廖无佶、水梓等名家鉴赏，并留有题跋诗文。

五　碑文选录

卦台山伏羲庙始建于晚唐，累经重修，碑碣数量当为数不少。民国李天煦《游伏羲卦台记》说："此外还有许多匾额、许多楹联、许多碑碣，虽一一入我眼帘，却不暇研究他的工拙。"② 而"秦州志"和《天水县志》只著录 3 通。1966 年庙毁，许多碑碣下落不明，现残存 3 通，元、明、清各 1 通。另有《秦州成纪县伏羲庙记》篆额碑首 2 通。

---

① 李天煦：《游伏羲卦台记》，《天水乡土教材稿》，手写油印本民国 16 年版。
② 李天煦：《游伏羲卦台记》，《天水乡土教材稿》，手写油印本民国 16 年版。

（元）普奕《伏羲画卦台记》

画卦台者，即古庖牺氏画卦台也。在秦州成纪县北三十里，其川三阳，其地突兀若覆簀而笼冈焉，谚谓蜗牛堡。高不倍寻，广袤四隅，渭水回旋，朝晖夕映，变态靡时，陇右为甲。

昔羲皇，成纪人也。河出图，以是则之。仰观俯察，近取诸身，远取诸物，定奇偶而画；为文以代结绳之政，为万古之标准。洎都陈，始作民君师，设官分职，以开平治。其高至乎无极太极之妙，而其实不离乎日用之间。其幽探乎阴阳造化之赜，而其实不离乎仁义礼智、刚柔善恶之际。其体用之一源，微显之无间，性此理而安焉者，圣也；复此理而执焉者，贤也。厥后圣贤继作，其所以相传之说，岂有一言以易我哉！其传此何与？曰仁也。仁，人心也。率性立诚，知天推而宰万物，传道而诲斯民者也。及其至也，与天地合德，鬼神同体，悠久无疆，变化莫测。《易》曰："知几其神乎！"神之在天，若水之在地。譬若掘井，无往而非水也。况圣在天之灵，克享万世无穷之祀者也。

圣朝奄有天下，制诏曰："圣帝明王、忠臣烈士载在祀典者，有司以时致祭，庙宇损坏，官为修理。"作兴之余，释老之祀者，已复其初，独此地委于榛芜，见者莫不太息。于是民人履其遗址，鸠工抡材，庙堂楹桷，黝垩丹膌，次第一新，勒之琬琰。不有好古闻贤之旧，孰能若是乎？县尉韩彧践古人之迹，颂其休烈，虽存闾阎之祭，独阙有国之禋。遂申明都部，符文于郡县，春秋常例庙祀外，故迹台所每岁三、九月给钱分官致祭。

至正甲申，秦州同知周赟承直下车，既剔蠹出奸，民俗安静。一日谒庙，周览方隅之盛，垦田迥辟，黍稷芃芃。询民之耆旧者，咸曰："乃古之赡庙地也。"步其田，得一顷四十五亩，每亩收租辫麦一斗，以供二祭，视旧益新。都总帅汪公命可历纪其实，刻石于庙前，庶不至于湮灭。本县尹何大用承直亲董其事，其开迪涵育之大德，斯无负矣。至于考方志、记圣德，亦守土者所当谨。都帅求记，既不容辞，揽笔直述，以叙其方今之盛焉尔。

至正丁亥五月甲子

按：碑在天水市麦积区卦台山伏羲庙，现残存。其碑面损毁严重，只有极个别字句可以勉强辨认。元顺帝至正七年（1347年）刻石。文载乾隆《直隶秦州新志》卷之末《补遗》。碑文撰者普奕及碑文提及的秦州同知周赞、县尹何大用均不见文献记载。都总帅汪公应即汪有成，时任巩昌都总帅、陕西行中书省左丞。

（明）康海《秦州画卦台新建伏羲庙记》

赐进士及第儒林郎翰林院修撰经筵讲官修国史武功康海撰

赐进士出身大中大夫陕西布政司左参政前监察御史中州任洛篆

赐进士出身奉政大夫陕西按察司佥事前户部员外郎金台高夔书

秦州故有伏羲庙，而画卦台在庙西四十里，岿然中踞于冈峦之间。予昔有事过秦，盖尝北望而奇之。舆者曰："此伏羲画卦台也。"人文之秘，肇启于兹，今日不知几万千载。而灵秀环卫，若修埋爱护焉，殆非偶然者也。

巡按御史方君行部至秦，登台瞻望，慨然兴怀。于是进郡吏与士大夫、耆旧谋曰："古圣之迹，散在天下，具有表章，而此又人文之始，顾徒寄闻于樵牧耕竖之口，宁无遗拊髀之恨于将来稽古之士哉！宜建祠于此，以祀伏羲，匪直追报其肇启人文之德，而且因以表章圣迹，惬千万世之后观矣。"遂鸠工抡材，择以今岁二月二十日始事，闰六月二十八日工用告成。财出公帑，民不知费。郡吏与士大夫、耆旧欢欣鼓舞，咸思悠长。于是，介其贡士刘如式氏以状请予为记。纪其岁月，劂之贞石，爰符予志，永惟世嘉。

然予又以叹世之卑见之士，慎小费而乏大猷，原其心，则实非以省民也，顾畏为谈祸耳。学校之颓坏，天下十九，而是行道用侧，而士大夫视为秦越，会不齿及，予深以为将来之忧。乃休休然为奇论怪说，以闼杜欲为者之志，无已至于澌尽，彼即欲挽而救之，又乌可得也。鄙谚有曰："食欲废，弃耒耜；邦欲敝，贵处士。"自宋以来，儒者以迂僻不经之论媚惑后世，俗儒诵而不绎，具以为是，是则所以贻万世无穷之害者，未必非其人启之也。圣天子右文崇化，渐将变其迁绪，以复古人忘言之旧矣。后之有黜耳目之细、敦根荄之大者，未有不自方君今日之事以感悟者也。庸书以俟。

方君，名远宜，字伯时，歙人。而主承兹事者，巩昌府同知滑台李遑、临洮府同知中山王卿二人云。

大明嘉靖十年岁次辛卯后六月吉日立石

按：碑立天水市麦积区卦台山伏羲庙先天殿前。明嘉靖十年（1531年）立石。高190厘米，宽87厘米。青灰石质，拱首条形，保存完好。明翰林院修撰经筵讲官康海撰文，陕西布政司左参政任洛篆额，陕西按察司佥事高夔书丹。文载乾隆《直隶秦州新志》卷之末《补遗》，题名《重建画卦台伏羲庙记》，个别字句和碑文有异，兹依原碑校录。

康海（1475—1540年），著名文学家。字德涵，号对山，西安府武功县（今陕西省武功）人。明弘治十五年（1502年）进士。曾任翰林院修撰、经筵讲官之职。著有《对山集》《武功县志》等。

（明）白世卿《增修太昊庙记》

太昊伏羲氏之庙，初荒落不治，祀事亦鲁莽弗称。前巡按御史马君溥然、冯君时雍、许君翔凤三人者，先后恳于朝，以请大工，以崇大典，盖皇（皇）乎此举也。未几，适遂宁陈君讲、朔州卢君问之、古歙方君远宜各以按至，规画攸同，功至是始成矣。已而，又继以凤阳陈君世辅、任邱郭君圻偕来，乃惟一心一德，图惟厥终，盖定经制。录庙祀者力，马功至是而大成矣。

越明年，是为嘉靖癸巳。时御史刘君行部矣，登顾之顷，慨焉兴怀且叹曰：美哉至乎！前人功也。予何为者邪？寻命为龛卦台之上，卫其像也；制盖于殿宇之间，蔽其尘也；绘河图于盖之中，外象其则也；建绰楔于门之东西，表其功也。其诸茸缺而补敝、增美以饰观者，类多有之，功至是而大备矣。事既竣，乃属余为记。

余惟太昊伏羲氏，古元圣也。其道之在天下万世，如日月之在天，江河之在地，不可一日而无焉者。世之人暴容光而不知其本，厌甘泉而不知其源，终始吾圣人道化而不知其故，无怪乎彼之落落也。不有君子，夫谁与归？是故，丰帝王之祀者，存敦本之思；广圣贤之祀者，立报功之义。天理民彝，自有不可泯灭者，诸君之于斯尽之矣。余不敏，夫何言哉？谨书此以识有功云。

刘君，名希龙，字汝言，卫辉人。边备副使窦明，分守参议刘从学，皆有力于一时者。知州黄仕隆，同知余光宇实督其役，于是乎并书。

嘉靖癸巳十月庚午

按：碑立天水市麦积区卦台山伏羲庙原在卦台山伏羲庙，今已不存。民国时张维《陇右金石录》言"今存"，可见此碑民国时尚存，不知何时流失。白世卿撰。文载乾隆《直隶秦州新志》卷之末《补遗》。

白世卿，明陕西秦州（今天水市秦州区）人。嘉靖八年（1529年）进士。初任江南丹徒知县，后累迁至山东按察司佥事。

六　散文诗歌选录

（明）胡缵宗《卦台记》

成纪之北约三十里曰三阳川，其西北隅有台焉，羲皇画卦处也。

夫成纪，故名地也。汉为郡，唐为州，宋为军，国朝亦为州。然自晋至南北朝，与雍州并称焉。陇坻亘于东，朱圉雄于西，嶓冢屏于前，崆峒望于后；汉起于南，渭衍于北，乃生羲圣。而三阳则渭河纳陇河处也，今为三阳里。三阳云者：朝阳启明，其台光荧；太阳中天，其台宣朗；夕阳返照，其台腾射。卦山俨于南，长山负于北，龙马山集于西，尉迟峡约于东。承渭于上流以资沃，纳陇于下流而纳污。故是台也：前揖卦山，卦山若屏若拱；后俯龙马山，龙马山若围若犄。渭水环乎其北，周道修乎其南，而卦台自西倾南（属岷州）蜿蜒随渭引漳而来，来至三阳川之东南而止。于其将止也，突出一小山，其出如维（即地理家所谓蜂腰然者），其止如仁（即地理家所谓山皆大，此山独小，小者为尊）；自上视之如缀珠，自下视之如充纩。高可若干丈，广可若干亩。其台层起，俯视之如台之出，其周壁立，仰视之如台之升，故今谓之卦台（亦谓之卦爻堡，俗讹称为蜗牛堡）。

龙马山自西倾北（属洮郡）迤逦约渭截陇而来，至三阳川之西北，而止于其既止也。循渭之滨，若启轩开襟纳台然者，而台与龙马山若相连而实不相连也，盖界以渭矣。

渭水自陇西首阳县鸟鼠山东流，经襄武、獂道、冀三县，乃受荆泉诸水，出岑峡，经新阳川（至三阳里）。自西循北，迳东沿洄台下，其溪才容其流，而两岸皆滨山，其水若为台环抱然者。前有新阳下城，下瞰新阳川（见《水经》，俗称为沿河城，盖在西南），后有番城（盖在东北）下瞰三阳川。故登台而望之，视卦山若却若顾，视龙马山若抱若倚，视渭水若环若带，视新阳川若吞若吐，视三阳川若沈若浮，视陇水（俗称为葫萝河）若引，视长山若附。故二山一水之间，其台若坐若盘，而羲皇观天察地于此，画卦于此也。岂天设此以启其神哉？抑地因此以兆其灵哉？夫岂偶然哉？

嗟夫！岷（《一统志》云：即陇山之南首，故称陇蜀，然其山在陇蜀之交），江之源也；嶓冢，汉之源也；鸟鼠，渭之源也。河出于昆仑，扬于积石，洮出于西倾也，陇出于陇首也，则西北山水皆自陇而之东南，支委繁衍，不有渊源耶？是羲皇之所以毓，而卦爻之所以画也。

郡人相传：台有羲皇遗画，著雪即融，今候之无验。盖居人见诸田畦界址，横直层列卦山之麓，有类于画，雪将融而形益彰，遂指以为先圣灵迹。不知羲皇天生大圣也，务骇人观听而遗是迹，示人以黎丘之幻耶？抑岂居人仰瞻圣皇，不欲见其遗台荆棘也，互为相传耶？然画不在台，今在册矣；亦不在册，今在人矣。

按：录自胡缵宗《鸟鼠山人集》，顺治《秦州志》卷9《艺文志》、乾隆《直隶秦州新志》卷11《艺文中》亦收录。

胡缵宗（1480—1560年），字孝思，一字世甫；号可泉，一号鸟鼠山人，明陕西秦安（今甘肃秦安）人。正德三年（1508年）进士。历任潼川州知州、安庆知府、苏州知府、山东巡抚右副都御史、河南巡抚右副都御史等职。著有《鸟鼠山人集》《安庆府志》《巩郡记》《秦安志》《秦州志》《羲台志》等著作多种。

（清）任承允《重建卦台山伏羲圣庙募化引》

窃以岷仑分两界山水之源，图书泄万世神明之奥。道开史策，治焕皇猷。窥理数而位乾坤，统文、周、仲尼以作圣；兆礼乐而创书契，先农、轩、少昊以开天。人号庖牺，是维文祖；地征成纪，实曰帝乡。是以德配杏坛，不异大成之俎豆；殿崇梓里，敢忘追远之敬恭。

溯伊陇坂洪濛，凤麟姿远；静旁渭流秋浪，龙马洞高。庙貌煌如，礼禋旧矣。自昔公家作庙，隆祭典每岁于春秋；惜乎故老失传，忘闶宫经始之日月。嗣以城堙远阻，奔走为劳，西郭别营陟降之庭，北乡俨同园寝之设。然而寻胜者砅分心之白石，揽古者登画卦之高台，未尝不慨慕于先圣之遗，兴怀于明德之远焉。

秦州胜迹，久照丹青，光绪初元，重新金碧。方谓百年灵妥，孰料一旦土崩。天灾流行，地震突作，苍茫浩劫，并及宫墙，原麓平沈，矧兹高峻。惊同穴之鸟鼠，摧裂峰峦；剥四壁之龙蛇，败残鳞甲。回首当时，尚骇雷腾星陨；空存遗像，常悲日炙雨淋。揩倾塓漏尚可为，倘弗兴修于此日；高岸深谷或难测，何忍湮废于他年？

（等）久用恔心，势竭绵力，慨然庀工，广行劝募。虽年荒又兼财尽，难需异时；赖人事以天穷，或成众志。凡在国籍，当有水源木本之思；谁启华风，忍云圣伏神徂之日。宏兹松栋云甍，土木知协群心；岂同绀宇琳宫，金钱浪掷淫祀？尚望众臂擎厦，百胀集裘，各发愿以博施，期大工之速藏。庶几昭融邃古，南瞻发道德之华；匪惟名胜保今，西陆壮河山之色也已。

按：录自任承允《桐自生斋文集》。

任承允（1871—1941年），字文卿，清甘肃秦州（今天水市秦州区）人。光绪二十年（1894年）进士。曾任清内阁中书。著有《桐自生斋诗集》《桐自生斋文集》《秦州直隶州新志续编》等。

李天煦《游伏羲卦台记》

成纪地方原来名胜很多，却是伏羲卦台尤其奇异。我年少的时候常想往那儿一游，只因琐事纠缠，不能摆脱，所以夙愿许久未偿。

岁在乙卯暮春之初，适因奉委视察学务，走到三阳川中岸，猛抬头来，远远地望见西南角上挺立着龙首样的一座小山，上面如丝如练的云霞隐隐隆隆的罩着不断。我眼帘里接着这种气象，很觉奇异，便向中岸上的农人问那山的名称，农人道："那就是卦台，台上有庙，庙内的像就是古皇伏羲哪！"我听了这话，喜出望外，恨不得一步跃上卦台。

便把查学的事暂且搁过，引着仆人，取道渭河南岸，直趋台下，复缘台旁弯弯曲曲的一条石径攀缘着上去。约走了二里多路，才到山门，方拟稍息，然后入拜圣像，适逢友人张某从台西的鸟道上拄着一个拐杖逍遥自在地走来，我便开口问他以卦台的缘起。张某就指着卦山与我说道："你看那对面山上一层一层的田畦界棱，不好像那有阴有阳、有奇有偶的卦爻么？当初羲皇观察它的形状，演作八卦，想是确有其事呀！"我当时听了这话，便定着睛儿将卦山瞧了一瞧，果然是无数沟塍，或连或断、或覆或仰的在眼前重重排列，绝像那乾、坤、震、巽、坎、离、艮、兑的爻象一般，不禁凝着神仔细地看了一会。

既而同张某进了庙门，只见那廊庑下几株如龙如虬的古柏，矫矫苍苍的上干云霄，居然是有正地维立天柱的意态。再进而瞻拜圣像，则见貌伟且古，和那近代的人豪迥然不同，瞻仰半晌，不由得我心驰皇古。像座的右方，立着龙马一匹，身上一团团的簇起斑纹，差不多把六十四卦三百八十四爻的痕迹都要活现出来。像座的左方，竖着先天八卦圆图一座，卦图上面还刻镂着三垣二十八宿的全图。此外还有许多匾额、许多楹联、许多碑碣，虽然一一入我眼帘，却不暇研究他的工拙。只有壁间留得渭川道尹向燊题诗一首，词气慷慨，不像那骚客琐屑的句调，也堪为此山添得一段韵致了。

少选，住持某以山茗进。饮毕，乃由殿角转出庙后，登到极高处徘徊瞻眺，只见那四面山峦，或若侍立、或若拱抱、或若宾和主的相揖相让。及至回转头来，看这卦台，却是若坐若盘，好像北辰的居其所一样。啊呀！这岂不是天造地设的一个奇境么？世人相传伏羲画卦于此，想来不是影响之谈了。俯瞰渭水悠悠洋洋的绕台流转，恰是一条大带。中流耸出了一个圆石，高丈余，上面盖着一座小亭，大如掌。下面渭水冲激着流去，那泠泠如的爽籁，一声声传入耳鼓，分外可听。住持某指着那一块石与我说道："这就叫风姓石了。"噫！古人常说天一生水，其数属奇，又说太极之体是个浑圆的。照这样说，那么《易》有太极，不是因见了这石方才发明的么？渭北龙马山下，隐隐的有一个小洞，住持某说道："世传龙马负图就是从那里出来的。"但这话和《周易》所说"河出图"的有些龃龉。我想古时南人称水为江，北人称水为河，那《周易》所说"河出图"的，或者就是指这渭水，也未可知，但是这等处也就无容深辨了。

今日，我所不能已于言的，却又有个缘故。那太古之初，这世界不知黑暗了几千万年，自从伏羲氏出，俯仰观察，掀开了天地的橐籥，从此世界的文明才胚胎了。这岂不是开千古未有之奇，虽文、周、孔子且不能企及的么？乃为什么河岳依然如故，里居依然如故，只有人物、文明不能继续着兴起发达，有心人那得不感慨系之。我甚愿登卦台的人们不要空空的吟高山、说尘远，和那南山古柏、玉泉仙洞。同作一种游览的一种感想，须知这台的遗迹，所以兴起学者的志气，非以供骚人墨士的娱乐，这就是我所以作记的本意了。

按：录自李天煦《天水乡土教材稿》，民国16年手写油印本。

李天煦（1886—1929年），字䜣之，号赤峪山人，清末民初甘肃天水县（今天水市秦州区）人。光绪三十年（1904年）举人。曾任私立亦渭学校校长。著有《论说偶存》《雕虫琐草》《天水乡土教材稿》《赤峪山人书信集》等。

（明）傅鼐《伏羲卦台》

天下名山第一台，乘闲眺望好怀开。蜂腰鹤膝由天造，人首蛇身世间来。不有龙图奇偶迹，□知凤阙帝王材。自从太昊登龙后，长有文光烛上台。

按：录自《老杜秦州杂诗》碑碑阴附刻之"秦州十景"诗。诗碑明成化十九年（1483年）由秦州知州傅鼐主持重刻。原立秦州文庙，2002年出土后移立天水城南南郭寺。

傅鼐，字天和，明直隶新河（今河北新河县）人。成化二年（1466年）进士。曾任秦州知州，主持在秦州西关创设伏羲庙。

（明）胡缵宗《登伏羲台口占》

理在先天未画地，道在先天既画时。乾坤立极生奇偶，水火移宫用坎离。西伯凤鸣卦敷衍，周公海静爻系辞。韦编三绝犹潜易，洙泗源头问我师。

（明）胡缵宗《伏羲台》二首

一

西北乾元羲圣生，蜗台虬壁四隅明。龙图卦列先天大，龟甲爻分太极精。渭涌紫垣春混混，月浮青海秋盈盈。烟乘行殿半禾黍，云日阴阴何处晴。

二

秦山秦水拱羲台，一曲圜垣九城开。西北天倾座凌斗，冬春阳至管冲台。

寰中八卦乾坤辟，画下六爻奇偶裁。便有文周辞复系，雍州易在昆仑隈。

按：三诗均录自胡缵宗《鸟鼠山人集》。胡缵宗小传见前《卦台记》按语。

（明）陈讲《登卦台》

落日登平台，周道循荆棘。抠衣入元宫，百拜心翼翼。
不见卦爻文，但见莓苔色。南山揖其前，渭水环其北。
突出复迂回，龙为羲皇翊。立极俯九寰，郡圣仰遗则。
古庙已尘土，新垣犹稼穑。殿阁瓦零乱，轩墀石倾侧。
想象天弥高，瞻依日未昃。斯文付草莱，迟回空太息。

（明）陈讲《谒太昊宫》二首

一

大块倾西北，土厚水复深。岷嶓何峻极，河汉亦浑沦。
昆仑跨鸟鼠，支委犹水繁。羲皇毓成纪，观察开乾坤。
周公衍其流，文王敷其源。乃知卦爻理，斯文今古存。

二

斯文秘天地，邃古何溟蒙。羲皇毓成纪，立极开颛蒙。
龙马初出图，俯仰观察同。万物情自类，神明德自通。
祀报宫斯建，瞻拜何融融。垂帷精十翼，卓立堪舆中。

按：三诗均录自乾隆《直隶秦州新志》卷11《艺文下》。
陈讲，字子学，号中川，明四川遂宁人。正德十六年（1537年）进士。历任巡茶御史、山东按察使、河南布政使、山西巡抚。著有《中川集》《如鸟集》。

（明）张潜《伏羲卦台》

高台龙去远，遗迹祗荒林。俯仰观天地，徘徊慨古今。
机缄两画露，橐籥几人寻。后圣如还作，相传万代心。

按：录自乾隆《直隶秦州新志》卷11《艺文下》。

张潜（1472—1526年），字用昭，明陕西秦安（今甘肃秦安）人。弘治九年（1496年）进士。任户部主事，累迁至山东布政司左参政。

（明）孙永思《登卦台》

一

双盖穿林杪，探奇蹑万山。泉分石径色，雨衰草花颜。
天阔孤峰出，沙明一鸟还。招邀劳凤翻，两日住云关。

二

斜风疏雨到高台，岁远祠堂半草莱。华渚效灵元圣出，黄河呈瑞道源开。
卦图想像诸峰列，爻义推排一代才。太古仪容瞻拜后，暮山猿鹤不胜哀。

（明）孙永思《别卦台》

一

卦台今日尽追欢，车马何年再此盘。啼鸟野花如有意，不堪惆怅夕阳残。

二

羲皇遗台天下奇，四山环合耸孤危。冠裳此日劳登眺，风雨他年动梦思。
渭水有声留听处，夕阳无意送归时。沙村羸马重回首，古木颓垣乱鸟随。

按：四诗均录自乾隆《直隶秦州新志》卷11《艺文下》。据诗注，孙永思曾在卦台山留住两日。

孙永思，字性孝，号守泉，明山西蒲州（今永济市）人。嘉靖二十六年（1547年）进士。历任巡按甘肃御史、浙江道御史。

（明）宋贤《过画卦台》

崤函胜概自天开，中有羲皇画卦台。龙石一拳神幻化，人文千古此胚胎。
河图奇偶形犹在，渭水萦纡泽未催。日暮乘骢过祠下，西风衰草野猿哀。

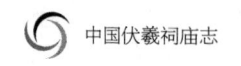

按：录自乾隆《直隶秦州新志》卷11《艺文下》。

宋贤，明直隶华亭（今上海松江区）人。嘉靖二十三年（1544年）进士。曾任巡按甘肃御史。

（明）陈棐《登卦台山谒羲圣殿示从行诸生》

苍莽秦州西，清彻天水泉。北去四十里，乃有三阳川。
天一生造化，阳三启画联。凝结八卦台，实开羲圣先。
群山八面立，一山中嵬然。八山即八卦，或断或相连。
斜正方隅定，分明爻象传。中山即太极，混沌形亦圆。
渭水坤隅入，流向巽方旋。一山包水内，八山沿水边。
阴阳相涵抱，动静亦互缠。东南阙似巽，西北高为乾。
自然成易道，混然至理全。地灵羲圣出，圣泄人文宣。
何必窥马图，然后悟象诠。忆昔盘古氏，万八千岁年。
鸿蒙溟涬判，自生黄与玄。一日神九变，一元开两肩。
道存无始际，易在太极前。所以训后学，常欲探先天。
眼前皆易画，切莫泥陈编。

按：录自陈棐《陈文冈先生文集》。

陈棐，字汝忠，号文冈，明河南鄢陵（今鄢陵县）人。嘉靖十四年（1535年）进士。曾任甘肃巡抚、宁夏巡抚等职。著有《陈文冈先生文集》。

（清）王际有《伏羲卦台》

荒草苍烟古卦台，精灵犹护断文苔。沧波日逝石长在，空洞云生龙欲来。
一画堪令山鬼泣，先天何待竹书裁。后人衍系无穷义，丰镐龟蒙此地开。

按：录自康熙《秦州志·艺文》。

王际有，清江南丹徒（江苏镇江市）人。顺治四年（1647年）进士。曾任秦州州判。

（清）宋琬《丙申人日大雪同郭将军游卦台》

驱马郊原兴欲酣，不辞僵卧到空岚。长安若中考功法，冒雪看山是一贪。

（清）宋琬《六言杂感》（十六选一）

雪中卦台遗迹，微茫尚辨乾坤。一自羲皇多事，谁为混沌称冤。

按：二诗均录自宋琬《安雅堂集》。

宋琬（1614—1673年），字玉叔，号荔裳，清山东莱阳人。顺治四年（1647年）进士。顺治十二年春至十四年春，任分巡陇右道，驻节秦州。任内政绩卓著，去官后秦州士绅在城南水月寺立生祠纪念。之后，历任直隶永平道、浙江按察使、四川按察使等职。著有《安雅堂集》16卷。

（清）许之渐《秦州怀古》（选一）

天水漾坤络，阳川纳艮偶。神灵开邃古，文象体虚无。
一画千畦变，连山众壑殊。崇台暂延伫，学易愧吾徒。

按：录自乾隆《直隶秦州新志》卷11《艺文下》。

许之渐，字清屿，清江南武进（今江苏武进）人。顺治十二年（1655年）进士。曾任巡按甘肃御史。

（清）杨芳灿《画卦台》

首篡三微统，苍精出震雷。法天通窅奥，审帝得根荄。
星纪初回次，虹光久绕胎。方牙传识纬，大迹表奇侅。
御世归先觉，生民尚未孩。精思陈六峜，神化奠三才。
卦起苞符泄，图张橐龠开。画爻先象系，积数兆京垓。
亭育乾坤缊，雕镂混沌胚。炎黄心援受，姬孔道兼该。
自是元功大，宁论智网恢。阴阳探始素，文字纪初哉。
制作移时定，经纶一理推。朱弦弹驾辩，广乐奏扶来。
万汇凭陶铸，群灵入化裁。如泉疏沈滥，似斗执枓魁。
朴略难征事，洪荒岂有台。后人增栋宇，此地辟蒿莱。

绘画龟龙马，周环栝柏槐。重栏峙云际，浮柱倚岩隈。
渭水波翻雪，秦山翠作堆。灵旗瞻舄奕，神物降碅磳。
邃古仍元象，尘寰几劫灰。仇夷山四面，相对郁崔嵬。

按：录自杨芳灿《芙蓉山馆全集》。

杨芳灿（1753—1815年），字才叔，号蓉裳，清江苏金匮（今江苏无锡市）人。乾隆四十六年至五十一年（1781—1786年）任伏羌知县。著有《芙蓉山馆全集》。

（清）董平章《岁暮同易升庵司马登画卦台即事》

客有同幽抱，穷冬访卦台。振衣寻仄径，贾勇陟崇隈。
殿古虚蘋藻，碑昏剔藓苔。瓣香通肸蚃，遗像想奇瑰。
首阐先天秘，心惊不世才。坎离从定位，龙马亦呈材。
灵迹空山闷，神光亘古猜。几人曾一到，繫我剧重来。
峡暗双流束，川平万井开。画痕因雪认，石罅激湍洄。
问主非看竹，移居欲剪莱。言依田舍宿，归骑暝烟催。

按：录自董平章《秦川焚余草》。"言依田舍宿，归骑暝烟催"句下原注"是日过吴生家，夜宿刘姓庄，有卜居之议"。

董平章（1811—1870年），字琴虞，清福建闽县（今闽侯县）人。道光十三年（1833年）进士。道光二十八年至咸丰三年任秦州知州，有政绩。著有《秦川焚余草》《亦舫随笔》等。

（清）吴西川《宿卦台禅院》

采药僧归晚，挑灯夜话禅。寺门关夜月，山径锁秋烟。
竹影垂帘重，松声隔牖穿。羲皇宫阙近，可许叩先天。

按：录自民国《秦州直隶州新志续编》卷7《艺文》。

吴西川（1831—1875年），字蜀江，号楳龙，清秦州北乡卦台（今天水市麦积区吴家庄）人。同治十年（1871年）进士。曾任翰林院编修。著有《沁芳吟馆文稿》《沁芳吟馆诗草》《沁芳吟馆外草》《偶一吟草》《雪鸿小草》各 1 卷。

（清）任其昌《途中望卦台山》

两崖苍峰压水滨，卦台雪积苦难真。炊烟羃羇秋林晚，肠断山阳笛里人。

按：录自任其昌《敦素堂诗集》。

任其昌（1830—1900 年），字士言，清甘肃秦州人。同治四年（1865 年）进士。曾任户部山东司主事。归里后主讲天水、陇南两书院近 30 年，被誉为"陇南文宗"。著有《敦素堂文集》《敦素堂诗集》《史臆》《蒲城县志》《秦州直隶州新志》（合著）等。

（清）巨国桂《伏羲卦台》

不信边荒文字新，开天画一数何人。间推象数来探始，欲访龙图去问津。邃古定无台巇崒，秦山恰有卦敷陈。三微首纂元功大，仰企阳崖渭水滨。

按：录自民国《天水县志》卷 13《艺文志》。

巨国桂（1850—1915 年），字子馥，一字瑞南，号静亭，清甘肃秦安人。光绪元年（1875 年）举人。历任甘州训导，新疆迪化教授、阜康县知县等职。著有《武功县续志》《阜康县乡土志》《遂初杂志》《慕研斋稿劫余诗存》等著作 10 余种。

李天煦《伏羲卦台》

亚东几万里，追溯文明，端自成纪。

一重卦台，万古文祖。风姓石旁，爻象于今尚依稀。

龙马虽邈，文化永留贻。

按：录自李天煦《天水乡土教材稿》，手写油印本民国 16 年版。李天煦小传见前《游伏羲卦台记》按语。

罗家伦《伏羲画卦台》

邃古存难论，盈虚讵可通。智缘书契始，一画破鸿蒙。

按：录自罗家伦《西北行吟》，商务印书馆 1936 年版。

罗家伦（1897—1969 年），号志希，浙江绍兴人。历任清华大学校长、中央大学校长、国民政府考试院副院长等职。1949 年去台湾后，任"国史馆"馆长、国民党党史资料编纂委员会主任委员。著有《新人生观》《文化教育与青年》《科学与玄学》等。

七　民间传说选录

封姓石·洗衣石

三阳川卦台山北面渭河中，有一块大青石。伏羲创八卦后，又创造了人类。其时人类有名无姓。后来人口渐多，伏羲就在大青石上召集众人，赐封姓氏。当封到第九十八个姓时，有些为难，想不起再封什么姓才好，思虑间手中的一块小石子掉进河里，"咕咚"一声。伏羲随口说："还应封谷姓和董姓。"从此就有了百家姓，这块大青石被称为"封姓石"。

在渭南卦台山西北脚下的渭河南岸，有一块黑里略白的大石头，石头上面清楚地映现着膝盖大的两个窝窝，如果膝盖跪在上面，刚好合适。相传太昊伏羲氏在卦台山创造八卦后，又和女娲在卦台山创造了人类。由于当时人多衣服少，大家只能轮流着穿，再加上当时人们不会洗衣服，所以衣服就显得特别脏，后来伏羲氏教会了人们洗衣服。伏羲氏每天从山上下来，跪到这个大石头上，教给人们洗衣服。这样天长日久，洗衣服的人把大石头跪出个膝盖头大的两个窝窝。后来，人们就把这个石头叫"洗衣石"。

按：《封姓石》，录自新编《北道区志》，甘肃文化出版社 1997 年版，第 1024 页。《洗衣石》，曹玉桂整理，录自耕夫、李芦英：《天水传说》，甘肃文化出版社 2005 年版，第 27 页。

胡缵宗夜宿卦台山

明嘉靖十一年至十三年（1532—1534 年），胡缵宗由山西布政司任上丁忧居家，有暇参谒伏羲庙。胡氏平生雅而好古，故登卦台以体验伏羲画卦时的心境，观察三阳川地理风水与画卦之间的联系，并在庙内留住三日。

黎明即起，追研不息，而仍不得要旨。第三天深夜，始终无法入睡，即披星戴月徘徊于卦台，"念天地之悠悠，独怆然而涕下"。直至月归西山，启明星上升东山，才回到朝房，恍惚睡去。不知什么时候太极八卦涌动入梦，胡立刻揽衣起床，而这时天色已朦胧发亮矣，便迎着清风，信步直登卦台堡墙，遥望东方天际，但见朝霞已浸透夜色，宛如鲜血淋漓。忽然，红日形如太极倏忽跃出山头，直扑胸怀，他顿然感悟太极八卦之玄理，文思泉涌，无法抑制。回到朝房，一气呵成《卦台山记》《龙马洞说》《分心石说》3 篇散文，《伏羲台》《登卦台口占》两篇诗作。以后又作《羲台志》，专记卦台山伏羲庙。其感悟心得在《愿学编》中写道："羲皇之所画也，卦也，爻也，图也。知画则知奇偶矣，知卦则知阴阳矣，知爻则知万事万理矣，知图则知《易》矣。"

按：卦台山附近居民至今传诵胡缵宗登卦台的传闻。奇怪的是他们文化程度一般，却对胡缵宗很是了解，我考察时他们欣然讲述，故得而记焉。又，顺治《秦州志》卷 3《地理志》起篇载胡缵宗"论"，有"吾尝登卦台，俯清渭……"等语，证明传闻确有实据。

第二节　天水市区西关伏羲庙

天水市区西关伏羲庙，本名太昊宫，俗称人宗庙、人祖庙，庙始建于明成化十九年（1483 年），前后 9 次重修，形成规模宏大的建筑群。清光绪十一年至十三年（1885—1887 年）第 9 次重修后，占地面积 13000 平方米，现存 6600 多平方米。古建筑有戏楼、牌坊、大门、仪门、先天殿、太极殿等共 10 座；新建筑有朝房、来鹤厅、碑廊、展览厅等共 6 座。整个建筑群坐北朝南偏 3 度。牌坊、大门、仪门、先天殿、太极殿沿纵轴线依次排列，层层推进，庄严雄伟。院落重重相套，三进四院，高深幽远；而朝房、碑廊沿横轴对称分布，规整划一，具有鲜明的中国传统建筑艺术风格。由于伏羲是古史传说中的第一代帝王，因此建筑群呈宫殿式建筑模式。又因有伏羲庙，民国以前庙所在的小西关城称伏羲城。

一 明清以来伏羲庙的建设与沿革

明代中后期，明廷对祭祀三皇的禁令有所松动。成化十九年（1483年），秦州知州傅鼐认为既然河南陈州（今河南淮阳县）作为伏羲的都邑和卒地，每年举行祭典，而秦州作为伏羲的生地，理应设祠祭祀，便主持在州城西一里处创建伏羲庙。① 时称太昊行宫，只是一座祠庙，并非一组建筑。追溯根源，是为今伏羲庙的前身。庙方草创，傅升迁离任，工程粗就，但伏羲圣像还未落成，殿宇亦需进一步修葺。明弘治三年（1490年），秦州士绅刘克己等集资，在州署的支持下继续重修未尽工程，并于同年四月至七月新修门坊，榜题"太昊宫"。伏羲庙一殿一坊，略具规模。虽则如此，但此庙在建修时并未经上级部门或朝廷批准，用现在的话说就是"违章建筑"。

到30年后的明正德十六年（1521年），巡按甘肃御史许翔凤上奏朝廷，获准将拟建于卦台山的伏羲庙改建于秦州城，秦州正式取得建庙权。② 嘉靖元年（1522年），巡茶御史陈讲指示地方官员各负其责，筹备策划兴建伏羲庙。次年，会同巡按甘肃御史卢问之在成化、弘治朝建修的基础上，主持大规模重修伏羲庙。计建牌坊3间、先天殿7间、太极殿5间、朝房20间、见易亭1座，形成建筑群落。由于工程追求进度，导致质量较差。庙宇未加彩绘，墙垣尚未完成，加之地方官更替频繁，嘉靖七年、八年间秦州又连年灾荒，未能及时加固，因而多有损坏，成为半拉子工程。康海《重修伏羲庙记》说：

> 然时值荒歉，而主守数易，丹雘未施，垣墉半歇。加以守护弗严，乃频圮坏。

明嘉靖十年（1531年），巡茶御史郭圻、巡按甘肃御史陈世辅、秦州知州李楷主持对伏羲庙全面补修。彩绘庙宇，补修东西墙垣，营造龛帏，于大门前当街处创建牌坊两座，东西对峙。当时，小西关城即伏羲城尚未建修，

---

① 《天水伏羲庙始建时间考》，刘雁翔：《伏羲庙志》，甘肃文化出版社2004年版，第186—188页。
② 乾隆《直隶秦州新志》卷3《建置》说："明正德十一年，从巡按冯时雍奏，立庙于州北三阳川卦台之上。十六年，巡按许翔凤以祭祀弗便，复请立庙于此。"

伏羲庙地处郊外，其后院一直延伸到天靖山南麓，建有山陵，形制有类故宫景山。至此，伏羲庙规模达到极盛。据清李铉《重修文祖庙碑记》所引成书于明嘉靖时的《伏羲庙志》记述，建筑物布局大致为：建筑群三进四院。由南向北依次是大门，匾题"与天地准"；大门前有牌坊1座，榜书"太昊宫"，牌坊台基下当街处置牌坊2座，东面者榜书"继天立极"，西面者榜书"开物成务"。入大门即是第一院落，有仪门和第二院落相界，匾题"文祖"。入仪门即为第二院落，大殿雄踞其后，榜书"先天"，殿东西两侧各有朝房一列。殿后界墙两侧有小角门，入小门即为第三院落，有寝殿，榜书"太极"，殿之东西两侧各有朝房一列。殿后界墙两侧又有小角门，入小门即为第四院落，有见易亭，亭前设池，并架有桥亭，构成园林建筑，有类故宫的御花园。

　　明朝崇祯初年，天灾不断，社会动荡，农民起义风起云涌。为守卫计，秦州当局在西关城西建小西关城即伏羲城。从此伏羲庙建筑群和天靖山南麓后陵庙地割裂开来，① 伏羲庙面积大为缩小。

　　及至清初，兵荒马乱，伏羲庙沦落日久。于之士《重修太昊宫碑记》说：

　　　　以至香火寥落，庙貌倾颓者，于兹有日矣。

顺治十年（1653年），在和明嘉靖十年（1531年）的重修时隔121年后，分巡陇右道于之士、秦州营游击郭镇都、秦州知州姚时采主持重修伏羲庙，对所损建筑，逐一补修。工程"正月二十四日起工，未及半载，工已告成"。很不幸，在重修结束后的第二年，于、姚离任的当年即顺治十一年，秦州发生历史上罕见的大地震，城垣摧毁，丘夷渊实。据康熙《秦州志·灾祥》：

　　　　十一年六月，秦州大地震，年余不止。城垣官舍崩圮殆尽。震死男、妇七千四百六十四名口，摇倒房屋三千六百七十二间，震塌窑寨不可胜计。

如此浩大的劫难，无疑会影响到伏羲庙，抑或于、郭、姚等人的重建成为徒

---

① 《伏羲城创建建时间考》，刘雁翔：《伏羲庙志》，甘肃文化出版社2004年版，第195—200页。

劳。而州志对此未置只言片语，当时毁坏及以后重修情况不详。好在康熙《秦州志·庙坛》（成书于康熙二十六年即1687年）对伏羲庙记述较详，从中可了解到康熙年间的规模。

> 太昊庙在西郭，另有城。中为正殿（七楹），榜曰"先天"；后为退殿（五楹），榜曰"太极"。东西皆为序，翼如也（廿楹）。前为仪门，匾曰"文祖"；又前为门（三楹），匾曰"与天地准"。门之外有绰楔，榜曰"太昊宫"。
>
> 是庙也，台殿崔嵬，栋宇闳丽，又植柏数十株，周以崇垣。北负天靖山，南带藉水而揖南山，东约鲁谷水，西引赤峪，实为陇西胜概，天水圣域云。

说明庙貌已恢复如初。

清乾隆二年（1737年），李铉任秦州知州，伏羲庙已沦于荒芜，"继天立极"牌坊及太极殿后的见易亭、水池、桥亭等荡然无存，朝房仅存6间，太极殿倾倒。乾隆四年，李带头捐资，与秦州州判吴三煜、吏目郑重主持重修。建设从六月开始，十月结束，庙宇重现往日光彩。李铉《重修文祖庙碑记》称：

> 圮者建之，损者茸之，易之以栋梁，新之以丹雘……崇垣甬道，碧瓦朱甍，穆然焕然，庶足以妥圣灵而明祀事欤！

据李铉撰重修碑记碑阴刻辞："庙前面东西阔俱拾丈零五尺，南北长陆拾丈。"本年，有白鹤栖息伏羲庙古柏。白鹤被古人视为祥瑞之兆，一时传为佳话。为此，在先天殿西侧另辟一院落，修建来鹤亭，以资纪念。

李铉是一位热心人，乐于搞建设，伏羲庙而外，还捐资重建玉泉观、文庙、养济院等。对伏羲庙更是情有独钟，建庙两年后的乾隆六年，又特地铸造铜瓶一尊，陈列庙内。瓶现藏于天水市博物馆。高28.5厘米，上口径10.5厘米，重5.25千克。正面浮铸伏羲创世图案，生动形象；背面铸落款"直隶秦州知州李铉，乾隆六年三月吉旦"字样。此物用途想必是重建伏羲庙的纪念物或者是祭祀伏羲时的礼器。

至清嘉庆初，伏羲庙渐次倾颓。嘉庆二年（1797年），王赐均任秦州知州，计划重修伏羲庙，时值川楚白莲教大起义，起义军屡入州境；嘉庆六年、九年，秦州连遭旱荒，因而无暇顾及。嘉庆十年三月，王带头捐资，筹集资金主持重修，工程于嘉庆十二年五月结束，耗资银3100余两，钱300万。新建碑亭6所、钟楼鼓楼各1座；扩建大门5间、仪门5间；补修先天殿7间、朝房10间、当街牌坊2座。邹曹纯《重修伏羲庙碑记》称：

> 垣墉户牖，丹雘雕饰，巩固宏敞，自门阙以逮两庑规模肃如也。

关于本次重修，伏羲庙太极殿大梁留有开工时的题记"时嘉庆十年孟夏月吉日直隶秦州正堂卓异候诠知府捐升道王赐均率同石作环……重修"。

清同治年间（1862—1874年），伏羲庙内所有建筑物均改用绿色琉璃瓦铺盖，使之更加华美壮观。[①] 时距嘉庆十二年的重修约60年，其间社会稳定，庙宇理应完好，此次重修当仅限于装饰。清光绪九年（1883年），姚协赞任分巡巩秦阶道，正当光绪五年秦州大地震之后，伏羲庙损坏惨重。"梁栋挠折，瓴甓剥地，前阙摇落至尽。"光绪十一年夏，姚协赞和秦州知州余泽春带头捐资，主持重修。秦州进士任其昌、苏统武主持募捐，筹集缺额资金，使工程得以顺利进行。光绪十三年冬，工程告竣，计耗资钱1.2万缗（一千文为一缗）。修葺先天殿7间、太极殿5间。在太极殿东西两侧倚墙各建朝房一列，共10间。姚协赞《重修伏羲庙记》称：

> 重门耸矗，绰楔对峙，金碧丹雘，照耀通衢。

如今所见伏羲庙内的古建筑，就是此次重修后的遗存。关于本次重修，伏羲庙太极殿大梁留有完工时督工官绅和工匠题记。督工官绅题记为"时光绪十三年小阳月督工官绅巩秦阶道姚协赞、秦州直隶州知州余泽春、郎中张和、主事任其昌、主事苏统武……住持田书斋重建"，工匠题记为"时光绪十三年小阳月木工吕明福、刘锐，泥工刘执中、杨美林，画工杨凤仪，小工张光祖、张善，瓦匠刘耀奎、王世禄，琉璃匠□学德，石工赵廷瑞、林福重修"。"小

[①] 武耀南：《天水指南》第十章《古迹名胜》，秦风日报社铅印本民国28年版，第34页。

阳月"即农历十月。

明清伏羲庙历次重修情况表

时　间	次　数	主持人	规　模	依　据
明成化十九年（1483年）	第一次	秦州知州傅鼐	创建太昊宫,形制不详	明《新建太昊宫门坊记》碑
明弘治三年（1490年）	第二次	耆老刘克己等	创建门坊1座	明《新建太昊宫门坊记》碑
明嘉靖元年至二年（1522—1523年）	第三次	巡茶御史陈讲、巡按甘肃御史卢问之	创建牌坊1座、大门3间、仪门3间、先天殿7间、太极殿5间、朝房20间、见易亭1座、水池1方	明唐龙《重建伏羲庙记》碑、清李铉《重修文祖庙碑记》碑
明嘉靖十年（1531年）正月十日至四月二十九日	第四次	巡按甘肃御史陈世辅、巡茶御史郭坄、秦州知州李楷	创建牌坊两座,补修东西墙垣,营造龛帷,彩绘庙宇。这是在嘉靖二年基础上的全面整修,至此,伏羲庙形成完整的宫殿式建筑群落	明康海《重修伏羲庙碑记》碑
清顺治十年（1653年）	第五次	分巡陇右道于之士、秦州营游击郭镇都、秦州知州姚时采等	所损建筑逐一修复	清于之士《重修太昊宫碑记》碑
清乾隆四年（1739年）六月至十月	第六次	秦州知州李铉、秦州州判吴三煜、秦州吏目郑重	创建来鹤亭3间、乐楼1座。重建牌坊1座、朝房14间,重修大门3间、仪门3间、先天殿7间、太极殿5间。未恢复太极殿后的见易亭、水池等物	清李铉《重修文祖庙碑记》碑

续　表

时　间	次　数	主持人	规　模	依　据
清嘉庆十年三月至十二年五月（1805—1807年）	第七次	秦州知州王赐均	创建碑亭6所、钟鼓楼各1座。大门、仪门由原来的3间扩建至5间。重修牌坊2座、朝房10间	清邹曹纯《重修伏羲碑记》碑
清同治年间（1862—1874年）	第八次	不详	庙内建筑全部更换为绿色琉璃瓦	民国武耀南《天水指南·古迹名胜》
清光绪十一年至十三年冬(1885—1887年)	第九次	分巡巩秦阶道姚协赞、秦州知州余泽春	创建碑廊一列共5间。重建朝房6间，重修先天殿7间、太极殿5间。奠定现在伏羲庙规模	清姚协赞《重修伏羲庙记》碑

民国年间，天水战乱连年，军阀割据。伏羲庙作为公产，凡驻防者都以之驻兵，成为兵营，只有破坏，没有建修。民国《天水县志》卷3《建置志》说：

迭经变乱，残毁不堪，迩来常驻兵。

民国28年（1939年）冬，国民政府军政部荣誉军人第十三临时教养院迁至天水县城。次年，教养院接收伤愈而不能重返抗日前线的体残官兵，进驻伏羲庙，在前院依东西墙垣修建办公用房（今文物展览厅即其原址）。民国30年，教养院组织生产合作社，占用先天殿、太极殿作库房和工房，因有碍工作，拆除先天殿伏羲像左右的河图洛书石盘和龙马雕像；并在太极殿后空地新建工房。① 时教养院拥有织机300多台，先后生产棉布、线毯、毛线、衣料

---

① 杨嵩秀：《我所知道的牟焞和十三教养院》，天水市政协文史资料委员会编：《天水文史资料》第1辑，内部铅印本1986年版，第96页。

毛呢、提花毛毯等产品。民国38年6月，天水解放前夕，教养院撤出伏羲庙，迁往四川合川。

　　1949年8月3日，天水市区解放。随即天水市军事管制委员会下辖的西关管理局接管伏羲庙，利用教养院遗留的纺织机组织生产。1955年8月，经甘肃省委批准，天水师范学校迁入伏羲庙，占用庙内全部建筑。1957年，天水师范学生已近700人，建筑不够使用，又陆续在太极殿后及西侧兴建教室、宿舍等，使庙的整体布局遭到破坏。1963年2月11日，甘肃省人民政府将伏羲庙列为甘肃省省级文物保护单位。1965年，甘肃省文化局拨专款1万元，指示天水师范负责维修，如今所能见到的先天殿露台支撑倾斜古柏的水泥柱，即当时所为。1966年8月后，伏羲庙成了当时天水师范"造反派"的据点，庙宇局部遭损坏。1969年4月，天水师范合并于天水地区"五七"红专学校，迁出伏羲庙。随后天水地区又在庙内举办各种学习班。1970年春，伏羲庙划归部队使用。1978年3月7日，天水地区文化局拨专款1000元维修伏羲庙，从此，维修经费列入计划。同年，天水地区校舍清退领导小组确定伏羲庙应归天水师范所有，列入清退之列。1979年，部队清退伏羲庙部分建筑，天水市文化馆进驻使用。1980年1月24日，甘肃省人民政府电示："伏羲庙退还给天师，给学生做好工作，保护好文物，按文物法令代管好文物。"① 1月31日，天水师范迁回伏羲庙。同年9月，部队将先天殿和太极殿归还天水师范使用。天水师范将先天殿用作音乐室，并堆放杂物，太极殿用作学生宿舍。1981年10月，甘肃省人民政府决定为天水师范另选校址。

　　1986年4月，天水市博物馆迁入伏羲庙。1987年4月，天水师范由伏羲庙迁入新校址。此后，伏羲庙的维修工作步入正轨，由博物馆负责，请名人题写匾额、楹联；整修下水道，设法复壮古柏。1988年12月，于先天殿前东西侧重建朝房各5间。接着于仪门内侧东西重建碑廊二列，以安置历朝碑碣。同时，渐次更换梁柱，雕镂门窗，改换陈瓦，使伏羲庙旧貌换新颜。1990年后，历年对庙宇均有维修。2000年，在原址恢复重建来鹤亭。2001年6月，伏羲庙被国务院列入第四批全国重点文物保护单位。

---

① 天水地区文化局1981年档案资料《关于对伏羲庙文物保护有关情况的报告》。

2002年，经多方协调，驻军部队正式将伏羲庙址后院移交天水市政府。同年，建成伏羲路步行街，路之东西尽头建成牌楼各1座。在原址恢复重建"继天立极"牌坊和"开物成务"牌坊，整修大门前戏楼。至此，沧桑古庙重现明清风采。

二 伏羲庙建筑遍览

牌坊 原有三座，即"开天明道""继天立极""开物成务"牌坊。"开天明道"牌坊在大门前，处台基之上。明嘉靖二年（1523年）创建，时匾题"太昊宫"。嘉靖十年、顺治十年（1653年）、乾隆四年（1739年）重修。乾隆六年，秦州知州李铉邀进京觐见回任的西宁道杨应琚书"开天明道"匾以替代清初佚失的"太昊宫"匾。嘉庆十年至十二年（1805—1807年）间重修，并对"开天明道"匾重新翻刻。[①] 光绪十一年至十三年（1885—1887年）间又重修。牌坊通高11米，面阔3间计10.5米。檐楼三架，明间为歇山顶，次间是悬山顶，累经重建，依旧呈明代建筑风格。"继天立极"牌坊和"开物成务"牌坊，在台基前当街。前者在东，后者在西，跨街而建，两厢对峙。东牌坊界伏羲庙东墙（羲邻巷，今大巷道），西牌坊界西墙（忠义祠，又称陈家巷）。牌坊下各立一石，铭文告诫过往行人：骑马者下马，乘轿者下轿，以示对伏羲的崇敬。牌坊为明嘉靖十年（1531年）创建，清顺治十年（1653年）、乾隆四年（1739年）、嘉庆十年至十二年（1805—1807年）间、光绪十一年至十三年（1885—1887年）间重修。1958年，天水市通行有轨电车，线路穿坊而过，为不影响运营，牌坊基座被整体加高1米左右。1972年4月被拆毁，明代榜书下落不明。2002年，两牌坊在原址重建恢复。

大门 又称正门、前门、头门。明弘治三年（1490年）创建，嘉靖二年（1523年）、嘉靖十年、清顺治十年（1653年）、乾隆四年（1739年）重修。嘉庆十年至十二年（1805—1807年）间由原来的3间扩建至5间，光绪十一年至十三年（1885—1887年）间又重修，始成今制。面阔5间计17米，进深2间计5.4米。悬山顶，绿瓦龙吻，质朴典雅。现悬明胡缵宗题书"与天地

[①]《天水伏羲庙"开天明道"匾考释》，刘雁翔：《伏羲庙志》，甘肃文化出版社2004年版，第207—210页。

准"匾。原匾1966年佚失，1988年天水市博物馆依照片补刻复原。

仪门　又称二门，明嘉靖二年（1523年）创建，时榜书"文祖"。嘉靖十年、清顺治十年（1653年）、乾隆四年（1739年）重修。嘉庆十年至十二年（1805—1807年）间由原3间扩建为5间，光绪十一年至十三年（1885—1887年）间又重修，始成今制。清代悬"道启鸿濛"匾，1966年后散佚。悬山顶，形制和大门同，规模略小，和大门遥相对应。

前院　在大门和仪门间，东西界墙。原院内除连接大门、仪门间的两条石砌甬道和道旁列植的古柏外，别无他物。民国29年（1940年），国民政府军政部荣誉军人第十三临时教养院依院内东西墙盖办公用房。1989—1990年间，天水市博物馆依其旧址建成文物展览大厅，东西各一列。

先天殿　又称正殿、大殿。在中院后部正中，是伏羲庙建筑群的主体建筑。明成化十九年（1483年）创建的太昊宫是其前身，但原宫址未必是今殿址。嘉靖二年（1523年）扩建，时榜书"先天"。嘉靖十年、清顺治十年（1653年）、乾隆四年（1739年）、嘉庆十年至十二年（1805—1807年）间、光绪十一年至十三年（1885—1887年）间屡经重修，始成今制。面阔7间计26.4米，进深5间计14.05米。殿宇雄踞宽阔的露台之上，庄严宏伟，重檐歇山大顶衬以龙吻脊、雕花天宫宝刹，显得高贵典雅，气度非凡，虽屡经重修，依旧呈明代风貌。上檐殿身七架，下檐周匝回廊，间架结构自然，比例尺度合理。正面明间、次间、尽间隔扇门窗雕以盘龙、团凤、仙鹤、麋鹿等吉祥动物图案，饰以牡丹、艾叶、松枝等植物，华丽精美。因年代久远，色彩斑驳，时显沧桑气息。殿内伏羲圣像高3米有余，手托八卦，目光如炬，正襟危坐神龛之中，灵气逼人。像右原有龙马雕像、左置河图洛书石盘，民国30年（1941年）被十三临时教养院生产合作社拆除，现已依原样恢复。殿顶棚以井口天花和藻井（在正中）相伴装饰，井口天花镶嵌伏羲六十四卦卦象图，而藻井施绘河图和伏羲先天八卦图，[①] 将装饰和伏羲氏的业绩紧密结合，别具特色。明月之夜，置身中院，月光从古柏枝丫缝中筛落下来，银辉泻地，而先天殿檐牙上的老铁钟迎风摇曳，叮当声轻盈入耳，犹入化境。

[①]《天水伏羲庙顶棚六十四卦图案辨误》，刘雁翔：《伏羲庙志》，甘肃文化出版社2004年版，第211—212页。

图 2　天水市区西关伏羲庙先天殿

朝房　中院、第三院都有，分列先天殿前东西两侧和太极殿前东西两侧，相向对称分布。明嘉靖二年（1523 年）创建，时有房 20 间。清顺治十年（1653 年）重修，乾隆四年（1739 年）修葺 6 间，新建 14 间。嘉庆十年至十二年间（1805—1807 年）重修 10 间，光绪十一年至十三年（1885—1887 年）间改建为 16 间，即中院先天殿前东西各 5 间，第三院太极殿前东西各 3 间，现存太极殿东侧 3 间。房为悬山顶，土木结构。1989 年 12 月，在先天殿露台前东西两侧重建朝房各 5 间，出廊式顶砖木结构。朝房仿宫殿式建筑设置，按古代惯例，文武官员上朝前先在朝房做准备活动，或面浴或整衣冠，而后静待金銮殿的上朝钟鼓声。文官居西朝房，武官居东朝房。伏羲庙的朝房在举行祭典时用以接待官员或相关人员，成为小憩用茶的场所，平时闲置。一些潜心科举考试的士子，多借住或租住朝房，彻夜苦读，大概是想得到"人文始祖"的文气吧！

钟楼·鼓楼 分列先天殿露台东西。宫观寺院的常设建筑，所谓暮鼓晨钟。清嘉庆十年至十二年（1805—1807年）间创建，均呈六角攒尖顶，小巧玲珑。原来都是封闭式的，只留一面为门，现柱间的雕花窗棂已全部拆去，与亭无二致。

钟楼在民国29年（1940年）第十三临时教养院进驻伏羲庙后，因失火被焚毁，清代的大铁钟下落不明。现存钟亭为1988年天水市博物馆复原重建者。民间祭祀伏羲的组织"上元会"补铸铁钟一口，悬置其中。鼓楼依旧，而鼓早已不知去向。依据采访所知，原来鼓楼的鼓很大很响，民国33年（1944年）中国戏剧学社戴涯话剧团来天水演出话剧《雷雨》，还曾借用这面鼓伴奏雷声。

碑亭·碑廊 原在先天殿西侧。创建时间不详，乾隆《直隶秦州新志》卷3《建置》提及庙内有"碑亭"，据此，疑创建于明代。有史可证为清嘉庆十年至十二年（1805—1807年）间重建，时有碑亭6所。光绪十一年至十三年（1885—1887年）间改建为碑廊一列，共5间。1955年，天水师范搬入伏羲庙后，占用碑廊，将碑碣放翻另置。1990年，在仪门内侧东西新建碑廊两列，共10间。卷棚顶，砖混结构，所有碑碣都得以安置。

中院 处仪门和先天殿后墙之间，是伏羲庙的主体院落。先天殿居后、居中，东西两侧分列朝房、碑廊、钟鼓楼，构成典型的四合院。院内列植古柏，现存18株。

太极殿 又称退殿、寝殿、寝宫，在第三院后部正中，依"前宫后寝"惯例而建。明嘉靖二年（1523年）创建，时榜书"太极"。清顺治十年（1653年）、乾隆四年（1739年）、嘉庆十年至十二年（1805—1807年）间、光绪十一年至十三年（1885—1887年）间屡经重修，始成今制。太极殿面阔5间计17.7米，进深3间计9.38米。单檐歇山顶。正面装饰不及先天殿华丽，而尽间之团龙、团凤雕刻，鲜明生动，有很高的艺术价值。殿内设神龛，供伏羲圣像，比先天殿像略小而形体相似。不设顶棚，较先天殿简陋。或有关于伏羲庙的书籍中言太极殿配祀神农，实为莫大误解，先天殿是伏羲的宫，太极殿何而能成神农的寝呢？且殿名太极，太极又与神农何涉？

第三院　处先天殿和太极殿之间。殿前东西列朝房。有侧门和中院、后院相通。院内列植古柏，现存6株。

后院·后陵　又称第四院，处太极殿和伏羲城北城墙之间。明嘉靖二年（1523年），院内设置见易亭、水池、桥亭等，并植有花木，经嘉靖十年（1531年）整修，成为风景幽美的园林。明胡缵宗有《与赵太史见易亭小坐》诗，正是在此院中吟作的。为体现建筑群的完整，明代创庙时，仿河南淮阳伏羲陵形制，天靖山麓半山设有象征性的伏羲陵标志。庙前又置大片庙地，有"负山带河"之说。山即指天靖山，河即藉河。明末兵燹不断，于是筑小西关城环围庙宇及附郭居民，伏羲庙后院和天靖山割裂。以后逐渐荒废。清乾隆四年（1739年），秦州知州李铉主持重修伏羲庙时，院中的亭、池、桥已不复见，亦未完全恢复，只是在庙西北余地，种花构亭，以供游憩。民国时人称"后陵"，认为是归葬伏羲的地方。院内杂草丛生，大蛇屡见，人迹罕至。民国28年（1939年），第十三临时教养院进驻之后，在院内修建工房等。1955年天水师范学校迁入之后，又在这片空地上修建教室等。1970年后归部队使用，2002年正式退还地方。

来鹤亭　在先天殿西，自成院落。亭院之东墙即庙之西墙。清乾隆四年（1739年），秦州知州李铉主持重修伏羲庙，忽有白鹤飞临庙柏，古人视鹤为福寿吉祥的象征，为此建来鹤亭以资纪念。[①]继任知州程材传改称"鹤厅"，重修情况不详。光绪二十六年（1900年），"陇南文宗"任其昌先生去世，学人私谥"文介公"，辟来鹤亭为生祠堂，于是亭亦被称为任文介公祠，前清进士哈锐有联"黛色参天有老柏，黄花满地建新祠"即指此。民国时来鹤亭院内所悬对联还有哈锐的"被发下大荒，风景无殊，山光顿异；旧事从头说，耆英结社，羽客窥人"以及清著名学者伏羌王权的"几树寒涛髯叟健；一亭凉月羽仙归"。民国10年（1921年），亭院内设存古学社和陇南十四县县志编纂局。时任承允、哈锐二先生主讲学社，传道授业。冯国瑞、胡楚白、赵

[①]　乾隆《直隶秦州新志》卷12《杂记·幻异》说："乾隆初，知州李铉修太昊宫成，有鹤集庙柏，因颜其别院曰来鹤亭。"

尧臣等皆为小学教员，听讲就试，后皆成学者，尤以冯国瑞最为出众。

戏楼　隔街和"开天明道"牌坊相对。清代创建，重修情况不详。时悬联："当万籁未鸣以前，即蟾宫犹无霓裳羽舞；自八音克谐而后，虽羲里亦演优孟衣冠。"硬山屋顶，上下两层，高10米，面阔3间计8.1米。2002年按"整旧如旧"的原则依原制重新整修。戏楼原是举行伏羲祭典时唱戏的场所。每逢庙会，即于农历正月十四、十五、十六唱戏三天，以招徕民众，增加热闹气氛，同时兼含向神致敬。所演剧目以热闹滑稽剧为主，白天唱全本，晚间唱折子。民国时演出多由秦腔剧班鸿盛社承当，《回荆州》《香山寺还愿》成为固定剧目。民国34年（1945年）以后，间或亦有京剧、豫剧上演。

附一：附属建筑

乐善院　又称乐善庵，在伏羲庙东隔壁。大门临街，一进两院，为庙堂建筑。殿后附小花园，院内有古柏数株，石碑两通。创始不详，疑为明代。清乾隆四年（1739年），秦州知州李铉重修伏羲庙时所修乐楼大概就在乐善院内。清代晚期多用以设私塾，伏羲城关桂、关应年、关铺祖孙三代在伏羲庙设帐授徒，诸生登门下求教者常过百人，租用的就是伏羲庙的庙产乐善院。[①] 民国时设伏羲小学。20世纪50年代后小部分被民宅挤占，大部分被天水师范拆除改作宿舍。现收归伏羲庙。

道院　俗称庙院，在伏羲庙西侧。明代即有，为住持道士的住宅。清乾隆四年（1739年），李铉《重修文祖庙碑记》碑阴列载当时道士赵复宋有自盖瓦房11间，田复喜有自盖瓦房四间半。民国时，住田、蒲两道士家族。

附二：古柏·古槐

古柏　庙内前、中、后三院遍布古柏，沿甬道两侧排列。以树龄而论，大部分是明代所植，小部分是清代所植，尚有数株是建庙之前元代原有之物。原有64株，象征伏羲六十四卦之数，现存37株。挺拔苍翠，浓荫蔽日。自明以后，古柏成为和古庙和谐统一的重要景观，正所谓殿宇雄深，古柏参天。州志及题咏伏羲庙的诗歌对此多有论述颂扬，诸如"古柏苍鲜""古柏森森"

[①] 民国《秦州直隶州新志续编》卷3《人物》说："关铺，字虞生，桂之孙，应年子也。自祖父以来设帐于伏羲庙。"

"古柏参天溜雨痕""古柏藏风雨""黛色参天有老柏""柏叶摇风落古香"等，不一而足。

古槐　原有2株，分列前门内侧东西墙角，为唐代古槐。西侧1株20世纪50年代砍伐。据采访，此株树干粗壮，而树心洞空，孩童时常捉迷藏玩耍，进出自如，但却枝繁叶茂，成为奇观。现存东侧1株，高11米，树干中空，树枝完全枯死，而树干南侧又发出新枝，根部长出小树，依然青春焕发。据报载，2011年古槐复壮时，在树洞底下发现瓷片、瓦当30多件，其年代最早者为金代。

三　祭祀典礼

羲皇故里伏羲祭祀蠡测

因为天水自古称羲皇故里，因此建有祭祀伏羲的祠宇——伏羲庙。而伏羲庙的建设和历史上的"成纪"这个地名息息相关。成纪自汉初设置县，至明洪武二年（1369年）撤销，治所前后经历了几次大的治所迁移，在县治迁移的同时，还伴随着一个很有趣的现象——成纪始终和伏羲事迹密切关联。关于汉成纪县，《水经注》卷19《渭水》说："……故渎东经成纪县东，故帝太皞庖牺所生之地也。汉以为天水郡。"关于北周成纪，《隋书》卷29《地理志》说："成纪，旧废，后周置。有龙马城，仙人峡。"所谓"龙马城"显然是因"龙马负图，伏羲则而画卦"而得名，仙人峡之"仙人"指的就是伏羲。关于唐宋成纪，《金史》卷26《地理志》说："成纪，倚。有龙马泉。"这里的"龙马泉"还是和"龙马峡"一样是因"龙马负图，伏羲则而画卦"而得名。这就充分说明成纪是伏羲的诞生地乃千百年来公认的、众人皆知的常识。也可以说因为有"成纪"在，理应有相应祭祀伏羲的祠庙，伏羲的祭祀理应和成纪地名同时诞生。唐代晚期，成纪由今秦安叶堡川南迁至唐秦州今天水市城区，所以当时在秦州三阳川蜗牛堡（即今之卦台山）创建伏羲庙，伏羲祭祀中心南移。

北宋以来伏羲祭祀沿革

金章宗明昌年间（1190—1196年），卦台山再建伏羲庙，祭祀情况不详。据《金史》卷29《礼志》，对前代帝王三年一祭，规定陈州即今河南淮阳于仲春之月祭祀伏羲，可断定秦州蜗牛堡伏羲庙的祭祀活动也是类此而进行。

元朝元贞元年（1295年），元成宗诏命全国各地大建伏羲庙，通祀三皇，以医师主祭。当时卦台山伏羲庙主祭伏羲，配祀炎帝神农和轩辕黄帝。每年三月三日、九月九日用太牢祭祀。秦州成纪县令韩彧认为，成纪是伏羲的诞生地，卦台是伏羲的画卦场所，因此，伏羲的祭祀规格理应高于其他州县，于是申明"都部"即巩昌府都总帅府，每年春秋二祭由官府出资，由官员主祭，而不像其他州县由医师主祭。① 同时，秦州还专设庙田145亩，作为祭祀伏羲的专项经费来源，以保障祭祀顺利进行。另外，在秦州玉泉观建立三皇专庙，祭祀情况不详，想必和卦台山祭祀情形类似。

至洪武四年（1371年），太祖朱元璋认为，全国各地通祀三皇，以医师主祭是对三皇的亵渎，于是诏命全国各地尽数废止三皇庙。河南陈州是伏羲的陵寝所在地，被明廷指定为全国唯一的伏羲祭祀地。所幸的是卦台山也被列为伏羲的另一处陵墓，天顺《大明一统志》卷35《秦州·陵墓》说："伏羲陵，在秦州北四十里，世传三阳川蜗牛堡有伏羲陵。"因此，官祭取消，而民间祭祀尚存。嘉靖十三年（1534年），胡缵宗所撰《太昊庙乐记》说：

> 考之诞圣之郡，画卦之台，前代无不举祀，而国朝独缺焉。

就是针对洪武之后、嘉靖以前秦州州署不再主祭伏羲情形而言的。

明成化十九年（1483年），秦州创建太昊宫（伏羲庙的前身），但未得到明廷的认可，属草创阶段，祭祀也没有制度化。明弘治三年（1490年）萧英《新建太昊宫门坊记》说：

> 况神宫之前，杂乎居民，通乎闾巷，过之者不知致敬，见之者不知尽礼，此尤为阙典□之大者也。

正德五年（1510年），随着伏羲祭祀禁令的松弛，卦台山和秦州伏羲庙恢复春秋官祭，祭礼仿文庙进行。光绪《秦州直隶州新志》卷3《食货·礼俗附》说：

---

① 普奕：《伏羲画卦台记》，乾隆《直隶秦州新志》卷之末《补遗》，乾隆二十九年刻本。

> 伏羲庙自明正德五年始立春秋祭，笾豆牲牢之数如文庙。

正德十一年，明廷批准秦州在卦台山重建伏羲庙，官祭正式恢复。正德十六年，又批准将拟建于卦台山的伏羲庙改建于秦州。从此，伏羲祭祀中心转移到秦州城，卦台山地位下降，逐渐沦为民祭场所。

嘉靖二年（1523年），秦州伏羲庙正式建成，祭祀活动渐次正规化、制度化。礼部还专门为祭祀制订程式化祭文。祭祀费用列入州署财政预算，定额银18两。并设庙夫2人管理日常杂务。嘉靖十三年，巡按甘肃御史张鹏、秦州知州黄仕隆主持制礼作乐，张还自撰《迎神曲》《送神曲》各一章。同时制订祭祀程序、乐生舞生员额、祭祀人员的服饰以及所用祭器，祭祀进入极盛期。由此，秦州伏羲庙和陈州伏羲庙一样成为全国性的伏羲祭祀中心。

与明朝相较，清代秦州伏羲庙冷清了许多，原有祭礼废弃，祭品只用少牢，乐舞省去。祭祀用银也没有保障，多由秦州知州捐助。乾隆四年（1739年），秦州知州李铉申报甘肃布政司，请求动用公款恢复明代祭祀，未得答复。乾隆四十六年，秦州知州侯作吴再次申报甘肃布政司，获准每年由布政司给银20余两助祭，恢复太牢礼仪，但明礼仍然没有完全恢复。祭日也逐渐由一年两度改为一年一度，时间定在农历正月十六。虽然祭银列入州署财政预算，而祭祀并不是全部由官府主办。官府而外，有时则由伏羲城（亦称小西关城）士绅组织的上元会主办，有时也由士绅出资捐办，如同治四年（1865年）、十年的庙祭即由伏羲城张登阶主办。任其昌《张登阶墓志铭》说："同治乙丑、辛未君奉旨两次领衔隆祭伏羲，开绅祭先列。"[①] 道光七年（1827年）正月十五日，伏羲庙创办灯会，成为祭典活动的一项重要内容。晚清时，祭祀活动从正月十四开始，城乡民众前往进香，同时上演庙戏，十五日出榜文，十六日正祭，正式举行典礼。此制一直沿袭到民国。

民国以后，庙内虽时常驻军，但祭祀依旧举行。祭资已不再由政府拨付，完全依赖进香人捐助。祭祀依旧由上元会主办，正祭时多邀请当地行政长官主祭，如陇南镇守使孔繁锦，第四区行政督察专员公署专员胡受谦、高增级

---

① 张博：《西厢春秋》，甘肃文化出版社2006年版，第387页。

等，都曾被邀为主祭。礼仪与晚清同，但更加简略，祭器供品也大不如前。正月十五日零点，礼炮九响，正祭开始，屠宰乌牛、白马、猪三牲献血，清洗后将三牲头架于供桌；杂陈果品、糕点、茶酒等物，而后由民众进香火。早晨八时许，典礼开始，主祭、陪祭依次列香案前宣读祭文，行三拜九叩礼（后改为三鞠躬）。下午行送神礼，将榜文焚于先天殿前的琉璃塔上，最后将灰送至藉河中，祭祀即告毕。

1949年天水解放后，上元会自行解散，不再祭祀伏羲。1966年，上元会所藏祭祀器物尽数被毁。1981年之后，逐渐有诚信者开始在伏羲祭日上香。1988年，时值龙年，农历五月十三（公历6月26日）传为龙的生日，天水市人民政府于本日举办规模盛大的伏羲祭祀典礼。从此，正月十六的祭典也随之恢复。从此，伏羲祭祀经常化、规范化，政府祭祀、民间祭祀并行。2000年开始，天水市人民政府主持举办一年一度的伏羲文化旅游节，公祭伏羲依旧是节会的主要内容。2005年公祭伏羲大典由市级升格为省级。同年，公祭伏羲大典、伏羲文化旅游节被国际节庆协会评为中国最具发展潜力的中国十大节庆之一。2006年，"太昊伏羲祭典"列入第一批国家级非物质文化遗产名录。

伏羲庙祭祀规程及祭俗

祭祀程序　据胡缵宗《太昊庙乐章》，明嘉靖时秦州伏羲庙的祭祀程序依次是迎神、初献、亚献、终献、彻馔、送神、望瘗七部分。仪式大致为：祭日清晨，知州着朝服率僚属士绅等在鼓乐声中出榜迎神，而后由专职祭祀人员陈献各种祭品，如牲牢、瓜果菜肴、黍稷稻粱、酒、玉帛等。《太昊庙乐章》第二章《初献》说："牺牲即洁，俎豆载馨。"第三章《亚献》说："洁帛既陈，清酤复献。"指的就是陈献祭品的情况。接着在音乐歌舞的氛围中结束供献。祭典正式开始，知州宣读礼部特颁的祭文，而后主、陪祭人行拜礼，而后城乡民众敬供香火。当暮霭降临，"日欲暝兮月将晖，雾霭霭兮烟霏霏"，则撤去祭品，毕恭毕敬地送神灵升天。

祭祀日期　汉代以伏羲为春皇，祭祀在立春之日举行。唐玄宗天宝六年（747年），确定每年春秋季二时祭祀三皇。宋金明确在仲春、仲秋（即每年二月、八月）祭祀，卦台山伏羲庙即据此祭祀。元代改定祭日为三月三日、九月九日，即一些资料所言的"春秋之季月"。明初袭元制。后将历代帝王的祭祀改为仲春、仲秋即二月和八月。卦台山伏羲庙和秦州伏羲庙的祭祀日期被确定为每年仲春、仲秋的上丙日，即二月和八月上旬的丙日。顺治《秦州志》卷6《仪制志》说："岁春二月上丙日、秋八月上丙日祀太昊伏羲氏。"清乾隆四年（1739年），秦州知州李铉申报甘肃省布政司，请求恢复明代祭祀，未获批准，明代确定的祭祀日期逐渐废止。民间相传正月十六是伏羲氏的诞辰，于是秦州伏羲庙的正祭日期遂改为正月十六日，一年一度。而卦台山伏羲庙的祭祀日期则为正月十五日和二月十五日，一年两度。民国沿袭。1988年，时值龙年，天水市人民政府主持举办伏羲祭典活动。由于伏羲是龙的象征，农历五月十三日传说为龙的生日，宋范致明《岳阳风土记》说："五月十三谓之龙生日，可种竹，《齐民要术》所谓'竹醉日'也。"加之农历五月，正当旅游旺季，为发展经济文化起见，遂将1988年的公祭活动定为农历五月十三日。2006年始，公祭大典时间固定为公历每年6月22日。

图3　天水伏羲庙正月十四至十六民间庙会场面

祭器祭品　唐代用少牢祭祀三皇，即用羊、猪两牲。宋改为用太牢祭祀，即用牛、羊、猪三牲。金、元两代，卦台山伏羲庙以太牢祭祀，明代秦州伏羲庙沿袭用太牢。据《明史·礼志》，洪武四年（1371年）定仪，祭祀历代帝王用登一，铏二，笾、豆各八，簠、簋各一，俎一，爵三，尊三。七年

(1374年）更定：登、铏、簠、簋各一，笾、豆各十，爵各三，共设酒尊五于殿西，酒尊三于殿东阶。二十一年（1388年）增定：帝王每位铏二，簠、簋各二。后确定祭品用十二笾、豆之制。十二笾中分别盛放形盐（制成一定形状的盐）、槁鱼（即干鱼）、枣、榛、菱、芡、鹿脯（干鹿肉）、白饼（白面饼）、黑饼（黑面饼）、糗饵（用炒熟的米、麦谷物制成的食品，若炒面或糕点类）、粉糍（用黏米制成的食品，若年糕、汤圆类）。十二豆中则分别盛放韭菹（切碎的韭菜）、醓醢（肉酱）、菁菹、鹿醢（鹿肉酱）、芹菹、兔醢（兔肉酱）、笋菹、鱼醢、脾析（牛百叶）、豚胉（猪腰窝肉）、酏食（粥）、糁食（米饭）。若用十笾、豆制，笾则减糗饵、粉糍，豆则减酏食、糁食。明朝中后期秦州成为和河南陈州齐名的两大祭祀中心之一，祭祀陈设理当是类此而进行的。这从胡缵宗《太昊庙乐章》也有所反映。清代太牢、少牢交替使用，改太牢为乌牛、白马、猪三牲，陈设祭器祭品较前简略。民国时期在某些有特殊意义的年份才会三牲俱全，同献的祭品有果品、食物、酒等。1988年恢复祭祀，主祭品用猪2头，古代礼器不存，祭品用普通的盘碗陈设。后逐渐恢复牛、羊、猪三牲太牢祭祀。

乐舞 明嘉靖十三年（1534年），巡按甘肃御史张鹏巡察秦州，考察秦州伏羲庙的祭祀情形，见伏羲庙祭礼简陋，没有健全的乐舞制度，不足以突出"羲皇故里"的特色，便邀秦州知州黄仕隆共同主持制礼作乐。[①] 胡缵宗《太昊庙乐记》说："（张鹏）乃邀仕隆召工制器，按八音以为乐，准八佾以为舞。盖琴、瑟、笙、镛之属必调，番翟、冠、袍之属必缴；制罔不合，度罔不中，而敬可持矣。"乐舞大抵仿当时文庙使用的礼乐制作。据乾隆《直隶秦州新志》卷3《建置》伏羲庙条，可知明代乐舞规模大抵如下：有迎神、初献、亚献、终献、彻馔、送神之乐。乐器三十有六，乐生四十有四人，冠服一百四十有四。舞器百有三十，舞生六十有六人，冠服二百六十有四。场面十分壮观。清以来乐舞失传，晚清时祭祀已无乐无舞，或以一些戏曲中与祭祀场面相合的音乐代乐，或以夹板舞之类的舞代舞。

祭祀乐章 明嘉靖十三年（1534年），巡按甘肃御史张鹏、秦州知州黄

[①]《明故奉政大夫大理寺右丞张公墓志铭》说："秦州伏羲庙坏，大理命有司新其堂宇，正其祭器。有中丞可泉胡公碑记。"文载《沁县明朝张鹏墓》,《文物季刊》1992年第2期。

仕隆主持制礼作乐，完善伏羲庙祭祀规程。张乃自撰《迎神曲》《送神曲》各一章，以配合祭祀礼乐。乐章哀婉华丽，文采飞扬，有屈原《九歌》的风韵。同时，胡缵宗依据明代通行的文庙祭祀乐章撰《太昊庙乐章》七章。乐章规范典雅，展示了伏羲庙祭典的所有程序。当时张的乐章由黄仕隆负责刻石立碑。清乾隆五年（1740年），秦州知州李铉步张撰乐章原韵作新词重刊，碑现存天水伏羲庙西碑廊。

附一：张鹏《太昊庙祀乐章》[①]

迎　神

　　山矗矗兮水悠悠，风瑟瑟兮云翛翛。殿闽旷兮鸟声柔，天元冥兮树色幽。谐鼓吹兮陈肴馐，纷拜舞兮恭献酬。神之来兮灵色周，驾玉龙兮乘苍虬。銮锵锵兮旆皠皠，宛在清虚烟上头。

送　神

　　日欲暝兮月将晖，雾霭霭兮烟霏霏。湛桂醑兮天熹微，陈琼筵兮神依稀。钟鼓间兮琴瑟希，凤吹导兮鸾舆归。神犹眷兮旗欲挥，鸣苍珮兮垂丹扆。来何从兮去何适，松柏穆穆兮鸟雀飞。

附二：李铉步张鹏原韵所撰《太昊庙祀乐章》[②]

迎　神

　　山泠泠兮水溜溜，风瑟瑟兮云悠悠。殿闽旷兮鸟声幽，天阴晦兮树色愁。喧鼓吹兮陈肴馐，纷跪拜兮杂舞讴。神之来兮灵气周，驾玉龙兮乘苍虬。音沓沓兮意寂寂，只在清虚烟上头。

送　神

　　日未落兮月将辉，雾横布兮雨初霁。酿桂酒兮目唏唏，瞻琼筵兮心依依。钟鼓间兮弦管微，羽盖张兮琳轩归。神欲旋兮不可挥，鸣玉佩兮飘仙衣。欢无颜兮笑无语，松柏萧萧鸟雀飞。

---

① 乾隆《直隶秦州新志》卷11《艺文下》。
② 文载《太昊庙祀乐章》碑。碑刻于乾隆五年（1740年），存伏羲庙西碑廊。

附三：胡缵宗《太昊庙乐章》①

迎 神

天生羲圣，广大变通。立极垂易，列圣攸宗。天子致祀，仪文式崇。神之鉴之，昭格雍雍。

初 献

牺牲既洁，俎豆载馨。鼓琴鼓瑟，惟圣惟灵。文敷八卦，道衍六经。报功报德，惟格惟歆。

亚 献

洁帛既陈，清酤复献。惟祀雍容，维灵缱绻。八卦初传，斯文式宪。神其来临，歆此亚饭。

终 献

律吕既龠，仪度复详。在天上帝，在帝羲皇。河图垂宪，龙马回翔。惟神昭格，眷此帝乡。

彻 馔

神之来兮，见龙在田。神之去兮，飞龙在天。牺牲斯报，琴瑟斯宣。神其眷注，鉴此衷虔。

送 神

龙乘秘殿，云复行宫。卦台斯格，纪邑攸同。太羹金注，元酒玉溶。瞻依犹切，陟降曷从。

望瘗（与彻馔同）

祭文　明正德十六年（1521年）之后，秦州祭祀伏羲中心由卦台山移至州城。嘉靖二年（1523年），秦州伏羲庙新建完工。为体现对先皇的崇敬，明廷礼部为秦州特别颁发《太昊庙祭文》作为官祭时的标准祝辞，代表朝廷致祭。清代废弃官祭，但祭祀从未断绝，至于用什么祭文不得而知。清末，进士任其

---

① 乾隆《直隶秦州新志》卷11《艺文下》。

昌曾撰伏羲庙祭文，惜已失传。民国时天水学者张云石等所撰祭文亦不传。1988年，天水市人民政府主持公祭伏羲典礼，陕西师范大学教授霍松林、甘肃诗词学会副会长张举鹏二先生各撰有祭文一篇。此后每年都撰有新祭文。

附：明礼部所颁《太昊庙祭文》

维年月日，秦州某官某，钦奉上命，致祭于太昊伏羲氏。

于维圣皇，继天立极，功在万世，道启百王。顾兹成纪之乡，实惟毓圣之地。爰承明命，建此新祠。用妥在天之灵，并慰斯灵之望。时惟仲（春、秋），祀事式陈。神之格思，永言无斁。①

告文·榜文 天水伏羲庙祭祀出告文的祭俗始起于明嘉靖年间。祭祀之时，先出告文，向民众昭示伏羲氏的伟大功绩。清代、民国祭祀时偶出告文，并非必有程序。祭祀迎神时出榜文，以告慰伏羲氏神灵。明清两代出榜情形不详。民国时每逢庙会，于正月十五日清晨迎神时出榜文，正月十六日下午送神时则将榜文焚于先天殿前的琉璃塔内，而后将灰送入藉河，祭祀即告完毕。所谓"迎神出榜、送神烧榜"是也。惜历代榜文均不流传。民国时榜文内容并不固定，民国35年（1946年）伏羲庙会的榜文由天水诗人赵尧丞撰，内容失传。

附：明刘尚义《太昊庙告文》

嗟惟太古，时会洪荒。其风简略，文物未彰。如彼晦冥，昏蒙元茫。羲皇特起，配天为王。聪明神圣，灵异靡常。爰衍八卦，始制文章。男女有别，化机乃扬。人极爰立，开我周行。日月悬曜，光照无疆。往者绪绍，来者轨张。慨我黎庶，是用是将。惟木有本，枝叶其昌。于帝振迹，麟趾顾长。彼苍者天，可与类行。惟台小子，迁于是方。永念遗德，肃将不忘。陈彼腐荄，只荐于旁。明灵昭格，奕其来洋。②

---

① 乾隆《直隶秦州新志》卷11《艺文下》。
② 乾隆《直隶秦州新志》卷11《艺文下》。

灯会和灸病习俗

伏羲庙灯会 清道光七年（1827年）正月十五日上元之夜创办。从此，严肃的祭祀活动和活泼的文化活动结合，使"玩灯"成为伏羲祭典的一项重要内容。且灯会又和灯谜结合，每逢灯会时，于伏羲庙庭院古柏间拉绳，悬挂各种谜语，供朝庙的民众射猜，中者有奖。推其源，上元之夜，秦州文庙一贯有架"灯山"、挂"字虎"任人射猜的传统，想必伏羲庙的灯谜活动是受文庙的影响所致。这种形式无论是普通市民还是官僚士绅，都喜闻乐见。清进士任其昌、苏统武、刘永亨等都曾亲自创作灯谜。天水的花灯、灯谜声名远扬，是和一年一度文庙、伏羲庙灯会分不开的。

灸病习俗 农历正月十六日，相传为伏羲生日。这一天，天水市民众自发集会祭奠"人宗爷"（天水人习惯将伏羲称"人宗爷"），祈求幸福安祥，新年好运气。伏羲庙内，古柏森森，庄严肃穆。按天干地支六十甲子排列循环，每年推选其中一株在庙内值班，据说这棵大柏树就成了伏羲旨意的直接体现者。它会治病疗疾，无所不能。庙会时神树上悬挂红灯作为标志，以供奉祀。朝拜人宗庙的人们沿甬道鱼贯而入，恭恭敬敬地于露台之下三拜九叩，焚香化纸。而后各自走到神树前（其实庙内哪一棵柏树都可以，不一定是值班树），粘贴纸人，点香火灸病。带病者可以为自己灸，不带病者为亲友灸，哪个部位伤痛即可灸对应的纸人的部位。纸人以红纸为原料，剪成人形，大小均可。灸是仿中医学上的针灸而为之，讲究的是用艾草贴伤病处与纸人相关的部位，用香火点焚，图方便的直接用点燃的香头戳。心诚则灵，人们似乎从不考究是否灵验，是否真能袪除疾疫。棵棵古柏在每年朝庙结束后，身上总会粘贴上无数的小纸人，风起时哗啦啦作响。如今，为保护古柏计，每至庙会日，博物馆用竹帘围护树身，而虔诚的民众则将小纸人贴满竹帘，如法炮制。推其源，纸人灸病的习俗来自唐代以后中医界长期奉行的"医易同源"理论。唐代大医学家孙思邈在他的《千金要方》中即大谈医和易的关系。宋徽宗赵佶作《圣济经》，将《周易》和医学著作《黄帝内经》《神农本草》一同归入他理解的三皇之书《三坟》。元代诏令全国通祀三皇，奉三皇为医师始祖，由医官主祭。按这一理论推论，则医学是易学派生，易的基础是阴阳八卦，八卦又是伏羲

首创，因此，用香火代银针灸烧贴在古柏上的纸人，理所当然地被认为能"治病"，朝拜人宗庙的人对此都坚信不疑。

祭祀经费和祭祀组织

庙田　卦台山伏羲庙和州城伏羲庙都有一定数量的庙田供平常初一、十五祭祀之用。卦台山元初置庙田，计145亩。元至正四年（1344年）秦州同知周赟重新厘定，规定每亩收租1斗。明清沿袭。乾隆《直隶秦州新志》卷5《食货》说："卦台山太昊庙有常住地一百四十五亩，即在台上。"又，光绪《秦州直隶州新志》卷3《食货》说："卦台山伏羲庙有常住地一百四十五亩。"州城伏羲庙也有庙田，清乾隆五年（1740年）重建碑碑阴有载，原戏楼后的菜园就属庙地，但数目不详。另外，伏羲庙尚有房产和地产。同时属庙所有的朝房和乐善院及周围的一些房产，往往出租给设馆教徒的先生，或潜心攻读的士子。地产、房产两项收入均用以赞助香火。

祭祀银　明清时期州城伏羲庙的大祭费用一律由州署办理，列入州署财政预算。顺治《秦州志》卷7《食货志》说："伏羲庙祭仪，原银十八两。"清代前期，祭祀银由知州捐备，形成惯例。乾隆四十六年（1781年），知州侯作吴申请甘肃布政司每年拨银助祭，获准，数额为20多两，光绪《秦州直隶州新志》卷3《食货·礼俗附》说："国朝乾隆四十六年，知州侯作吴请于大府，每岁藩库给银二十两有奇，复用太牢。"乾隆之后，祭银拨付常态化，光绪《秦州直隶州新志》卷3《食货》说："额支伏羲庙祭祀银二十两，庙户工食银一十二两。"文献记载如此，但从州署留存档案看，有清一代自顺治至于光绪，祭祀银都是由州署拨付，数额均为18两。入民国，祭资不再由官府拨付，完全依赖进香人捐助。

住持　明代设住持，管理伏羲庙上香清扫事宜。住持身份是道士，又称阴阳，由于属正一道，可以带家，又有"庙户"之称。住持长住庙内，职业世袭。田阴阳家自明嘉靖年间直至民国，祖孙十三代相沿为伏羲庙住持。清乾隆五年（1740年），秦州州署设住持3人（其中就有田家的先人田复喜），并制订"住持经守条约"，刻于秦州知州李铉所撰《重修文祖庙碑记》碑之阴，令住持道人"宜处修香火，小心经守"，亦不能让闲人"任意出入游玩骚扰"，违反规定者，住持应予以制止，"立即扭禀以凭拿究"。同时，州署为庙户每年提供工食银12两，以补贴日用。民国时伏羲庙有住持2人，一为田阴阳，一为蒲阴阳，俱带家住庙西隔壁庙院，但政府不再拨款，生活来源主要是香火钱。1949年后，住持被遣散。

上元会　上元会是组织伏羲祭祀活动的民间组织。相传成立于明代，由伏羲城的绅民组成。清、民国沿袭，由于官府不再主持祭祀，上元会遂成为祭祀的总代理，1949年后自行解散。1988年6月26日，恢复伏羲祭典时重新成立，除负责庙会祀典之外，为恢复伏羲庙的文物做了不少工作。

四　碑文选录

伏羲庙内的碑碣，是和庙的创建和重修伴生的，时间愈后，新建碑碣愈多，而损坏也在所难免。清乾隆四年（1739年）杨应琚《据鞍录》说："（伏羲庙）碑碣屡经兵火，秦人亦不知珍重，惜无元代以上者。"[1] 可见乾隆时碑已有损坏。嘉庆年间重建碑亭，光绪年间改建碑廊，加以保护，成为伏羲庙建筑群的组成部分。民国以来，庙内或驻军或办学，有些碑碣遂下落不明。兹选录和伏羲庙创建、重建有密切关系者如下。

（明）萧英《新修太昊宫门坊记》

秦州西关外一里许，有伏羲行宫焉，□前为□□（太守）傅公天和之所建也。按《志》，太昊伏羲氏生于秦之成纪，故境内有始画八卦之台，厥后因都而崩于陈，陵寝见存而岁时祭飨。公以伏羲为太始祖，圣德象日月，神功配天地，万世之下，咸有依赖。彼卒之地既以时致祭，而所生之地岂容忽然而不祭乎？此行宫之所由建也。

然方草创，而公已乔迁。以故殿宇有所未备，塑像有所未成，凡百皆聊且粗略，而未至于完美。况神宫之前，杂乎居民，通乎闾巷，过之者不知致敬，见之者不知尽礼，此尤为阙典□之大者也。

弘治庚戌岁，郡之耆老刘克己辈各捐己资，备材命匠，建立坊门，榜曰"太昊宫"。经始于夏四月，落成于秋七月。青紫交辉，丹碧掩映，然后斯庙表而出□，而凡过者、见者无不致敬尽礼，俨然神灵在侧，孰敢萌一毫戏豫

---

[1] 杨应琚：《据鞍录》，杨建新主编：《古西行记选注》，宁夏人民出版社1996年版，第335页。

之心哉？呜呼！诸耆老之功于是为大。事竣，敬述厥由，用勒诸石，以留于不朽云。

时弘治三年岁次庚戌冬十一月上旬吉旦

赐进士前南京太仆寺丞同知秦州事金台萧英撰文

按：立伏羲庙东碑廊。明弘治三年（1490年）立石。高105厘米，宽60厘米。秦州同知萧英撰文。无碑首、碑座，碑身基本完好，碑阴有题名。本碑是庙内留存的年代最早的碑，在记述伏羲庙门坊修筑情况的同时，追溯庙的创建，并说明创建者是"傅公天和"即秦州知州傅鼐，为考证伏羲庙创建时间的珍贵文物。

萧英，明河南息县人。成化十四年（1478年）进士。曾任秦州同知。

（明）唐龙《重建伏羲庙记》

赐进士第中顺大夫陕西按察司副使提督学政兰溪唐龙撰

赐进士第中顺大夫陕西按察司副使整饬边备抚宁翟鹏书

赐进士第中顺大夫陕西按察司副使整饬兵备山阴成文篆

大矣哉，伏羲氏之道乎！日月丽乎天，百谷草木丽乎土，天地之文炳如也、郁如也、秩如也。惟人在中，经纬以成章，弥纶以参化，无亦彬彬然而有文欤！

上古之世，太始初分，典彝未备，民物职职，俗居吁吁，厥文犹隐焉。自帝太昊伏羲氏出，仰观象于天，俯观法于地，中观万物于一身，始做八卦，因而重之，以为六十四，天下之能事毕矣。又作书契而代结绳之政，以俪皮为礼而正婚姻之始，因龙马负图而记百官之名。斫桐为琴，绳丝为弦，组桑为瑟，而乐音自是兴焉。夫卦象设则神明通，书契作则文字着，婚姻正则人伦叙，百官记则班位修，乐音陈则度数明。神设其教，皇建其极，物彰其彩，民济其行，而人文于是乎着矣。故曰：帝，人文之始也。是以孔子赞《易》，叙圣人教化之功特始乎帝，岿然为神农、黄帝、尧、舜之冠。及对康子问，五帝又推其德，佐成上帝，以合于天，凡以此也。

今之秦州，即古之成纪也。帝实生于斯，而遗庙莽莽然而在，其来远矣。

顾规制俭陋，风雨震凌，刍牧往来，而牛羊之迹交大，弗称祀典。先是，巡按御史马溥然、冯时雍、许翔凤后先建议，畜聚财用，荒度基址，期撤而新之，未即事而代矣。嘉靖纪元之明年，巡茶御史陈讲聿举厥功，登登而作。巡案御史卢问之既至，茂先世典，申饬攸司而分摄之，布程督之令，严省试之法，是用绩于成，考而落焉。

提学副使唐龙曰：祀以德举，治以化洽。是故丰后稷之祠者，咸曰重本；存太伯之庙者，亦称辨治。而况继天地开辟之功，启帝王化成之理，而为人文之始者哉？

惟是庙貌翼新，而宣国之大节焉，揭度妥灵有宇也，修祀秩礼有典也，昭庸厚化有章也，诸君子于世弘矣，乃于是乎特书之。

分守参政王教、分巡佥事周镐、姚文清咸广综理之。文州进士徐元祉亦预闻其画者也。法皆得书。

嘉靖三年甲申十二月望日，署州事巩昌府通判衡水李梅立石。

按：碑立伏羲庙东碑廊。明嘉靖三年（1524年）十二月立石。高210厘米，宽108厘米。陕西按察司副使提督学政唐龙撰文，陕西按察副使整饬边备副使翟鹏书丹，陕西按察副使整饬边备副使成文篆额。石质优良，保存完好，碑阴有题名。文载乾隆《直隶秦州新志》卷11《艺文中》，个别字句和碑文有异，兹依原碑校录。

唐龙（1477—1546年），字虞佐，号渔石，明浙江兰溪人。正德三年（1508年）进士。历任江西按察使、陕西提学副使，累迁至兵部尚书、总制三边军务。著有《易经大旨》《渔石文集》等。

（明）康海《重修伏羲庙记》

赐进士及第儒林郎翰林院修撰经筵讲官修国史古邠康海撰文
赐进士出身大中大夫陕西布政司左参政前监察御史中州任洛篆额
赐进士出身奉政大夫陕西按察司佥事前兵部郎中古扬张穗书丹

秦故有伏羲庙，在州西郭门外，岁久倾圮。巡按御史马溥然、冯时雍、许翔凤先后莅此，欲图厥新，顾方举，忽代。承委之吏，罔孚德心，是以成勚终鲜，无裨后观。嘉靖纪元，御史陈讲毅然举行，功欲告成，按期满矣，得御史卢问之来代其事，相功益财，厥绩用熙。前提学副使、今兵部尚书提督三边军务兰溪唐龙实记其事，刻之坚珉。然时值荒歉，而主守数易，丹臒未施，垣墉半欹，加以守护弗严，仍频圮坏。

嘉靖十年，御史凤阳陈世辅、任邱郭圻按至，慨焉兴怀曰：前人之作，惟后者弗修，往者咸坠，陈、卢讵今几日，而乃至是。于是檄知州李楷鸠工修补，备极坚好矣。又益以宪帷，文以采绘，周缭崇垣，外建棹楔。表识既虔，瞻望有蔚。于是缄状走吏，属海为记。

夫伏羲氏，群圣之元始也。德开邃古，迹寓西维。章缝之士，非有事兹方，难遂遐仰。顾诸按者相继兴行，至于如此，今又不掩前善，永昌后哲，海虽荒钝，良用钦服。遂次第其事，俾劚诸庙石，以广德心。后之君子，将益继续其志，至于无已，则未必不自于今日。

是役也，起于正月十八日，终于四月二十九日云。

大明嘉靖壬辰夏四月吉日立石

按：碑立伏羲庙东碑廊。明嘉靖十一年（1532 年）立石。高 225 厘米，宽 113 厘米。翰林院修撰经筵讲官康海撰文，陕西按察司佥事张聪书丹，陕西布政司左参政任洛篆额。下部剥泐严重。文载乾隆《直隶秦州新志》卷 11《艺文中》，兹依原碑对照"州志"校录。

康海小传见本章第一节《卦台山伏羲庙》之《碑文选录》。

（明）胡缵宗《太昊庙乐记》

赐进士通议大夫都察院右副都御史前翰林院检讨国史馆郡人胡缵宗撰

赐进士文林郎江西道监察史茌山杨勉学篆额

赐进士中宪大夫陕西按察司副使文安纪常书丹

夫何祀乎天地？覆载之所必报。何祀乎社稷？生养之所必报。何祀乎圣帝明王？作之君、作之师者所必报。礼也。

然古昔圣帝明王，未有太昊若者。惟太昊继天以开物、以画卦、以造书契而立极也。故有伏羲，而后有神农、黄帝、尧、舜、禹、汤、文、武，而后有周公、孔子。有卦而后有《易》，而后有《诗》《礼》《乐》《书》《春秋》。有书契而后有文字，而后有典章、图籍。古昔圣帝明王，孰有若太昊者！万世斯文，祀以报之，视天地社稷稷何缓哉？

考之诞圣之郡，画卦之台，前代亡不举祀者，而国朝阙焉。是故正德间侍御成都马溥然氏、瀛海冯时雍氏、平阳许翔凤氏先后建议焉；遂宁陈讲氏、云中卢问之氏次第创庙焉。嘉靖初，待御新安方远宜氏广庙于台焉；钟离陈世辅氏、任邱郭圻氏饬庙于郡焉。载咨载度，式尊式崇，而所以报之者，历百年而始具。

今岁春，待御铜鞮张鹏氏按行至郡，既谒庙，遂及祀事。州守黄仕隆具以对，乃作而叹曰：夫建庙，建祀也。今观是庙巍然大，焕然文，其理秩然，可以祀矣。然有乐焉！夫祭，礼也。有礼斯有乐矣，未有有仪文而无声容者。盖非礼不足以言序，非乐不足以言和，故有仪文而后可以周旋，有声容而后可以宣畅，上以通神明，下以致馨香，舍乐奚以哉？乃檄仕隆召工制器，按八音以为乐，准八佾以为舞。盖琴、瑟、笙、镛之属必调，龠、翟、冠、袍之属之必致。制罔不合，度罔不中，而敬可持矣。乃又自撰《迎神曲》一、《送神曲》一。盖始条理之有源，终条理之有委。律斯协，吕斯谐，而诚可谒矣。

即告成事，仕隆以复侍御，侍御告之庙，付执事者掌之以供祀。既虔既恪，乃和乃平，而所以报之者，越两朝而始备。天子之大礼以成，有司之大事以竣。于戏休哉！夫庙以绥，礼以敬也。而乐以乐，夫祭期其乐也。礼行而乐作，自洋洋于俎豆；曲倡而乐和，自雍雍于弦管。乐岂非祀所当急者与！

夫天地大矣，匪祀曷钦？社稷大矣，匪祀曷明？伏羲氏大矣，匪祀曷仰？祀大矣，匪乐曷奉？侍御因礼以修乐，其有心于禽仪兽舞也，与仕隆介节判镏溪属缵宗记。缵宗有感于神之听之也，敬为之记。

大明嘉靖己亥中秋知州吉阳、同知祝豫，忝州判事前御史张梯、吏目李学文立石。

按：碑立伏羲庙东碑廊。明嘉靖十八年（1539年）立石。高253厘米，宽90厘米。都察院右副都御史胡缵宗撰文，江西道监察史杨勉学篆额，陕西按察司副使纪常书丹。拱形顶，碑额篆书，中部和下半部残损，碑文隶体，带篆意，边饰卷云纹。碑文作于明嘉靖十三年（1534年），而碑立于嘉靖十八年秋，系碑文中提及的秦州知州黄仕隆的继任者吉阳等人所立。撰写记文时，胡缵宗的职位是山西布政使左参政，而立碑为都察院右副都御史。

胡缵宗小传见第一节《卦台山伏羲祠庙》之《诗歌选录》。

（清）于之士《重修太昊宫碑记》

昔庖牺氏之王天下也，仰观俯察，受图画卦，因理著数□□□□之道，而开物成务于无穷，其神圣功化与造化，同为悠久，实六经群圣之大原，万世文字之鼻祖。《礼记·祭法》云"法施于民则祀之"，而庖牺氏之法施于民为何如哉？

余兵备成纪之乡，实为毓圣之地。拜谒□考其遗迹，诸父老咸曰："州北三十里，地名三阳川，蜗角堡北有台，名画卦台，其土垒遇冬雪，奇偶宛然如卦。堡下有渭水，水中有分心石，随水大小，□逾其则，是即庖羲氏仰观俯察、受图画卦之故地也。"且语□功曰："画八卦以发天地之藏，造书契以代结绳之政，作网罟以利渔佃，制婚姻以别男女。上继天道，下□人极，是功与天地同其大，与日月并其明。以故立祠于州□，化无穷也。顷因兵燹洊臻，旱涝频仍，以至香火寥落，庙貌倾颓者，于兹有日矣。"

余听父老之言，怃然太吁曰："以若是之圣，而可听其香火寥落也哉？以若是之圣，而可听其庙貌倾颓也哉？"况闻肃王暨制台各有助施，但苦不足。余亦捐俸若干，命中军贾万钟同乡耆王纪等，督率工匠，勤力修理。于顺治十年正月二十四日起工，未及半载，工已告成，庶可以副朝廷崇重秩祀之意，慰民庶仰□报答之诚矣。爰记其事，勒诸石，以志不朽云。

钦差巩昌等处抚民兵备分巡陇西道陕西按察司副使于之士熏沐谨志

（落款题名略）

顺治癸巳孟秋七月吉日立石

按：碑存伏羲庙西碑廊。清顺治十年（1653年）立石。高218厘米，宽114厘米。碑不知何时没入地下，1998年重修先天殿西面的来鹤亭，出土半截，次年又在来鹤亭附近发现另外半截，遂成"完碑"。碑无碑额和碑座，中部断裂，碑面剥泐严重，左下角残损。

于之士，清直隶顺天人。举人。顺治八年至十一年（1651—1654年）任分巡陇右道，后升任陕西苑马寺少卿。

（清）李铉《重修文祖庙碑记》

惟自□□列圣与天俱存，而开天明道，帝庖牺氏实为之首。帝诞于成纪。成纪，今秦州也。州西郭故有帝庙，别为城，名伏羲城。

乾隆二年，铉守兹土，谒庙毕，周步四面，见基址之阔远，仪制之崇隆，可称奕奕。顾前后东西两序，倾圮无余，而后殿更为颓损不堪。环视之下，良用悚然。夷考《伏羲庙志》：

中为正殿七楹，榜曰"先天"。后为退殿五楹，榜曰"太极"。前后东西皆为序，共廿楹。前为仪门，扁曰"文祖"。又前为门三楹，扁曰"与天地准"。太极殿后为亭，题曰"见易"。前有池，乘以桥亭。先天殿前为露台，台下左右有碑，皆覆以亭。门之外建一绰楔，榜曰"太昊宫"。门之东西建二绰楔，榜曰"继天立极"，曰"开物成务"。

其志作于明正、嘉间。今证以目前，规模虽具，后院东西两序仅存六楹。若殿后诸池、亭暨门外东面一绰楔，竟略无遗迹。岂二三百年沧桑多变，而后来者不能追复欤？抑日侵月蠹，以至如此其尽也？铉考证既悉，悚惕弥深，窃意杳无遗迹者，固未易骤复，而当前具在者，又乌忍听其再废？

爰于四年六月，洁捐薄俸，鸠工庀材。嗣州人亦有助之者。委别驾吴三煜、参军郑重、偕州绅士乡耆数人敦其事。圮者建之，损者葺之。易之以栋梁，新之以丹雘。复于庙之西建牡丹亭一楹，以备观游憩息赏心之所。迄十月而工告成。崇垣甬道，碧瓦朱甍，穆然焕然，庶足以妥圣灵而明祀事欤！

夫帝首阐三极之道，启万世之统，自炎黄以下，莫与伦比，固非赞颂所及。至此庙创建补葺之始末，与夫古柏苍藓，负山带河，称陇胜迹，将不惟志书可覆，故碑亦灿然可征也。故皆从其略，而敬识铉重修之岁月梗概如此。

直隶秦州知州闽中李铉敬撰
州判吴三煜、学正张悌、训导周崇文、吏目郑重仝立
助理绅士州同胡寿、乡耆魏相儒、孝廉杨舒、农官魏文、生员蒲又洪
大清乾隆五年岁次庚申仲夏穀旦

碑阴文字

今将文祖庙内清查首明出公地案由、入官地亩地段坐落四至、住持经守条约开载于后：

一官下民刘睿□□□北边土地一块，尺丈在庙内总四至中，原首词在卷。蒙州批，文祖……首□□□□□□□□而地内已种烟苗，贫民失业，亦属可悯，俟秋后收获完日，交明主持，以备……

一监□□□将庙旁□至南边官地一所借作书房，生员刘荣先将庙旁东壁中间官地一所借作书房，西壁中间官地一所借作书房。各具结前来。尺丈在庙内总四至中，原结在卷，蒙州批，文祖庙内官□分踞占。但建盖书房，设教训读，与任意作践吞噬入已者有间。今既首明，姑免置议，以建之房□，必勒令拆毁，安土……之意，倘有愿将房屋移置别处，退还官地者，听该生等自便。如有情愿照旧设教者，该生等□名下，每年谅出租□……持以资香火之需，似亦公私两尽之道。□宜凛□□至□究□□穆恂。生员刘荣先、张朝琮各具甘结，粘卷内穆恂……地租钱二百文。刘荣先每年承认地租钱三百文，俱限本身，日后不作书房之时，退还原地。惟张朝琮又具呈词意，欲□□□走，复图依旧作馆设教等语，蒙州批前着□并照旧设教者，因无碍于庙内，今重修建□□用地基，且工程告竣，不便□人以滋作践，仰该生另为迁移可也。□□锁渎，张朝琮遵批退地，现盖牡丹亭一所。

一庙前后面东西阔俱贰拾丈零五尺，南北长陆拾丈。

一庙西边道院一所，尺丈在庙内总四至中。内住持赵复宋自己出资，修盖干撒瓦榻板房壹拾壹间，田复喜自己出资修盖干撒瓦榻板房四间半。

一住持道人赵复宋、田复喜宜虔修香火，小心经守，毋得作□□□□□□□人等，亦不得任意出入游玩骚扰。如不□□□，该住持立即扭禀，以凭拿究。

按：碑立伏羲庙东碑廊。清乾隆五年（1740年）立石。高165厘米，宽72厘米。碑面严重磨损，中部断裂，无碑首。秦州知州李铉撰文。碑阴刻有伏羲庙公地出租情况及住持经守条约等。文载乾隆《直隶秦州新志》卷11《艺文中》、光绪《秦州直隶州新志》卷21《艺文三》，题名《重修伏羲庙记》，个别字句和碑文有异，兹依原碑对照"州志"

校录。

李铉，福建侯官（今福州市）人。举人。乾隆二年至六年（1737—1741年）任秦州知州，捐俸修建伏羲庙、玉泉观等，颇有政绩。乾隆《直隶秦州新志》卷7《名宦》有传。

（清）邹曹纯《朝议大夫升任宁夏府知府直隶秦州知州王重修伏羲庙碑记》

秦州，古成纪也。昔者，伏羲氏实生此州，故州西北有卦台山，州西有伏羲城，为立庙祀焉。明嘉靖中重修之，康对山修撰记其事。迄今三百余年，渐以倾颓剥落，起而修之，非有大造于此州而能为人人之所不能者弗克举。

嘉庆二年，我公祖神木王公来守此土，即为吾民兴利除害，修废举坠，成民而致力于神。未及一载，值川、楚贼匪窜州境蔓延。五六年间，贼势猖獗，蹂躏四境，百姓奔窜逃匿，无不受其害者。公捐廉俸，筑西郭伏羲城数百丈，民赖以庇，而庙亦不毁于兵火。民之愚者，不以为公之功，竟以为伏羲氏之力也。公又为民修堡寨，纠乡勇，铸铳炮，严警逻，贼不敢逼，而民始稍定。当此之时，公内则桢干畚锸□之具，自州城附郭以及属县远镇无虚处，外则糗粮刍茭夫马之需，自大帅督宪以及诸戎师无虚日。公又总理粮台，□力挽粟，羽书旁午。乃倡捐千金，付生监筑西城。复念城东居民无所障蔽，被兵日危，复捐资筑东关新城。因旧基西拓数百丈，接连大城，长与伏羲城等。东郊之民有所依赖，贼至不惧。然则，伏羲氏真能庇吾民而假手我公以为之者耶？方是时也，公日夜以修城筑堡，严戒守之备为急，又履行四乡及各属县，稽查远近难民被焚掠及受杀害者，详请抚恤，按口给粮存济，故于修庙弗暇也。

嘉庆六年，秦州大饥。公据情申请，蒙上天恩，发廪七万，秋冬之间，民赖以甦。比春，赤贫户民又复嗷嗷，公乃施设粥厂。谓饥民聚于一处则疫生，且道远，故在城侧东西关分设男女厂二处，在乡□东路之马跑泉、街子镇，南路之天水镇、娘娘坝，西路之三十里铺、关子镇，北路之石佛镇、雷王集四面各设粥厂。每厂日食数千人，至四月初十日乃止。三月之久，全活无数。至嘉庆八年，贼匪渐平。而公以劳于民事，须发为之颁白矣。

明年，公首蒙卓异，例应陛见，而岁复欠收，士民请于大吏，求留公以济民命，卒不可得。公卸篆后，复分途中资斧之费，于东西两关设男女粥厂二处，自冬徂春，民赖以活。公乃轻装倍道，驰赴京师。六月，公还。民夹道欢迎者，百余里不绝。盖之死而生之，之亡而存之，民胥戴德若父母矣。

公□喜吾民之复苏而乐其生也，于是始有营造之举焉。重禋祀则建立文昌宫，祷雨泽则重修龙王庙，备灾患则重修火神庙。前后设厂，建造费逾万金，民不与焉。又念□（伏）羲生于此州，为万古文明之祖，城粗完整，则庙不可以不修也。故自十年三月，鸠工缮修大殿。公自捐钱三百万、银六百两，并所积罚锾共银一千一百两。又不足用，乃遇绅士石作环等老成练达者董其事，募之民间，复得两千余金。十二年五月，功乃告竣。计建正殿九楹，补葺两庑十楹，碑亭六所，钟鼓楼各一，头门五楹，二门五楹，向南□□□东西牌楼□□。垣埔户牖，丹雘雕饰，巩固宏敞，自门阙以逮两庑，规模肃如也。

夫庙社城郭之兴废，足以觇都邑之盛衰、政俗之隆替。公能不鄙夷吾民而养之教之，安危祸福与民共之，饥不忍独饱，寒不忍独温，而又以其余力与民修残补废，宜乎人人有桐乡之爱，舒度之歌矣。而余独念公十余年来兵燹艰难、薄书鞅掌之余，不殚劳瘁，不□资费，以鸠此功，所以培植吾州者，其意甚厚。所愿吾州人士，追皇古之淳风，戒沃土之骄淫，安不忘危，患思有备，男耕女织，风淳俗美，鬼神降福，三时不害，于以崇明祀，颂□平，甚盛事也。自今以往，承国家休养生息之泽，以至于亿万年，正未有艾，其亦公厚爱吾民之意也。

夫公于嘉庆十一年冬授宁夏府知府，十二年秋乃之任。州人士因庙之落成，述其事，请余略记颠末，勒石以志不忘。

嘉庆十二年岁次丁卯秋七月穀旦阆州绅庶立石
文林朗庚子科经元候铨知县借补西和儒学训导郡人邹曹纯敬撰
文林朗丙午科举人候铨知县借补陇州儒学学正郡人张烈敬书丹

按：碑立伏羲庙东碑廊。清嘉庆十二年（1807年）立石。高203厘米，宽81厘米。邹曹纯撰文，张烈书丹。碑石质恶劣，碑面多处剥泐。碑文中的"我公祖神木王公"即秦州知州王赐均。所谓"川、楚贼匪"指嘉庆年间一度深入秦州、阶州一带的四川、湖北白莲教起义军，旧志蔑称"教匪"。

邹曹纯，清甘肃秦州人。乾隆二十一年（1756年）举人。曾任西和县训导。

（清）姚协赞《重修伏羲庙记》

古称前后三皇继开天物，而人皇生刑马山提地之国，宓羲生成起（纪），皆秦州地也。夫圣皇道济垓埏，神周寰宇，华夷内外，皆其灵爽所布濩，尚何区区桑梓之足恋？然桑梓人士指里庐而忾慕，睹遗迹而歊歔，其依向尸祝之忱，岂与遐方邈听者等哉？此国家祀典所以既祀古帝于其国都，复听立庙诞降之乡，令有司时飨勿替也。

秦州伏羲庙，《明史·礼志》称正德中建。考之庙碑，则刘方伯天和营其始，都指挥尹凤底其功，事在弘治庚戌。而史系之正德者，岂至正德时始列祀典欤？惟缔构伊始，规模尚陉陋，洎嘉靖重建，增其式廓，殿寝、廊庑、门坊之制始备。我朝顺治、乾隆、嘉庆中，凡三葺修，拓旧作新，弥益闳敞。然自嘉庆迄今，年历八十，兵燹再更，重以己卯地震，梁栋挠折，瓴甓剥地，前阙摇落至尽。

光绪癸未，予由词馆奉恩命来巡陇南。谒庙睹状，怵然心惕，急欲鸠工兴作，顾念荒余民困，未敢骤举。乙酉夏，始与州牧余君泽春协心营建。既各捐俸为倡，且延在籍主政任君其昌、苏君统武董率绅耆，分诣陇南各州县劝分集赀。自夏涉秋，输襁骈蕃，工徒鳞萃，斩材岷麓，浮渭东来，陶埴近郊，炎焰艳云，盖二十九阅月而事竣。凡用木材以丈计者逾千，砖瓦以枚计者各逾万，佣人工三万而赢，支钱一万二千缗有奇。重建先天殿七楹，深五筵；后寝五楹，深五筵，高皆逾其深五分之一。东西朝房各三间；长廊五间，以庋碑碣。重门耸矗，绰楔对峙，金碧丹臒，照耀通衢。

论者谓：太昊之德高大与天侔，是庙之成，高大亦与帝德称。然以陇南硗瘠之区，承军兴凋耗之后，欢然倾赀，殚力藏此大工而无吝，诚圣化之入人者深，阴鼓物情以至此，抑亦邦人士之敦善乐施，成于习尚者素欤？祎哉！尤可记也。

监工极勤者：在籍郎中张和，副贡员生关铺，训导徐顺天，诸生董谦光、马凤彩、张维，军功赵廷璧，举人张廷举，耆民马烈等，法得具书。

按：碑今已不存。清光绪十三年（1887年）立石。清分巡巩秦阶道姚协赞撰文，书者不详。据张维《陇右金石录》，此碑民国时尚存，不知何时流失。文载光绪《秦州直隶州新志》卷21《艺文三》。碑文所谓"事在弘治庚戌"等语，是依据弘治庚戌即弘治三年（1490年）所立《新修太昊宫门坊记》而言的。伏羲庙始建于明成化十九年（1483年），主持者是秦州知州傅鼐，本碑所谓"则刘方伯天和营其始"是将秦州知州傅鼐（字天和）当成三边总制刘天和了。另，弘治三年，耆老刘克己等集资新修门坊，和官方关系不大。尹凤等一干官员人在碑上留名，只是表示对重修支持而已，并非官方主持重修。"都指挥尹凤底其功"一语也不确。

姚协赞，字馨圃，清奉天府承德人。同治七年（1868年）进士。光绪九年（1883年）任巩秦阶道。重视文教，有政绩。

五　诗歌选录

（明）杨溥《谒太昊宫》

一自乾坤辟混茫，历年四万总荒唐。不缘八卦开神钥，谁为三才泄秘藏。我有牲渔归祭养，人于书契寄纲常。极知功德齐穹昊，古庙何孤一瓣香。

按：录自乾隆《直隶秦州新志》卷11《艺文下》。
杨溥事迹不详。

（明）秦文《瞻拜太昊祠》

瞻拜昊帝祠，昊帝不在兹。乃在天皇池，跂余往从之。不在天皇池，咫尺免帝居。临君君不知，我有一琴帝所遗，希简寥寂新声殊。何当献之白玉墀，赞襄圣化亲见羲皇时。

按：录自乾隆《直隶秦州新志》卷11《艺文下》。
秦文，字从简，号兰轩，晚号云峰，明浙江临海人。弘治六年（1493年）进士。历任刑部郎中、贵州提学副使、河南布政司左参政等职。

（明）唐龙《谒伏羲庙》

古殿千年祀，秋风一瓣香。龟龙衍符瑞，鸟兽灿文章。
草长阶应绣，云飞栋欲荒。生憎仙释地，金碧竞辉煌。

按：录自乾隆《直隶秦州新志》卷 11《艺文下》。
唐龙小传见本节《碑文选录》。

（明）冯惟讷《太昊宫饯别孟卫原转浙江观察使即席赋之》

绀宇临芳甸，华筵入夜开。乾坤元此辟，簪组共君来。
惠泽三齐并，旌旐百越催。未能酬远别，明日更登台。

按：录自载乾隆《直隶秦州新志》卷 11《艺文下》。天水麦积山石窟有冯惟讷诗谒，落款"时嘉靖庚申孟冬吉"，嘉靖庚申即嘉靖三十九年（1560 年），由此推知本诗大约作于是时。

冯惟讷，字汝言，明山东临朐人。嘉靖十七年（1538 年）进士。曾任分巡陇右道，累官至江西布政使、加光禄卿。著有《光禄集》10 卷。

（明）李悦心《谒太昊庙》四首

一

大圣生为造化主，河图忽献心之谱。信心一画鸿蒙开，千古斯文称鼻祖。

二

三十六宫总一心，枝枝叶叶费根寻。天根月窟龙观窍，心易还应妙古今。

三

悟彻先天一字无，文王周孔总如如。我今拈出羲皇意，万物森森列卦图。

四

细玩图中第一卷，虚中造化妙而无。欲知圣圣相传意，惟在求之未发前。

按：诗碑现存伏羲庙西碑廊。明崇祯十六年（1643年）立石。2005年维修伏羲庙时出土，残存上部半截。有落款"大明崇祯十六年岁次癸未东曹存诚居士李悦心澹远"。诗亦载乾隆《直隶秦州新志》卷11《艺文下》。

李悦心，字澹远，明山东曹县人。崇祯七年（1634年）进士。曾任甘肃巡按御史。

（清）蒋薰《谒秦州太昊宫》

入庙真思敬，开天俎豆光。衣裳无粉藻，栋宇自黄唐。
学易岁云暮，居官筮未长。书焚秦火后，点画在川阳。

按：录自蒋薰《留素堂诗删》。

蒋薰，清浙江绍兴人。举人。康熙十三年（1674年）任伏羌知县。著有《留素堂诗删》《留素堂文集》。

（清）巩建丰《羲庙怀古》

太昊当元会，诞生在纪乡。开天文字祖，立极遂初皇。
一画合玄象，两仪剖混茫。江河流不息，日月照恒长。
羲庙何年建，丹楹此日光。轮囷蟠古柏，□□□新篁。
俎豆熙朝荐，趋跄末学将。近闻鹤飞舞，脉脉兆文昌。

按：录自巩建丰《朱圉山人集》。其"羲庙何年建，丹楹此日光"句下原注"前州牧李铉重修"，其"近闻鹤飞舞，脉脉兆文昌"句下原注"修庙后道士传言，时有玄鹤飞来栖于庙柏，亦文明之兆也"。"□□□新篁"句三字原版漫漶，无法辨认。

巩建丰（1673—1748年），字文在，号渭川、介亭、朱圉山人。清巩昌府伏羌县（今甘谷县人）。康熙五十二年（1713年）进士。历任翰林院编修、云南学政、翰林院侍读学士等职。著有《朱圉山人集》《伏羌县志》等。

（清）国栋《伏羲城》

万灵翊衞帝庭尊，古柏参天溜雨痕。木食草衣开气运，金戈铁马变朝昏。
卦台岩下春风老，书契沙头鸟迹存。岂有缭垣抔土在，城名犹作遂初论。

按：录自乾隆《直隶秦州新志》11《艺文下》。

国栋，清满州镶黄旗人。乾隆七年（1742年）进士。乾隆二十九年任秦州知州，有政绩。

（清）秦武域《秦州咏古五首》（选一）

虙羲城内庖牺庙，穆穆春皇古像尊。一画开天有文字，千秋闻道得真源。故乡灵迹卦台在，陵上瑞征蓍草繁。自此生民忘蚕茧，漫从浑沌问乾坤。

按：录自秦武域《笑竹集》。

秦武域，字紫峰，清山西曲沃（今曲沃县）人。乾隆二十五年（1760年）举人。曾任两当知县、枝江知县等职。著有《笑竹集》《两当县志》等。

（清）任承允《秋日伏羲庙雅集以补消夏之局，时余幼子殇，兼为排闷》（四首选一）

百堵宫墙拥圣皇，年来习静卦台旁。槐阴过雨酣新碧，柏叶摇风落古香。秋色侵人难自遣，愁心纵酒未能狂。国忧家祸同时作，挥尘无言对夕阳。

按：录自任承允《桐自生斋诗集》，作于民国7年（1918年）。

任承允小传见前本章第一节《卦台山伏羲庙》之《散文诗歌选录》。

六　民间传说选录

人祖婆婆和人祖爷爷

古时候，咱这个地方就只有老婆子一个人。有一天，老婆子出外转去了，看着在河湾里稀泥里有一个很大的脚印，足有一尺多长。既然有脚印，就肯定还有人哩，咋着还不见人呢？老婆子看着脚印心里很纳闷，就试着把她的两个脚都站在这个大脚印上，还没有把这个脚印盖住。这时老婆子忽觉得眼前一黑，心里难受，就昏了过去。等醒来以后，就感到身上一天比一天不舒服，就在窑洞里一个人想不出个究竟。过了几个月，肚子也慢慢大了，到十个月后，生了一男一女两个娃娃。这两个娃娃又白又胖，老婆子十分喜爱。

又过了几年，两个娃娃会说会笑了，老婆子就引着娃娃在外面游转，看山看水。男娃先生下，女娃后生下，女的就把男的叫哥哥。后来老婆子过世了，这两个娃娃也长大了，慢慢地晓得了人情世理，兄妹两个相依为命。那时候没人，哥哥想寻个媳妇没处找，妹妹想寻个女婿没处寻，只有兄妹两人，兄妹两个就只好经常打野物摘野果子过日子。妹子比哥哥懂事得早，兄妹俩的感情就越来越好，体贴周到。有一天妹妹对哥哥说："世上再没人，我们两个当两口子吧。"哥哥说："我们是兄妹两个，咋能当两口子哩？"妹子说："世上再没人，我们再到哪里找去哩？"哥哥说："咱俩个成两口子，怕老天爷不允许。"兄妹两个说着走着，走到了一个山头上，看见山头西边有一扇磨子，东边也有一扇磨子，哥哥想了一想说："妹妹，这山上有两扇磨子，你看东边一扇，西边一扇，你从东边滚下一扇，我从西边滚下一扇，要是磨子在山下合上，我们就当两口子，合不上就是老天爷不允许，你看咋样。"妹妹点点头，他们就把磨扇搬起来，一个在东边滚，一个在西边滚。等下山一看，两扇磨子真的合在一起了。妹妹看着哥哥笑了，哥哥看着妹妹笑了。

从这以后，他们就成了两口子，哥哥就是卦台山上的人祖爷爷伏羲，妹妹就是余家峡龙马洞的人祖婆婆女娲。据说滚磨子的山就是现在的卦台山，咱这里夫妻死了以后，哭丧互称兄妹的事，就是从这里传下来的。

讲述：雷兴旺；整理：杨晓学。

按：录自耕夫、李芦英《天水传说》，甘肃文化出版社2005年版，第16—17页。

第三节　甘肃省其他地方伏羲祠庙

一　甘谷大像山伏羲庙

大像山伏羲庙沿革及建筑

大像山伏羲庙，又称太昊宫，在大像山第一台地，前瞰土地庙和梅葛殿，后邻地藏殿，始建于明朝万历四十八年（1620年）。对其创建时间，叶应甲天启《伏羌县志》有明确记载：

> 邑人以本邑乃伏羲笃生故地，于万历四十八年重建于大像山之西。

按：大像山呈西北—东南走向，所谓"大像山之西"指的就是处大像山西北方向的入山门第一台地。清代至民国，几部甘谷（伏羌）地方志对伏羲庙都有记载，巩建丰乾隆《伏羌县志》卷3《建置志》说：

> 伏羲庙，前明万历年间，邑人以太昊生于成纪，为厥出生民，人文之祖，于大像山创建殿宇。思崇祀享，其即祭川者先河后海之意欤。

又，叶芝乾隆《伏羌县志》卷3《建置志》说：

> 伏羲庙，前万历建，在大像山足。

又，安履祥民国《甘谷县志》卷3《建置志》说：

> 太昊宫，在大像山，创建于明万历时，清光绪重建，规模整备。王心如先生有碑记，在正殿壁间。

指明伏羲庙建于明万历年间，未记具体纪年。不过，从"伏羲庙"或"太昊宫"单列词条中也可看出，在清代伏羲庙是与大像山"悬崖大像"齐名的主体建筑之一。据王权《重修伏羲殿碑记》，同治年间伏羲庙毁于兵火，"同治兵燹，沿山楼阁梵宇，一时尽毁，殿亦焦土。"魏炯等人集资重修，于光绪十年（1884年）工程告竣，这正是民国《甘谷县志》所言的"清光绪重建，规模整备"。

现在的伏羲庙是1994年重修者，有宫门、厦房、正殿等建筑。宫门建于重阶之上，牌楼式木构，悬山顶，斗拱层迭，额题"太昊宫"楷书大字，系本县清代优贡李维屏所书。正殿高8米，面积124平方米，悬山顶，雕甍鸱饰。

大像山伏羲庙始建时间较早，建筑保存完整，是甘肃除卦台山伏羲庙和天水市西关伏羲庙之外重要的伏羲祠庙。

王权《重修伏羲殿碑记》

王权（1822—1905 年），清代陇上著名学者。字心如，号笠云，伏羌（今甘肃甘谷）人。道光二十四年（1844 年）举人。先后任文县教谕，文昌、天水、正兴、兴文四书院山长，陕西延长知县、兴平知县、富平知县。著有《典昉》《笠云山房文集》《笠云山房诗集》等著作多种，和秦州名儒任其昌合撰《秦州直隶州新志》。光绪十三年（1887 年）王权由富平知县任上辞官回到老家伏羌，此时伏羲庙已竣工两年余，于是有"记"。

重修伏羲殿碑记

羲皇挺生成纪，而冀县实与错壤，桑连梓接，近光劘化，沾被为多。乡土有名德，俎豆尸祝，往往历世不废，况圣灵开天，胚胎文化者哉。

伏羌，汉冀县也。旧有伏羲殿，在城西大像山麓，负苍岩，瞰清渭，谷回川抱，形家目为胜地。同治兵燹，沿山楼阁梵宇，一时尽毁，殿亦焦土。事定后，邑令强公募筹款，以次兴修，诸祠宇皆复旧，唯兹殿以工巨止。邑善士魏炯，独矢愿重建，舍产募施，储偫木材，未集，竟寝疾，困顿中犹倦倦不置。炯友蒋君昌基，邀同志魏克勤等十四人，工本钱濒五百缗，贷商取子钱，又获三百余缗，遂督工率作，于光绪十年始蒇事。父老子弟，观者莫不感叹生喜焉。

权少壮时，常随乡先生登览兹山，瞻仰殿宇而生敬。迨至官陕西，道出山下，见苍烟废址而兴悲。及光绪中，解组而归也，过秦州，适太昊宫新落成，为撰碑志其事。今吾乡羲皇殿，亦相继报竣，复以记公之文请。追惟卅年旧游，中更十余载兵燹，往事怅触，悲喜交縈。嗟乎！名山之胜，圮而复新，况太昊之祀！废而复兴，自非邑有君子，安能致此。撮述兴怀巅末，岂惟乡人士之幸，兼为山川贺也。

按：录自李亚太《大像山志》，内部铅印本，第 77 页。光绪十一年（1885 年）巩秦阶道姚协赞、秦州知州余泽春主持重修秦州伏羲庙，至十三年最终竣工，姚有《重修伏羲庙记》以记其事。王权碑文"过秦州，适太昊宫新落成"当指此事。至于"为撰碑志其事"是说记秦州太昊宫新落成始末的碑也是其所为，而据光绪《秦州直隶州新志》卷 21《艺文

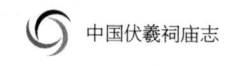

三》，重建碑署名姚协赞撰，和王权的说法矛盾，颇疑署名为姚的重建碑文系王权代笔。

古风台和"羲皇故里"碑

碑在今甘谷县白家湾乡，有艾蒿山，分为圆嘴、馒头嘴、苜蓿梁、漩涡嘴、艾蒿山五台，其山顶中央低凹，呈盆地状，面积约1400平方米。此地呈八卦状，据说伏羲在第五台艾蒿山摆卦，故艾蒿山又称"八卦山"。附近更有太昊山，九龙眼即九眼泉，伏羲洞等地名和相关的传说，县人认为是伏羲的诞生地和画八卦之地。① 当地有民谣说：

甭看冀县地方碎，伏羲皇帝头一辈。桑叶儿衣裳脸上黑，伏羲爷生在古风台。

又有民谣说：

太昊山是八卦山，伏羲出生是圣山。八个棱子九个弯，弯弯都有龙眼泉。龙眼泉，不一般，汲一泉，涌九泉。伏羲出世本无田，无衣无食无房间。喝的是龙眼水，吃的是龙卦籽。先穿龙背叶，后穿桑叶衫。窑洞无底留人间。

而今古风台人还遗留有使用八卦灶台、编织八卦形鸡罩的习俗，以示对伏羲爷的追念。② 每年农历二月十九日，当地都要举行祭祀活动。有"伏羲爷生在古风台"的说法，因此甘谷也有"羲皇故里"之称。

甘谷县西五里铺大道旁原立有"羲皇故里"石碑，后移立于大像山大佛殿西侧，现放大重刻立于大像山脚牌坊旁。碑高185厘米，宽70厘米。碑面

---

① 民国《甘肃乡土志稿》第23章《甘肃省之名胜史迹》大像山伏羲庙条说："大像山伏羲庙，山在甘谷县城西南五里，峭壁如削，危然挺立，高约二百公尺，相传伏羲为甘谷人，生长于此山山沟之内，明万历年间建庙于山麓以祀之。"其伏羲"生长于此山山沟之内"及大像山旁山沟之内的说法是迎合大像山有伏羲庙的现实而认定的，而传为伏羲诞生地的"正宗"地方还是白家湾古风台。

② 贾鸿逵编次安履祥之《甘谷县志》说："考甘谷南山有村名古风台者，乡人谓系帝祖兄所居之地，因氏以名地，亦未可知；且俗称古风台村人善编制鸡罩，以鸡罩形似八卦，洵为莫之为而为之者，其说虽不经，而实不无因焉。"

书"羲皇故里"四个大字,上款:伏羌县士庶人等重建;下款:民国戊辰年四月。原碑为同治九年(1870年)伏羌县令强任所立。

二　甘谷华盖寺伏羲洞

华盖寺俗名铁瓦寺,在甘谷县城西渭河南岸二十铺村东。始建年代不详,现存洞窟18个,元代之后佛道共用。其第9窟为伏羲洞,窟内祀伏羲,原有塑像,相传造于元代。其独特之处是伏羲像头部左右各有月牙形触角。王来全《大象山》所附《甘谷石窟调查》之"华盖寺石窟"有较详细的描述,录如下:

> 伏羲洞是单体造像洞之一,位于华盖寺石窟"之"字形排列的转折处。石窟方形平顶。深220厘米,宽285厘米,高292厘米;敬台高180厘米,深120厘米,塑像通高128厘米。
>
> 伏羲造像方正,造型独特,头顶有两只小角,黑发披背,两目圆睁,白眼球上画有很小的瞳仁,黑色胡须厚重,肩披桑叶十分逼真,腰间紧系的桑叶下垂至两小腿之间。两手捧八卦于腹前,赤足袒胸,造像浑厚古拙,神情端庄有力,座势自然,背壁画山水,隐约可见。南壁圆光内画山水,北壁圆光绘人物山水古寺,窟顶壁画脱落。[①]

元代崇祀三皇空前绝后,元代石窟内有三皇之首伏羲的造像,理固宜然。

三　西和伏羲崖和伏羲庙

仇池山伏羲庙考略

关于西和伏羲崖和伏羲庙,西和旧志直至民国36年(1947年)朱绣梓编纂的《西和县志》才有了记载,其卷2《舆地中》说:

> 伏羲崖,在仇池山上,上山之最高处为伏羲崖。《路史》:"伏羲生于仇池,长于成起。"注:仇夷即仇池,成起即成纪,起、纪通用。

[①] 王来全:《大象山》,内部铅印本1997年版,第112页。

这段资料只涉及生地问题，不及伏羲祠庙。好在其卷12《艺文上》张志诚《雨后由大河赴仇池因宿仇池山顶》诗提到了庙，其诗有云："羲皇旧庙枕山巅，杜陵遗祠已渺然。"从中可知民国之时，仇池山巅有"羲皇旧庙"，且保存完好。至于庙的创始、形制等不得而知。新编《西和县志》说："伏羲崖，为仇池之最高峰，原建伏羲庙，今圮。"① 依然是语焉不详。我们能从新旧地方志上得到的资料仅此而已。

　　这里简要解释一下，关于伏羲生仇池的记载，现在能看到的最早资料是南宋罗泌撰，罗苹作注的《路史》。《路史》卷10《太昊纪上》有"太昊伏戏氏……生于仇夷，长于起城"句，在"仇夷"下罗苹作注说："《遁甲开山图》云，仇池山四面孤立，太昊之治也。即今仇池伏羲生处。"从"即今仇池伏羲生处"一语可知，南宋之时就有伏羲生仇池的说法。罗苹认为《遁甲开山图》所言的"仇夷"就是仇池。再往前推一下，北宋《太平御览》卷78皇王部三引《遁甲开山图》说："仇夷山西孤立，太昊之治，伏羲生处。""西"一作"四"。和罗苹所引个别字句不同，疑罗苹是因为《太平御览》所引句子不通顺，便按自己的理解给顺了一下。再往前面推，北魏郦道元《水经注》卷20《漾水》在涉及仇池山时为之作注说："《开山图》谓之仇夷，所谓积石嵯峨，欽岑隐阿者也。"此《开山图》是《遁甲开山图》的简称，被当作重要资料援引，但不提伏羲故事。如果有相关的内容而有意略去，似和《水经注》风格不同。因为《水经注》乐于记载伏羲女娲等圣皇故事。《遁甲开山图》是汉代纬书，原书早佚，隋唐之世又有同名著作，所以《太平御览》和《路史》所引和《水经注》所引是否为同一著作值得怀疑。一句话，不能将伏羲生仇池的说法径直推远到汉代之前。我的看法，伏羲生仇池说不会远过宋代。② 至于为何将伏羲和仇池联系起来，很大程度上是缘于仇池之"池"。秦汉以来就有伏羲生雷泽之说，于是有湖泽之地便诞生了诸多羲皇故里。仇池有水有池有盐有良田，古代被目为世外桃源，有"池"和伏羲生地联系起来便是很自然的事情。

---

　　① 新编《西和县志》，陕西人民出版社1997年版，第654页。
　　② 南宋绍兴四年（1134年）立石的《仇池碑记》记仇池山川形势、历史掌故，还特意考证"一山之中，古庙独存"的杨难当庙，只字不提伏羲庙，说明宋代山上没有此庙。

史籍上能得到的伏羲祠庙资料十分有限，我们只能借助田野考察补充之。2008年5月1日，我趁五一长假之暇，由我的学生仇池山下洛峪镇人赵永辉做向导一道考察仇池山。山路艰险，约摸两个半小时才由山根爬到山巅。稍作休息，贾勇直上伏羲崖。贴着崖沿有新建的伏羲庙，为三开间单檐砖木建筑，十分悬妙惊险。祠庙奉祀三皇，伏羲居中，黄帝居东，神农居西。前廊东壁绘伏羲像，西壁绘女娲像，皆是蛇尾；伏羲俸日持锤，女娲俸月持镰刀。现场采访一韩姓道姑，得到仇池掌故若干。中午在山上唯一一家"农家乐"仇池山庄吃农家饭。店家为一赵姓中年汉子，热情周到。家中老太爷健在，已经80多岁，曾经是入朝作战的志愿军侦察兵，令人钦佩。老人对民国时伏羲庙兴衰记忆犹新，提供了不少鲜为人知的珍贵资料。兹综合韩道姑及赵老先生采访所得，勾勒仇池伏羲庙轮廓，写一则词条。

仇池伏羲崖伏羲庙，本为三皇庙，始建于元代，明清沿革情况不详。民国13年（1926年），盘踞仇池一带的土匪头目马尚智出资重建。庙宇四门四窗，正中奉祀三皇——伏羲作巨笔画卦状，神农手中执草，黄帝手捧日月。两边是牛头马面护法。壁画题材有陈抟睡觉、王祥卧冰等。民国36年，庙塌圮，木料等物取建山上之庵房小学。庙会为农历三月三日。1998年5月12日，周围民众集资再建伏羲庙，2001年庙建成，2003年神像落成。

仇池伏羲传说故事《华胥氏之国》

相传伏羲、女娲两个开天辟地、创造人类的大神，都出生在仇池。古代，仇池山东崖有一幽深险怪的"仇池穴"，当地人叫"麻姑仙洞"，洞里住着华胥氏姑娘。一天华胥氏觉得心慌意乱，便下了天桥，溯西汉水而上，到了山水幽美的雷坝（今礼县大潭）。她正玩得开心，忽然在河滩发现一个大人足迹。由于好奇，便去踩这个脚印，脚刚按下去，觉得心有所动。返回仇池，身怀有孕，后生子叫伏羲。伏羲长大后，一天在仇池山巅游玩，忽然望见吴家山（仇池的一个小山峰）有一与己不同的人在活动。走近一问，名叫女娲，伏羲便向女娲求婚，女娲甚觉羞怯，不肯答应，但又不好拒绝，便想出了一条妙计，她对伏羲说："你我各抱一块磨扇，分别从杨家山和吴家山（按：两山均在仇池山，互相对峙）向下滚。磨扇合拢，我二人成婚，如磨扇各滚东西，我们就各奔前程。"伏羲同意这个提议，二人依计而行。磨扇果然合拢。

至今这两块磨石还严丝合缝，矗立在仇池山吴家沟。伏羲要求成亲，女娲总觉得难为情，又生一计说："我在吴家山头拿一针，你在杨家山头拿一线，飞线穿针，如线能穿过针孔，可做夫妻，不然就作罢。"伏羲又依计而行，果然如愿以偿。二人遂结为夫妻，成了人类始祖。所以这一带人又叫伏羲为"人祖爷"，把仇池山最高峰命名为"伏羲崖"。

伏羲与女娲成婚之后，忙于开辟天地，和女娲很少会面。女娲深感寂寞，到小有天消愁解闷。小有天是仇池山顶的一个岩洞，内有清泉瀑布，洞顶开一缝隙，据说日月星辰都通过石隙映在泉中，因而叫"小有天"。女娲走到泉边，发现水中映出了自己的身影，于是，顺手抓了一把黄土泥，照着自己的样子捏了个泥人，刚放到地上，泥人便喜笑颜开，活蹦乱跳，女娲感到非常开心，一连捏了几个。她觉得太慢，便和了一滩泥，用藤条乱打，溅起的泥点都变成了人。女娲把他（她）们称作"孩子"。一时仇池山巅，笑语喧阗，热闹非常，女娲顿解孤寂之情。可是，不久雷雨大作，水漫仇池，森林失火，女娲忙于排水救火，而没顾上照料孩子，等水息火灭，孩子都变成了泥浆，付之东流。女娲正在凄伤之际，不料远处一帮孩子踩泥蹚水跑了过来，女娲一看，正是她捏的孩子。一问原因，才知道他们出外去玩，正遇大火，一经煅烧，顿觉骨胳爽健，不怕雨淋水浸了。女娲非常高兴，把他们按性别配成对偶，繁衍生息，人伙日众，便建立了国家。为了纪念伏羲的母亲华胥氏，这个国家命名为"华胥氏之国"。国都就设在仇池山。仇池四壁斗绝，三面环水，有"上下于天"的天桥，直通"天门"（仇池北峰山壑）。华胥氏之国的国民，男女成婚后，可以下天桥，到四野居住，成为人类的祖先。

按：录自新编《西和县志》，陕西人民出版社1997年版，第742—743页。

四　陇西县崇羲书院和伏羲庙

陇西县伏羲庙和崇羲书院同时创建，是因创建书院需要而建立的祠庙。明嘉靖十四年（1535年），陕西巡按御史王绅在巩昌府城（今甘肃陇西县城）东关创建崇羲书院，时任兵部尚书、总制三边军务的姚镆（1465—1538年）

为之撰《巩昌崇羲书院记》。① 对书院建设的缘由、意义、规模都作了说明。如关于名称由来，言"谓伏羲实生其地，题曰崇羲书院"；如关于设立书院的意义，言"况此为伏羲孕灵毓秀之所，人顾视之若偏陬下邑，然岂天之降才尔殊乎？夫世之言五经者，必首于《易》，言《易》必首于伏羲。伏羲者，万世文字之祖，道统渊源之所自出也。诸士生斯地，尊其人，重其道，默而得之，将不有勃然而兴起，如陈图南、邵康节之独究先天之学者乎？不然，则潜心于群圣人之经，出而取科第为明时用，树勋绩于当时，流英声于宇内，将不有为山川吐色，改前日之陋，跻之于丰镐之盛者乎？是则侍御拳拳作兴之意，将以收他日聚徒养士之效者也"；如关于规模，言"前门三楹，翼以钜坊，中为崇羲堂五楹，后为讲堂三楹，厢房毕具，亦各五楹。最后甃以浮桥，后为尊经阁，夹两室各三楹。左右各为号房三连，凡八楹"。这是一所起点很高的书院，最大的特点就是极力突出伏羲文化，其主体建筑名"崇羲堂"。与此同时在书院建立伏羲庙为祭祀先师圣人之所。明末补编的《巩昌府志》说："崇羲书院，在东郭，今圮。伏羲庙存。"可证。

清康熙十三年（1674年），书院毁于王辅臣叛乱。叛乱平定后，副将马山改建为伏羲庙。② 这应该是没有恢复书院，而单独恢复了伏羲庙。据杨凌霄（1841—1905年）所著《陇西被兵记》回忆："传言崇羲即今日之先农坛，霄少时曾履其地，有伏羲殿三楹。"③ 可见在清代崇羲书院还建过先农坛。同治三年（1864年）伏羲庙毁于兵火，④ 之后再未恢复，于是今陇西县的伏羲庙鲜为人知。

五　兰州五泉山太昊宫

兰州五泉山伏羲庙系刘尔炘主持创建。刘尔炘（1864—1931年），字又

---

① 康熙《巩昌府志》卷26《艺文上》录署名姚镆的《重修伏羲庙记》，民国时张维《陇右金石录》也将本文录于巩昌府目下，事实上这属于典型的张冠李戴。此文本是秦州伏羲庙的重建碑文，陕西按察司副使提督学政唐龙撰文，碑立于嘉靖三年（1524年），至今完好保存在天水西关伏羲庙东碑廊，唐龙《渔石集》、乾隆《直隶秦州新志》卷11《艺文》均收录之。而姚镆《东泉文集》压根儿就没有题为《重修伏羲庙记》的文章，也可证《巩昌府志》系误收。
② 鲁泽主编：《陇西史话》，甘肃文化出版社2006年版，第178页。
③ 杨慧之：《陇西四书院沿革》，《陇西县文史资料选辑》1995年第2辑，第65页。
④ 杨慧之：《陇西四书院沿革》，《陇西县文史资料选辑》1995年第2辑，第65页。

宽，号晓岚，别号果斋，晚年号五泉山人。清甘肃皋兰（今兰州市）人。光绪十五年（1889年）进士。曾任翰林院编修。光绪二十三年辞官归里，致力于教育事业和社会公益事业。著有《尚书经日记》《周易经日记》《诗经日记》《春秋经日记》《春秋大事提纲表》《果斋日记》《果斋前集》《果斋续集》《果斋别集》等著作十余种。民国8—13年（1919—1924年）本着"补其旧毁，增其本无"的原则，主持募资大修五泉山，使兵火之余破坏殆尽的五泉山重新焕发生机，成为陇上名胜，太昊宫即是"增其本无"创建的祠庙。

太昊宫在五泉山中麓，具体建设时间为民国9—10年（1920—1921年），建筑由总门、大门、壤驷赤祠、石作蜀祠、秦子祠等组成。关于创建目的，刘尔炘《兰州五泉山修建记》说得很明确："太昊宫之建也，专为表彰陇上前古人才，以鼓舞后进者也。"其具体的建筑格局，严森林《五泉山半月亭读碑记》有描述：

此宫顺沿山势由下而上建成四台殿宇：一台为回廊花园三楹砖门，至今门首题额历历在目，中为"高山仰止"，右为"奋上兴下"，左为"继往开来"，个中意蕴登临此宫此山自然明了；二台为秦子祠，主祀孔子弟子秦祖，配祀景清等13人；三台为壤驷赤祠、石作蜀祠，主祀孔子弟子壤驷赤、石作蜀，配祀赵充国、张轨等22人；最上面四台为伏羲殿，主祀太昊伏羲氏，配祀女娲氏、黄帝轩辕氏。刘尔炘还将上述42名乡贤的事迹编为语体文小传，以楷书于各台殿墙上，供游人览阅。[1]

"文化大革命"中太昊宫伏羲塑像被毁，[2] 主体建筑破败不堪。2015年完成修缮，重新开放。

刘尔炘是著名学者，长于诗文，尤其擅长楹联，五泉山修缮完工后，于所有建筑都留有楹联。对太昊宫他既有碑文，又有楹联，分录如下。

兰州五泉太昊宫记

借山水名胜地，起危楼杰阁点缀亭台，以表彰吾陇上三古以讫有清六千

---

[1] 严森林：《五泉山半月亭读碑记》，《兰州日报》2010年1月8日。
[2] 殷海龙：《兰州五泉山太昊宫蒙尘》，《甘肃日报》2003年10月31日。

余载帝制时代之圣贤豪杰，以示游人。经营者阅两寒暑，募而支出者万八千四百余两。后之人春秋佳日挈榼提壶，歌于斯、啸于斯、登临瞻眺于斯者，当有以注其精神念虑，而不致入宝山空回也。

中华民国十年夏正辛酉冬十一月既望，皋兰刘尔炘五泉山人

太昊宫总门正中一联

都来游圣人之门，上观千古；

从此发名山间气，后有万年。

伏羲殿二联

在当年，玩河洛，理星辰，俯察仰观，思创出文明世界；

到今日，驾风云，走雷电，醇漓朴散，悔打开混沌乾坤。

画成卦有三爻，天地人分阴分阳，造化机缄都在手；

易之书无一字，文周孔读来读去，圣神事业只传心。

按：碑文、对联录自刘尔炘《兰州五泉山修建记》，和通印刷馆民国版，第35页。

六 兰州国立兽医学院伏羲堂

严格地说，兰州国立兽医学院的伏羲堂不是专门祭祀伏羲的祠宇，而是学校主体建筑——教学研究大楼，学校的教学楼以"伏羲堂"命名其中大有讲究，故附此节一并记述。

1946年10月1日，兰州国立兽医学院在兰州小西湖正式筹办，次年冬伏羲堂建成。两层，呈横写"亚"字形，东西长81米，进深25米，是当时兰州市第一大建筑，与中山堂、三爱堂、至公堂统称"兰州四堂"。伏羲堂在建设之时院长盛彤笙邀请国民政府教育部部长朱家骅撰书《伏羲堂基铭》，铭曰：

瀚海西，暨金微；天苍茫，水清漪。碛磊砢，草萋菲；牧群牲，宗

伏羲。物吾与，思弘施；六畜疾，我为医。人乐康，畜蕃孳；大且久，视兹基。

中华民国三十六年九月国立兽医学院建

国民政府行政院教育部部长朱家骅奠基

工程竣工之后盛彤笙撰书《伏羲堂记》，文曰：

中华民国卅五年秋，国民政府以西北畜牧生产事业，有待于兽医科学者綦夥，乃于兰州创立兽医学院。俾肩兹重任，国步方艰，疮痍未复，库帑弥绌，学院撙节常支，积累数月，甫能就皋兰西郊市地为院址。复数月，方克略鸠工与材，作此一堂，为永久院舍。

伏羲者，传说中吾国畜牧兽医之祖，故名堂曰"伏羲"，用追前烈。建筑之间，厄于度支，竭蹶者屡。堂成日，谨溯经营始末，刊石以示来兹，庶知创业艰难，乃朝乾而夕惕，思所以报国之厚惠焉尔。

中华民国三十六年十一月，国立兽医学院院长盛彤笙谨记

"基铭"和"堂记"原镶伏羲堂墙壁，堂拆除后转藏甘肃农业大学校史馆，关于命名"伏羲堂"的原因，学校在约请吴稚晖题写堂名的公函上说得很清楚：

敝院系奉蒋主席手令，创办于三十五年秋季，为国内唯一兽医学院，对于西北国防民生有密切关系，为应教学研究之需计，爰兴建兽医馆贰层大楼一幢，深广二十五公尺，长八十一公尺，为兰州市目前第一大建筑。行将于今春落成，定名为伏羲堂，（因伏羲氏传为我国畜牧兽医之始祖，又系降生甘省，谨以人名名堂）意在助勉后学，追前先贤。素仰我公热心教育，奖掖后学，法书令名，薄海同庆；敢请赐壹"伏羲堂"横额三字，并乞签署印款。于本月三十日前赐寄兰州小西湖敝院，俾工镌刻，以光黉舍，藉垂永久。[①]

[①] 胡云安：《国立兽医学院标志性建筑——伏羲堂及其轶事》，甘肃农业大学新闻网，https：//news. gsau. edu. cn/ynfo/1037/19189. htm。

古籍记载，伏羲氏服牛乘马，养牺牲以供庖厨，被视为畜牧业始祖。而中国的第一所兽医学院教学楼以"伏羲堂"命名，以期继往开来，开辟新天地，可见伏羲文化的长久感召力。

1949年后兰州国立兽医学院先后易名西北兽医学院、西北畜牧兽医学院等，1958年迁往武威黄羊镇和筹建中的甘肃农学院合并成立甘肃农业大学。1992年，修建小西湖立交桥时伏羲堂部分被拆，2002年因故整体拆除。2008年，甘肃农业大学在兰州安宁营门滩重建伏羲堂。

第四节　秦安陇城女娲祠

一　女娲祠变迁

北魏郦道元《水经注》卷17《渭水》说：

> 瓦亭水又西南出显亲峡，石宕水注之。水出北山，山上有女娲祠，庖牺之后有帝女娲焉，与神农为三皇矣。

这就是记秦安境内的女娲庙，这也是天水市进入著名地理学名著的第一个名胜古迹，就连鼎鼎大名的麦积山石窟也没有如此殊荣。这个女娲庙按杨守敬的《水经注图》，其地点在今葫芦河左岸之显亲河流域，再具体一点，在今秦安县城魏店乡境内。而今秦安县陇城镇的女娲庙在葫芦河右岸的清水河流域，两者在地域上似互不联系，但其间有沿革关系，至于何时女娲庙从葫芦河左岸迁至右岸，我们暂时不清楚。但可以肯定，女娲庙能出现在《水经注》中，其始建时间肯定是比较早的。《水经注》所言的瓦亭水又称陇水，即今葫芦河，北山即今秦安县魏店乡显亲河流域的北山。1986年，天水市北道区放马滩秦墓出土七幅木板地图，其中绘制葫芦河的2号图标有一"亭"形物，据张修桂《当前考古所见最早的地图——天水〈放马滩地图〉研究》，"亭"形物系女娲庙。文云："《水经注》所载女娲祠，其位置正与2号图亭形物位置一致，则此亭形物无疑应释为女娲祠。"① 依此结论，则秦安的女娲祠远在先秦业已存在。

这里列几条明清时期关于陇城女娲庙的记载，以为我们解决问题提供证据。明胡缵宗《秦安志》卷2《地理志》说：

> 凉州故古今以陇为关焉，其山当陇，城之北有女娲庙，建于汉以前。娲皇，成纪人也，故陇得而祀焉。今庙存而祀废矣。

文中的第一个"陇"指陇山，第二个"陇"指秦安陇城，所说的女娲庙即今清水河流域陇城镇的女娲祠。由此可证至少在明朝今秦安之陇城镇就有女娲祠。宣统《甘肃新通志》卷28《祠祀志》记载：

> 女娲庙，……秦安县在县东北龙泉山，建于汉代以前。国朝乾隆初龙泉山崩，庙移陇城镇东门内。水逼城，庙又移东山坪。同治初回乱庙毁，重建于镇城南门内。

镇南门内的女娲祠就是现在女娲祠的前身。女娲祠建了毁，毁了又建，当地人的女娲情结历久长存。

"文化大革命"期间，女娲祠再度被拆毁。1989年陇城民众在原址上集资重建，其主体建筑娲皇宫占地160平方米，轩楹宏敞，飞檐兽脊，流丹飞碧，雕梁画栋。2000年建成门坊，女娲祠原有规模基本恢复。2005年，女娲庙被公布为县级文物保护单位。

二 民间祭祀活动

农历正月十五日为女娲圣诞节，正好也是传统的元宵佳节，节日气氛非常浓厚。陇城周围几十里地的民众扶老携幼，从四面八方赶来给女娲娘娘进香，参加一年一度的娲皇圣母会。其中社火表演极具特色，除陇城当地的龙泉、上袁、娲皇、西关、凤尾、略阳、常营、蔡河、张湾、榆树、王李、马

---

① 张修桂：《当前考古所见最早的地图——天水〈放马滩地图〉研究》，《历史地理》第10辑，上海人民出版社1992年版，第155页。

关、高庄等村庄社火队之外，还有张家川、庄浪、清水等邻县乡村的社火队也赶来参加，参演者不下四五十家。演出内容主要是以古代作战为题材的骑马作势的马社火、高杆、高亭子、高拐子、旱船、狮子、老虎、龙灯、转马、花灯、武术、春牛等，热闹壮观。

另，2006年之后秦安县宣传弘扬女娲文化，每年农历三月十五日举办民间祭祀中华人文始祖女娲大典，公历6月21日举办公祭祭祀中华人始祖女娲典礼暨文化旅游节，届时有祭祀乐舞表演和非物质文化遗产秦安小曲、蜡花舞、扇鼓舞等展演。2011年秦安女娲祭典列入国家级非物质文化遗产名录。

三　陇城与女娲相关的地名

风沟·风台·风茔　女娲风姓，陇城长期流传关于女娲"生于风沟、长于风台、葬于风茔"的传说。风沟和风台在陇城镇南不远处，风茔在镇南4公里，林壑幽深，古老神秘。当地人将风沟称之为"神沟"，人去世之后都不在风沟掩埋。时至今日，风沟里也找不到一处墓葬。

女娲洞　在风沟，洞深1700余米，洞内有古人生活的痕迹。风沟除女娲洞外，还有女娲潭、八卦坡等地名。女娲潭一说是女娲的生活用水之泉，另一说是女娲洗澡的地方。此潭又名叫"神水泉"，传说久病不愈者饮此泉水即能痊愈。

龙泉　在陇城镇城北门外大路旁，泉水甘甜，冬夏不枯，可供城内外近万民用水。相传龙泉是女娲"抟土造人"、讨伐共工时的用水之泉。

八卦城　民国之前陇城有城垣，按伏羲八卦建筑，造型为八边形，称八卦城，占地200余亩。每卦筑一炮台，共有八个炮台，有东西南北四个城门。娲皇村就在城内，上街中曾建有"娲皇故里"牌坊，1955年被毁。

第二章　陕西省伏羲祠庙

陕西省的伏羲祠庙都是伏羲庙和女娲庙相互"伴生"。即如西安临潼区骊山人祖庙为伏羲、女娲同祀一庙，蓝田县三皇庙是华胥、伏羲、女娲同祀一庙，安康汉滨区的伏羲山则是因为临县平利有女娲山而得名，伴生现象比较明显。民间讲伏羲故事，少不了妹妹女娲、母亲华胥，同祀一庙，自在情理之中。

第一节　临潼区骊山人祖庙

一　骊山人祖庙沿革考述

骊山人祖庙又称仁祖庙、人宗庙，或仁宗庙，尚有称人种庙者，在西安市临潼区骊山最高峰九龙顶。始建时间不详。1967年人祖庙之人祖爷伏羲、人祖婆女娲塑像被当作"四旧"砸碎，像内有木牌，上书"永乐五年三月二十八日落成，华清道人李纪仙"字样，[1] 可证庙至晚建于明代以前。

康熙《临潼县志》卷3《祠祀志》说：

> 露台祠，在骊山东南二十里，祀汉文帝，帝欲作露台，惜百金中人产而止，民感之为立祠，俗呼仁祖庙。

---

[1] 焦生全：《骊山人祖庙》，西安市政协文史资料委员会编：《西安佛寺道观》，《西安文史资料》第28辑，陕西人民出版社2009年版，第390—391页。

又，乾隆《临潼县志》卷34《祠祀》说：

> 露台祠，即仁祖庙，骊山东二十里，汉文帝庙也。帝欲作露台，惜金中人十家产而止，民感之，为立祠。其地有露台故基。

上引两段资料，中心意思是说露台祠就是仁祖庙，建庙起因是汉文帝罢新建露台的节俭举动。节俭是美德，贵为天子能考虑到普通劳苦大众的疾苦而节俭，更是大美德，大仁政，普通劳苦大众大受感动，于是立祠建庙纪念，庙名"仁祖"。依此，那祭祀的无疑是汉文帝了，和伏羲女娲无关。事实是否如此，还得从源头说起。

《史记》卷11《孝文本纪》说：

> 孝文帝从代来，即位二十三年，宫室苑囿狗马服御无所增益，有不便，辄弛以利民。尝欲作露台，召匠计之，直百金。上曰："百金中民十家之产，吾奉先帝宫室，常恐羞之，何以台为！"

本来要建露台的，鉴于造价昂贵，值抵中产人家十家的资产而作罢，这对一个可以任意动用全国资产的皇帝来说的确难能可贵，理当赞扬。《汉书》卷4《文帝纪》的"赞"对文帝轻徭薄赋，厉行节俭的种种举措一一列举，最后感叹："呜呼，仁哉！"简单分析，汉文帝的露台计划压根儿就没有实施，所以不存在、也不可能有乾隆《临潼县志》所言的"露台故基"。即便是露台真的兴建了或兴建未完成而停建了，其"故基"只能是在长安城中，而不是当时的新丰骊山顶上，因为原计划修建的露台本是完善宫室布局的一个组成部分，于是有文帝"吾奉先帝宫室，常恐羞之"那样的话。因此，骊山有"露台故基"的说法不可靠。

乾隆《临潼县志》卷2《古迹》说：

> 露台，《索隐》新丰骊山之顶有露台乡，极为高显，文帝所欲作台之旧址在焉。按《十道志》，汉文帝置露台于此。《雍录》，骊山露台，文帝已有成基，而惜费不肯竟役者也。《两京道里记》，到此下视诸山，有羲轩以降形，今汉文皇帝祠是其处。

这段资料引经据典，所引都是唐宋间著述，其中《十道志》《两京道里记》为唐代地理学著作，《雍录》为南宋地理学著作，而《索隐》当指《史记索隐》，为唐代历史学著作。《史记索隐》原文作"顾氏按：新丰南骊山上犹有台之旧址也"。和"乾隆志"所引相去甚远。其实"乾隆志"所引的所谓《索隐》文来自唐颜师古《汉书注》，原文作"今新丰县南郦山之顶有露台乡，极为高显，犹有文帝所欲作台之处"。[①] 省露台而树立大仁大德的形象，这事件极为典型，成为人主节俭的典故，也成为"致君尧舜上"的臣子心目中明君的标准之一，在艳羡艳称之后将其坐实固定于某处，的确出于现实或心理需要。而由颜师古注来看，最起码在唐代以前即认定露台在郦山，那个"露台乡"应是露台典故的产物。即如《括地志》所言："新丰县南骊山上犹有露台旧址，其处名露台（乡）。"[②]但就《史记》《汉书》的《文帝纪》而言，丝毫看不出有建台的举动，只是"尝欲作露台"。颜师古注还是比较注意分寸，"犹有文帝所欲作台之处"，到了南宋程大昌的《雍录》直接就成了"文帝已有成基，而惜费不肯竟役也"，是说文帝搞了个半拉子工程，因为要省费用，便作罢了。无论如何骊山有露台被唐宋人认定了。于是就有仁祖庙祀汉文帝的说法。

正是因为唐宋以来的一些地方志或史注都有文帝露台在骊山的说法，这样就影响到清代《临潼县志》的记载，将文帝露台和仁祖庙合二为一，并认为仁祖庙祭祀的就是汉文帝。事实情况是仁祖庙从来都是伏羲女娲同祀，伏羲旁边还有帝后女娲。骊山伏羲女娲传说盛行，骊山之南麓便有伏羲女娲之母华胥之陵和华胥庙，骊山至今有猴娃坡、婆父石、磨合山、磨盘沟等和伏羲女娲传说相关的地名。清代《临潼县志》所谓"仁祖庙"应是"人祖庙"或"人宗庙"，是人类始祖之意，非"仁君"之谓。全国各地伏羲庙都可以称人祖庙，这是通例。

下来，再论辩一事。据《旧唐书》卷134《王玙传》道士李国祯附，唐代宗广德二年（764年），"道士李国祯以道术见，因奏皇室仙系，宜修崇灵迹。请于昭应县南三十里山顶置天华上宫、露台、大地婆父、三皇、道君、

---

① 《汉书》卷4《文帝纪》，中华书局1962年版，第135页。
② （唐）李泰等撰：《括地志辑校》，贺次君辑校，中华书局1980年版，第20页。

太古天皇、中古伏羲、娲皇等祠堂，并置扫洒宫户一百户。又于县之东义扶谷故湫置龙堂，并许之"。昭应县令梁镇上表坚决反对并提出解决办法："其三皇、道君、天皇、伏羲、女娲等，既先各有宫庙，望请并于本所依礼斋祭。"最终梁镇意见得到代宗支持，李国祯的馊主意没有变成现实。梁镇所言伏羲女娲等"既先各有宫庙"是指这些先皇已经建有宫庙，至于建在什么地方，梁在提反对的七条理由时提及，"其道君、三皇、五帝，则两京及所都之处，皆建宫观祠庙，时设斋醮飨祀，国有彝典，官有常礼，盖无阙失，何劳神役灵？"《新唐书》卷122《王玙传》有概括解释："若三皇、五帝、道君等，两京及所都各有宫庙，春秋彝飨，此复营造，是谓渎神。"这里的"两京及所都"应不包括"昭应县南三十里山顶"，因为如果此处已有李国祯建议提及的宫庙就无须再建了。李国祯建议修建的宫庙中有露台，此露台和汉文帝要建而未建的露台名同而实不同。这个露台虽然也没有修建，但骊山有人祖庙或许和这次动议有关。依此，似可将人祖庙的始建年份定在唐代宗以后的唐代。引文中的昭应县治，在今临潼区。①

在清代，由于年代久远，人们对人祖庙所祀神灵已不甚了了。临潼先贤博学如周灿，在其《游人祖庙记》中说："殿内帝后二像衮冕翟茀，仪卫森列。近或称为仁祖，谓文帝惜百金之费，后人即其地祠之，亦无不可也。"不置可否，觉得叫"仁祖"认为是汉文帝祠也可。伏羲女娲本是《史记索隐》所列三皇中的两皇，同排并祀，理所当然。退一步讲，即便是文帝庙，也不可能在帝像旁置一女像。由民俗的活化石地名及传说，人祖庙内祀神形象可知，那就是伏羲女娲庙。

现在基本廓清了人祖庙和伏羲女娲的关系，接下来应该记述人祖庙的建设沿革，而这方面的内容，临潼旧志相关条目全然不载，只好星星点点勉强而为之了。周灿《愿学堂文集》卷11有《重修人祖庙募疏》，是说临潼知县"钱侯"即钱天予（康熙十五年至十八年在任）因人祖庙求雨应验，应主持道人之邀，准备整修人祖庙，带头捐款之后，资金仍然不足，于是请周灿撰文以"广行劝募"筹集资金。时在康熙十七年（1678年）。另，今人祖庙遗

---

① "昭应县，改会昌县置，属京兆府。治所即今陕西临潼县。北宋大中祥符为避玉清昭应宫名，改名临潼县。"见史为乐等编《中国历史地名词典》，中国社会科学出版社2005年版，第1881页。

存重建碑一通，主体漫漶不清，落款"大清光绪十三年岁次癸巳八月榖旦"，刻有捐款人姓名多人，可知此庙在清代至少重修过两次。

民国时期修葺情况失载。民国11年（1922年）编辑的《临潼县志》卷2《古迹》列"露台"、卷3《祠祀》列"露台祠"，所记内容和乾隆《临潼县志》一字不差。1950年新成立的仁宗乡人民政府以人祖庙为办公场所。1950年又在庙内办学，名仁宗庙小学。因用房需要，庙内建筑时有破坏。1967年"文化大革命"如火如荼，伏羲女娲塑像被砸。1969年因兴建微波站，庙内建筑全部拆除。1998—2000年周围群众在遗址上集资盖砖瓦房数间，从此有了庙的标志。2000年，临潼籍作家庞进考察"人祖文化"时对局部恢复的人祖庙有一段描述。

> 恢复了的人祖庙是新修的，简陋了些，却收拾得干干净净。坐北朝南的正殿里敬祀着伏羲女娲的神像，院子里新栽了树木花卉。住庙的老者告诉我，庙是在乡政府的支持下，由当地群众集资修建的。说着带我们到庙外看磨子石，兄妹石和猴娃坡，说刚才雾还大得啥都看不见，这会你们来了，雾散了。果然，雾去天开，朗朗的阳光照下来，山野草绿柏翠，一派清丽。①

如今临潼区人民政府着力打造女娲文化，而人祖庙状况也有改观。一些户外运动者徒步登山，经常以人祖庙所在的九龙顶为目的地。每年七月十五日的庙会依旧热闹，搭台唱戏，求神敬香，人潮涌动。

二 焦生全关于人祖庙的记述

焦生全系临潼人，现为骊山女娲文化研究中心主任。其出生地就在骊山人祖庙村，并在人祖庙内读完小学，其对庙内建筑，所祀神灵及历次破坏情况十分清楚，也可以说是民国以来人祖庙历史的见证人。其回忆文章《骊山人祖庙》全面客观，准确生动，特予以辑录。

---

① 庞进：《大悟骊山》，陕西师范大学出版社2002年版，第17—18页。

图 4　临潼骊山人祖庙门坊

1. 建筑格局

人祖庙背面南建于骊山最高峰嵫土坪之上。地势南低北高，落差一米有余。其平面外围轮廓随山头外形走势大致呈椭圆形，南宽北窄。南北直径约 60 米，东西直径约 30 米，总面积约为 1400 平方米。

人祖庙主建筑设置在南北同一轴线。自南至北共有四幢建筑，均为硬山抬梁式砖木结构。第一幢俗称前殿，三间，四架椽，间宽约 4 米，脊高约 6 米，进深 6 米，脊高约 8 米，南墙根地平高出前殿地面 0.8 米。第三幢俗称上殿，也叫大殿或正殿，是整个建筑群的核心部位，三间，七道檩，六架椽，间宽约 4 米，进深约 10 米，脊高约 10 米，南墙根高出中殿地面约 0.5 米，背墙根高出北院地面约 1 米；最北边有 3 小间两层木板阁楼，总高 5 米左右，人称魁星楼。

前殿和中殿之间留有 200 平方米左右的院落，称前院。前院东西两侧分别建有东西相向而立的东配殿和西配殿。东西配殿完全对称，各为三间、四架椽。配殿北山墙与中殿前屋檐同处于东西一条直线，南山墙与前殿东、西山墙之间留有两块梯形空地，分别建成东道房和西道房，中殿与上殿屋檐之间仅留有 1 米左右距离。上殿与魁星楼之间有一个小小的后院。后院东西两侧建有僧道生活用房。

　　整座庙宇布局考究，结构严谨。庙宇屋顶与墙壁全用青砖、青瓦、白石灰砌成。各殿宇屋顶全部采用镂刻龙、凤、鸟、兽、花卉、云纹等图案的青砖玉脊。各殿屋脊两端均有一形状怪异的鸱吻，使庙宇外观显得十分威严，加之前低后高的地势，拾级而上的三座大殿，参拜者自会感到如临圣殿，须仰视才能观瞻之威仪。建筑所用椽檩、阁楼的浮雕、圆雕图案和精美的壁画，或龙或凤，或鸟或兽，或人物山水，或花卉草虫，或历史典故，或神话传说等艺术杰作尽出自高人之手。中殿有两根直径约为80多厘米的枣木大梁，其粗细长短及自然生成的弯曲形同一模所制，不知其取材于何地，观赏者无不称绝。综观人祖庙整个建筑格局和规模为骊山所有庙宇道观之最。

　　2. 彩塑神像

　　前殿三间，中间为人行过道，东间塑一坐像，中年男子，眉清目秀，和善可亲，长髯垂胸，身着蓝色长袍，头戴儒巾，右手捻须，左手抱红色葫芦，人称"药王"。左右男女侍从各一人。西间塑一白须长者，右手持一龙头状藤杖，左手搭膝而坐，腰背前倾微驼。童颜鹤发，络腮胡须如缕缕银丝，慈眉善目，笑容可掬，显得十分慈祥。大家称他为"土地神"。土地神左右亦各有一男女侍童。

　　中殿中间为开间，前后各有四扇格子门，成为进出通道。东间面南塑一中年男子形象，道巾道袍，颌下微须，眉清目秀，背上斜背一把宝剑，手持拂尘，潇洒脱俗，人们叫他"韩湘子"。西间面南亦有一尊中年男子彩塑，满脸络腮长须，满头披肩散发，一双醉眼半睁半闭，表情似怒似愁，身着一领破旧道袍，跣足盘腿而坐。人们管他叫"无量神"。

　　中殿东西两边共有十几尊站立彩塑，其形象各异，造型逼真生动，表情喜怒哀乐各具特征。有文官、有武将，有黑脸白脸，有红脸黄脸，有老有少，有善有恶。善的人见人喜，恶的望而生畏、毛骨悚然。小时候打这儿经过时必须有大人们领着，捂着眼睛、屏着呼吸、心惊胆战地轻轻走过，生怕惊动了那些凶神恶煞。在我记忆中留下深刻印象的西墙中央那尊武士像：身高八尺有余，顶盔贯甲，彩带飞扬，一张长长弯弯的鹰钩嘴，一对凶光逼人的鹰眼，背上长一副巨形翅膀慢慢张开，左手持一钢錾向前伸出，右手握一巨大铁锤高高举过头顶，身体前倾，大人们把他称为"雷神"。等我长大读过《封神演义》后，才明白他和书中描写的雷震子一模一样。

上殿彩塑神像是整个人祖庙的核心，全殿群体彩塑以人祖爷即伏羲、人祖婆即女娲为中心，给人们肃穆、威严、神秘之感。上殿正中央青砖雕刻砌成 1.5 米高的神龛基座，神龛上有一精雕细刻、做工精美、造型考究的木雕暖阁，暖阁有东西两门，阁内塑有龙椅宝座，座上东边塑一帝王形象，西边塑一女后形象。二像均正襟危坐，高约三米多。东边那位帝王戴王冕，身着龙袍玉带，年约三十上下。面部丰满，鼻直口方，两耳垂肩，唇上微须，双手捧一玉圭，目光炯炯有神。西边那位皇后头戴凤冠，身着团凤绣花裙，满身饰品珠光宝气。双手放膝上，脸向右微侧，仪态端庄而拘谨，体态丰腴而妩媚。人们对女后的姿态、表情颇有微词，然而"兄妹成婚、面带羞涩"的说法则占上风。

殿前依明柱分东西站立四尊文官武将，文东武西相对而立，身高 3 米左右。两位文官一老一少，均双手执笏板，毕恭毕敬，昂首挺胸。两位武官一黑一白，一恶一善。那位黑脸的将军满脸络腮短须，身穿皂色战袍，铁盔铁甲，大瞪双目如铜铃，张口龇牙如血盆，右手提一钢鞭，左手叉腰，威武无比。那位白脸将军面如满月，眉清目秀，银盔银甲，双手把剑拄地，年少英俊、气宇轩昂。可能是由于大殿不够宽阔的缘故，只能由他们四位来代表天子殿下的文武百官了。

在伏羲、女娲神暖阁前东西两侧，从屋顶梁沿第二道柱子塑着盘旋而下两条巨龙，足有十几米长短。东边巨龙呈蓝青色，西边巨龙呈火红色，两条巨龙头东西悬空相对，伸向中央，血盆大口，张牙舞爪，十分吓人。各自的前爪一只抓住屋梁，一只尽力伸向前方，要厮斗，要争夺，要亲近，要争宠？……不得而知。这两条巨龙的庞大造型、显赫的位置以及喧宾夺主的构图，显然是独具匠心的。我猜测，艺术家们所要表达的主题也许正是伏羲、女娲文化的真谛。

在伏羲、女娲像的背面墙壁有一精美的木雕神龛，神龛内雕一布袋和尚盘坐阁内。神龛高约80厘米，佛像高约60厘米。在神龛上方墙上白描一只下山猛虎，虎的背景有山有水，悬崖上杂草丛生、古树参差。在虎上方墙壁的不同方位各塑身高不足50厘米的十八罗汉，每尊彩塑下方有一块突出的云彩托着。有站有坐，有伏有卧，有老有少，有善有恶，有的驾龙，有的骑虎，喜、怒、愁、思，神态各异，栩栩如生。

前院东配殿有三尊女神，居中者年纪稍长，和蔼慈祥。左右两尊均为少女模样，体态丰盈，美貌婀娜。三位均盘膝而坐在木雕暖阁之内，不同的手势和所持法器，分别代表她们所司之职与广大神通。当地人把她们通称为"娘娘婆"，东配殿自然也被称之为娘娘婆殿。

前院西配殿又被称为"老爷殿"，正中塑一关帝圣君，端坐虎帐，身高丈余，内穿锁子金甲，外罩绿色盘龙战袍，面如重枣，凤眼蚕眉，五绺长髯拂胸，威武逼人。关帝右手捋一缕长须，左手持一书卷，真可谓"义存汉室三分鼎，志在春秋一部书"，其左侧为关平，面如满月，眉目清秀，银盔银甲，双手捧着"汉寿亭侯"大印；右侧侍立一位黑脸虬髯大汉，虎目圆睁，铁甲皂袍，双手持着龙偃月刀，乃关帝侍卫周仓。

综观人祖庙塑像，其造型、神态、服饰、设色等无不精到，属艺林高手之杰作。

3. 古树名木

20世纪60年代以前，人祖庙曾是古木参天、青翠环绕，其中百年以上古树不计其数。

生长在庙宇前院的一棵古柏，高约12米，树身主干高6米左右、直径达1.26米（1960年前后古柏被当时的人民公社砍伐解成板后我亲自量的）。树冠分成三个枝杈，分别伸向西北、西南、东南方向，其中西南、东南两枝枝繁叶茂，覆盖了大半个院落，唯有伸向西北方向的枯枝像虬龙蜿蜒升空一样，更显古老而苍劲，每遇夜风袭来，其声如虎啸龙吟，闻之无不悚然。听老人讲，这棵古柏至少有千年以上高龄。60年代初，被当时的人民公社卖给代王姜塬，惨遭砍伐厄运，实在令人痛惜。

在庙南门外东侧崖边曾有一棵远近闻名的龙槐。这棵古槐粗细两抱有余，高约20米，树身向东南方向倾斜45度而盘旋弯曲，其树冠顶部有一团枝叶上翘，直径不过两米，好像龙尾摆动。树身上下左右分别大致对生4枝，形成巨龙4爪。站立树下，抬头仰望，好似一条巨龙从天外飞来，一头扎进骊山之巅。树干靠近根部生成一洞，可藏匿两名顽童。根据俗语"千年柏、万年槐"之说推算，古槐大约有数千年高龄。这棵被当地称作风水树的千年古槐，在"文革"期间竟被一狂徒用数十公斤炸药雷管炸得粉身碎骨，使人痛心疾首不已！

古刹北门外塄坎上曾生长三棵合抱以上粗细的中槐，在60年代初同样未能逃脱砍伐劫难。

至今尚存的古柏仅有三棵，古庙遗址南门外两棵，紧靠西南方向一棵，尽管属原来庙中古树的孙子辈，亦被列入名树保护之列。

4. 兴废与变迁

在中华人民共和国成立前的战乱年代，人祖庙曾是地方政权镇压土匪和向群众逼粮逼款、拉丁拉夫的"阎王殿"。在这里曾斩杀过十多个地方土匪头目，也逼死过不少良民百姓。原有的住庙道人早已不知去向，只有李姓人家因生活所迫从商洛一带逃荒至此，壮着胆带着妻儿老小住进了这座"阎王殿"内不足20平方米的西道房，这位老人除了开荒种地，还时常打扫庭院、清扫神龛尘埃。每逢农历七月十五人祖爷过会时，会长分给李老汉一些香火钱以示酬谢，同时还把归庙会所有的几亩山坡田地租给他耕种。从此李老汉就蓄了发，梳了髻，成了人祖庙不脱产的道人了。

1949年麦熟时节，驻扎在临潼县城的解放军仅派了两骑解放军一官一兵，前往人祖庙招降了溃逃在骊山一带大约一个团的国民党军队残部。1959年成立仁宗乡人民政府，人祖庙从此成了地方人民政权的所在地。

为了解决乡政府机关用房，首先"请"中殿和西配殿的神像"搬家"。1953，在东配殿设立了一个复式小学班，正式命名为仁宗庙小学。随着学生人数的增加，西配殿的三位"女菩萨"不久也被"请"出了庙堂。一两年后，学校规模扩大，把全乡五六年级的学生集中起来，增加了两个高级小学班。这样，中殿和东西配殿均被用作教室，前殿的"药王""土地"也把地方让出来给远路的小学生作宿舍。在1955年至1956

年间，乡政府机关为了扩大使用空间，除上殿人祖爷、人祖婆塑像外其余塑像全部被拆除，并对上殿、中殿屋顶进行修复、翻新。同时又在北院盖了三幢办公用房，在中殿西侧的空地上新盖了一幢教室，设立了初级中学班。这样，除了人祖爷和人祖婆所占有的20多个平方米以外，整个人祖庙几乎全被古为今用了。

　　1967年七八月，"文革"小将们在打倒"走资派"后，又向人祖爷、人祖婆造反了。百十名红卫兵手持镢头铁锨，三下五除二，就将这两位毫无反动言行的彩塑泥胎打得粉身碎骨。有几个红卫兵在两尊泥像胸部打开一个洞，寻找铜镜——听说古铜镜价值连城。铜镜没找着，却使在场的我有了一个意外的发现：每尊塑像的胸部均露出一个木牌，上面的字迹清晰如新。人群散去之后，我悄悄取出这两块长约30多厘米、宽约10厘米的木牌，来不及看清上面的字迹便揣在怀里带回家中。晚上我在煤油灯下仔细阅读，木片上毛笔正楷书写两行小字："永乐五年三月二十八落成，华清宫道人李纪仙。"当晚，我那刚满周岁的侄儿彻夜哭闹不止，我妈问我：今儿拆人祖爷你动手了？我说：没有。是你把庙里的啥东西带回来了？我没吭声。我哥在一旁说：我看你娃怀里揣了两个木牌。我妈大发雷霆：庙里的东西拿不得，赶快把那两个牌牌给爷归还了！母命难违，无奈，我趁着天还未大亮，揣着这两个木牌再次来到庙前把它塞到庙门塄坎下的灌木丛中。往事已过去30多年了，但是木牌上的内容却永远铭刻在心中，我明白，迄今为止，这两行字将是人祖庙复修年代的唯一考证，今天我把此事用笔记下来，或许以后能派上用场。

　　除此之外，人祖庙遗址现存唯一一块石碑，上面记载着"大清道光十三年岁次癸巳八月穀旦，住持：杨本龙，弟子：陈和明"，同时铭刻着维修扩建庙宇的详情以及捐款人的姓名。

　　如今的人祖庙已面目全非了。1959年在"备战、备荒为人民""提高警惕，要准备打仗"的口号指引下，国家决定在人祖庙修建一个现代化的微波通讯站，对外代号叫"一七一"。由于原址面积不够用，便将原所有建筑物全部拆除，并把地平面向下降低两米多。拆下来的砖瓦、木料全部帮垫在地基四周，卫星接收天线凌空而架，新型平房拔地而起。二十多年过去了，突然在几天时间里，微波通讯站搬迁，不知去向。搬不动的"小洋房"，也被人们挖门窗、拆砖瓦，拿回家发了小洋财。剩的只有残垣断壁，一片废墟。

但是，无论历史兴衰和风云变幻，来人祖庙朝拜和观光的人却从未间断。"文革"以前，每逢农历七月十五，四面八方来此烧香、许愿的香客蜂拥而至。做小买卖的商贩也牢牢抓住商机不放。搭台唱戏、顶礼朝拜一年胜过一年，真是人山人海、热闹非凡。即使在思想禁锢的非常时期，偷偷来这里烧香礼拜的善男信女也屡禁不绝。改革开放以来，常有三五成群的观光者，或乘车或徒步频频来到骊山之巅凭吊华夏先祖，饱览这里特有的大自然神奇风光。20世纪90年代末，有一位身居闹市的张先生，来到这荒凉的古庙遗址，付出数万元积蓄，加上民间捐助，在人祖庙遗址上重新盖起了四幢砖瓦房，根据自己的想象塑造了伏羲、女娲等神像，恢复了七月十五古庙会，吸引了更多的游人纷至沓来。

对一座已彻底毁坏的庙宇来说，以上素描式的实录非常重要，谁研究骊山人祖庙都离不开，大抵也不会比这更为详尽。与其摘要引之，何如全文录之，于是着着实实当了一回文抄公。焦文《骊山人祖庙》，载西安市政协文史资料委员会编《西安佛寺道观》，《西安文史资料》第28辑，陕西人民出版社2009年版，第386—391页。另见《中华民族的始祖根基，潜力巨大的旅游资源——骊山人祖庙考察手记》，李炳武主编《骊山女娲文化论文集》，三秦出版社2007年版，第34—44页。

三　周灿散文二篇

周灿，字星公，明末清初陕西临潼县怀仁里人。清顺治十六年（1659年）进士。曾任礼部郎中、南康知府、四川提学道等职。著有《愿学堂集》20卷。周灿出身书香门第，颇有才名，当地人写当地事自有独到之处。"记"写游人祖庙所见之景，"疏"写重修人祖庙始末及意义，均是研究人祖庙的重要文献，一并录之。周还有《游骊山东绣岭记》和《游骊山西绣岭记》，并为上乘的写景文字，有柳宗元《永州八记》之妙。

游人祖庙记

骊山东岭，离邑二十余里，有人祖庙，相传为天皇氏。邑乘云即露台祠遗址。余生长其地，四十余年未尝一寓目焉，每听人谈及，不禁神往。

乙卯小春三日，风微日和，因戒仆马出郭门，过秦始皇陵，迤逦而东。少憩于草堂寺，抵八里坡，乘笋舆而上。时寒霜初降，木叶半脱，残黄剩紫，掩映山谷间，令人应接不暇。土人多负崖而居，凿穴筑茅，三三两两，各成村墟。对岸篱落鸡犬相望，而羊肠纡折每数十里始得达也。

日晡，至石家窟突，有居人留餐。前此皆东南行，此复循岭而西，至张家窟突，宿焉。有余伯父草堂，结茅数间，坐卧其中，惟见山光云影，怡人心目，昔人所谓"山深似太古"者于兹见矣！

次日，西南行。日上春，至庙，踞东山绝顶，一望豁然。殿内帝后二像衮冕翟袆，仪卫森列。近或称为仁祖，谓文帝惜百金之费，后人即其地祀之，亦无不可也。山形耸拔，俯视群峰，回环莽互，有执玉朝宗之势。复东南行，至土门，食于黄翁家。度岭而南，至张家凹；由黄家嘴归，复至黄翁家宿焉。

次日西归，由蟒石沟下。石形类蟒，背有杵痕，土人传为光武降蟒处，其诞殊甚。或以问余，余戏对曰："蟒与莽同，此亦尊汉恶新意。"或笑，以为奇解。北过房家崖，盘回而上，至西山最高处。俯眺平川，烟腾云绕，上下一色，恍若天地接也。瞰烽火台，往时望之在云霄之上者若邱垤焉，岂非所履高则难为下耶？遂取道老母殿，由柏林坡下，归自南郊。往回三日，穷幽探微，攀缘殆尽。

夫以迟之数十年之久者，毕之三日之内，由一念勇往所致耳！乃知天下事类非悠忽者所能为也，宁仅游山览胜而已哉！

按：录自周灿《愿学堂集》卷4《记》，康熙二十四年刻本。文著于康熙十四年（1675年）。

重修人祖庙募疏

骊山东南二十里有人祖庙，土人称为人皇氏，邈莫可稽。邑乘云，或谓汉文帝欲于此起露台，继以百金之费而止，人怀其德，立祠报享，称"仁祖"焉。庙内帝后二像衮冕襜褕，后代之制，人以其灵爽，遂竟为隆古之称云。

今岁季夏，大旱连旬，焦禾槁稼，群情皇皇，有无秋之恐。金陵寓庵钱侯恻然动念，徒步山崖，躬叩神祠，请水灵湫，葆幢金鼓，迎归城邑，为坛祈祷。次日，云兴雷作。又次日，自晨抵暮，滂沱普润，连宵未已。环瞻陇陌，露叶芃芃，万民舞蹈若更生。复修醮拜谢，送水还山。其住持道人以殿宇日久将圮，稽首而请。侯慨捐清俸，庀材鸠工。犹虑费用浩烦，欲广行劝募，以疏文属余。

余迩来戒笔，不敢为缁黄作曹丘。盖以时际多艰，杼柚兴嗟，琳宫绀殿率视为不急之务。分不得已之丝粟以营可已之事工，孰不闻。余言而蹙额也。若兹举大有不然者，当爞炎方张，遍祷弗应，三旬不雨，其有秋乎？百谷不登，其有民乎？有珠盈篋不可以饮，有锦盈笥不可以食，其不相率而为沟中之饿殍也几希矣。今仰荷侯力，弘被神庥，妇子宁盈，室家慰藉，所谓肉既枯之骨而起之九死之余也。痛定追思，感怀必切，募捐京坻之遗禾，人损盘飧之剩粒，群心向往，亦何难成聚沫之海为积尘山也哉！于以答神贶而报侯功，厚人心而美风化，所关非鲜浅也，余曷敢辞笔墨之劳。君子其敬听余言也夫。

按：录自周灿《愿学堂集》卷11《募疏》，康熙二十四年刻本。文著于康熙十七年（1678年）。

四 民间传说选录

人祖庙的传说

人祖庙，一名露台祠，今名仁宗庙，在骊山之巅的九龙顶，距县城十公里，有公共汽车可以到达。

相传女娲炼石补天之后，漫天洪水把人类都淹死了，世上只剩下伏羲、女娲兄妹。他俩想，兄妹二人能不能成为夫妻，成为夫妻要是不生孩子，人类就不会有子孙了。但是，兄妹结婚"又自羞耻"。便商定，把两个石臼从山顶滚下去，倘若两个石臼合而为一就结婚，如果两个石臼各自分开，就不成夫妻。

在一个月明如昼的夜晚，兄妹俩向天祷告后，就分头把石臼的磨碾从九龙顶上滚落下来。两个石臼在月光照射下闪着白光，从山坡上往下滚，落到谷底后，磨碾两扇严严实实地合在一起了。因为兄妹结合是件令人难堪的事儿，当时女娲便以布蒙头，兄妹遂结为夫妻，生下了一些孩子。这些孩子就是今天的人类。民间从此留下了新娘子顶盖头，夫妻拜天地以及洞房门额上常写"天作之合"的习俗。后来，人们在女娲兄妹向天祷告、分头滚磨碾的地方修祠祭祀，取名人祖庙。至今在人祖庙附近的农村，还有每年农历七月十五纪念他们的羲氏圣会节。

人祖庙西南坡下的一条山沟叫"磨子沟"，又叫"碾子沟"，谷底存一合石磨，当地人叫"圣碾"，相传是女娲、伏羲兄妹滚磨成婚时落到沟底的石臼。骊山北麓的戏河原叫伏羲氏河。人祖庙的西坡下有个山谷，名叫风王沟。伏羲女娲都是风姓，可见，伏羲氏河和风王沟都是纪念伏羲女娲兄妹二人的地方。

按：录自王向阳《临潼史话》，陕西旅游出版社1990年版，第11—12页。

第二节　蓝田三皇庙

一　华胥渚·华胥陵

说起蓝田，我们首先想到的是历史教科书上的距今80万年的蓝田猿人。人类的祖先远古时代在此繁衍生息，说明这是一块物华天宝的宝地，和文明始祖伏羲女娲的母亲华胥的传说联系在一起，被定位为华胥之国，入情合理。

晋王嘉《拾遗记》说："春皇者，庖牺之别号。所都之国有华胥之洲。神母游其上，有虹绕神母，久而方灭，即觉有娠，历十二年而生庖牺。"又，《太平御览》卷87引《诗含神雾》说："华胥生男子为伏羲，女子为女娲。"

《路史·后记一》罗苹注引《宝椟记》说:"帝女游于华胥之渊,感蛇而孕,十三年而生庖牺。"这几条资料联系起来,即可得出这样的认识:神母或帝女华胥在华胥之渊或华胥之洲游玩,天作异象,"虹绕神母";地为奇迹,"感蛇而孕",最终诞生了两个伟人,男的叫伏羲,女的叫女娲。

对华胥如何定位,张新斌有一段精彩的分析。

> 上古时期有关女性的记载,可以见诸文献。基本分以下三种类型:一是伟人之母。如伏羲之母华胥、黄帝之母附宝、颛顼之母景仆、帝舜之母握登、后稷之母姜嫄和契之母简狄等。二是伟人之妻。如伏羲之妻女娲、黄帝之妃嫘祖、帝喾之妻邹屠氏之女、帝舜之妻娥皇和女英等。三是伟人之女。如伏羲之女宓妃、炎帝之女瑶姬、帝尧之女娥皇和女英等。以上三种女性尽管在贡献上有所不同,但考虑到她们与人文始祖的特殊关系,我们将这样一个群体统称为"中华人文女祖群体"。就华胥氏而言,她较其他女祖要早,位列"三皇五帝"之前。在传说中的古帝中,有所谓盘古氏、有巢氏、燧人氏,而华胥氏为女祖之最,是上古时代母权制的代表性的人物。无论从一个时代(前伏羲时代)而言,还是从一个伟人(伏羲)而言,华胥氏都具有至高无上的地位,我认为应称之为"中华人文母祖"。[①]

蓝田出了这样一位伟大的母亲,于是境内相关遗迹众多。顺治《蓝田县志》卷1《山川》说:

> 华胥渚,在县北三十五里,伏羲氏母居也,今有陵及华胥沟,华胥窑、枯枣树、毓圣桥俱存。

又,嘉庆《蓝田县志》卷14《古迹》说:

> 华胥渚,《资政录》在县北三十五里,伏羲氏母居也。华胥沟、华胥

[①] 张新斌:《华胥氏、蓝田猿人与蓝田文化》,河南省社会科学院编:《河南省社会科学院学术活动周论文集》,河南人民出版社2008年版,第363页。

窑、枯枣树、毓圣桥俱存焉。

又，嘉庆《蓝田县志》卷3《建置》说：

> 毓圣桥，旧志在县北三十五里华胥渚上，传伏羲母居此。

和现今地名对照，华胥渚在今蓝田华胥镇孟家岩村和宋家村之间。渚中有华胥河，发源于屠家沟，经东西元峪，注入灞河。渚东北有华胥沟，沟内有华胥祠。宋家疙瘩北崖上有华胥堡。宋家村清代贡生李茂在当地教书即以"华渚"为号，后他的学生举人李某某继承师业继续在此教学，建立牌坊，额题"华胥国"，左右两边分别题"伏羲肇娠""黄帝梦游"。①

另，在华渚地域的华胥镇孟家岩村还有华胥陵。北宋乐史《太平寰宇记》卷26"蓝田县"说：

> 蓝田山，古华胥氏陵，在县西三十里，一名玉山，一名覆车山，郭缘生《述征记》云："山形如覆车之象也。"按，后魏《风土记》云："山巅方二里，仙圣游集之所。"刘雄鸣学道于此。下有祠甚严，亦灞水之源出此。又西有尊卢氏陵，次北有女娲氏谷，则知此地是三皇旧居于此。

民国《续修蓝田县志》卷6《土地志》说：

> 华胥氏陵，《通志》在县西三十五里（《路史》），华胥氏死，葬覆车山之原，注即蓝田山。《黄襄经》："伏羲父没，华胥死之，葬蓝田山。"

此陵建筑已毁，现仅存土冢一方和残碑数块。2006年蓝田县举办"丙戌龙头节全球华人恭祭华胥氏大典"，中断多年的华胥祭祀活动恢复。"龙头节"时在农历二月初二，即民俗所言"龙抬头"之日。此后在二月二，每年都要举办祭祀活动。

又有牺母庙。民国《续修蓝田县志》卷12《祠祀志》说：

---

① 张蔚堂：《蓝田古华胥的传说》，《蓝田文史资料》第6辑，内部铅印本1986年版，第118页。

牺母庙，在县北三里，明万历二十九年重修，王一凤记。清乾隆二十二年知县周庭草记。原名圣母庙，盖高禖之类。明万历中王令邦才有碑云："圣母非他，即华胥氏也。粤稽《通鉴》，华胥氏感电绕虹流之祥，生太昊伏羲于华胥之渚，即今华胥沟是也。光绪中改祀华胥氏（濂为署今名。题联云：史册传华渚发祥，溯卦爻书契由来，即今俎豆，乡邦报本之中又报本；祀典著尼山启圣，矧草昧文明未辟，曾此胚胎，至道开先自古有开先。"

引文中"濂"即民国《续修蓝田县志》主纂者牛兆濂。而周庭草的"记"，民国《蓝田县志》卷20《文征录》有载，名《重修九天圣母碑记》，有云："距县城三里许有圣母庙者，不知建于何时……圣母非他，即华胥氏也。粤稽通鉴，华胥感电绕虹流之祥，生太昊伏羲于华胥之渚，即今蓝邑故景乡之华胥沟也……太昊之德被一时，功垂万世，不可殚述也如兹，故不忘圣德，宜先不忘圣德之所由；不没圣功，宜先不没圣功之所自生。而土人之所建庙宇、享祀丰洁所由来也。"

二 三皇庙

庙在蓝田华胥镇之宋家村南塬、华胥陵附近。顺治《蓝田县志》卷1《建革》说：

> 三皇祠，在县北三十里，祀华胥、伏羲、女娲。盖伏羲、女娲皆华胥氏所出，故祀于故里。

又，清《关中胜迹图志》卷7西安府古迹之"寺观"说：

> 三皇祠，在蓝田县北三十里。《通志》祀华胥氏、伏羲氏、女娲氏。盖伏羲氏、女娲氏皆华胥氏所出，故祀于故里。

又，嘉庆《蓝田县志》卷3《建置》说：

> 三皇庙在县北三十里，祀华胥、伏羲、女娲。

另，光绪《蓝田县志》、民国《蓝田县志》对三皇庙的记载和"嘉庆志"相同，这些记载只是说出了三皇庙的方位和所祀之神祇，对始建时间、规模等不着一字。三皇庙所在地附近据张家河湾村的张尉堂回忆，民国之时庙内办学，名华渚学舍，殿宇重重，古柏参天，遗留碑碣记载明朝初年重修过一次，说明三皇庙至迟建于明代之前。① 另据残碑，雍正时、光绪时及民国20年曾重修过毓仙桥和毓圣桥，另有蓝田知县解梁石"黄帝梦游"碑。1946年张家河湾村最后一次整修庙宇。知清代以来庙宇曾多次重修。② 此庙早已荡然无存，遗址上时见灰瓦或琉璃瓦碎片。③

第三节　陕西省其他地方伏羲祠庙

一　延川伏羲遗迹

2007年《全景延安》编委会编有一套反映延安及辖县人文历史的图书，印刷精美、图文并茂，其中写延川的一本名《伏羲故里——延川》，就是说延川是伏羲的老家。依据是延川有伏义河、伏寺村、伏母寨等伏羲遗迹。兹按当地学者著述之说法列举简介如下：

伏义河　伏义河是陕北延川县土岗乡黄河岸边的一个小村庄，村民多窑居，盛产红枣。"传说伏羲时，有龙马从黄河出现，背负河图，伏羲得到河图，据此画成八卦图形，因此，后人们把这一段黄河叫'伏羲河'"。④ 就是说伏义河本是今伏义河村边流过的一段黄河的名称。有一种说法，"伏义"本作"伏羲"，因繁写体"義"字和"羲"形体相近而误写。有学者认为不妥："《延川县地名志》说，义与羲形似而误写，笔者认为此说不妥。延川方言惯

---

① （唐）释道世：《法苑珠林》卷39"感应缘"有言"有蓝田大谷伏羲城侧归义寺僧弘藏者"云云，据此可知，唐代蓝田县即有伏羲城，不知此伏羲城和华胥渚、三皇庙有无关系，留以待识者。见释道世撰《法苑珠林》第3册，周叔迦等校，中华书局2003年版，第1251页。
② 张尉堂：《蓝田古华胥的传说》，《蓝田文史资料》第6辑，内部铅印本1986年版，第119—120页。
③ 张宏根：《神秘的华胥国》（上），西安出版社2010年版，第35页。
④ "全景延安"编委会：《伏羲故里——延川》，朝华出版社2007年版，第40—41页。

例重在语音,不在字形。因此,我在《伏义河畔圣迹多》中说:'伏字取其名中第一字。义者仪也,取其太极生两仪也,实为谥号。河者取黄河也。'叫伏义河是传统的叫法,而不能叫伏羲河,这就如同孔府不能叫孔丘府,武侯祠不能叫诸葛亮庙,关老爷庙不能叫关羽庙一样。"[1] 伏义河村畔的黄河蛇曲三大湾,宛若太极图,又有伏羲氏在此仰头观天象、低头看河山、神悟阴阳鱼、点化太极图的说法。伏义河村附近有一地名叫高庙砭,原来有祭祀高禖庙宇。和伏义河村隔河相对的山西永和县河会村有娘娘庙。

伏母寨 在乾坤湾南端伏义河村西北方向的黄河西岸顶部,传说是伏羲的母亲华胥生伏羲时居住的地方。现存寨门、寨墙及部分居住遗迹。附近有仰韶文化和龙山文化遗存,出土大量陶片及石器。

伏寺里村 简称伏寺村,位于伏义河村北不远处的黄河岸边。村脚流过的黄河拐弯处叫伏寺湾。"传说是伏羲祭祀天地的地方,后人为了纪念伏羲和女娲,修建寺庙,庙堂供奉的神像是伏羲和女娲,人头蛇身尾相交,伏羲手拿圆规,女娲手持方尺,寓意天圆地方。相传庙里壁画还有伏羲临河观龙马、画八卦、登大树、传天条、观天象、察地理等画面。伏寺里古庙会期在冬至,传说伏羲死于冬至这天,后来人们把这天看成是忌日,都提早到伏羲庙前祈求神灵保佑,消灾避难,平安畅达。"[2]

二 延川羲皇故里议论

以上是延川宣传材料或当地研究者研究或考察资料的综合梳理,我们可以不论是非,因为说者都加上"传说"二字叙述。不过我们应该查一查地方志,看看里面有无"伏羲故里"的痕迹。翻阅几部《延川县志》,如顺治《延川县志》、道光《重修延川县志》等旧志,都没有记述伏羲庙、人祖庙,女娲庙、娘娘庙之类和伏羲女娲有关的任何庙宇。道光《重修延川县志》卷2《建置志》之"里甲"收录道光年间延川四乡全部521个村的村名,东乡有村219个,其中列"福寺河",这正是现今"伏义河"在道光之前的叫法。

---

[1] 梁福瞽:《延川县伏羲太极文化圣迹的田野调查报告》,《华圣文化》2005年第1期;梁福瞽等:《伏羲太极文化探秘——伏羲故里 龙蛇郡望》,三秦出版社2009年版,第57页。

[2] 王昙:《龙祖——伏羲》,《天水行政学院学报》2008年第1期。

另，其南乡有村104个，其中列"伏义山"，这个地名现今找不到对应的点。地方志能挖掘出来的资料仅此而已。《陕西省延川地名志》土岗公社列有伏义河村，"伏义河，据《延川县志》记载，清道光十一年（1831年）前已有此村。因村址位于黄河边，似人类始祖伏羲之名，后转音为伏义，故名"。①引文所言《延川县志》即道光十一年纂修的《重修延川县志》，虽然本志中并无"伏义河"，但其在解释地名含义时用了一个"似"字，还算客观。再比如"据《延川志》道光本记载，今伏义河村，在清代以前叫伏羲河村，由于'羲'和繁体字的'義'字形相近。遂约定俗成沿用至今"。②这就有些想当然了。今伏义河所在的黄河大拐弯处，道光《重修延川县志》卷首"疆域图"标注"黄河一折"，著名画家张士元在延川一带采风，对"大拐弯"着迷，认为这是一个与八卦图极其相似的地理图形，而附近村落的格局也与八卦中的白虎、青龙、玄武、朱雀相吻合，于是命名"乾坤湾"，并创作《黄河乾坤湾》长卷（21米×2米），乾坤湾由此得名。"2004年6月2日在太原召开了'乾坤湾'旅游开发座谈会，与会专家、领导对士元的这一重要贡献给予充分肯定与赞扬。一位领导含着热泪对士元说：'1600年前，郦道元在《水经注》中给黄河壶口定名，如今您又为乾坤湾命名，您用画笔开发旅游，打造世界级的文化品牌，功不可没呀！'"③

时下时兴"打造"，对各种"故里"打造，如前所言"我们可以不论是非"，但我们应知道"故里"是怎样"炼成"的。如伏义河村南面黄河中有一沙洲，形状像鞋子，当地人称鞋岛，有学者便将它和伏羲母亲华胥氏履大人迹怀孕的故事捆绑在了一起，作为伏羲遗迹之一。"履大迹遗址……乾坤湾的怀抱中有个村落叫河会村，相传是因举行黄河庙会而得名，这些村落的名称是原生态的传承了古老文化的遗俗。在这两个村落之间的黄河中，有一个河中小岛，《延川县志》载名叫鞋岛，人们站在乾坤湾一看，确实像大地巨人的一只左大脚，这是山河履大迹的历史见证。当地居民把这块沙洲叫老牛祇，或牛犊祇，牛祇即大地母亲的神祇，也是母亲黄河的神祇，即

---

① 延川县地名志编辑委员会：《陕西省延川地名志》，内部铅印本1986年版，第176页。
② 左泽华：《伏羲的故乡——一个不该忘记的村落》，《合肥日报》2005年8月30日。
③ 孙宝索：《画里画外说大元》，《环渤海作家报》2008年第53—54合期第2版。

人类母亲的代名词。"①再如雷家岔，《陕西省延川地名志》说："雷家岔，共23户，135人。根据《延川县志》记载，清道光十一年（1831年）前已有此村。因雷姓最早建居在山上，村前县河经过，有河谷迭砂，故名雷家砂，后转写成雷家岔，沿用至今。此地因地形险要，风光美丽，是延川八景之一'谷口流霞'。"②现在的解释："雷家岔遗址。也叫雷家砂，现有村落名字，相传是雷神的故居雷泽故地。雷家岔位于古辱河，现名秀延河或清涧河入注黄河的谷口西北侧，辱河得名于雷神被囚喝泔水而冲破牢笼获释导致洪水滔天的故事。河谷口也叫老龙口，清涧河与黄河形成的三角洲地形地貌在地图上看很像龙头，也叫老龙头。在老龙头鼻尖的宿夜河建有雷神庙，遗址残存。"③还比如对秀延河传承着祭祀先祖伏羲的历史地理给出的"说法"，"延川县是隋开皇三年，即公元578年设县，距今已有1420多年的历史，为什么叫延川，只因城内的河流叫吐延河。吐延是什么意思，用陕北话说，用延川祖祖辈辈人们的通用解释就是生育，就是中华民族的生育神：伏羲和女娲。这是证据之一。吐延河在《山海经》《水经注》中叫辱河。辱为寸龙，即蛇，也是伏羲和女娲的代名词，即人头蛇身，辱河蛇曲，其源为鸟为凤，其出为龙，其源流为龙凤，是中华民族的祖神。这是证据之二。吐延河，称蛇也好，称龙也罢，在《山海经》：'名曰延维'郭璞注延维叫委蛇。闻一多在《伏羲考》中用四条有力的证据说明：'我们相信延维或委蛇，即伏羲和女娲。'这是证据之三。"④有了诸如此类的解释，便有了"××故里"。

三　宜川县人祖庙

延川县南的宜川县，民国以前有人祖庙即伏羲庙。乾隆《宜川县志》卷4《祠祀志》说：

---

① 梁福瑞：《延川县伏羲太极文化圣迹的田野调查报告》，梁福瑞等：《伏羲太极文化探秘——伏羲故里　龙蛇郡望》，三秦出版社2009年版，第58页。
② 延川县地名志编辑委员会：《陕西省延川地名志》，内部铅印本1986年版，第176—177页。
③ 梁福瑞：《延川县伏羲太极文化圣迹的田野调查报告》，梁福瑞等：《伏羲太极文化探秘——伏羲故里　龙蛇郡望》，三秦出版社2009年版，第57页。
④ 梁福瑞：《延川县伏羲太极文化圣迹的田野调查报告》，梁福瑞等：《伏羲太极文化探秘——伏羲故里　龙蛇郡望》，三秦出版社2009年版，第69页。

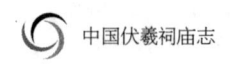

> 人祖庙，在县东二十里旧加阳里古土寨村。

又，民国《宜川县志》卷20《宗教祠庙志》：

> 人祖庙，在县东二十里丹阳乡（旧加阳里）古土寨村。（见《吴志》）

按：《吴志》即宜川知县吴炳乾隆十八年纂修的《宜川县志》，即前引的乾隆《宜川县志》。此人祖庙今湮没无闻。

四　安康市汉滨区伏羲山

伏羲山又名皞皇山，在陕南安康市汉滨区坝河镇，距离安康市城区30公里，和平利女娲山相邻，孤峰高耸，植被繁茂，传为伏羲治地或伏羲女娲成亲之地。北宋乐史《太平寰宇记》卷141金州之西城县条列有伏羲山，有云：

> 伏羲山。按《十道要录》："抛、铰二山焚香气彼，必合于此山。"[1]

又，南宋罗泌《路史·后记》太昊纪下之女皇纪言女娲"治于中皇山之原，所谓女娲山也"。对此，罗苹作注说：

> 山在金（州）之平利，上有女娲庙，与伏羲山接，庙起。伏羲山在西城，女娲山在平利。[2]

另，南宋《新定九域志》金州条下也记有伏羲山和女娲山，可见至晚在北宋时就有伏羲山之名。至于为何以"伏羲"命名此山，很大程度上应是此山和平利的中皇山即女娲山相邻，而深层次的原因可能就是《太平寰宇记》所引唐代地理著作《十道要录》所谓"抛、铰二山焚香气，必合于此山"。唐代李冗《独异志》记宇宙初开时，天下未有人民，伏羲、女娲兄妹意欲结为夫妇，立下誓言"天若遣我二人为夫妻而烟悉合，若不使，烟散"。[3]

---

[1] （北宋）乐史撰：《太平寰宇记》，王文楚等点校，中华书局2007年版，第2730页。
[2] （南宋）罗泌：《路史·后纪》，四库备要本，中华书局1936年版，第65页。
[3] （唐）李冗撰：《独异志》，张永钦、侯志明点校，中华书局1983年版，第79页。

结果是"于是烟即合",兄妹成婚繁衍人众。据"抛、铰二山焚香气,必合于此山"逆推就是——想当年伏羲女娲成婚是因为"于是烟即合",既然"抛、铰二山焚香气,必合于此山",那么"此山"便是伏羲之山或伏羲女娲之山。

伏羲山原有高皇庙。但不知是何原因,清乾隆《兴安府志》、嘉庆《安康县志》等和安康相关的清代地方志并不记伏羲山或伏羲山有无伏羲庙。2003年,民众集资在伏羲山重建伏羲庙,额题"暤皇庙",形制简陋,供奉伏羲女娲。

五　旬阳县太极城

旬阳县,在安康市区东,汉江和洵河在旬阳县城交汇,山环水绕,呈天然太极图状,或称旬阳县城为太极城。"环城曲水"自古为旬阳八景之一。光绪《洵阳县志》卷3《疆域》说:

> 汉水之滨,山势从黄桴岭而下,忽若蜂腰,突结冈峦为县城。洵水从秦岭来,绕城三面而入汉,其中楼台层叠,有如画图。

或描述为"江汉南流,洵河北绕,千岩竞秀,二水合襟",清人有诗云:"满城灯火列星案,一曲洵水绕太极。"近几年旅游热持续升温,无人机航拍技术普及,所拍太极城形象越来越逼真,旬阳因此而名声大振,进而也就有了伏羲受太极城启示始画八卦等附会说法。

第四节　潼关风陵

一　风陵考述

风陵,又称风陵堆、女娲陵,位于陕西潼关县、河南灵宝县、山西芮城县三县交界的黄河中流,史籍有河南阌乡县、陕西潼关县和山西河东县或永济县三说,其实所指都是同一地方。著名的交通孔道风陵渡就是因为女娲风陵而得名。① 今山西芮城有风陵渡镇，但女娲陵原址本来就不在镇上，而在河中，而此地距潼关县城最近，我们姑且放在陕西部分记述。

此魏郦道元《水经注》卷四《河水四》说："关之直北，隔河有层阜，巍然独秀，孤峙河阳，世谓之风陵。戴延之所谓风堆者也。"② "关"即潼关。戴延之即戴祚，字延之。东晋江东人。曾随刘裕西征姚秦，作《西征记》2卷。此为专记风陵的最早的资料，"河阳"即河之北。"隔河有层阜"是说河的北岸有层叠的山丘。又《北齐书》卷24《孙搴传》有云："会高祖西讨，登风陵，命中外府司马李义深、相府城局李士略共作檄文，二人皆辞，请以搴自代。高祖引搴入帐，自为吹火，催促之。搴援笔立成，其文甚美。高祖大悦，即署相府主簿，专典文笔。"似也可印证风陵乃潼关直北黄河北岸的一座孤耸的山丘，可以登高望远。唐李吉甫《元和郡县图志》卷12 河东道河中府河东县载："风陵堆山，在县南五十五里，与潼关相对。"③ 说的也应是这座山丘。清顾祖禹《读史方舆纪要》卷54 陕西华州华阴县载："风陵堆，在潼关卫城东三里、黄河北岸，北至蒲关六十里。"说的还是这座山丘。

在唐代，女娲陵因一件奇闻而轰动天下。《旧唐书》卷37《五行志》说：

> 乾元二年六月，虢州阌乡县界黄河内女娲墓，天宝十三载因大雨晦冥，失其所在，至今年六月一日夜，河滨人家忽闻风雨声，晓见其墓踊出，上有双柳树，下有巨石二，柳各长丈余。郡守图画以闻，今号风陵堆。

又，《新唐书》卷35《五行志》说：

---

① 清代的永济县今之芮城县有风后庙，光绪《永济县志》卷12《祠庙》说："风后庙，在县南西王村，庙内有冢，明万历三十八年知州张羽翔拓庙基重建祠宇，春秋致祭。"于是有言"风陵"因风后而得名，风陵所葬乃黄帝相风后。明山西提学副使王三才《创建风陵享殿记》说："昔黄帝轩辕氏，得六相而天地治，神明至，风后其一也……今蒲之焦庐里，相传有风后冢，睢乡坡遗，皆以风陵名，其来久矣。"《陕西省潼关县地名志》继承这一说法："风陵渡位于山西省的最南端，是晋、秦、豫三省的交界处，有'鸡州一声听三省'之称。因地处咽喉要冲，向为兵家必争之地，是我省西南重要门户。风陵渡镇（赵村）东南约一里处，有'风陵'，相传是黄帝贤相风后之陵墓，风陵渡由此得名。"见潼关县地名志编纂委员会《陕西省潼关县地名志》，内部铅印本1987年版，第133页。另，还有风陵是伏羲陵的说法。《元丰九域志》之《新定九域志》卷河中府说："庖王陵，戴延之《西征记》云：潼关直北隔河有层阜，苍然独秀，谓之风陵；伏羲，风姓也。"这两种说法要比女娲风陵说要微弱得多，且"两唐书"《五行志》早就有女娲陵、风陵堆的记载，故不取。

② （北魏）郦道元撰：《水经注校证》，陈桥驿校证，中华书局2007年版，第109页。

③ （唐）李吉甫：《元和郡县图志》，贺次君点校，中华书局1983年版，第325页。

天宝十一载六月，虢州阌乡黄河中女娲墓因大雨晦冥，失其所在，至乾元二年六月乙未夜，濒河人闻有风雷声，晓见其墓踊出，下有巨石，上有双柳，各长丈余，时号风陵堆。

河中的建筑雨多了水大了就会淹没，水小了则会浮现。唐天宝十三年（754年）至乾元二年（759年）时隔15年后淹没的女娲陵重新浮现，浮现时夜晚有风雨声，大抵是暴雨之中黄河主水道摇摆使得女娲陵重见天日。淹没的陵墓又出现了，而此时正当遭受"安史之乱"的大唐王朝再造重建之时，似是中兴的预兆，于是"郡守图画以闻"[①]

从这一件奇特事件可以看出，风陵堆除了《水经注》所言岸上的那一座，还有一座是在河的中央，如同山西赵城的女娲陵是正副陵。河中的女娲陵神秘神奇，于是以作"记"而闻名的乔潭作了一篇《女娲陵记》，感叹"风涛鼓作，乃能中干外御，特立万年，其凭神可知也"。[②]中唐学者陆长源作"辨里俗流传之妄"的《辨疑志》，其中一条就是《女娲墓》，兹据罗宁《陆长源及其著述考论》引如下：

潼关北大河中有滩，出水可二三尺，滩上有一树，古老相传云本女娲墓。圣人炼石补天，缺断鳌足，以立地维，故其〔墓〕在大河中，水高与高，水下与下，盖神所扶持也，于今数千年矣。立祠于岸，载在祠

---

① （唐）段成式《酉阳杂俎》载有一段与此事相关的女娲显灵传说。"肃宗将至灵武一驿，黄昏，有妇人长大，携双鲤咤于营门曰：'皇帝何在？'众谓风狂。遽白上，潜视举止。妇人言已，止大树下。军人有逼视，见其臂上有鳞，俄天黑，失所在。及上即位，归京阙，虢州刺史王奇光奏女娲坟云：'天宝十三载，大雨晦冥忽沉。今月一日夜，河上有人觉风雷声，晓见其坟涌出，上生双柳树，高丈余，下有巨石。'兼画图进。上初克复，使祝史就其所祭之。至是而见，众疑向妇人其神也。"见段成式撰《酉阳杂俎》，方南生点校，中华书局1981年版，第4页。杨利慧《女娲的神话与信仰》分析："'灵武'，唐武德元年（618年）曾改为灵州。天宝、至德时又改为灵武郡。天宝十五载（756年），安禄山攻破潼关，玄宗逃奔蜀中，朔方留后杜鸿渐等迎太子亨（即肃宗）即位于灵武郡城，以此为根据地，恢复唐朝的统治。这一段女娲显圣以及女娲墓沉而复现的传说，应着当时的政治背景，以显示大唐的江山，乃是天意所授，所以才会有至德之女娲神降而佑顺之。女娲携双鲤，'鲤'谐音'李'，象征李唐王朝。女娲墓的沉而复出，也是大唐衰而复兴的灵异祥瑞之兆。类似的女娲显灵传闻，在罗泌的记载中又有发生在'唐文武皇帝江都之役'的说法，可能是同一类显灵传说的变异。可见唐宋之际，女娲的神异还是为一些人（包括一些封建文人）所相信不疑的。"见杨利慧《女娲的神话与信仰》，中国社会科学出版社1997年版，第133页。

② 周绍良主编：《全唐文新编》，吉林文史出版社2000年版，第5308页。

典。天宝十三载秋，霖雨一百日，河水泛溢，其滩遂被洪水冲没，至今无遗迹。乃［平人］明向来皆缪耳。（涵芬楼《说郛》、重编《说郛》均题"女娲墓"）

罗注："圣人"，重编《说郛》作"女娲"。"故其"，汪本作"故其墓"，重编《说郛》作"故墓"。"祠典"，重编《说郛》作"祀典"。"平人明向来皆缪"，汪本无"平人"，重编《说郛》作"知向说皆谬"。①

陆长源卒于贞元十五年（799年），肯定知道女娲陵"失而复得"的奇闻，但"辨疑"并不疑也不辨，或许是出于对圣人的崇敬，也可能女娲陵的奇闻根本不存在"里俗流传之妄"，没有辨的必要。

北宋《太平寰宇记》卷46河东道蒲州河东县说：

> 风陵堆山，在县南五十里。与潼关相对，有风陵城在其上。
>
> 风陵故关。一名风陵津，在县南五十里。魏太祖西征韩遂，自潼关北渡，即此处也。②

这是沿引《元和郡县图志》。又，《太平寰宇记》卷6河南道陕州阌乡县说：

> 女娲墓，自秦汉以来皆系祀典。唐乾元二年，虢州刺史王奇光奏所部阌乡界有女娲墓，于天宝末失其所在，今月一日夜，河上侧近忽闻风雷声，晓见墓踊出，上有双柳树，下有巨石，其柳各高丈余。③

这是沿引"两唐书"，都没有"新情况"。

明清时期陕西、山西、河南三省的省府州县各级志书涉及女娲陵所在者对其都有记载，这里每省列举两种，即可见其内容大同小异。

雍正《陕西通志》卷71《陵墓》潼关县目说：

> 女娲氏风陵，在城北黄河中（《县志》）。"关之直北，隔河有层

---

① 罗宁：《陆长源及其著述考论》，房锐主编：《唐五代文化论稿》，巴蜀书社2006年版。
② 乐史撰：《太平寰宇记》，王文楚等点校，中华书局2007年版，第955页。
③ 乐史撰：《太平寰宇记》，王文楚等点校，中华书局2007年版，第107页。

阜，巍然独秀，孤峙河阳，世谓之风陵。戴延之所谓风堆者也。"风堆，《御览》作风堆。又引戴延之《西征记》云："伏羲女娲，风姓也，此当是女娲之墓。"《九域志》云："女娲墓在今潼关口河滩上，屹然介河，有木数株，虽暴涨不漂没也。"《寰宇记》云："河东县三里风陵，是女娲之墓。""潼关口河渚上，有树数株，虽水暴涨，亦不漂没，人号为女娲墓。天宝十三年五月内，因大风吹失所在。乾元二年六月，虢州刺史王晋光上言，今月一日，河上侧近，忽闻风雷，晓见坟涌出，上有双柳树，下有巨石，各高丈余。"（《唐历》）。"关北大河中，有滩出水，可三二尺，滩上一树。古老相传云本女娲墓，女娲炼石补天缺，断鳖立地维，故墓在大河中。水高与高，水下与下，盖神之所扶持也。立祠于岸，载在祀典。天宝十三载，秋霖一百日，河水泛滥，其滩遂被冲没，至今无迹。乃知向说皆谬耳！"（唐陆长源《娲皇墓辨》）。女娲氏，其神居于栗席之野，是为风陵堆。"乾元中刺史奏，阌乡坟天宝十三载天雨晦冥，俄失所在，至是河房风雷夜声，黎明视之，其坟涌出，复夹两柳树。肃宗命祝史祠焉。乾德四年，诏置守陵五户，春醮少牢。"（《路史》）。"在潼关东门外，黄河北岸。或曰黄帝相风后墓。"（《关中陵墓志》）。（按：《平阳府志》赵城东有娲皇陵，《兖州府志》济宁州东南有女娲陵，而潼关之风陵则自唐称祀典，宋置守户，其事确凿可据。长源所云冲没无迹或神灵之隐见有时耶？）

康熙《潼关县志》卷上《地理志》说：

　　风陵堆，即娲皇陵，在关城东三里黄河中，唐天宝初风雨晦暝，忽失所在，至乾元中仍复。

又，康熙《潼关县志》卷上《建置志》说：

　　上古风陵，即女娲氏墓，在城北黄河中。

按：嘉庆《续潼关县志》卷上《建置志》列有"风陵考"，内容和雍正《陕西通志》除个别字句之外完全相同，而民国《潼关县志》卷上《地理志》之古迹列"风陵堆",内容又是嘉庆《续潼关县志》的翻版。其考的结果认为天下女娲陵以潼关河中的最为正宗。

乾隆《蒲州府志》卷3《古迹》说:

女娲陵,旧在蒲州南六十里黄河洲渚上,今风陵渡其遗处也。《水经注》云:"潼关直北,隔河有层阜,巍然独秀,孤峙河阳,世谓之风陵。戴延之《西征记》所谓风堆者也。"《九域记》:"女娲墓在今潼关口河滩上,屹然介立,有木数株,虽瀑涨不漂没。"《元和郡县志》:"风陵堆在河东县南五十里,与潼关对。"《寰宇记》云:"风陵城在其下阌乡津,去其县三里,即风陵故关也。"《考古要录》:"河中风陵,或疑为古伏羲冢,以庖皇为风姓故。"然女娲亦风姓,或以为即伏羲妹为云姓,如罗泌所说者,非也。唐天宝十三载,天雨冥晦,失陵所在。至乾元二年,河旁风雷夜声,明旦视之,坟复涌出,夹以两柳。陕州刺史奏之肃宗,使祝史祀焉。宋太祖乾德四年,诏置守陵五户,至熙宁中,陵复失不见。旧有唐乔潭碑,亦亡。考《城冢记》云:"女娲墓有五,此其一矣!"

光绪《永济县志》卷24《余录》说:

天宝十一载,黄河中女娲坟因雨晦暝,忽失所在。至乾元二年六月乙未夜,濒河人闻有风雷声,晓见其墓涌出,冠以巨石,上有双柳,肃宗命祝史祀焉。《水经注》:"潼关直北,隔河有层阜,巍然独秀,孤峙河阳,世谓之风陵。戴延之《西征记》所谓风堆者也。"乐史《寰宇记》云:"河东县风陵是女娲之墓。"《九域志》云:"在今潼关口河滩上,屹然介河,有木数株,虽暴涨不漂没。"按:女娲移陵,唐段成式亦记其事,《唐书》谓在虢州阌乡县,以《元和郡国志》考之,则云在河东县南五十里,与潼关对,且《水经注》明云潼关直北,隔河则定属蒲阪,不得言阌乡矣。唐乔潭《女娲陵记》:"登黄龙古塞,望浑河中流。所谓黄龙古塞,在诸冯村西北,即今黄龙镇是也。"《酉阳杂俎》又言:"唐文武皇帝江都之役,夜经其处,风雨中有妇首鳞身,骈唱而前,馈生鱼一筐,则娲皇神也。"

按：女娲陵清代属永济县，光绪《永济县志》卷12《陵墓》之"女娲陵"文字和乾隆《蒲州府志》完全相同，而其卷24《余录》之掌故考订认为女娲陵和虢州阌乡县没有关系，应定位在蒲阪即永济。风陵渡清代属永济，现属芮城县。

乾隆《阌乡县志》卷2《陵墓》说：

> 女娲氏陵，在县西四十里黄河滨（墓在县西北黄河中。后，风姓，因名风陵堆。天宝十一年六月因大雨晦冥失所，乾元二年六月，濒河闻有雷声，晓见其墓涌出。上有巨石，石有双柳，时号风陵堆云。出《旧唐书》）

光绪《阌乡县志》卷1《疆域》说：

> 女娲氏陵，在城西四十里（墓在县西黄河中。后，风姓，因名风陵堆。天宝十一年六月因大雨晦冥失所，乾元二年六月，濒河闻有雷声，晓见其墓涌出。上有巨石，石有双柳，时号风陵堆云。）

按：这两条记载内容基本相同，指出了"县"距陵的方向和距离"西四十里"。1954年6月21日阌乡县撤销并入灵宝县。比起潼关和永济两县，现在的灵宝县、民国以前的阌乡县距女娲陵较远些。

风陵渡和风陵即女娲陵处三省交界，属于雄鸡一唱三省闻的地域，历史上行政区划错综复杂，女娲陵墓所在三地都管辖过，比如明代风陵渡设置的风陵渡巡检司地在永济县今芮城县境内，但属河对面的潼关县领辖，在清代也是潼关县领辖的时间超过永济县领辖的时间，所以三地在地方志中设立女娲陵词条都有充足的理由。由于风陵渡处交通要津，相关各地的"十景"或"八景"都有和风陵渡有关的"景"，如潼关县的"风陵晓渡"、阌乡县的"风陵波浪"、永济县的"风陵暮雨"或"风陵晚渡"等。至于清代地方志的记述除指明女娲陵距县城的方位外，其余都是清代以前史籍的引述，加上些许表明"我最正宗"的考证。而对陵清代的现状及唐宋以来至清代的历史也全然不记，让人不知陵究竟是在还是不在。地方志记载而外我们能得到的实情有这样一些：

今芮城县风陵渡镇赵村东一里多有一座荒山，瓦砾遍地，草木无生，当地人俗称"圪垯庙"，民国以前建有女娲庙（习惯称娘娘庙），1938年被日本侵略军拆毁修了炮楼。未毁之前的女娲庙，每年农历三月三日为庙会日，届时黄河两岸民众纷纷上香祈福，求生子女，物资交流，很是繁华。"据当地人传说，女娲氏的墓就在圪垯庙偏西的河床上，与史籍所载基本相符。虽然墓旁的树木已不复存在，但至今墓的遗迹尚存。"[①]从一些记载来看女娲庙所在的有"圪垯庙"之称的石质山岗极有可能就是《水经注》所言的"风陵"，亦即黄河北岸的"陵"，《元和郡县图志》所言的"风陵堆山"。

另外，潼关旧城西南隅的凤凰山西北的象山清代以前山上山下都建有娘娘庙即女娲庙。嘉庆《续潼关县志》卷上《禋祀志》说："娘娘庙，在象山下，乾隆五十六年重修。"又，"娘娘、圣公、药王庙，在象山上，乾隆五十六年张雪骞重修。又建山门洞子，修治石砌，并砖砌上下东坡。"潼关古城外的黄河南岸，有一座高约百余米、阔数千亩的土山，人称女娲山（又称东山），传说为女娲在黄河边抟土造人的宿居地。至于原潼关附近黄河中的女娲风陵现在已杳无痕迹了。

二 散文诗歌选录

（唐）乔潭《女娲陵记》

登黄龙古塞，望洪河中流，峛然独存，大浸不溺者，娲皇陵也。夫巨灵擘太华，跖首阳，导河而东，以泄愤怒。虽有重丘大阜、险狭之口，罔不漱之为黄壤，汨之于旋波，不可复振奔崩而下矣。女娲氏已然之后，豁尔之冲，天险束厄，风涛鼓作，乃能中干外御，特立万年，其凭神可知也。水无盈缩之度，陵有高卑之常。霖潦涨之，雨浟没矣，于是乎不为之小而就其深；旱暵渗之，孤屿出矣，于是乎不为之大而就其浅。非夫巨灵壮趾以固本，河伯高肩以承隅，胡然动静如因其时，升降不失其则？罗浮二岳，以风雨合离；蓬莱五山，以波涛上下，不复故道，遂违长流，甚相远矣！君子曰：夫能屠黑龙，涸九州，况乎一水之上而自为谋？夫能断鳌足，立四极，况乎数仞之高而自为力？神人之易，昧者难知。

---

① 王万旭主编：《西侯圣火芮城人》，中国社会出版社2008年版，第294—295页。

密迩山谷，森罗物象——莽莽芦渚，宁非止水之余；崭崭石林，犹有补天之色。摇演空曲，精灵若存。且夫上无积草，表以孤树，常感风气，纤条悲鸣，若冥应肸蚃，鼓簧而吹笙。由是憧憧往来，无不加敬。山有梅栗，关吏羞焉；水有菱芡，舟人奠焉。冢之木无或斩焉，陵之土无或抔焉。是则馨香已陈，而樵苏自禁矣。

故圣人取薄葬，去厚送。骊山之银海鱼灯，虎卯之金精龙剑，锢之其内，散之其间，适为大盗之守，未足藏身之固。彼桥山帝丘，九嶷会稽，皆因山而坟，未闻其赭者。

余谓娲皇受命在火，火以示水，谷不为陵，开门负固，日用其力。不然，其隙地岂必封崇乎？是故观而志之，为城冢后记。

按：录自周绍良主编《全唐文新编》，吉林文史出版社 2000 年版，第 5308—5309 页。

乔潭，字德源，唐睢阳（今河南商丘睢阳区）人。天宝十三载（754年）进士。曾任陆浑尉。

（明）张汉《女娲陵》

缺维折柱岂传巫，造化功成史不书。
涛隐风陵随地出，石成云气补天余。
笙疑有窍闻清籁，瑟想无弦入太初。
遥指神祺烟树里，中皇几为识前墟。

按：录自舒绍昌、马自立《三门峡名胜诗选》，中州古籍出版社 1992 年版。

张汉，字濯之，明湖广安陆州（今湖北钟祥市）人。正德九年（1514 年）进士。曾任兵部左侍郎等职。《明史》有传。

（清）梁溥《风陵波浪》

烟水苍茫里，风陵点浪浮。
补天成五色，涌地出孤洲。
浪触笙还奏，波回瑟未收。

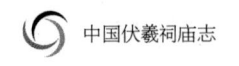

中皇何处是，宛向一方求。

按： 录自乾隆《阌乡县志》卷 10《艺文》。

梁溥，乾隆年间任阌乡县知县，撰《阌乡县志》。

（清）张开东《女娲陵》

皋禖神后望迢遥，万古幽陵久寂寥。
风起波臣常击鼓，月明龙女自吹箫。
补天丹灶寒云窟，绝地黄河断石桥。
五十清弦太悲切，莫教双柳冷萧萧。

按： 录自嘉庆《续潼关县志》卷下《艺文志》。

张开东（1702—1781 年）字宾阳，清蒲圻（今湖北赤壁市）人。贡生。著有《白蕇诗集》《海岳文集》等。

第三章 山西省伏羲祠庙

山西是中国女娲崇拜最盛行的地区，尤其是太行山区，县县都有女娲庙。与此相对应，山西的伏羲庙也多是伏羲女娲同祀一庙。洪洞卦底村的伏羲女娲庙，当地人习惯称"娘娘庙"；吉县人祖山伏羲庙，既称伏羲故宫，也称伏羲女娲庙、女娲庙；平定浮山的伏羲庙，旧志或称伏羲女娲庙、或称娲皇庙。而洪洞明姜镇伏牛村的伏羲庙、长子县中漳的伏羲庙则是依据伏羲服牛乘马的事迹而建，伏牛村、伏牛台的地名至今犹存。还有一个比较有意思的现象，就是同一处伏羲庙，相邻地方之旧方志都有记载。比如吉县人祖山伏羲庙，吉县、大宁县旧方志均载，再比如平顺县东五马村的伏羲庙，潞城县、和顺县旧方志均载。如此等等，折射出人们伏羲女娲崇拜的深厚积淀。

第一节 洪洞卦底村伏羲女娲庙

一 伏羲女娲庙史迹钩沉

卦底村伏羲女娲庙，又称伏羲庙、八卦庙，当地人俗称娘娘庙，在洪洞县东南30公里的淹底乡南卦底村。[①] 始建于元大德十年（1306年）。民国《洪洞县志》卷8《建置志》说："伏羲庙，在县东南卦地村，元大德十年建。

[①] 卦底，民国《洪洞县志》作"卦地"，今村名作"卦底"，我们文中叙述以今名"卦底"为准。

庙后有冢，东有画卦台，相传为伏羲画卦处。"清代曾几度重修，有残存碑碣可证。其一有"乾隆三十三年"字样，内容漫漶不清；其一系乾隆四十三年重建碑，碑文大致可辨。有云："自立庙以来，修残补□，历年不乏，余庄父老因议定轮班□□。至乾隆四十年，班及□□，合当修理内献庭三间，因募四方善士共成，工始告竣。"并有追溯元朝创建情况的记录："至元大德十年间创建正殿、偏殿、寝宫兼娲皇庙梳□外，献庭歌舞对台，其中之建造，俱有由来。且庙外左有画卦台，右有六□帝之旧址也明矣。"可知庙始建时的规模。①

1945年农历三月某日，中央直属部队老二团一部路过卦底村，日本侵略军派兵拦截，二连连长在庙上指挥，打死两个日本兵。第三天，日军"扫荡"报复，杀人放火，烧毁伏羲庙。大火燃烧七天七夜，庙宇燃尽，庙内外古柏、古槐也一并遭殃。庙中的大钟在庙毁后也不知去向。从此，卦底伏羲庙就成为了瓦砾场。

2011年8月2日，我前往考察，但见昔日的八卦台早已辟为农田，地埂边上时有琉璃龙首、瓦当等建筑构件，由此可遥想伏羲庙曾经有过的辉煌。据南卦地村崔福兴老人回忆：

  娘娘庙坐北朝南，是正位。庙堂是三层，一律是木质结构，飞檐翘角，画梁雕柱。庙前的四根柱子有两抱粗，盘龙附凤。庙门里还有个暗道机关，脚一踏下去，四周的神像乱动，据说还吓死过一个外地人……

---

① 据我们采访卦底村崔福兴老人，伏羲女娲庙内原有碑7通，1945年庙被日本侵略军焚毁时，损毁2通，后来其余碑碣移作他用，如筑井台、固定绞水轳辘等，现立在遗址上的4通碑是近几年才物归原地的。2002年，《石破天惊》作者李文生在卦底村觅得碑碣2通，一为"伏羲画卦处"碑（已立庙址），一为乾隆四十三年重建碑（保存村民家）。后者文字李在书中录存，但抄录时未辨顺序，由后往前录，致使不可卒读。好在其书彩页有此碑拓片图版，重新对照识读如下：

从来神圣之□也，□于功德之政也，于制作□□□□□□/太昊伏羲冠五帝之首，居有王之上，始画八卦以参天地之蕴，□□□□□/甲历而时序始□；正姓氏、制嫁娶而婚姻不苟且；作建筑而歌《扶来》□□/琴瑟□养其性情。虑民之□□也，纪龙师、创干戈以成一时之化□□□/□以厚万民之生。由是日月昭其象，龙马献其瑞，帝之所作□□□□/何方□□有。其庙或以为一方之□镇焉，此特其俗语耳，据《平阳志》所载，□□/地村有帝冢，至元大德十年间创建正殿、偏殿、寝宫兼娲皇庙梳□外，献庭歌舞对台，其中之建造，俱有由来。且庙外左有画卦台，右有六□/帝之旧址也明矣。自立庙以来，修残补缺，历年不乏，余庄父老因议定轮班□□。至乾隆四十年，班及□□，合当修理内献庭三间，因募四方善士共/成，工始告竣。为此将助缘姓氏□□刻名永垂不朽，以志一时之处心，诚意之心。时乾隆四十三年岁次戊戌癸亥月吉立。

图5 洪洞卦底村伏羲女娲庙遗址残碑

伏羲庙，实际就是八卦庙，也是坐北朝南，但比娘娘庙稍小些。八卦庙也相当雄伟壮观，庙前有八卦亭，底座是石头砌成的八角形，中间立有"伏羲画卦处"石碑，据说元、明、清历朝皇帝祭拜时，还有些亲笔题写的碑刻，至今已无从找寻了。八卦亭旁有个大坟堆，据传说这里合葬着女娲和伏羲。庙前有个大广场，按身份不同分别从三个门进入，两个戏台，对面是三个献殿，这种结构在一般庙宇里是没有的。①

卦底村人李文生所著《石破天惊》据崔福兴等村民回忆，绘有一幅伏羲女娲庙复原全图，未毁时的庙宇布局大致为：主体建筑是女娲庙即娘娘庙和伏羲庙即八卦庙（村民俗称爷爷庙），女娲庙在西，伏羲庙在东，两者相较，女娲庙稍大，伏羲庙较小。伏羲庙中轴线上，前有八卦亭，再前是献殿，再前是戏楼；伏羲庙后是伏羲女娲陵。女娲庙中轴线上，前有献殿（和伏羲献殿并列），再前是门坊；女娲庙后西北角是梳妆楼。门坊外有一三开间大牌坊。②

---

① 李文生：《石破天惊》，中国文联出版社2004年版，第30—31页。我们考察时也采访过崔福兴老人，他言说伏羲女娲庙被日军焚烧损毁情况较《石破天惊》所记详尽，前面关于庙毁的情况依据采访所得记述。
② 复原图见李文生《石破天惊》卷首彩色插图，据书中言此图乃考古专家和画家共同完成。

观图知真相，可以想见这是一处形制独特的伏羲女娲合祀庙。山西盛行女娲崇拜，故民间以娘娘庙代称伏羲女娲庙。

二 卦底村山川形势和伏羲画卦传说

清王楷苏《重建画卦台记》说：

> 洪洞县治之东南四十里，有村曰卦地，相传以为伏羲画卦之所也。村有伏羲庙，其东有画卦台，而地处山陬，人鲜知者。①

卦底村传为伏羲画卦之地，完全是周围的山川形势使然。村人提到"卦底"来历，都是一句话——"十里八卦嘛！"是说以卦底村为中心，周围十个村子（柏村、吉恒、孔峪、沙沟、上安、武家庄、上寨、后泉、柏庄、磨道弯）与其相距都是十里，八个村子（韩略、子安、吉村、里开、杨家掌、下安、下柳、沙掌）与其相距都是八里，且这些村子都分布在不同方向。于是乎卦底村有了说法"相传以为伏羲画卦之所也"。伏羲女娲庙就建在卦底村边一块七八亩大的高台上，实际上这台整个就是画卦台，而不是《重建画卦台记》所言的"村有伏羲庙，其东有画卦台"。民国《洪洞县志》卷7《舆地志》说："卦地，相传即伏羲画卦处，村人建有画卦台。一说地形象卦，故名。"传说想当年伏羲爷立于此台，俯察周围山川地貌，始作八卦。贾重《漫话伏羲卦底画八卦》解释说：

> 因四面环山，八个村庄布于四周，均相隔八华里，形似八卦底，故名卦底。伏羲画八卦，以卦底为太极图基地，每个村代表一个字，每个字有一个符号，即西北马家垣为之乾，代表天；北韩略为之坎，代表水；东北南垣为之震，代表雷；东南下柳为之巽，代表风；南里开为之离，代表火；西南吉村为之坤，代表地；西为柴岸为之兑，代表沼泽；东武家庄为之艮，代表山。卦底旧时有两座梳妆楼，象征日月两仪，两仪生

---

① （清）王楷苏：《重建画卦台记》，民国《洪洞县志》卷16《艺文志中》。

四象，四象生八卦，八卦生六十四卦。①

而贾恒彦《伏羲画卦处：中国北方的八卦村——卦地》有更详尽的分析：

  站在画卦台上放眼望去，四周丘陵的轮廓构成一个圆形将卦地村围住，一道深沟自正北起（当时用罗盘测定）呈反S形将卦地村分成两块。画卦台所处的位置在北块最高处，正是阴鱼的鱼眼；南块亦有最高处与之呼应，是阳鱼的鱼眼（我想古代在此处应有建筑），整个卦地村是一个巨大的太极图。反S形曲线，起自正北（子位），正是一阳来复，终南边（午位），正是一阴始生。古时伏羲庙建有两仪楼，正寓此意。更为妙者，四面八方天象物象符应着后天八卦的方位：正北河水自东而西流过（下注今曲亭水库），正应八卦中的坎卦（坎在八卦物象中指河水）；东北丘陵迭起，势接九箕山，正应八卦中的艮卦（八卦物象中艮为山）；正东为丘陵，现植被已破坏，想见数千年前必是茂林之地，正应八卦中震卦（震在八卦物象中指树林，于天象指雷）；东南较低，南风起时，从此口入，东面山林中蒸腾的云气于此而现，正应八卦中巽卦（巽在八卦物象中指云、风）；正南视野开阔，由于日出时被东、东南的林木云气所挡，至正南正是巳、午之间，丽日当空，正应八卦中的离卦（离在八卦物象中指日）；西南，地势平坦，是农田主要集中地，正应八卦中的坤卦（坤在八卦中物象为地）；正西，地势低洼，现有泉水涌出，我想数千年前，村北之河水必在此地汇聚成湖，现此水聚于卦地村西北，即曲亭水库，正应八卦中的兑卦（兑在八卦物象中指湖泊、沼泽）；西北方地势低平，天际空阔，又西北风起时，强劲的西北季风自此而入，含有强健的意思，正应八卦中乾卦（乾在八卦意象中指天、健）。总上，卦地村中为巨大的太极图八方自北顺时针转，东北、东、东南、南、西南、西、西北、北符应着地理、天象合成坎、艮、震、巽、离、坤、兑、乾八卦，是一个天然混成的太极八卦图。②

---

 ① 贾重：《漫话伏羲卦底画八卦》，洪洞县志办公室编：《洪洞名胜与传说》，内部铅印本1998年版，第122页。
 ② 李文生：《石破天惊》，中国文联出版社2004年版，第118—119页。

以上所引资料视角各有不同，一按卦底周围村庄说事，一以卦底山川地貌分析，但其目标一致，都是说明卦底村乃风水宝地。

原伏羲女娲庙伏羲殿前有八卦亭，立"伏羲画卦处"碑。此碑残存，立在庙址，碑阴有"嘉庆捌年拾壹月二十二日吉立。洪洞县治之东南五十里有村曰卦地，伏羲画卦之所，地村有伏羲庙，庙旁有冢，冢前有画卦卦台……"等字样。①

三　庙会

伏羲女娲庙庙会在每年农历七月初十，持续半个月。庙里平日里求医问药，算卦抽签，求儿求女，庙会日香火更盛，一人多高的铜香炉被香火烧得通红。除上香而外另一大功能就是物资交流，赶庙会的不但有附近十里八乡的村民，还有洪洞等地的城里人。据崔福兴老人回忆："小时候常到娘娘庙里玩，尤其是每年的庙会，一逢就是半个月，娘娘庙周围人挤人，连村里的各家各户都住满了外地人。过去逢庙会，就像现今的物资交流大会，卖什么东西的都有，热闹得很。他和一般大小的孩子，成天在娘娘庙里玩，瞅瞅有什么新奇的东西，看看不用掏钱的对台戏，哪个角落都去过。"②

四　散文诗歌辑录

（清）王楷苏《重建画卦台记》

洪洞县治之东南四十里，有村曰卦地，相传以为伏羲画卦之所也。村有伏羲庙，其东有画卦台，而地处山陬，人鲜知者。

或曰史称帝为成纪人，都宛丘，何为画卦于此？余曰："不然。孟子称舜与文王之生卒迁葬，不一其地；史言黄帝之为天子，迁徙无常处，即安见帝之不于此画卦也？"

岁乙卯，乡之薛、张、李、崔诸君子，复相与募赀，建台树碣，以表出之。将使天下后世，知帝之曾托迹于是也。其意甚盛，余是以乐为记之。

---

① 李文生：《石破天惊》，中国文联出版社2004年版，第35页。此碑为李文生在卦底村一废井旁发现，后立于伏羲庙遗址。

② 李文生：《石破天惊》，中国文联出版社2004年版，第30页。

按：录自民国《洪洞县志》卷16《艺文志中》。

王楷苏，字眉山，清山西洪洞人。乾隆四十八年（1883年）举人。曾主讲玉峰书院。著有《悟堂学吟》《骚坛八略》等。

李存葆《祖槐》片段

量子论的创始人玻尔，对远古东方哲学纫佩叹服，在他接受勋章时，选择了伏羲的太极图为图案。《洪洞县志》记载，伏羲演八卦就在该县的卦底村。卦底村现存伏羲庙，庙后有伏羲冢，村中设画卦台。卦底村周围有八村环绕，且距卦底均为八里，呈太极图状。八个以各自姓氏为名的村庄分别代表八卦中的乾坎震巽离坤兑艮，依次标志着天水雷风火地泽山。卦底村旧时还有两座梳妆楼，象征日月两仪。两仪生四象，四象生八卦，八卦生六十四卦。全国存有伏羲庙、墓的地方尚有数处，但像洪洞这样配套成龙者，仅此而已。

按：录自李存葆《祖槐》，《十月》1999年第5期。李系著名作家，本文发表后影响很大，但所言"卦底村现存伏羲庙"等并非实情。

（清）王经国《画卦台》

伏羲画卦地，万载一孤台。故址连云起，遗痕覆雪开。
星分井宿阔，势接河汾来。此日游天水，登临酒一杯。

按：录自民国《洪洞县志》卷17《艺天下》。

王经国，山西洪洞人。生员。

五 民间传说选录

伏羲女娲抟土造人

有一年，天塌了个洞，天上的水全流到了地上，洪水滔滔，一片汪洋。村庄淹没了，树木冲倒了，牛羊猪也冲得没了踪影。村里人顾不得东东西西，四散逃窜。上房顶，房淹了；爬树梢，树倒了；人往高处跑，水在后面追，眼看着一个个生灵全被洪水吞吃了。不知过了多少时日，满世界只留下逃到山顶的伏羲女娲兄妹俩。天荒荒，地荒荒，兄妹俩被困在山头，四处寻找能

· 123 ·

充饥的东西，连野草树皮也不放过。不管怎么样，兄妹俩总算活了下来。这么大个世界，竟找不到一个有生命的动物，人类从此不就灭绝了吗？兄妹俩愁眉苦脸了好几天，不知该怎么办才好。按理说，兄妹不能结婚，一男一女就这么闷闷不乐地过着日子。有一天，兄发现前边不远有个碾子，上下两扇被水冲开了，便对妹说，咱俩一人滚一扇碾子，你滚下扇，我滚上扇，如果滚下去两扇能合在一起，就表示上苍让咱俩成亲，否则，人类就没指望了。妹表示同意，两人便各滚一扇碾子，从上到下，一直滚到沟底，结果，两扇碾子在沟底严丝合缝地合在一起，兄妹俩便结为夫妻。碾扇子滚过留下一道深深的沟，后来人们就把这条沟叫做"碾子沟"。这碾子沟就在南卦底村子东边，如今沟里有条小河，水不大，但长年不断，那是兄妹俩当年用剩下的水。

兄妹俩结婚后，第二年便生了个小孩。他们坐下来一估算，一年生一个孩子，照这样下去，猴年马月才能有满世界的人呢？后来，他们想出一个办法，用黄土和成泥，捏成一个一个的小泥人，分出男女，没日没夜地捏。他们把捏好的泥人摆在院子里，让太阳慢慢晒干，用指甲把泥人的眼睛一点，小泥人就活蹦乱跳地跑开了。有一天，满院子的泥人还没晒干，天突然下起了大雨，他们赶快用簸箕往回撮泥人，由于手忙脚乱，有些泥人就缺胳膊少腿。现在咱们这些人都是黄色的皮肤，身上的泥总也洗不干净，就是因为是用黄泥捏成的。世上有瘸子、瞎子、聋子、哑子，就是那场雨害的。

晒干的泥人，一点眼睛就活了，并且一个个都想远走高飞。当丈夫的看到这种情况，心里老大不高兴。他想出一个办法，把捏成的泥人用草绳捆住，放在不同的方位，泥人越捏越多，四面八方都摆满了，然后再往远处摆。近处的成一个"米"字，代表八个方向；远处的分成十堆，每堆都有记号。卦地村得名就是因为是"十里八卦"。周围有八个村离卦地都是八里，有十个村离卦地都是十里，并且不在同一个方向。离卦地八里地的村庄有：韩略、子安、吉村、里开、杨家掌、下安、下柳、沙掌；离卦地十里地的村庄有柏村、吉恒、孔峪、沙沟、上安、武家庄、上寨、后泉、柏庄、磨道弯。

一点眼睛就活了的泥人，分别生活在不同方位的村庄里，并且各有各的记号。当妻子的仍不停地捏着泥人，而丈夫每天都要到各村庄看望自己的孩子。有时候刮风下雨不便出去查看，他便站在村北的一块高地上，四下里观望着,预测着各方的安危。天长日久,他用捆泥人的草绳作记号,把观察到的情况用长短不一的杠杠画出来,来回摆弄,推算吉凶,于是就有了八卦。

按:录自李文生《石破天惊》,中国文联出版社2004年版,第17—20页。

饮马坑

说娘娘庙旁边有个饮马坑,方圆一米左右,呈圆形,深不过一米,用石头砌成。这饮马坑常年不断水,日头还没冒红,村民们便挑水往坑里灌,直到灌满为止。有时候,白天也不见牲口去喝,但一过半夜坑里就干了。原来娘娘庙里有两匹石头雕刻的马,白色的,大小和真马一般,据说是为女娲和伏羲预备的。一到夜晚,女娲和伏羲就要出巡,一人骑一匹马,饮马坑的水刚好够两匹石马喝。

卦底村村里有喂养牲口的人家,常在半夜听门外有人吆喝:"用一下你家的牲口。"开门一看又没人,牲口好好地卧在圈里,但第二天一大早,每家牲口的身上都是汗,像从水里捞出来一样。人们都传说,夜里牲口到娘娘庙干活去了。

按:录自李文生《石破天惊》,中国文联出版社2004年版,第70—71页。

第二节　洪洞明姜镇北伏牛村伏羲庙

一　伏羲庙沿革及布局

伏牛村伏羲庙,在洪洞县城北10公里的明姜镇北伏牛村。始建于五代之前,原刊金哀宗天兴三年(1234年)、重刻于清同治五年(1866年)的《牺皇庙记》碑对宋金时期的重建有比较详尽的记述,引如下:

赵城东南十有余里,其里曰伏牛,其岗曰伏龙。次南一峰曰伏羲台。

次东一畦曰卧牛池。岗之下有伏跪坑,云服牛时去其上齿之地也。岗之上有伏犧庙。初,伏牛名曰伏龙。谓龙者帝王之象,非民可名,乃更曰伏牛。当是时也,伏牛聚落六百余户,士农工商之民具矣,咸精其能、遂其业。其后,庙之不振,人户亦凌迟,而存者百余户。昔碑所载,其来尚矣。

在五季时,干戈残荡,其庙焚如,幸而孑遗者十之一二。宋氏之立国也,屡诏郡国访历代帝王圣贤之遗迹,将复修而崇起。庙北十里而近曰娲皇墓,有司具以状上,敕建其庙,自经始至于落成。以至于岁时祭祀。其间材木之资、笾豆之荐虽有司存,而筑作之功、官吏往来馆毂之费,劳于居民多矣。于是伏牛里民乔□等私谋,以为此庙若建,想其劳费必甚,遂埋其碑,寝不以闻。天圣九年四月越四日,纠集众人易饰其像为将军庙。迄大定年间,伏犧台畔之民将有事于土工,穿凿而见庙道故基,砖级依然如昨,知昔庙广袤至此——凡今左右居民皆庙堧也,辍而弗厘。贞祐以后,兵革连年,将军庙亦既焚毁。里中逸民李云为众曰:"犧皇者,人伦之祖,载于祀典,不可废也。况庙虽没而砖基尚存,碑虽亡而石趺犹在。《紫微观记》曰:'西有青羊观址,东有伏犧古庙。'《娲皇庙记》亦曰:'南至伏犧庙九里十三步。'圣迹明征,吾乡之美事,人所欲闻,讵可目敝?宜复其庙为犧皇庙。"人皆曰:可!即以侯德等及众于太岁戊子年□月二十日,鸠工庀材,建犧皇庙于伏龙岗之上。继以郭泰等众力,于太岁壬辰正月二十五日立像,八月十一日告成。①

碑文将伏羲之"羲"一律写为"犧",显然是应伏牛台"牛"之"景"。从碑文可知:其一,在"五季时,干戈残荡,其庙焚如",即庙毁于"五季"兵燹。"五季"即秦汉以来中国历史上的第二个大动荡年代五代十国时期,所谓"六朝之割裂,五季之紊乱"。其二,北宋建立之后,宋太祖为改变"先代帝王,载在祀典,或庙貌犹在,久废牲牢,或陵墓虽存,不禁樵采"② 的局面,发布诏令复兴历代帝王祠庙或陵寝,赵城女娲庙在提名之列,并规定"各给

---

① 碑之全文见本节"碑文选录"。
② 《宋史》卷105《礼八》。

守陵五户，蠲其他役，长吏春秋奉祀"。① 对照碑文，知距伏羲庙不远的女娲陵因此而大建陵庙，官员奉祭，时有扰民之事。于是伏牛里民众有"遂埋其碑，寝不以闻"的"上有政策，下有对策"之举，进而在宋仁宗天圣九年（1031年）在伏羲庙址"易饰其像为将军庙"，致使北宋一代伏羲庙湮没无闻。到了金人统治北方的金世宗大定年间（1161—1189年），伏羲台周围居民动土，时见原伏羲庙庙基及遗物。金宣宗贞祐（1213—1217年）以后将军庙也遭兵燹。再次建庙，故而有明白人"里中逸民李云"有"宜复其庙为羲皇庙"的提议，得到大家一致认可。于是在太岁戊子年即金哀宗正大五年（1228年）在伏龙岗（即伏牛岗）重建伏羲庙②，太岁壬辰即金哀宗天兴元年（1232年）重立伏羲圣像。

碑文虽未言明伏羲庙的重建规模，但让我们知道了宋金时期伏羲庙或毁、或建的曲折经历。北宋乐史《太平寰宇记》卷43晋州之"赵城县"说：

> 伏牛台，在县南十五里。按，《帝王世纪》曰："伏羲风姓，蛇身人首"，常居此台伏牛乘马，故曰伏牛台。

能载于国家层面的舆地图书，也可见伏牛台的名气和影响之大。

元《大元混一方舆胜览》卷上霍州之"景致"说：

> 伏牛台，伏羲居之，服牛乘马。女娲墓，并在赵城县。③

记台而不见庙。好在洪武十五年（1382年）《平阳志》所记正是元代伏羲庙的状况，其卷7赵城县条说：

> 伏牛台，在县南十五里。台上旧有宋建庙，元大德年地震倾摧，今有故基存焉。直北二百余步，有乡民重建羲皇庙。东南五十步外有卧牛池、伏牛坑，乃羲皇伏牛时去上齿之地。

---

① （南宋）马端临：《文献通考》卷130《宗庙考》。
② 据《羲皇庙记》碑，伏牛原名伏龙，因为"谓龙者帝王之象，非民可用，乃更曰伏牛"。康熙年间，一次大水把伏牛村分成了南、北、中三块，即现在的南伏牛、北伏牛、伏牛堡三个自然村。
③ （元）刘应李等编：《大元混一方舆胜览》，郭声波整理，四川大学出版社2003年版，第88页。

所谓"台上旧有宋建庙"说的就是金哀宗正大五年所建的庙宇，明代修志以宋为正朔，于是不提金朝。

明清时期，国家、省、府、县各级志书对赵城伏牛台、伏羲庙都有记载，罗列如下：

《大明一统志》卷20平阳府之"宫室"说：

> 伏牛台，在赵城县南三十里，世传伏羲伏牛乘马始于此。

又，其卷20平阳府之"庙"说：

> 伏羲庙，在赵城县东南三十里伏牛村。

成化《山西通志》卷7《古迹》说：

> 伏牛台，在赵城县东南二十里。世传伏羲伏牛乘马始于此。台下有卧牛池，其旁有牛跪处，名伏跪坑。

又，其卷5《祠庙》说：

> 伏羲庙，在赵城县东南二十里伏牛村，元至大元年建。

雍正《山西通志》卷57《古迹》说：

> 伏牛台，东三十里伏牛里。相传伏羲伏牛乘马始此。台下有卧牛坑。

又，其卷164《祠庙》说：

> 伏羲庙，旧志：在东南伏牛村，元至大初建。

乾隆《平阳府志》卷10《祠祀》说：

> 伏羲庙，旧志：在东南伏牛村，元至大初建。

又，其卷31《古迹》说：

　　伏牛台，县东三十里伏牛里，俗传伏羲服牛乘马始于此台，下有卧牛坑。

顺治《赵城县志》卷2《宫室志》说：

　　伏羲庙，在城东南二十里伏牛里，元至元元年建。正殿三间，寝殿三间，门楼一座，献亭一座。嘉靖四十二年重修。

又，其卷1《舆地志》说：

　　伏牛台，在伏牛里，俗传以为羲皇伏牛之所，故其里以是名焉。

乾隆《赵城县志》卷21《古迹志》说：

　　服牛台，在伏宕（牛）里，相传伏羲服牛以驾，遂名其台。旁有服牛坑，蹄迹犹存。

又，其卷9《庙坛志》说：

　　伏羲庙，《纪》称太昊氏，风姓，以木德威王……庙在城东南二十里伏牛村，相传伏羲氏于此服牛乘马，旁有服牛台，土人庙飨焉。

道光《赵城县志》卷28《古迹》说：

　　服牛台，在县东南二十里伏牛村伏羲庙侧下，有卧牛池，相传伏羲氏伏牛至此。

又，其卷17《坛庙》说：

　　伏羲庙，在县东南二十里伏牛村，元至大中建。旧志载：伏羲氏于此伏牛以驾，故土人祀之。

这些记载基本上都是陈陈相因，相互抄存者多，有创见者少。矛盾之处亦不少见，如赵城县距伏牛台、伏羲庙的里数，或言三十里，或言二十里。赵城县是一个古县，于1954年并入洪洞县，赵城县治降为赵城镇。以现在行政区域对照，旧志赵城县距伏牛台、伏羲庙的里数就是今洪洞县赵城镇距伏牛台、伏羲庙的里数，应以前引北宋《太平寰宇记》、明洪武《平阳志》所言"伏牛台，在县（东）南十五里"为准。至于伏羲庙的始建年代，或言元至元元年（1264年），或言元至大初，或言元至大元年（1308年），或言元至大中（1308—1311年），一概不合理，都是将重修的时间当成了创建的时间。元代全国通祀三皇，伏羲祠庙所在自有多次重建之事。相较而言，顺治《赵城县志》卷2《宫室志》之祠庙条内容比较丰富，"伏羲庙，在城东南二十里伏牛里，元至元元年建。正殿三间，寝殿三间，门楼一座，献亭一座。嘉靖四十二年重修"。由此可知明代伏羲庙的规模有正殿、寝殿、门楼、献亭，格局完整。现在伏牛台所在的北伏牛村还残存明正德十四年（1519年）石碑一通，额篆《伏羲庙西廊记》。可证明代伏羲庙曾多次重修。

　　分析了明清时期伏羲庙的重建之后，接下来我们再分析伏牛台的由来。《周易·系辞下》："服牛乘马，引重致远，以利天下，盖取诸随。"意牛马为人所用，本来说的是伏羲、神农之后的事，而秦汉以降，将服牛乘马、为大众谋利的功绩赋予给了伏羲。即如《宋书》卷18《礼志》："案庖羲画八卦而为大舆，服牛乘马，以利天下。"又，南宋罗泌《路史·后纪》说："（伏羲）豢养牺牲，服牛乘马。"这一说法影响深远，自然就有附着的传说广泛流传。赵城伏牛台伏羲庙，应是先有伏羲伏牛传说，再有伏牛传说附着的地点伏牛台，而后有伏羲庙。其传说大致如此：

　　说上古时候，野兽多而人少，现在饲养的家畜当时也都是野兽，人嘛就以捕捉野兽为生。野兽当中野牛、野马的性情比较温和，所以它们就成了人们主要猎杀的对象，其数量急剧减少，濒临灭绝。人们捕不到足够的野兽食用，生存受到威胁，也就有了濒临灭绝的危险。情急之下聪明的伏羲氏在"伏牛村"以绳结网，把野牛、野马等统统困在伏牛岗下，圈起来驯养，场地内设有卧牛台、饮牛池，集中调教驯化之。个别野牛天性凶顽，驯养时不断咬人伤人，伏羲氏便在伏龙岗下挖一坑，将其驯跪坑中，并去掉上面的牙齿，所以直到现在，牛都不长上牙。从此野牛变成了家牛，为人所用，为人所食。野马也是一样，经伏羲驯化变成家马，为人所用。北宋《太平寰宇记》有"（伏羲）常居此台伏牛乘马，故曰伏牛台"之说，足见伏牛台的传说远在北宋时业已流传。顺治《赵城县志》卷1《舆地志》说："伏跪坑，在伏牛里，俗传以为羲皇伏牛跪处，今有坑存。"足见在清代之前伏牛台的传说的情节已被坐实物化。"伏牛土台"在明清时一直被列为赵城八景之一或十二景之一。

清代，伏牛村有伏羲庙、紫云观、白云观、青羊观、娲皇娘娘庙、祖师庙、菩萨庙、三官庙等古庙13座，而以伏羲庙规模最大，影响也最大。朝廷官员在每年农历三月初十祭拜完侯村的女娲陵之后都要祭拜伏牛伏羲庙。1937年抗日战争爆发后，北伏牛组建民兵队，坚持抗战。1942年秋，赵城县人民武装抗日自卫委员会郭占奎、时宝庆带领北伏牛的民兵队一举拔掉日军南同蒲线上的永乐碉堡，歼灭其一个班。随后日军集结重兵于北伏牛村，进行疯狂报复，伏羲庙等13座古庙被全部焚毁，变成了一片瓦砾。

关于被毁之前伏羲庙的基本情况，辛中南、乔国喜《伏羲故里伏牛村——对北伏牛村伏羲文化考略》有较为细致的描述，录如下：

> 羲皇庙建在伏龙岗高岗之上，坐北面南，自南至北约里许。庙南面是山门，山门外南面有饮牛池，再往南有卧牛台。进入山门后西拐，是与庙南北相对的大戏台，分上下两层。下层是砖石券楼洞，中间隔断，每逢唱戏才用专用木板盖住隔断处。上层是木结构的三间戏台。在宽敞的戏台北边与戏台打对的是上岗进庙的三十三级石阶（意取三十三层天），石阶的高低落差约两丈左右，人要在岗上看戏都是俯视，但一般乡民是不能上来，只能在下边戏场里看，能在岗上看戏的只能是每年朝廷前来御祭羲皇的达官贵人、乡里管事及村中女眷。岗上东南角有一个东西侧门，是供在岗上看戏人出入。
>
> 岗上南边，紧接石阶，建有高大的庙门门楼，两扇红漆大门高有丈余，大门两侧建有门房，再两侧约有1米高的砖墙，直至东西庙的外围墙。外围墙红砖砌，高约8尺。外围墙内东西两侧的石台阶上，建有东西廊房五间。房前两廊贯穿南北，石鼓托起的红漆柱子上边的木刻、彩绘十分美观。廊房上边全部琉璃瓦盖顶，给人一种豪华之感。

廊房大院北边，中间起宽有丈余的五层石台阶（意指五行）上，就是斗子圪台，也就是祭坛，拔地高约1米，石条砌边。祭坛南边，安有约两米高的红漆木制栏栅，十分威武壮观。祭坛中央安放有一个铁铸大鼎，大鼎高约5尺，腰围丈余，大鼎外身铸有八卦图案、符号，人们遂叫八卦鼎。

大鼎北边是斗拱牌楼（也叫斗子），东西并排四根斗子立杆，分别竖立在石基之上，并用铁箍固定。上边用木头杳子层层串连，衔接而成，工艺十分精巧。斗子成三进的斗拱牌楼，中间高，两边略低，正对着北边大殿的三道门。

祭坛东西两侧是钟鼓楼，上下两层建筑。下层是砖拱窑洞，窑洞上边三尺高的花砖围墙内建有八根红柱子顶立的八卦亭，高约丈余，约一人高的大钟、大鼓分别悬吊于八卦亭之下。每逢较大的祭祀活动，就鸣钟击鼓，声闻周边十余里。

祭坛北边再起两层石阶（意分阴阳），就是羲皇庙大殿的外围回廊。绕大殿一周，长约二十四丈，宽丈余，分布均匀的二十四根大红柱子，石鼓相托，环立大殿周围（意指二十四节气）。整个回廊八边、八棱，按八卦建造。八角上翘，每个上翘的角上吊有一个半尺长的铁铃铛。大红柱子上边，都用木雕的花板连接，斗拱出檐，木雕彩绘十分精美，衬托得大殿更加壮严、宏伟。回廊的结构与大殿相连，八根脊檩分别插入大殿内四角，并用彩绘的云板遮住，从下面仰视，看不见木头。

南面回廊下，与祭坛两侧，分别存立有石龟驮着的大小不同年代各异的十余块石碑，记载着羲皇庙数千年的沿革，几度盛衰，几经修复的历史过程。诸碑当中，还有最有历史价值的朝廷御书的圣旨碑和历代皇朝御祭碑，每年三月，朝廷都有大官员前来北伏牛羲皇庙，御祭人祖羲皇。羲皇庙大殿回廊的东西两侧廊下，紧靠大殿墙壁，筑有3尺高、3尺宽、2丈余长的石阶。石阶上，靠墙壁立有木架，两旁木架上各挂有十二块特制的大小不同，错落有序的扁铁，击打出的声音各异，每逢较大的祭祀活动，有专门供职的道士，击响扁铁，配以笙、管等乐器奏出一曲曲优美动听的音乐。据说，在羲皇庙最鼎盛时期，就有念经、奏乐的专职道士五六十人，常居羲皇庙的建筑群——祖师庙中。

说起祖师庙，也大有来头。据神话传说，玄天祖师在此开场，讲经说法，讲得出神入化，十分玄妙，惊动了上天。王母娘娘亲自到此，听祖师演讲，听后非常高兴。临走时，在她听讲的地方亲手栽下一棵棱椤神树。后经祖师精心浇灌，此树长成一棵身高四、五丈，腰围两丈多的大树。树荫遮盖整个祖师庙大院，约一亩多地。直至抗日战争以前，此树还郁郁葱葱、枝繁叶茂。侍勤羲皇庙、祖师庙、娘娘庙、三官庙、菩萨庙的道士们平时就住在此。只有每年三月，朝廷派达官贵人前来御祭羲皇人祖时，道士们才搬出来，供朝廷来人居住，成为朝廷官员们的驿馆。祖师庙乡人通常叫官观庙。正因为此，官观庙成为羲皇庙建筑群体的主要附属部分。

羲皇庙回廊的后边，中间建有七层宽广的石阶。登阶而下，到后院，至后门建有长廊。长廊与大殿的回廊逢为一体，长廊下，石鼓托垫的四排大红柱子把廊下分成三条通道。下边青砖铺地，上边画梁雕栋。长廊直至羲皇庙的后宫——娘娘庙的大门外。

娘娘庙的大门上书有"娲皇娘娘庙"的匾额。步进华丽的大门，娘娘庙内四面廊房，石阶上，红柱子环立四周，院内青砖铺地，檐前廊下，雕刻、彩绘把整个庙院装饰得十分华丽、清雅。娲皇娘娘庙的大殿里，塑的神像，不是女娲娘娘，而所供奉的却是伏羲的一个女儿。非常令人费解。

整个羲皇庙的突出建筑就是羲皇大殿，不仅高大而且奇特。大殿高三丈有余，长、宽约四丈见方，大殿上边高低起落，自然随和，琉璃脊瓦，整日生辉。檐下木拱垒接，有五尺多高，工艺奇特，彩绘精致。殿檐四角上翘，有展翅欲飞之势。四角下吊有四个大铁铃，与回廊八个角的铁铃一道，终日被风吹得叮当声不断。

大殿前面，全部是红木雕刻的软门软窗，工艺非常考究。进殿后，神台上塑着威武、高大的伏羲神像，红面庞，顶发际上塑着一把梳子，身后还塑有一个大脚印（这些都有一段神奇的传说）。伏羲的神像，塑坐在一头头西尾东的卧牛背上，两旁站着侍童、侍女。

· 133 ·

大殿内上边，用厚厚的圆形木板吊顶，圆形的顶板安放在四角插进殿里的回廊脊檩的云板上，紧靠四壁，中间提吊于殿梁之上，十分牢固。木板上画有先天八卦图，与正方形的砖铺地面，象征天圆地方之说。

最有价值的东西，就是大殿内两边墙上的壁画，它用图画的形式，向世人展示伏羲的功德。画中有牛耕田、马、捕鱼打猎、写书作画、男女联姻、烧火做饭等等故事，画满大殿内的墙壁。这些画中故事，都是上古时期，伏羲为人类进化作出的巨大贡献，真是功德无量。无愧为后人祭祀的神人，无愧为被世人尊称为羲皇，无愧位列三皇之首。①

撮其要点，清代至民国时期，伏羲庙建筑群庙外门前有饮牛池、卧牛台，庙内自南向北有山门、戏楼、牌楼、伏羲大殿门楼、祭坛、钟鼓楼、伏羲大殿等。伏羲圣像座于卧牛之上，壁画以"豢养牺牲，服牛乘马"为主题突出了"伏牛"特色。最令人惊异的是伏羲塑像发髻有梳子一把，这是传说中为女娲娘娘梳头的梳子；脊背上塑一大脚印，这是传说中因顾盼美女被吃醋的女娲娘娘给踹踏的印记（故事见本节"民间传说选录"）。供奉圣像，有如此表现形式，世俗幽默至极。

二　碑文选录

伏牛伏羲庙宋金以来多次重修，遗留重建碑理应很多。据村民回忆，庙在未毁之前尚余古碑十余通。而庙被日军焚毁后，碑尽皆散佚。2004年农历三月初一日，洪洞县明姜镇北伏牛村村民劳动时从麦田中挖出清同治五年（1866年）重刻、金代乡贡进士王璋撰文的《犧皇庙记》碑。高210厘米，宽80厘米，厚30厘米。乡贡进士王璋撰文。碑现存伏牛村村委会。系金哀宗天兴三年（1234年）的重建碑，对追索伏牛伏羲庙弥足珍贵，附录于此。碑文羲皇之"羲"一概作"犧"，兹从之。

（金）王璋《犧皇庙记》

赵城县伏牛村《修复犧皇庙记》，当年贡进士王璋所撰，原文：

太极肇判，三才并列。职乎覆者天也，职乎载者地也，职乎人伦者我犧

---

① 辛中南：《华夏始祖女娲与伏羲》，民族出版社2005年版，第128—132页。

皇氏也。天能乎覆，不能乎载；地能乎载，不能乎用；人能乎用，不能乎前。我犧皇氏探赜索隐，极深研几，仰观天文，俯察地理，进取诸身，远取诸物，创制立法，以为天下万世利。大矣哉！神圣之作也，天道也、地道也、人生之道也三者兼备。百姓日用而不知，其故犧皇之祠鲜矣。

赵城东南十有余里，其里曰伏牛，其岗曰伏龙。次南一峰曰伏犧台。次东一畦曰卧牛池。岗之下有伏跪坑，云服牛时去其上齿之地也。岗之上有伏犧庙。初，伏牛名曰伏龙。谓龙者帝王之象，非民可名，乃更曰伏牛。当是时也，伏牛聚落六百余户，士农工商之民具矣，咸精其能、遂其业。其后，庙之不振，人户亦凌迟，而存者百余户。昔碑所载，其来尚矣。

在五季时，干戈残荡，其庙焚如，幸而孑遗者十之一二。宋氏之立国也，屡诏郡国访历代帝王圣贤之遗迹，将复修而崇起。庙北十里而近曰娲皇墓，有司具以状上，敕建其庙，自经始至于落成。以至于岁时祭祀。其间材木之资、笾豆之荐虽有司存，而筑作之功、官吏往来馆穀之费，劳于居民多矣。于是伏牛里民乔□等私谋，以为此庙若建，想其劳费必甚，遂埋其碑，寝不以闻。天圣九年四月越四日，纠集众人易饰其像为将军庙。迄大定年间，伏犧台畔之民将有事于土工，穿凿而见庙道故基，砖级依然如昨，知昔庙广袤至此——凡今左右居民皆庙垠也，辍而弗厘。贞祐以后，兵革连年，将军庙亦既焚毁。里中逸民李云为众曰："犧皇者，人伦之祖，载于祀典，不可废也。况庙虽没而砖基尚存，碑虽亡而石趺犹在。《紫微观记》曰：'西有青羊观址，东有伏犧古庙。'《娲皇庙记》亦曰：'南至伏犧庙九里十三步。'圣迹明征，吾乡之美事，人所欲闻，讵可目敝？宜复其庙为犧皇庙。"人皆曰：可！即以侯德等及众于太岁戊子年□月二十日，鸠工庀材，建犧皇庙于伏龙岗之上。继以郭泰等众力，于太岁壬辰正月二十五日立像，八月十一日告成。

已而，有来观者评于庙前曰："孔子订《书》，断自唐虞以下，讫于周，而不载伏犧。后世所传者，莫大乎《易》，《系辞》曰：'包犧氏之王天下也，始作八卦。结绳而为网罟，以佃以渔，盖取诸离。黄帝、尧、舜以下，乃曰伏牛乘马、引重致远，以利天下，盖取诸随。上古结绳而治，后世圣人易之以书契，盖取诸夬。'《帝王世纪》曰：'包犧氏，风姓也，母曰华胥。燧人氏之时，有大人迹出于雷泽，华胥履之而生庖犠于成纪。蛇身人首，有圣德，在位一百一十年。取犠牲以充庖厨，故曰庖犠。一曰皇雄氏，或谬谓之伏犠氏。'《诗传》曰：'陈者伏犠之墟。'据此说，则伏犠所治，唯陈也、成纪也。伏牛乘马，书契之作，其系于黄、唐乎？岂伏者服也，古文通假。不然，为服牛似在伏犠之后。或对曰《书》不尽言，言不尽意。《书》者，人君词诰之典，所以垂世立教。而犠皇上人漂枝野鹿，若道自然，不以言教为务，若乃弥纶之道，鼓舞之神。轩辕方可以入室，犹踟蹰于堂陈之门；虞舜仅可以升堂，尚趑趄于廊庑之下。况后世俗薄，奸伪兹生，唐虞之教未之行，其如犠皇何。是乃孔子让而不书。若乃神武英姿，文明奇相。夏禹鸟跳，定九有之功；文王奇相，开三分之业。此则蛇身之体也。□乾网，细坤□，成汤以礼制总缉万邦，□□以戎衣牢龙九服。此则网罟之遗制也。玄风一振，神化四驰。阳和动而蛰虫苏，雷雨作而果木化，此太皞之司春，所以为一岁首也。三山雷掣，万寓腾辉，一旦鸟飞，群阴潜伏，此太阳之□□□，□□□主也。巍巍乎至德大业，皇坟犹不胜载，岂诸纪传所能详载。按《说卦》云：'昔者圣人之作《易》也，幽赞于神明而生蓍。'夫作者，创造也。犠皇以后□是述修，不得言作。明作《易》乃伏犠也。《上系》论□云：'四营而成《易》，十有八变而成卦。'明用蓍在六爻之后，非三画之时也。伏犠用蓍，则是伏犠重卦。故《下系》云：'八卦成列，象在其中矣，因而重之，爻在其中是也。'伏犠既自重卦为六十四，则随史设矣。随史既设，则服牛乘马，书契之治，所以取诸。故《书·序》云：'伏犠造书，以代结绳之政是也。'夫取犠以充庖，伏犠之牢也；服牛以引重，伏牛之用也。触类而旁通□毕矣。所由殊路，建德一也。以此参订，则服牛等事虽载于黄、唐之下，其基创自于犠皇。犠皇虽出于成纪、都于陈，意者服牛之时，于是乎□。北则陵寝藩垣于娲皇，南则都会喉襟于陶唐，东则珠玉负于霍山，西则□□控于汾水。山明水秀，土产平富，简城之上腴也；人俗厚重，务本者众，遂末者寡，上古之遗风也。智始我民，然后智周乎万物；道始我里，然后道济乎四溟。车者不劳而车，耕者不劳而耕，皆此途出也。水流于地而浇其地，云出于山而雨其山。以天下之至精，焉知不以星斗垂象于一邦。以天下之至变，焉知不以河岳播气于一乡。但神而明之存乎人，默而□之□□德。行《易》

· 136 ·

卦有坎为豕也，震为龙也，离为雉也，兑为羊也，以至于万物无不有也。无思也，无为也，寂然不动，感而遂通，是万有而不应也。圣人以《易》含万象，酬酢万变。而独称尔牛者，以为其物生，民志所务□□□□□思劳戎焉。间不遑启居，而先正此庙者，以为此地圣人之所幸也，所务功也，所幸德也。有功则祀，无功不报，礼也。礼者，圣王之遗制，能举而行，可谓好古不忘其本者也。噫！今人、昔人，皆里人也。昔者太平殷众，犹以一役之故废其祀。而今也复新，天数耶，人事耶。天数则神知之，人事则人知之，神亦知之。则今人与昔人，何相去之远也。神知之则神之升降，其将与厥邑之人升降乎！"里民张塾等闻其言，命刊于石为记。时太岁甲午年二月吉日立石。

大清同治五年岁次丙寅仲夏穀旦重刊。

三 诗歌选录

（明）刘廷桂《伏牛台》

羲皇曾向此游观，遗迹于今现翠峦。绿野中盘苔藓茂，苍穹上近斗牛寒。云边映日烟岚润，花下鸣春鸟雀欢。今古祯祥多少事，崇台卦象兆灵端。

按：录自顺治《赵城县志》卷8《艺文志》。
刘廷桂，明赵城人，嘉靖年间岁贡生。曾任山东阳信主簿。

（明）窦经《伏牛台》

地接山弯古伏台，千年遗迹至今留。台湟寂寂风光惨，村落萧萧野色秋。岁月催人隙逝鸟，繁华过眼未浮沤。于呼景在俗非古，百草千花一劳愁。

按：录自顺治《赵城县志》卷8《艺文志》。
窦经，明陕西岐山人。嘉靖年间任赵城县教谕。

（明）贺定国《伏牛台》

传道羲皇畜牧场，台池相对商低昂。三坟篆鸟已无□，□帝伏牛犹有岗。抚景遐思恩□□，登临□□毕羌塘。如今偷俗多亡古，独有淳风属晋唐。

按：录自顺治《赵城县志》卷8《艺文志》。

贺定国，明河南获嘉人。举人。嘉靖年间任赵城县令。

四　民间传说选录

女娲把伏羲一脚踢到伏牛村之一

传说上古时期伏羲与女娲同属一个氏族，他们都住在侯村女娲宫里，伏羲的职责是照料女娲生活起居。一天，伏羲正为女娲梳头，一个年青美貌宫女由面前经过，他因偷看宫女，思想走神没把头梳好，引得女娲大怒。她抬腿一脚就把伏羲踢到九里十三步远的伏牛去了。此地以伏羲而得名，故名"伏牛村"。当地老百姓为此专门修建了一座伏羲庙，并塑伏羲像。据村中老者回忆：解放前伏牛村的伏羲庙里，伏羲塑像背上确实有一个大脚印。侯村娲皇庙里，从来不设伏羲的塑像和牌位。庙后两座陵墓，《志》载为女娲的正、副陵；当地传说是女娲由鞋里倒出的两堆土，反正没有伏羲的份儿。

按：录自辛中南《华夏始祖女娲与伏羲》，民族出版社2005年版，第39页。

女娲把伏羲一脚踢到伏牛村之二

洪洞县赵城一带的人，特别是北伏牛人、侯村人，从记事起，就常听老人们讲"爷爷""娘娘"的故事。爷爷就是伏羲，娘娘就是女娲。他们既是兄妹，又结为夫妻，同居住侯村。由于思想认识不同，意识形态各异，经常口角。一天，爷爷正在给娘娘梳头时，又发生了争执。娘娘起怒，在爷爷背后蹬了一脚。这一脚把爷爷蹬到伏牛村。之后，爷爷一直再没回过侯村。后人为了纪念爷爷，在伏牛村建造了羲皇庙。历代朝廷，每年都派大员前来北伏牛的羲皇庙御祭。此庙立有朝廷的"圣旨"碑可以为证。特别是北伏牛羲皇庙的神像，与其他庙宇的塑像不同。伏羲的神像是红面庞，披肩发，头上发际塑有一把梳子，身后还有一个大脚印。另外，神像塑坐在一头头西尾东的卧牛背上。可能是伏羲长期在伏牛村伏牛乘马的缘故吧。

按：录自辛中南《华夏始祖女娲与伏羲》，民族出版社 2005 年版，第 138—139 页。

女娲把伏羲一脚踢到伏牛村之三

有一天，女娲与伏羲梳头时，俩人发生了口角，争执不休，女娲娘娘非常生气，气得头也不梳了，并在伏羲后背蹬了一脚。伏羲也非常恼怒，一气之下，出走向南，到了伏牛村，为了纪念这段典故，所以北伏村伏羲庙中，羲皇神像的头上塑着一把梳子，背后塑有一个大脚印。

伏羲向南出走之后，女娲娘娘非常后悔、着急，就急忙命他三个女儿在后边追赶，务必要追赶回来，说"追不回来，你们也不要回来见我"。于是，大女儿向西南，二女儿向东南，三女儿向正南，分头追赶他们的父亲羲皇。大女儿一直追到洪洞的屯里村，二女儿追到现广胜寺镇的板塌村，都没有追上，也就不敢再回去。所以，后人在屯里村、板塌村都建有娘娘庙，以祀伏羲、女娲的两个女儿。又传说，汾河发大水，把屯里的娘娘漂到辛村，故而辛村也建有娘娘庙，以祀伏羲、女娲的大女儿。三女儿追到现在的北伏牛村，见到了他的父亲羲皇，因劝说不回，故而也不敢回去，就留在北伏牛他父亲羲皇的身边。后人没有为三女儿建寺庙以祀，而是住在羲皇庙的后宫。

女娲也非常思念伏羲，所以后来为自己建陵寝时，并排建了两座坟墓，这也是女娲娘娘的最后一个心愿，有生以前不能再同居生活，死后希望伏羲能与自己葬在一起。所以侯村女娲庙后的女娲陵寝，是两座，被今人称为正、副陵。

按：录自辛中南《华夏始祖女娲与伏羲》，民族出版社 2005 年版，第 133—134 页。

第三节　吉县人祖山伏羲庙

一　伏羲庙史钩沉

吉县人祖山伏羲庙，又称伏羲女娲庙、女娲庙、伏羲故宫、人祖庙、金山寺等，在县城西北20公里的人祖山①巅平台。庙占地约4亩，所在三面临崖，地势险要。原有建筑全部塌圮，始建时间不详。

雍正《山西通志》有三个词条涉及人祖山伏羲庙，其卷28《山川》说：

> 庖山，在州北三十里。迤北而上，又三十里至巅。上建伏羲庙，塑伏羲、女娲二像，相传为庖羲氏故宫。又传伏羲始制婚姻之礼，名为人祖。一名人祖山。

又，其卷60《古迹》说：

> 伏羲故宫，在庖山顶，上建伏羲庙，旧碑传为故宫。

又，其卷167《祠庙》说：

> 伏羲庙，在庖山巅。相传伏羲为人祖，故此山亦为人祖山。有旧碑，传为伏羲氏故宫。

光绪《吉州志》除个别字词改动外，完全沿用雍正《山西通志》记述。其卷1《山川》说：

> 庖山，在州北三十里。迤北而上，又三十里至绝顶。上建伏羲庙，塑伏羲、女娲二像。相传为庖羲氏故宫。又传伏羲始制婚姻之礼，名为人祖。一名人祖山。

又，其卷6《古迹》说：

> 伏羲庙，（在）人祖山。相传伏羲为人祖，故此山亦名人祖山。旧碑传伏羲氏故宫。

又，其卷6《寺观》说：

---

① 人祖山位于东经110°37′—110°45′，北纬36°12′—36°18′，主峰海拔高度1742.4米，面积45平方公里。崇山峻岭，森林密布，野生动植物资源丰富。山上有各种庙宇200余座。

在人祖山顶，上建伏羲庙，旧碑传为故宫。

以上6条资料去掉复述，其实就是3条资料。而这3条资料的内容重复部分仍旧不少，能得到的有效信息只是庙的位置、所祀神灵、山名由来这么几点，不及始建时间。"旧碑传为故宫"或"有旧碑，传为伏羲氏故宫"的那个"旧碑"《吉州志》不载，也就不知其旧到何时、内容若何了。遗址现存巨碑一通，碑首额顶题《伏羲皇帝正庙之记》，而碑文磨灭，无法识读。[①] 所以即便是此巨碑就是方志依据的"旧碑"，一通"无字碑"也无助于探讨庙的沿革。考证伏羲庙始建时间的刚性材料几近于无。好在据一些考察资料，在被人掏空的女娲、伏羲塑像内的木桩上，写有"大明正德十五年"[②]，可证明代正德十五年（1520年）前后庙有过一次重修。另，庙东南有一石崖，壁面阴刻"伏羲岩"三个大字，落款为"大清同治十三年杜德胜"。可见清代关注伏羲庙的人依旧不少，香火仍旧旺盛。

图6　吉县人祖山"伏羲岩"摩崖碑刻

2011年11月，经临汾市文物局和吉县文物所对伏羲庙遗址集中清理发现诸多有价值的文物。据《临汾日报》报道：

近日，在吉县人祖庙遗址清理工程中，经过工作队两个多月的集中

[①] 阎雅梅：《初拜伏羲皇帝正庙》，陕高升等编：《人祖文化源与流》，陕西人民出版社2010年版，第244页。

[②] 孟繁仁、孟文庆：《人祖山与女娲、伏羲"创始婚姻"》，《世界》2006年第4期。

清理，发现了一大批具有重大考古价值和论证的文物，如明代的隶书（皇历和戥子），用来祭祀的祭骨和一些人骨，汉代的绳纹瓦、唐代的石瓦、铁瓦和陶瓦，记录了人祖庙修建和补修时间的明代嘉庆年间的石碑，并发现了一个和山体相连用来放石碑的龟砆，这种现象在全国极其罕见。[1]

文中的"隶书"应为"历书"，"嘉庆"应为"嘉靖"，如此报道属实，则人祖山伏羲庙或建于汉代，或者说最起码建于唐代以前。

未毁之前的伏羲庙除伏羲庙、女娲庙而外，还有僧房、献亭、乐楼等建筑。现任吉县文物管理所所长的阎雅梅副研究馆员曾在 1980 年秋天考察过人祖山伏羲庙，对所见情景描述细致，从中可见伏羲女娲庙布局。

> 呈现在我们眼前的人祖庙，庙里庙外，林木森森。杂草丛生，荒草过肩。1938 年 3 月 18 日晋军六十六师二〇六旅四三一团，为保卫黄河、保卫人祖庙，抵御日军第十一师团所属二十五旅步骑 4000 余敌时，曾改为防御工事的庙墙，屹然环庙之西与北侧而立。墙下草丛中石狮两尊横卧，青苔若绒。我们翻墙入庙，钻梢拨草，对庙内遗迹作了察看。正殿巍峨，坐东面西，庑殿顶，砖石拱券，明次间以墙相隔，明间正面伏羲神像高坐，顶部悬塑虽有破损，尚可辨识为"鸿水泡天""狮驮兄妹""兄猎妹采""隔沟滚磨""隔山穿针""云烟天合""兄妹相婚""神卵化人"八组故事。两侧配享之重、该、修、熙（或羲、和、重、黎）与次间之九相：共工、柏星、朱襄、昊英、栗陆、赫胥、昆连、葛天，及六辅：金提、乌明、祀默、纪通、仲起、阴侯之神像已非原位，且残破不全。殿前有碑数通，皆明清州府重修各殿之记。北侧砖砌窑洞式厢殿三间，插廊已毁。石板院中部凿有集水井一眼。娲皇宫在正殿之左偏东，面南而建，前临悬崖。殿为硬山顶，面宽三间，进深两间。前设廊。殿内女娲神像中坐，东西两女侍立。门窗仅存边框。女娲殿前偏西往东数步，有天生巨石一块，形若巨蛙，伏卧崖畔。石面之西壁，苔下文字漫漶不识。

---

[1] 闫海斌、冯亚鹏：《吉县人祖庙遗址清理工程又有新发现》，《临汾日报》2011 年 10 月 13 日。

石顶面偏西有石窝,窝中雨水清冽。……退后东行数十步,于正殿背后之东南见一巨碑,碑首额顶"伏羲皇帝正庙之记"赫然可辨。此碑通高约□米;碑额圭形,四龙盘首,高宽厚□米×□米×□米;碑身文字磨灭不存,高宽厚□米×□米×□米;碑座方形,半没土中,高宽厚□米×□米×□米。①

2011年,洪洞县舜风煤炭开发集团注巨资成立人祖山文化旅游开发有限公司,致力于人祖山伏羲文化的研究与开发,人祖山神秘的面纱有可能会被逐渐揭开。

二 人祖庙会

人祖山庙会时间为每年农历七月十八日至七月二十日。每逢庙会日,民众从四面八方沿着山间小路涌向人祖山,或祭祖,或交易物资,热闹非凡。物资交易的主要产品有牛、羊、骡、马、毛驴、布匹、药材和土特产等。黄河对面的陕西也有不少客商参加,而祖庙祭祖祈福仪式最具风情。李更廷的回忆文章《七月十八上人祖庙》绘声绘色,完整再现了当年祭祖的场景和仪式,全文录如下。

在童年的记忆中,家乡最热闹、最红火的事就是上人祖庙。

农历七月十八正是瓜果飘香、喜获丰收的季节。每当临近七月十八,人祖山方圆百里内,家家备供品,村村做准备,大家都张罗着要去人祖庙。

当时上人祖山祭祖祈福的组织主要是四社。东社为蔡家川,西社为文城,南社为东城,北社为王家垣青村。七月十八这天,各社抬着供奉女娲的花轿上人祖山集合。当天晚上东西南北社在歇马店唱大戏。晚上各社都敲锣打鼓,身着戏装,粉妆上场,施展绝活,相互比拼,一直唱到天亮。天亮之后大家就抬着花轿上人祖庙。一路上人头攒动,情绪高昂,进退有致,各社按节奏敲锣打鼓,鼓声锣声应和着歌声:"抬爷爷,

---

① 阎雅梅:《初拜伏羲皇帝正庙》,陕高升等编:《人祖文化源与流》,陕西人民出版社2010年版,第243—244页。

上凤山。人祖庙上祭祖先，沟岔岔，抬爷爷，爷爷是个金娃娃。"到人祖庙之后，大家稍事歇息，便开始敬"爷"（拜神）活动。先是摆放各种供品，接着焚香烧表祈福，之后各社表演"滚磨""穿针"锣鼓等古老的祭祖节目。节目表演中大家尽心尽力，各尽其才，唯恐对女娲不周。

表演结束后各社在山上吃饭，神人共乐，共享供品，同饮美酒。

下午各社开始返回，下山时人们吃饱喝足，精神百倍，又开始用锣鼓表达心中的喜悦。这一次敲打锣鼓的节奏比上山时的节奏明显加快，歌曲主题为《庆丰收》，内容也别有趣味："大大大丰收，人祖爷爷多保佑，吭吭气吭吭，米面黄黄真好吃。"

各社下山后在王家垣同乐村集中，将花轿放在打麦场的女娲槐下，然后杀猪敬神祭祖。此时，十里八乡的村民都赶来，人山人海，鞭炮声声，烟雾缭绕，鼓乐阵阵，场面十分壮观，敬神祭神活动结束后，大家将祭品按户分享。供奉女娲的花轿摆放在午生村的庙中。花轿要等第二年重新祭祀的时候再抬出来，此活动祖祖辈辈一直传下来，"文化大革命"时活动停止。①

庙会日人祖山周围群众最神圣的事就是为人祖"抬花轿"，在抬轿的同时唱"祭祖歌"，歌词有："看见了如今的世界大千，永记着咱人祖爷的鼎鼎大名，伏羲氏就尊称为人祖爷爷""人祖娘她名讳就叫女娲，普天下修庙宇纪念他俩，今天是人祖爷生日寿诞。吉县的各社民前来祭奠，人祖庙庆人祖大排酒宴，为纪念人类的共同祖先"等②。

三　诗歌选录

（清）陈于王《游人祖山》

万叠奇峰一片云，舞青摇绿鬣纷纷。千岩只在晴时出，众瀑唯从头上闻。诗兴忽生香雾冷，鸟声初起夕阳曛。巍巍宫殿深岚里，松腹犹存蝌蚪文。

按：录自光绪《吉州全志》卷8《艺文志》。

---

① 陕高升等编：《人祖文化源与流》，陕西人民出版社2010年版，第205—206页。
② 陕高升等编：《人祖文化源与流》，陕西人民出版社2010年版，第252页。

陈于王，字健夫，清顺天宛平（今北京丰台区）人。著有《西峰草堂杂诗》。

（清）葛汝麟《庖羲庙》

深山有庙建羲皇，绝少人烟草木长。偶遇麻鞋楚川客，沟南沟北说山庄。

  按：录自光绪《吉州全志》卷8《艺文志》。
  葛汝麟，清山西吉州人。贡生。曾任候补知县同知。

（清）吴聘九《游人祖山》二首

高祖山齐人祖山，遥遥雄峙出尘寰，非仙莫问天台路，乘兴而来碧汉关。
天上闲云飞朵朵，涧前流水听潺潺。当年庙址今何在？怅望层峦去复还。

孤峰绝顶势参天，传说庖宫在山巅。禾黍离离独怅望，空为人世作姻缘。

  按：录自光绪《吉州全志》卷8《艺文志》。
  吴聘九，清安徽泾县人。道光年间任吉州直隶州知州。

四　传说选录

人根之祖在吉州

  吉县城北六十华里，有座人祖山。山顶上建有一座伏羲庙，庙内有男女两尊金妆塑像，传说是人们的祖先，所以当地群众称此庙为人祖庙。

  传说很早以前有一家大财主，膝下所生一男一女，兄妹俩一日三餐都要给门口的石狮喂饭吃，时间长了石狮竟然和他们说起话来了。一天石狮子说："三年前玉皇让北海龙王降雨。这个龙王只顾弈棋忘记布雨，旱得人间寸草不生，玉皇大发雷霆。龙王着了急，马上布置雨龙行雨，并委托孙大圣到人间视察降雨况。孙悟空正与诸仙喝酒，闻说让他下凡视察，很不耐烦地一个筋斗从天扎下，一头碰在打场的碌碡（石滚子）上，把头碰起一个大疙瘩。匆匆忙忙回去对龙王说：'差得远呢！人间的土块硬得和石头一样。你看把我的头都快碰破了。'龙王听了害怕玉皇怪罪，所以大量降雨，人间马上就要洪水

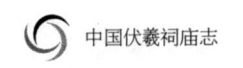

滔天。你们赶快骑在我的背上，避过这场大难。"接着倾盆大雨从天而降，兄妹二人骑在石狮背上，爬到一座大山上。

洪水淹没了大地，孙悟空着了慌，去请猪八戒帮助治水。猪八戒正睡得香甜，听说大圣让他到人间疏洪，一肚子不高兴，翻了翻身又睡着了。孙大圣揪住他的耳朵使劲地拽，猪八戒又痛又火地扛上耙子到人间，不分东西南北乱搂一气。洪水顺着耙子搂过的沟壑流到海里，给黄土高原留下无数横三竖四的沟壑。

水降了，大地荒凉一片，只剩下高山上的兄妹二人。为了传宗接代，继续开发大地。哥哥向妹妹提出成婚，妹妹虽不同意，但是展现在眼前的是一片杳无人烟的泥滩。怎么办？哥哥说："咱们隔沟滚磨，如果合在一起，就是天不灭人。"于是兄妹各站一山，每人各执磨扇一个，同时向下滚，果然两扇磨在沟底自然而然地合在一起。妹妹仍然犹豫不决，哥哥又提出隔沟穿线，一人拿针，一人拿线，站在山沟两边扔出，线自然而然地穿入针关里。

兄妹成婚，终日忙着建设家园。不久妹妹怀孕，怀了七七四十九个月，生下一堆肉蛋蛋，这些肉蛋自然崩裂，生出很多男女娃娃，从此一代接一代流传下来。后人便尊他俩为人祖，为纪念人祖功绩，又在山巅修庙称庖羲宫，每年农历七月十八日集会纪念。届时周围人们敲锣打鼓，上山朝庙，热闹异常。

按：录自吉县志编委会编《吉县志》，中国科学技术出版社1992年版，第353—354页。

第四节 平定人祖庙

一 平定人祖庙史迹

平定人祖庙，东西浮化山（简称浮山）均有，以在东浮山者规模较大。明任聪《东浮化山重修圣寿寺伏羲、娲皇二圣殿记》说："平定州东南去五十里曰浮山……巍然高耸，兀然突出，云烟出没其间，林木深秀可爱，其顶圆阜而平阔，其势峭拔而盘旋，盖平定之甲胜也。"人祖庙即建在此平定"甲胜"地。

李裕民《山西古方志辑佚》平定州之"山川"说：

> 东浮化山，在州东三十里，伏羲女娲庙在焉。东连乱冢，晋盘诸山与罗侯山对峙。①
>
> 西浮化山，在本州西八十里，亦有伏羲女娲庙。②

又，其平定州之"祠庙"说：

> 伏羲庙，在州西南浮化山。③

这几条资料辑自明《永乐大典》卷5202，说明东西浮化山的人祖庙伏羲女娲合祀，庙也称伏羲庙，至迟建于明代之前。由于地方行政区域变化，原平定县西浮化山已划归寿阳县尹灵芝镇落磨寺村管辖，而此地伏羲女娲庙早已湮没无闻，故下面的考述不再涉及西浮化山。

东浮山在今平定县城东南25公里的古贝乡境内，山上岩石呈多孔海绵状，质轻，赤褐色，入水不沉，故山曰浮山。④沉的浮石被乡民视为补天石，自古盛传女娲补天的传说，山上也因此而建有人祖庙。按东浮化山庙中成化二十三年所立《东浮化山重修圣寿寺伏羲、娲皇二圣殿记》碑的说法："自唐及宋，碑存可考。"⑤知此东浮山伏羲女娲庙始建于唐代或更早。明代的重建情况，上引"成化碑"中有所反映。"又于大雄氏殿创山门三间，东构十王殿五间，西建伽蓝殿二间。圣像庄严，金碧辉映，与凡方丈、寝室、斋房、庖，无不撤其旧而新之，一一完整，烨然焕新，方之于前大有径庭矣。"可见从明代开始，浮山伏羲庙佛道共处，诸神杂祀，且有强调佛教的倾向。之后隆庆

---

① 李裕民：《山西古方志辑佚》，内部铅印本1985年版，第180页。
② 李裕民：《山西古方志辑佚》，内部铅印本1985年版，第180页。
③ 李裕民：《山西古方志辑佚》，内部铅印本1985年版，第182页。
④ 光绪十四年（1888年）《重修东浮山娲皇庙碑记》说："山者，地居山右，壤界州东，西与冠山并峙，南视蒙峰尤崇。仰近天日，俯小岑，游览虽暑弗暑，登临则无风亦风。云腾而山有象，石入水而不沉。所谓天钟灵秀、地居形胜者也。"
⑤ 孟繁仁：《黄土高原的"女娲崇拜"》，《中国文化研究》1999年第2期（夏之卷）。

六年（1572年）重修十王殿，天启三年（1623年）金妆圣像。①

　　清代东浮山人祖庙数度重修，②遗留重建碑有乾隆十五年（1750年）《重修东浮山寿圣寺碑记》、乾隆十七年《东浮化山寿圣寺妆修庙宇碑记》、道光九年（1829年）《重修东浮山人祖庙记》、光绪十四年（1888年）《重修东浮化山娲皇庙碑记》等。从中可知，清顺治年间重修一次；乾隆年间重修多次，金妆佛像，装修庙宇，补修并兴建明灵王、药王、文昌、财神等庙；③道光元年至道光九年（1821—1829年）重修一次，"由殿而庑而门阙者补之，故者新之，旋踵间非复向者瓦木之腐朽，墙垣之颓败矣"④；光绪九年至光绪十四年（1883—1888年）重修一次，"内而堂室、圣像，外而山门、乐楼，洪纤巨细，金碧辉煌，焕然一新"。⑤现留存的建筑大多是此次重修的遗存。

　　民国以来年久失修，破坏严重。1992年当地政府和民众集资重修，基本保留了清代以来的格局。庙宇由四个院落组成，"其中有东、中、西三个院落建在地势较高的台基之上，坐北朝南，中院有南殿、大佛殿、人祖殿、伽蓝殿、十王殿；西院是公主祠；东院是僧人居住和管理人员办公的地方。下院就是西拱门内的古戏台"。⑥

　　关于人祖殿即娲皇人祖殿，《阳泉风景名胜志》有比较完整的叙说，兹照录如下：

> 出南殿北门便是中院，中院是一座方形的院落，四周殿堂围绕。东边是十王殿，西边是伽蓝殿和知客斋，知客斋旁有庙门连通西院僧舍。中院北侧是一排高大的正殿，建在2米高的石砌台基之上，坐北朝南，雄宏壮观。这座高大的殿堂，是两殿一体的建筑。中墙相隔，东是大雄

---

① 马俊杰等：《山西戏曲碑刻辑考》，中华书局2002年版，第499页。
② 清雍正《山西通志》卷166《祠庙》说："伏羲庙，在浮山山。"乾隆《平定州志》卷4《建置志》说："伏羲庙，东西浮化山并建。"光绪《平定志》卷3《坛庙》与"乾隆志"同。这几条所载和明代方志所记大同小异，只说明庙的方位及所在，不记规模重修情况等。但从中我们可知伏羲女娲庙可单称伏羲庙。
③ 马俊杰等：《山西戏曲碑刻辑考》，中华书局2002年版，第499页。
④ 李铭魁主编：《平定碑刻文选》，《平定文史资料》第14辑，内部铅印本2001年版，第238页。
⑤ 马俊杰等：《山西戏曲碑刻辑考》，中华书局2002年版，第496页。
⑥ 阳泉风景名胜志编委会：《阳泉风景名胜志》，三晋出版社2006年版，第370页。

宝殿，西是娲皇人祖殿，都面阔五间，进深三间，青砖砌墙，雕格门窗，硬山单檐，兽头瓦当，琉璃瓦顶。钟、鼓二楼各踞西东，残碑断碣分立两旁。殿门两侧，挂着一幅木制楹联："女娲炼丹补天支承国运，祥光拱北斗；炎黄降妖辟地统华夏，瑞气浮南极。"

西殿因供奉着女娲和伏羲等神像，故名娲皇庙，又称人祖殿。娲皇人祖殿是浮山最古老的一座殿宇。在不同版本的史籍中，都有所记载，但无始建时间。据明成化《山西通志》载："娲皇庙在平定州东浮化山，未详建自何代。"清光绪《平定州志》载，"吕思诚记及东浮化山残碣，女娲氏神祭在东浮化山"，吕思诚是1325年（元泰定二年）进士，官居中书左丞，可见元代就有此庙。又据庙内所存明代成化年间古碑所载"自唐及宋碑存可考"，可推知唐代就有此庙。清代光绪年间的翰林院庶吉士黄汝香认为平定东浮化山娲皇庙是"汉以后释氏盛行时所增修"。

古人在浮山修建娲皇庙的原因，现存1487年（明成化二十三年）碑上写道："世传鸿蒙之时，洪水为灾，人物几灭。羲娲二圣托迹于此，水灾既去，二圣为开天人物之祖，后人建祠祀之。"

女娲补天的故事，在平定县广为流传，还说女娲奉了天帝之命来到人间，到处找补天的材料。走了许多地方才发现上艾东南有许多泥团可用，于是筑起大灶，架起宝鼎，把泥团炼成红、褐、紫、黄、黑的五色石头补天。天终于补上了，炼石的废渣堆成了两座大山，东面的叫东浮山，西面的叫西浮山。因为这石渣多孔，又很轻，可以浮在水上，人们把它叫做浮石。

伏羲，传说是中国上古时的一个部落首领，曾教人结网，从事渔猎畜牧生产，受到人们的尊敬。因此，伏羲和燧人、神农被后人奉为三皇，称为华夏人祖。平定民间传说，伏羲虽然尊居皇位，但他非常关心黎民疾苦。当他听到浮山地区火山爆发、洪水泛滥，发生了特大自然灾害时，立即赶来，和女娲一起领导百姓救灾。灾情过后，人们缺粮断炊，伏羲教人们打鱼、打山猪、打山羊，人们方得以生存下来。[1]

---

[1] 阳泉风景名胜志编委会：《阳泉风景名胜志》，三晋出版社2006年版，第370—371页。

每年农历四月初八为浮山人祖庙会日，旧时浮山周围古贝、张庄、锁簧及昔阳县李家庄等28村都要过这个传统庙会。每逢会期，和尚诵经，香客进香，乡民筹资请戏班助兴，邀迓鼓队娱神作乐。尚有物资交流，同时集中销售农副产品，汇聚成市，甚是繁荣。

二　浮山人祖庙分庙

庙在平定县东石门口乡小桥铺村，始建于明弘治十八年（1505年），祀奉伏羲、女娲、神农、黄帝四位"先皇"。建庙的原因明甄敬《重修人祖庙碑记》说得很明确："庙之始在州东南浮山之上，历年邈远下详所建，土之人每旱潦必祷之辄应，故环山数十里，无大小崇奉于神，最严且信。于弘治十八年乡民赵鸾、男才文以路险阻，乃卜地村西草建分祠。"①明代嘉靖年间重修后的规模"为殿四楹，庑八楹，门二楹，庙貌益尊"。② 由"为殿四楹"知，此人祖庙是唐代以来官方确定的伏羲、神农、黄帝三皇和女娲同排并祀，均以"人祖"视之。清代乾隆年间重修过一次，重修断断续续，从乾隆九年（1744年）开始一直延续到乾隆二十四年才完工，修葺正殿、钟鼓楼等建筑，彩绘一新。③ 之后沿革情况不详。

三　碑文选录

（明）任聪《东浮化山重修圣寿寺伏羲、娲皇二圣殿记》

平定州东南去五十里，有山曰浮山，一名曰鸡足。南对晋盘，北望"五台"，东跨苍岩之险，西抱冠山之秀，巍然高耸，兀然突出，云烟出没其间，林木深秀可爱。其顶园阜而平阔，其势峭拔而盘旋，盖平定之甲胜也。人登其上，恍如身在霄汉，环睹诸山，群峰皆下焉。

世传鸿蒙之时，洪水为灾，人物几灭，羲娲二圣托迹于此，水灾既去，二圣为开天人物之主，后人建祠祭之。因祠东有隙地，缁衣者流又建大雄氏殿三楹，赐额曰"圣寿"，朝暮以祝圣寿，以祷民福，遂有佛民道场，僧众世香火。

---

① 乾隆《平定州志》卷9《艺文志》。
② 乾隆《平定州志》卷9《艺文志》。
③ 李铭魁主编：《平定碑刻文选》，《平定文史资料第》14辑，内部铅印本2001年版，第209—210页。

自唐及宋，碑存可考。

迨我皇明，以二圣功德载在祀典，命有司春秋严具祀礼。成化纪元十有五祀，住持僧道朗因殿宇倾颓，不足以庇风雨；规模卑隘，不足以耸观瞻，谨矢诚心愿成其事。一时檀越争先归之，贫者投力，巧者投技，富贵者投金粟土木之输，经始于是年之冬，越二年春告成。又于大雄氏殿创山门三间，东构十王殿五间，西建伽蓝殿二间。圣像庄严，金碧辉映，与凡方丈、寝室、斋房、庖，无不撤其旧而新之，一一完整，烨然焕新，方之于前大有径庭矣。

事竟，其徒洪瑞等介郡之耆老任聪谒文为记，刻诸坚珉，昭不忘于悠久矣……

大明成化二十三年岁次丁未十月上旬吉旦立

按：录自孟繁仁《黄土高原的"女娲崇拜"》，《中国文化研究》1999年第2期（夏之卷）。

（明）甄敬《重修人祖庙碑记》

州治之东小桥铺有人祖庙。庙之始在州东南浮山之上，历年邈远，不详所建。土之人每旱潦必祷之，辄应，故环山数十里无大小崇奉于神，最严且信。于弘治十八年乡民赵鸾、男才文以路险阻，乃卜地村西草建分祠。岁久倾圮，其孙赵卿复捐金充拓一新之。为殿四楹，庑八楹，门二楹，庙貌益尊。乃请为记。

余尝征郡乘，祠之神为太昊伏羲氏、女娲氏、炎帝神农氏、黄帝有熊氏。土人云，昔洪荒之世，爰有神人相遇，各据一山，约下磨石合之则为夫妇，是生人类，故云人祖，亦不自知为何神也。山有脐带草，青干赤叶，两山自巅及趾，草一道径尺有咫，披靡下垂，谓磨伏压所致，此其言诞妄俗浅，无足信者。然余尝至其地，历观诸草，信然。岂其地偶异，遂附会其说欤！

郡乘谓即女娲氏炼石补天之处，遗灶尚存，山赭色，石中空，入水不沉，其名"浮山"以此，若火之融结然也。按：平定诸山咸产石炭，其燧人氏钻木取火，火食始兴，则石火之利其起于女娲氏乎？史称女娲氏与太昊氏同母生而神灵，佐太昊始制嫁娶以俪皮为礼，正姓氏、通媒妁以重人伦之本，民始不渎。夫婚媾者，生人之始，风化之原，人之所以异于禽兽者正在于此。所谓人祖者正本此而言，乃遂讹为夫妇，又为谬说以饰之耳。又按：史称神农氏始艺五谷、尝百草，黄帝氏始教民蚕、制衣服。夫上古神圣继天立极，创制利用，皆为天地立心，生民立命。其最者，生民莫重于男女，养身莫切于衣食，然则微四圣人，生民之类灭已久矣！其通祀之为人祖固宜，抑以见父老传称固有所本，而深山穷谷之间，地迥天空，野祠杳蔼，人淳俗仆，遗说荒唐，尚可想象太古之风也。

余既嘉赵子之谊，因为正其讹谬以诏乡之祠神者。其协力助工则先大夫冠山府君，其乡民等列在碑阴。

按：录自乾隆《平定州志》卷9《艺文志》，题名《嘉靖年重修人祖庙碑记》。

甄敬，字子一，明山西平定龙庄村人。明嘉靖三十二年（1553年）进士。曾任大名府尹、巡按陕西监察御史等，官太仆寺少卿。甘肃天水麦积山石窟有甄敬诗碑《登麦积岩三首》《麦积山遇雪》，署名"嘉靖己未三晋龙庄山人甄敬"。

（清）黄步堂《重修东浮化山人祖庙记》

东浮山者，州东南胜境也。别乎西浮，曰东也；产石不沉于水，曰浮也。石中空而色赤，俗传女娲氏补天炼石之遗灶也。天可补乎，人可补天乎？以是为列御寇之寓言也。人祖之庙何以建？义复何所取也，万物本乎天，人祖者，天也。神人合磨石为夫妇之说，前明甄子一先生极诋之。至其引史谓女娲氏佐太昊、制嫁娶以正人伦之本，亦越黄、农为民立命，夫是故并祀之，为人祖，此其说良是。而其旁征远引，以正世俗传称之谬意亦良苦。大抵古人有托而言，后世往往指其地产，偶异者以实之，其言征而其地名矣，此炼石遗灶之所由。曲为附会，而俎豆馨以不朽。其人也，谓之补天补之可也。疏仡循蠆，是不一姓。孔子系易独称伏羲、神农、黄帝，祀女娲氏而遂及此三圣人者，从其类也。谓之人祖，祖之可也。庙立不知何时，亦不详其自始，虽屡经修葺，历岁既久倾圮复多。爰是，其乡之人量力捐资，庀材鸠工，由殿而庑、而门,阙者补之,故者新之,不旋踵间非复向者瓦木之朽腐墙垣之颓败矣。经始于道光元年九月,告竣于乙丑岁八月。乃谋勒之石,而请记于余。

余惟庙所从来,第勿深考,若其乡人之急公好义,协力同心以成此盛举,固不容湮没而不彰也。襄其事者,众也;董其成者,岳君正翟君立本也。

赐进士出身原任江西清江县知县前翰林院庶吉士黄步堂撰

增广生员黄鹏龄书

按:录自《平定碑刻文选》,《平定文史资料第》14辑,2001年内部铅印本,第237—238页。

黄步堂,嘉庆十年(1805年)进士。曾任江西分宜知县、清江知县等职。

(清)黄汝香《重修东浮化山娲皇庙碑记》

东浮化山者,地居山右,壤介州东。西与冠山并峙,南视蒙峰尤崇。仰近天日,俯小岑嵚游觉则虽署弗署,登临则无风亦风。云腾山而有象,石入水而不沉。所谓天钟灵秀,地据形胜者也。考之《通志》,为女娲氏炼石补天处,遗灶存焉。夫既为神圣发迹之区,即为神圣托迹之所。此羲、农、娲皇之庙所由建也。但不知创自何代,又不知何以有大佛、十王、伽蓝、菩萨等殿。意者汉以后释氏盛行,时所增修欤!特是有佛殿,是有住持僧。住持者,所以维持庙宇于勿坠也,而乃听殿宇倾圮而不顾,任庭堂荒芜而不恤,甚至毁瓦画墁纵欲败,度所谓维持者安在哉?原其所由,缘庙中善地之多不下二三顷,香火之资奚啻千万户,而若辈饱食暖衣,逸居无教,故流弊无穷耳。饥馑以来,连年丰稔,居民康乐。癸未岁,都人始议屏住持而修葺之,而众僧亦适以自辞。于是举经理,捐资财,鸠百工,远方倾囊以助,近村踊跃争先,不数年而厥功告竣。斯时也,内而堂室、圣像,外而山门、乐楼,洪纤巨细,金碧辉煌,焕然一新。共费钱七千余缗,善士三千余众。如此盛举,忍使湮没无闻乎?

勒石之日,都人属余为文,余不获辞,询其与工之由,屏僧之故。不禁喟然曰:"此人力耶?抑天心耶?"天以福善祸淫为心,人以好善恶恶为情。今人一举念而众僧辞去，吾意必非其本愿，想亦神之使然之，隐示人以崇儒之意未可知也。但既有是举，可知僧人不复留矣。盖已往者，将来之鉴，而积财又滋事之缘。是山既有芝田二三顷，茅屋八九间，倘若拔顷田以立义学，使四方之贫乏无资者咸得就学于此，此不特为神之赐，亦都人之赐，且使人知慕义，咸能维持庙宇于不敝焉，岂不美哉？其余则或勤整理以防倾颓，或栽树木以壮观瞻，务使有余者归于有益，勿使有余者滋其流弊。斯可谓持久之道耳。然而不敢自是，姑书之，并酌都人，以为何如也。

赐进士出身翰林院庶吉士钦加五品衔原任清河县知县黄汝香撰

岁进士刘耕南题额

庠生翟大亨书丹

总纠首岳家山、郭家山、牛窑沟岳长云施钱十一千文，岳同富施钱二十千文，例授修职郎岁进士候铨儒学训导翟立正施钱八千文，恩赐寿官翟大寅施钱十千文，牛窑沟岳步云施钱十五千文，翟涌施钱二千文。

经理人岳大恒施钱二千文，岳成宝施钱三千文，翟大典施钱五千文，翟大宝施钱三千五百文，岳成富施钱二千文，岳九栋施钱二千文，岳同年施钱二千五百文，郭成文施钱一千文，翟正星、翟淮栋各施钱一千六百文，郭家脑吴云福施钱六千文，郭宝玉施钱一千文。

阴阳翟普照施钱六千文。泥工陈恕、陈海施钱一千五百文。木工张洞施钱二千文。铁工谢绪永施钱一千文。瓦工李大银施钱六百文，王安邦施钱六百文。丹青张建绅施钱一千文，白钟西施钱一千文，刘志来、朱正阳、杜致和、石灰工郭正源施钱一千文。

大清光绪十四年岁次戊子夏四月穀旦立

按：录自马俊杰等编《山西戏曲碑刻辑考》，中华书局2004年版，第495—497页。

黄汝香，平定人。光绪二年（1876年）进士。曾任翰林院庶吉士、清河知县、望都知县等职，与兄黄汝明、父黄士隽并有才名。

第五节　山西省其他地方伏羲祠庙

一　平顺县伏羲庙

雍正《山西通志》卷165《祠庙》说：

> 伏羲庙，在东五马里。

又，康熙《平顺县志》卷3《建置志》说：

> 伏羲庙，在东五马里。

引文中的"东五马里"即今山西省长治市平顺县苗庄镇东五马村，如今这里已没有了伏羲庙的踪影。不过，平顺县石城镇东庄村后的金刚顶还有一座地方志上没有记载的伏羲庙（当地人称其为南顶伏羲庙），其始建时间不详，伏羲女娲合祀，称"二仙庙"。每年农历三月十五日为金刚顶伏羲庙庙会，按当地习俗，要将河北涉县娲皇宫的女娲娘娘请来一起供奉。

金刚顶下东庄村周边十里八村的百姓于十三日在金刚顶伏羲庙前聚合，然后挑选精壮后生数百人，头插柳条，赤膊挽腿，高抬銮驾，锣鼓喧天，由社首带领前往凤凰山娲皇宫迎接女娲回伏羲庙。众人于十三日上午起身，步行百余里，到达娲皇宫已是黄昏时分，在娲皇宫举行过朝拜仪式后，立即迎驾返程，待天明在涉县城里稍事休息，便一路急赶，于十四日下午返回金刚顶，安放女娲归位，接受祭祀。十五日，十里八村的人们云集金刚顶伏羲庙，在庙中举行祭拜仪式，表演扭秧歌、耍拳、踩高跷等节目。随后在东庄村戏台上再演大戏，并抬伏羲女娲神像安放于和戏台相对的歇马殿中，让二位大神和众仙观赏大戏。所以每年三月十五日金刚顶盛会，曾名扬晋冀鲁豫。每年三月的接驾、朝拜、祭祀已成了约定俗成的节目。由于金刚顶盛会仅次于三月十八日的娲皇祭祀大典，人们便将十八日称为朝北顶，将十五日称作朝南顶。这一风俗历经几千年传承不衰。到 20 世纪初期，军阀混战，民生凋敝，朝南顶活动就时断时续了。后来日本侵略中国，占领太行山后，这个习俗终因战乱彻底停止。①

20 世纪 40 年代以后，伏羲庙成了诸多神灵的安身之所，八仙之一的吕洞宾及大家想象出来的女娲之妹三奶奶都在庙内安置，庙一度唤作纯阳宫，一度叫奶奶庙。50 年代以后，附近东庄村在修水池，将围墙和山门的石块挪用，使之加速衰败。现庙内还残存模糊不清的石碑及歇马殿等古建筑，东庄村三月十五的唱戏赶会习俗传承了下来，但庙早已没有了当年的辉煌。

二 昔阳县伏羲庙

雍正《山西通志》卷 166《祠庙》之乐平县目说：

> 人祖庙，在东七里青岩头。

民国《昔阳县志》卷 2《祠庙》说：

> 人祖庙，在县东十里青岩头村，山上松树颇多，禁伐。

庙所在地点一样，而分属两个县，究其原因，民国 3 年（1914 年）乐平县改称昔阳县，所以雍正《山西通志》所记的"青岩头"即今昔阳县境内的乐平镇青岩头村。此地距昔阳县城 3 公里。据新编《昔阳县志》，其第二十六编之第三节现有碑碣目收录"天福人祖庙碑"1 通，② 所在地点标明在青岩头村，知此地人祖庙尚有遗存。

另，新编《昔阳县志》第二十六编之第三节残碑目著录"葱窝人祖庙石碑（7 通）"，③ 知昔阳冶头镇葱窝村还有一处旧方志没有记录的人祖庙。此庙

---

① 赵伟平：《金刚顶和娲皇北顶交相辉映的伏羲南顶》，《今日平顺》2011 年 8 月 23 日。
② 新编《昔阳县志》，中华书局 1999 年版，第 1046 页、第 1050 页。
③ 新编《昔阳县志》，中华书局 1999 年版，第 1046 页、第 1050 页。

现存,在葱窝村东约100米。始建时间不详。坐北朝南,二进院布局,自南向北依次建有山门、正殿(两侧为钟鼓楼)及东西配殿。正殿面阔3间,进深2间,单檐硬山顶。

三 大宁县伏羲庙

《大清一统志》隰州直隶州目说:

> 伏羲庙,在大宁县东门外,金大定三十年建。

雍正《大宁县志》卷2《祠庙》说:

> 伏羲庙,在县西南六十里,俗名人祖山。

光绪《大宁县志》卷2《建置》与"雍正志"同,所记其实就是今吉县人祖山伏羲庙。大宁县是吉县北面的邻县,人祖山在大宁县和吉县之间,因此伏羲庙两地共记。金大定三十年(1190年)是一个重要的时间坐标,对确定人祖山伏羲庙始建年份大有裨益。

四 和顺县人祖庙

庙在和顺东南的松烟镇乔庄村东,碑文载"天开于子,地避于丑,人生于寅,故称寅祖庙矣"。[①] 抗战时期曾做过八路军一二九师七六九团的指挥所,一二九师领导人刘伯承、邓小平也曾在此居住。现有正殿3间,两边有耳房,新建大门3间,院外有青松14株,环境幽雅。

五 长子县中漳伏羲庙

庙在长子县城以东十公里的中漳村。始建于元代,明清历经重修。光绪《长子县志》等旧志不载。现建筑有正殿、东西耳殿、献亭、东西厢房等。一进一院。正殿面阔三间,进深四椽,单檐悬山顶,元代风格鲜明。庙内存明

[①] 范乃文主编:《和顺文史》,中国文史出版社2009年版,第265—266页。由于"人"和"寅"在有些方言中是一个音,人祖庙往往被误写为"寅祖庙"。

崇祯十六年（1643年）《重修伏羲牛王马鸣王碑记》、清同治七年（1868年）《重修伏羲庙碑记》等明清古碑4通。2013年被列为全国重点文物保护单位。

图7　修复后的中漳伏羲庙正殿

六　泽州县伏羲庙

庙在泽州县金村镇浮山上。雍正《泽州府志》卷6《山川》说：

> 浮山，县东南三十五里。插入天汉，高若云浮，形家谓为天马。上有伏羲庙。北谷有娲皇窟，中虚如囊，相传炼石补天处。崔伯易《感山赋序》曰："太行一名皇母，一名女娲，接珏山、磨齿山，有女娲祠，丹水经其下。"

又，其卷6《山川》说：

> 磨齿山，县东二十五里，有娲皇庙，连珏山、浮山，丹水流其下。一名磨儿山。

按：这是"府志"在记山水时带出两个古迹——伏羲庙和娲皇窟。这个娲皇窟现存，就在金村镇安立村北侧磨儿山上，古今同名。半山腰上有约200平方米的平台，石壁上有娲皇窟和三清洞，均系天然石洞。庙址存金代陵川人李俊民撰《重修浮山女娲庙记》等历代碑刻十余通。而伏羲庙明言是在浮山之上，此浮山清代"平定州志""泽州府志"均有记载，可见是纵贯今平顺、陵川、泽州等县的山脉。"府志"介绍浮山，顺便介绍浮山上最著名的古迹伏羲庙，此庙应还是前面我们考述的平顺浮山人祖庙，应是因山越界而记。

第六节 赵城女娲陵庙

一 女娲陵庙沿革及其规模考述

赵城女娲陵，在山西省洪洞县北12公里的赵城镇侯村，距赵城镇2.5公里。① 始建时间不详。女娲陵庙在宋初大修，并确立为国家祭祀先皇之地。北宋乐史《太平寰宇记》卷43晋州之"赵城县"说：

> 女娲墓，在县东南五里，高二丈。按《城冢记》，女娲墓有五，其一在赵简子城东五里。

又，曾巩《隆平集》卷3之《祠祭》说：

> 乾德四年，诏先代帝王各置守陵户……女娲葬赵城……并五户，每岁春秋长吏以羊代牛奉祀。

又，南宋罗泌《路史》卷2《太昊记下》女皇氏罗苹注说：

> 女娲之墓秦汉以来俱系祀典。《九域》《寰宇》，济之任城东南三十九里，又有女娲陵。《成（城）冢记》云女娲墓有五，其一在赵简子城东。今晋之赵城东南五里，高三丈。《九域志》，晋州有帝女娲庙。《寰宇

---

① 赵城是西周穆王时造父的封邑，也是春秋时赵简子的居地，为秦汉古县。1954年洪洞县与赵城县合并为洪赵县，1958年洪赵县与霍汾县合并复称洪洞县，1959年霍汾县分出，而赵城县继续留在洪洞县，且没有了那个"县"字。明清《赵城县志》"娲皇陵"所言"在县东五里"或"在县东八里"等指的是今赵城镇到娲皇陵的距离，和洪洞无涉。

记》，在赵城。故皇朝列祀亦在赵城。

《太平寰宇记》《路史》所引的《城冢记》，系三国魏文帝曹丕时的古籍。《宋史》卷 204《艺文三》："《城冢记》一卷，按序，魏文帝三年。刘裕得此记。"既然《城冢记》言之凿凿女娲墓"在赵简子城东"，那么至迟在三国时今赵城镇侯村就有女娲陵，有陵则必有祭祀，有祭祀则必有祭祀建筑。由此可推断，女娲陵始建于三国之前。

北宋建立后，太祖赵匡胤在建隆二年（961 年）、建隆四年、乾德四年（966 年）多次发布诏令强调祭祀先代帝王陵寝事宜。女娲祭祀地被确定为晋州赵城，即今之赵城镇侯村女娲陵。[①] 依据就是太祖开宝六年（973 年）裴丽泽《大宋新修女娲庙碑铭并序》所言的"乃诏诸道郡县，应境内有先代帝王陵寝之处，俾建祠庙，使四时享祭，庶百姓祈福焉。乃于平阳故都，得女娲之原庙，遂命中使蒇事、有司揆功，选良材，召大匠，以坚易脆，去故就新"。其中"得女娲之原庙"一语很重要，说明女娲陵祠庙建筑在北宋之前很有规模，很有历史。单凭此一语即可断定女娲陵始建绝不晚于北宋。将这一史实和前面"女娲陵建于三国之前"的推断联系起来，可以有这样的结论，三国以来女娲陵代有建筑。

女娲陵国祀地位确立，大规模的建设也随之开始。开宝六年（973 年）工程完工，庙貌焕然一新。

> 郁郁之松，难藏涧底；岩岩之石，尽出它山。上栋下宇如裁，左砌右平而若画。一日爰葺，千室俄成。长廊窈窕以凌风，大厦岐嶒而拂汉。南北百丈，东西九筵。雾罩檐楹，香飞户牖。虬负担以欲动，马承阿而若驰。金碧相辉，丹青互映。即严且肃，不矜而壮。神寝载新，庙貌如

[①] 全国女娲陵不止一处，赵城女娲陵能受到宋廷青睐，和赵城之"赵"字密切相关。赵宋很注重郡望，赵城即赵姓先祖造父的封地。对此，孟繁仁先生另有新解："北宋王朝为什么要重新修建这座女娲陵、庙呢？经笔者考证：宋太祖赵匡胤的籍贯并非《宋史》所云'涿郡人'，而是赵城县西七八十华里的罗云村人。由于祖上几辈贫穷，曾经随父亲逃荒要饭，一度流落到女娲庙内栖身。因为感念女娲圣母庇佑之恩，所以他在建立宋朝后，随即敕命为娲皇圣母重修庙宇、再塑金身。至今，侯村民间还广泛流传着'赵匡胤落难娲皇庙'的生动故事。"见孟繁仁《中霍山下娲皇陵》，《世界》2006年第 5 期。

故。成一时之轮奂，壮万古之威灵。

这段文字出自裴丽泽《大宋新修女娲庙碑铭并序》。题目用"新修"二字耐人寻味，表明女娲陵地位空前上升，建筑规格空前提高，比起以前的局促形同创建，新面貌从我大宋开始。撰碑人和书碑人特意标明"奉敕撰"和"奉敕书"示意祠庙新修的皇家性质。

金人占领北方后，对女娲祭祀也是相当重视。金章宗没有子嗣，明昌六年（1195年）大臣建议"行高禖之祀"，"岁以春分日祀青帝、伏羲氏、女娲氏，凡三位，坛上南向，西上。"① 赵城有传说，章宗遣近臣在女娲陵求子。

顺治《赵城县志》卷8《艺文志》录赵城状元王纲《大金重修娲皇庙碑铭序》，碑文记载金末女娲陵重修情况，大意是说庙毁于兵火，而且毁得相当彻底，最终道士张志一、乔志云主持重修之。有云：

> 及大元朝之取天下也，电扫风驰，云趋雾卷，庸示其威也。平城堞而火屋庐，以致梵宫道宇、帝庙神祠悉为灰烬。兵过之后，一扫荡然。通衢荆棘以丛生，廛市狐狸而营窟。比年以来，天下一统，漏网之民稍得安集，触目颓垣，举步碎甓。是墟也，昔余万人，今存乎十数；昔几千室，今遗于三五，真可谓长叹息也。

可惜顺治《赵城县志》的录文没有落款，不好查证庙毁的确切年份。不过，蒙元攻掠金河东的史实是清楚的。② 金贞祐元年（1213年）至正大七年（1230年），蒙古大举进攻河东，三次攻陷平阳府城，大肆掠杀。由此可判定庙焚毁在正大七年（1230年）之前。道士张志一、乔志云倡导主持的重修万分艰辛，"化疮痍之民，尽疲乏之力，因废倾之旧址而起之，比之向日大厦杰观万分之一也"。百劫过后，加上末世的大背景，即使重修，也只能是在遗址上立一庙，标志这里曾经有过辉煌。无论如何，金朝在即将被蒙古攻灭之际，再立女娲庙，也足以说明女娲在民众心目中的地位。

---

① 《金史》卷29《礼志》。
② 碑文中的"大元"实指蒙古汗国，当时元朝尚未建立，蒙古是金最大的敌人，按理金朝立的碑不应称"大元"，如此敬称可能是"外族"统治下的修志者"心虚"篡改的结果。

忽必烈建立元朝，即诏令有"圣帝明王"遗迹的地方，当地官员都要"以时致祭"，标志着以往的杀掠政策业已转变。此时女娲陵的住持仍然是金末修庙的张志一，王朝更替，而他的复兴庙宇工作从金至元一直在继续，且在元朝建立后加大修建进度。今女娲陵有一元代巨碑——《大元国重修娲皇庙碑》，即张志一重修女娲陵的见证。碑立于元至元十四年（1277年），碑文有些特别，主体部分是张志一对女娲陵重修始末的陈述。据碑文知，张在至元四年（1267年）仙逝，早于立碑时间10年，碑文中张的陈述其实是向朝廷汇报工作情况的遗言。有云：

> 臣以（庚）戌岁承郡人礼召，始来主持。遂以其力芟草莱、掇瓦砾，庀徒蒇事，撤敝创新，以垣以基，以斫以构。逮乙卯岁，庙貌小成。庙旧以娲皇名，至是奉制改名补天宫。迄今又十三年，废者益新，新者益饰，为路寝一，小寝一，主廊过殿属焉；恢纲门二，立极门次焉；余三方有门，左右有廊，合九十楹。脉庙之左复为观，以居徒侣。大殿一，小殿一，堂庑厨库备，又合六十楹。层檐揭角，丹臒一新，缭以周垣，云木森映。岁时香火之祀，四方之民率不远千里而至，咨嗟踊跃，举手加额，以为天下伟观。

文中"迄今又十三年"时当元世祖至元四年（1267年），本年张志一遗命徒弟志敬向朝廷汇报庙宇重修详情。由此可知，张道士的重建基本恢复至宋代规模。《大明一统志》卷20平阳府陵墓说："娲皇陵，在赵城县东八里，松柏郁茂，前有庙，宋开宝中建，元初修。"这里的"元初修"指的就是张志一的重修。

明清两代，朝廷重申赵城女娲陵为御祭女娲的唯一正庙，地位和三皇五帝并列，指定官员多次致祭，在政治生活中影响巨大。如在清朝即将灭亡的光绪三十一年（1905年），因慈禧太后七十大寿，光绪帝还遣官致祭赵城女娲陵，祭文碑现存庙内。

> 维光绪三十一年岁次乙巳，二月甲辰朔，越三十日癸酉，皇帝遣护理山西大同镇总兵官孔庆塘，致祭于女娲氏神位前曰：惟帝王膺图御宇，握

镜临民，德溥海隅，沦洽当时之泽；功垂天壤，辉煌贻世之庥。思英爽以长存，肃烝尝因罔懈。兹以慈禧端佑康颐昭豫庄诚寿恭钦献崇熙皇太后七旬展庆，万寓胪欢，懋举崇仪，特申昭告。荷蕃黎于昊縡，益缅蟠天祭地之隆；仰茂榘于前朝，用纾涓日练时之敬。尚祈来格，歆此维馨。

承祭官：护理山西大同总镇兼统晋北续备军节补协镇都督府孔庆塘。

陪祭官：三品衔、尝戴花翎、准补平定直隶州、调置霍州直隶州徐树景；同知衔、翰林院广吉士、特授赵城县知县雷镇华。

捧香官：乙酉科举人霍州学正申季壮。捧帛官：己卯科举人、乙丑大挑二等、赵城县训导曹和羹。捧爵官：特授赵城县典史张秉文。读祝官：候铨训导、贡生王化溥。执事官（18人之名省略）。①

可见末世的祭祀依旧排场不小。今人刘北锁先生对女娲陵多有研究，成果卓著。他据有关资料统计，明清两代朝廷祭祀娲皇陵有71次之多，其数量超过同期朝廷对三皇的祭祀。

山西地方志如《山西通志》《平阳志》《赵城县志》都列有女娲庙、女娲陵条目，在"祠庙""坛庙"或"陵墓"中予以记述，内容大同小异。兹只录道光《赵城县志》词条。其卷27《坛庙》说：

女娲庙，在县东八里侯村，始建无考。《平阳府志》载"唐天宝六年（747）重修"，则天宝前已有庙也。庙中旧塑女像，衮冕执圭，旁侍嫔御。殿壁绘断鳌、炼石各图。乾隆十七年以太常卿金德英奏，悉撤去之，更设木主。庙后有陵及补天石，宋以后代有祀典。国朝历次遣官致祭，祭文并勒石立庙中。守土官每岁春秋二祀，牲用羊豕簠簋笾豆如制。

其卷29《陵墓》说：

女娲陵，在县东八里侯村。正副各一，皆在庙后，东西相距四十九步，各高二丈，周四十八步。居左者为正陵，其副陵相传为葬衣冠者。

---

① 李裕民：《洪洞女娲庙陵调查报告》，《黄河文化论坛》（第十一辑），山西人民出版社2004年版，第256页。

陵前古柏一百八树，多八九人围，俗言鸟雀不粪，虫蚁不蚀，亦好事者之说也。正陵右有"补天石"。宋乾德四年，诏给守陵五户，长吏春秋奉祀。其后代有祭告。国朝历次遣官致祭。祭文并勒石立庙中。

关于明朝重建的碑文资料，清代《赵城县志》收录明宋拯《明敕建娲皇庙碑》、明窦经《重修娲皇寝庙碑记》两通，前者为正殿遭火之后正统九年（1444年）的重建碑，后者为嘉靖四十三年（1564年）寝宫遭火之后的重建碑。两次遭火都是因为庙会日香火过于旺盛，信众安全意识差而导致。清代重建碑肯定会有，但《赵城县志》不载，今女娲陵遗址上也未发现，这里只好阙如了。

1934年，著名建筑学家梁思成、林徽因夫妇考察山西古建筑，专程考察女娲庙，其考察报告《晋汾古建筑预查纪略》列《赵城县侯村女娲庙》目，有云：

> 由赵城县城上霍山，离城八里，路过侯村。离村三四里，已看见巍然高起的殿宇。女娲庙《志》称唐构，访谒时我们固是抱着很大希望的。庙的平面，地面深广，以正殿娲皇殿为中心，四周为廊屋，南面廊屋中部为二门，二门之外，左右仍为廊屋，南面为墙，正中辟山门，这样将庙分为内外两院。内院正殿居中，外院则有碑亭两座东西对立，印象宏大。这是比较少见的平面布置。
>
> 按庙内宋开宝六年碑："……乃于平阳故都，得女娲原庙重修……南北百丈，东西九筵；雾罩檐楹，香飞户牖……"但《志》称天宝六年重修，也许是开宝六年之误。次古的有元至元十四年重修碑。此外，明清两代重修或祀祭碑碣无数。
>
> 现存的正殿五间，重檐歇山，额曰娲皇殿。柱高瘦而斗栱不甚大。上檐斗栱，重栱双下昂造，每间用间铺作一朵；下檐单下昂，无补间铺作。就上檐斗栱看，柱头铺作的下昂，较补间铺作者稍宽，其上有颇大的梁头伸出，略具"桃尖"之形，下檐亦有梁头，但较小。就这点上来看，这殿的年代，恐不能早过元末明初。现在正脊桁下尚大书崇祯年间重修字样。

柱头间联络的阑额甚细小，上承宽厚的普拍枋。歇山部分的梁架，也似汾阳国宁寺所见，用斗栱在顺梁（或额）上承托采步金梁，因顺梁大小只同阑额，颇呈脆弱之状。这殿的彩画，尤其是内檐的，尚富古风，颇有《营造法式》彩画的意味。殿门上铁铸门钹，门钉、铸工极精俊。

二门内偏东宋石经幢，全部权衡虽不算十分优美，但是各部的浮雕精绝，如图版里下段（为须弥座之上枋）的佛迹图，正中刻城门，甚似敦煌壁画中所绘，左右图"太子"所见。中段覆盘，八面各刻狮象。上段仰莲座，各瓣均有精美花纹，其上刻花蕊。除大相村天保造像外，这经幢当为此行所见石刻中之最上妙品。[1]

由上述记载可见女娲庙的建筑艺术，也可见其布局和规模。即便到民国时，女娲陵庙庙貌仍然保留着其原有的宏伟壮观。1949 年前后，庙被人为拆毁。对此，出生在侯村的刘北锁回忆道：

我丙子年（1936 年）腊月初四出生在赵城县侯村。民国三十二年（1943 年）入"补天寺"上小学，1949 年 7 月去玉峰山读中学前，一直没有离开侯村，1954 年洪一中高一班毕业、去太原参加全省统一高考前，未出洪洞县一步。据我记忆，民国三十六年（1947 年）前，娲皇庙及其附属庙宇、塑像，除少数自然坍塌、庙内戏台因乞丐烧火取暖起火烧毁，其它建筑虽有些陈旧，基本上是完整的。上小学时，我亲自数过，庙内古柏尚有 97 棵。八路军两次攻克赵城时，砍伐一些古柏做了棺材；第二次攻赵城时，还拆了我家门口的木牌楼去烧火做饭。1947—1949 年，虽人为毁了所有泥塑，但补天寺、火星庙、菩萨殿、玉皇庙、五圣殿、公馆（官观）、娲皇庙内的"石经幢"（村民叫石塔儿）、两个宋元砖碑楼、后坟里两个大坟堆、饮龟池、女娲井，侯村东、西、南、北四个村门洞，还是较为完整的，庙里的古柏也不只数棵，娲皇庙的围墙仅仅只有几处缺口。后来得知，补天寺内的大雄宝殿，直到 1984 年才人为拆毁。[2]

---

[1] 梁思成、林徽因：《晋汾古建筑预查纪略》，《梁思成文集》（第 1 卷），中国建筑工业出版社 1986 年版，第 324—325 页。
[2] 刘北锁：《赵城娲皇陵庙并非清末毁》，此文未正式发表。

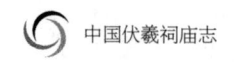

对此，出生在侯村的王丕绪《也说故乡女娲庙》也有回忆：

> 女娲庙建于何时？无从考证，但毁于村解放初期，却是事实，鄙人记忆犹新。当时，赵城解放，要修缮旧街，一无资金，二无材料，人们就打女娲庙的主意，开始拆砖揭瓦。本村老乡看到县里拆庙也趁机抽椽砍树，这一切均无人问津，没有多少日子，一座千年古刹，面目全非，几乎一无所存了。①

女娲祠庙在延续千年之后被轻易拆毁，之后庙内办学，时有破坏，庙区自然就成了遗址。对女娲陵庙的布局，一些籍贯赵城的学者有回忆性质的描述，相较而言，王丕绪《也说故乡女娲庙》的描述质实明了。

> 这座女娲庙有两个特点：一是其规模之宏伟在全国所有女娲庙中是独一无二的；二是全部建筑虽无雕梁画栋之美，却有古朴庄严之雄，一看就是一个远古的建筑。
>
> 这座庙宇，位于村东北隅，座北面南，就地势建造，南低北高，南北长约二华里，东西宽约一华里。从南到北，一条笔直的中轴线，直到女娲宫。一线贯三区，三级递进，层叠有序，排列规格，建筑宏伟，有主有次，相得益彰。
>
> 从入口处开始为第一级。第一级的面积约占地十亩左右。前面是三个形状相同，间隔相等，完全是木结构的拱承牌楼，上复琉璃砖瓦。牌楼之间红墙联结，形成屏障，这就是进庙的入口处。进到里边，东西两侧，各有排列整齐的五孔砖砌空洞。据说这些空洞很早以前是专供庙宇的职使人员用的。中间是一片宽阔场地。
>
> 广场北部正面就是女娲宫，这是整个建筑的主体。女娲宫建在距地面一米多高的地方，其规模，形式颇似北京故宫的金銮殿。殿基全以条石叠砌，全殿为砖木格构。殿内只有两根又粗又高的擎柱，支撑着上面的栋、梁、椽。殿门足有四米多高，三米多宽，殿顶全部瓦封，中间有

---

① 王丕绪：《也说故乡女娲庙》，王丕绪、刘北锁编著：《中华之母女娲》，内部铅印本1999年版。

一片金黄色琉璃瓦以示皇尊。奇特的是外墙，砖砌不露砖。在砖的上面，抹有一层厚厚的泥浆，长年不脱落。在泥浆的表面，全部粉刷红色，这是皇宫的象征。宫内墙上无壁画。在宫的北面正中，有一个长长的祭台，祭台中央，有一米五高的木牌位，上书"女娲皇灵位"几个镀金大字，祭台上摆放着香炉、烛台、钟、磬等物件。女娲宫前面是一个很大的祭坛，足有一亩多，周边全用条石铺砌，中间全用方砖铺砌。祭坛中央，设置了一个很高很大的铸铁香炉，香炉后边是供台，专供摆放祭品之用。

围绕女娲宫，四周是碑廊，碑廊宽约四米，类似我们现代的楼裙、碑廊下，石碑林立，一个挨一个，排列有序，在这许多的碑中，我们看到过有唐、宋、明、清时代的碑文，以明清为多。碑文有皇帝写的祭文，也有名人骚客写的颂词。在广场中轴线的两侧，也有几十株千年古柏。其中以"猴头柏"最引人注目，树圆周有五栏（即五个人抱着手才能抱住这棵树身），距树基部五六尺高的部位，长有一圈瘤状物，形似猴头．故曰猴头柏。再上五六尺．又有一圈瘤状物。上小学时，同学们三三两两，常结伴去骑在猴头上玩耍。

墓区。女娲宫后面有一还宫墙，宫墙的后面，就是女娲的墓区。墓区有东西两个墓丘，东为衣冠冢，西为正陵。墓地呈平面倒"凹"字形。倒置"凹"字的两侧直伸向与二级戏台的平行线上。面积约50亩。两陵中间，有一补天石亭，亭中央有一补天石为1.8米高，石体密布大小不等的空洞，耳朵贴近空洞，就听有嗡嗡之声，小孩们最愿到此玩耍。天长日久，有些空洞已被人们的耳朵擦得光亮。石亭的墙壁上嵌有一方碑刻。碑刻文意说"这块石头，是女娲补天后剩下的一块……"，这显然是要附和女娲补天这个神话。现在看来，这是一块陨石无疑。

墓区古柏成荫，绿茵铺地。据说最早以前，在树间还种有花木，为了浇灌这些花草树木，从侯村东北方向的南家沟流来一股清水，专供浇灌。我们小时，还看到过引水进墓区的渠道、渠口。

倒置"凹"字形的两翼，是一个宽阔的地带，由此向南一直延伸到女娲庙的第一层级。两侧翼均有建筑物，西侧在墓丘的近前方10多米处，有一木结构的牌坊，上复琉璃瓦，下用条石固基。传说牌坊系女娲墓门在地面的标识。沿牌坊直南，是一条宽约两米铺满砾石的人行道，至50米处，有一两层小楼，下层为通道，上层供奉着送子娘娘。送子娘娘为泥塑坐像，两膝攀附着两个娃娃。这座小楼，从建筑风格、建筑用料看，明显可以看出是后人建造的，最早也是清朝年间的建筑……现在分析这个建筑，完全是为迎合人们求子而建造的……女娲坟的东侧，与送子娘娘楼相对于中轴线对称的地方，是一处道观，也是两层楼房式的建筑。楼上是庙的形式，里边供有泥塑像，不知是什么神仙，楼下是窑洞，这叫"窑上楼"。整个建筑全为砖木结构。这座庙楼，曾由道士主持。由这个庙宇向南，大约有二十多亩耕地，是专供道士耕种的。道观前面，有一井，专供道士吃水、灌田。

庙内建筑物，大体就这么多。下再说庙外建筑：

整个女娲庙四周都筑有三米多高的围墙，墙顶全部覆盖着瓦，墙体全涂红色，类似北京故宫的外墙。这再次证明女娲被冠以"皇"，实非虚传。

女娲庙是建筑的主体，与女娲庙配套的还有一些建筑物。我们把它叫做"连体建筑"，因为其它建筑都是从娲皇这个"皇"字上派生出来的，这些派生建筑物，都是要表示"皇"的尊严。

派生建筑。一是整个侯村四周都有城门，城门上都有城楼，甚是威严。城门的选址很会利用地形，城门周边是齐崖断壁，形成了一道天然屏障，除了从城门进出，其它地方均无路可通。北门，因在女娲庙的北部不好再建，于是与东门连体建筑在了一起，这是四门中最雄伟的一个。是守护赵城县城的东方屏障。二是从西门开始直到女娲庙前有一条东西走向不太规则的街道，这是从县城通向女娲庙的唯一的一条大道，因为皇帝派大臣来祭祀女娲必经此路，所以也叫御路。就在这条路上，相隔一百米左右，就有一座很雄伟的牌楼，这种牌楼共两座。在这条路的两侧，都是居民区，面街有一些零星的商店，虽谈不上繁华，但也多少有一点市井的气氛。三是"娘泊"，又名饮龟池。位于村西南方向。这里有一股泉水，紧靠泉水修了这个陂池，陂池全用条石堆砌而成，面积有一亩之大。池水经常保持在一米多深，常年不涸不竭。传说，女娲庙的那个驮碑龟，是女娲的坐骑，经常晚上来此池饮水。还有一说，因为村的西南方向有一火神庙，此池乃女娲镇火保民之用。神话归神话，陵池存在是事实。①

王先生的回忆反映的是明清以来女娲陵庙布局在民国时的遗存，1949年后由于主体建筑被拆，祠庙功能不再，荒凉及残留文物的散失是不可避免的。2004年庙被列为山西省文物保护单位。2011年8月2日，我实地考察此庙，最醒目的景观为一宋一元两通巨碑和3株已枯死的古柏。② 女娲殿系20世纪80年代后复修者，殿前尚有佛殿在建，学校搬迁，而有计划的恢复尚未进行，庙区比较凌乱，让人很难想象这里曾是延续千年的皇家祭祀"圣帝明王"的场所。

二　庙会及相关习俗

农历三月初十日传为女娲生日，为了感念女娲，每年这一天开始都要举办规模盛大连续七天的娘娘庙会。庙会起源失载，但明代重建碑文有信众三月初十焚香化纸烧毁娲皇宫的记载，③ 可知庙会在明代之前肯定就有。庙会的一大功用就是物资交流，宋代商业经济发达，女娲陵庙会应在陵被确定为御祭场所的北宋初年即已形成。

每年庙会期间祭祀、求子（刨娃娃）、集市是必不可少的内容。

民国之时，集体祭拜由村社士绅和庙内僧道组织，具体情形，申怀信《中华之母女娲》有记：

---

① 王丕绪：《也说故乡女娲庙》，王丕绪、刘北锁编著：《中华之母女娲》，内部铅印本1999年版。
② 女娲陵庙古柏共108株，是陵庙不可或缺的景观，古代诗文多次叙及。康熙间赵城知县吕维櫰《娲皇庙古柏记》云："娲皇庙东廊下一柏，高百尺，枝四向，相属约数十步，四五人抱弗全。隙中一树出，高二三丈，径数尺。风动风寂，簌簌声不断也。人有言，物以退藏者为贵。曲木杂卉，淹没山谷，不材终其天年。若兹柏在古皇陵庙申，复古来人所仰庇，而茂枝卓杆，亭亭秀拔。若召伯甘棠，勿剪勿败，寿予千百年之人心，愈显则愈久也。"20世纪四五十年代被砍伐。如今所剩三株周长分别为6.5米、4米、3.92米。庙柏枯死，主要是附近一些工厂超量开采地下水，地下水位极度下降所致。
③ （明）宋拯《明敕建娲皇庙碑》和窦经《重修娲皇寝庙碑记》碑，道光《赵城县志》卷34《艺文》及卷37《杂记下》有载。

祭祀仪式往往从每年农历三月初十日娲皇圣母诞生之辰的前夕（三月初九）深夜开始。参加祭祀的人员，主要有村社领导、绅士、知名人士和具体办事人员，人人都要身着礼服，衣冠整洁，佛僧一律身披袈裟。这些人先集中在佛寺院内，进行程序安排，待一切准备就绪后，主持人宣布祭祀娲皇圣母仪式开始，鸣炮三声，九门九关全部大开，即向娲皇圣母宫殿朝拜进发。走在最前面的是炮手，炮声轰隆，如雷贯耳；紧跟着的是佛僧乐队，奏起幽雅动听的佛乐，僧侣跟随喃喃地诵着佛经；具体承办人员，手端供盘贡品，跟之而行；随后便是村社领导和上层绅士、知名人士，这些人一个个俯首躬腰，以示尊敬，徐徐前进；还有很多虔诚的佛教徒和娲皇子孙跟随，也有看热闹好奇的群众围观。场面真是隆重庄严、热烈有序。行至娲皇宫殿前祭坛，村社领导人把供品贡献到供桌上，而后即开始烧香祭祀，鸣炮，击打钟、磬，佛僧继续奏乐，所有人员进行三跪九叩，起身后再进娲皇圣母宫殿朝拜。这种仪式反复要进行三次，直到三更鼓后祭奠仪式完毕。①

作为女性的代表，女娲本来就是化育万物主生殖的大神，求子就成了庙会最具特色的活动。庙的东北方，有一个很大的土堆，土中带有一种拇指大的小石子儿，黄里带白，当地人叫"料角石"。据说这里是女娲娘娘采运石炼石的场地，为净虚界，后人也叫子女堆。每年庙会日，婚后不生育的女子都要烧上香摆上供品，到这个土堆上刨娃娃。刨的时候口里还念念有词：女娲娘娘显神灵，给你孩儿送个心上人，孩儿要个会打会算的，不要那卖葱倒蒜的；要那精致伶俐的，不要那含水鼻涕的；要那升堂做官的，不要那少吃无穿的；要那能说会道的，不要那吃屎屙尿的……②刨的时间以"一炷香"为限，如果从土堆里刨出长形石头则为男，她就悄悄地揣在怀里，密不告人，直面向南，奔向送子娘娘楼，进香叩头布施，而后由自己男人护送回家。回到家，还不能告人，悄悄地把这块石头压在土坑的一角，据说这样不日即可怀孕生子。如果刨出的石头为圆形，就在墓地附近，找一僻静处，号啕大哭，

---

① 申怀信：《中华之母女娲》，山西人民出版社2003年版，第14页。
② 洪洞县地方志办公室编：《洪洞名胜与传说》，内部铅印本1998年版，第124页。

以哭声告诉女娲娘娘,没有刨上儿子,明年还要来。还有什么都刨不到的,两眼挂泪,立起身拍掉身上的土,慢慢地走了,准备来年三月初十再来刨。连续几年均刨不到,则到陵东名叫"春凳上"的地方去野合。① 据说刨娃娃有有求必应的神效,孟繁仁有文分析"因为人的生理分泌往往受到心理调节的影响和支配,大多数发育正常、身体健康的年轻女子在进行'求娘娘'和'刨娃娃'活动以后,往往会产生出怀孕生子的心理冲动,促进卵子的正常分泌,造成受孕的必然结果。这才是侯村娲皇庙灵验非常,几千年来一直受到广大民众信仰崇拜的真正原因"。②

逛庙会难免要凑热闹,凑热闹最好的地方就是因庙会而集市,申怀信《中华之母女娲》描述庙会集市情况说:

> 在每年农历三月初十日祭祀女娲的同时,举行物资交流大会。有来自内蒙古、晋南、晋中、晋东南、河南、河北等地的各种商品。穿的、吃的、用的,应有尽有。骡马市设在村东南三里处,得名"马埝";席子市,设在村西一里多长的沟里,得名"席子沟";春樟(即木床)木器市场,设在村东二里之处,故名为"春樟"。还有打拳卖艺的、演木偶戏的、耍猴的、卖药的,还有说书、讲道的,更优胜者是民间的"赛神会"舞龙灯、踩高跷、跑汗船、威风锣鼓、打花鼓。真是好戏连台助兴,热闹红火极了!千百年过去了,但是大会遗址仍在,地名仍叫"马埝""席子沟""春樟",通过这些遗址地名,可知当时物资交流大会物资丰富,人山人海的盛况了。③

因庙会交易商品而产生新地名,仅此一端即可见庙会历史的悠久和场面的宏大。

三 碑文选录

娲皇陵庙碑碣众多,大小数百通,有重建碑,有朝廷遣使致祭的祭祀碑,

---

① 辛中南:《华夏始祖女娲与伏羲》,民族出版社2005年版,第44页。
② 孟繁仁:《娲皇故里风情佚史》,《世界》2006年第11期。
③ 申怀信:《中华之母女娲》,山西人民出版社2003年版,第15页。

还有文人官员的诗文碑。庙损毁后存清代以前古碑十余通。2014年，庙区又出土明清祭祀碑十余通。特选录重要的重建碑文四篇，以见陵庙历史之沧桑。前三篇依据李裕民《洪洞女娲陵庙的调查报告》(《黄河文化论坛》第十一辑，山西人民出版社2004年版) 录出，第四篇依据道光《赵城县志》录出。

（宋）裴丽泽《大宋新修女娲庙碑铭并序》

山南西道节度掌书记将仕郎守右补阙上柱国赐绯鱼袋臣裴丽泽奉敕撰
翰林待诏朝议大夫太子洗马同正臣张仁愿奉敕书

臣闻羲帝之先，大朴未散；太古已降，淳风尚扇。玄黄之极虽设，高卑之义孰分。及乎大道丧而庶类生，圣人作而万物睹，指龟文而画卦，以龙图而纪官。乃服衣裳，始有文字。由是君臣之道渐著，仁义之风聿兴。既生蒸民，必有司牧，圣人间出，实惟娲皇。

按《帝王世纪》云："女娲氏，风姓也。当火化之初，以木德而王。象日月以明临照，肇嫁娶以叙人伦。分定九州，自我而始，变化万物，非圣而何？天有阙，于是炼石以补之；地有倾，于是断鳌以立之。故得天无不覆，地无不载，万世之下，仰之如神明。"嘻！得非天之精、地之英，上古之粹灵，曷能若是哉！

今我应天广运圣文神武明道至德仁孝皇帝抚天下也，功业冠乎遂古，睿圣通于神明，祥瑞荐臻，响应交感。八方魑魅，指夏鼎以奸销；万里氛霾，蒙尧日而冰释。甲子岁，三川未格，玄云驰如雨之师；辛未春，五岭不庭，偃草问苞茅之罪。麋逾数稔，连平两邦，括地二百州，拓土数万里。载斗戴日之野，皆入提封；太平太蒙之人，尽为臣妾。莫不踢金门而请吏，驾铁毂以献琛。译有外夷，贡无虚日。皇帝尚或日慎一日，虽休勿休，以为受命上玄，庇民下土。弗矜弗伐，唯将百姓为心；无怠无荒，欲使九功惟叙。尝为侍臣曰："朕以道莅四海，恩临万邦。非先王之德教不敢行，非先王之谟训不敢道。念风雨之咸若，而灾害之不生，感于神明，告于天地，常展奉先之义，伸报本之诚。升中泰坛，昭事上帝，当百神之受职，俾无文而咸秩。因思前代帝王常牧黎庶，居万人之上，为一代之君，盛立宇立功，有到于今受其赐者，岂可千载之下寂廖无闻！景象相传，朊蠡如在。"乃诏诸道郡县，应境内有先代帝王陵寝之处，俾建祠庙，使四时享祭，庶百姓祈福焉。

乃于平阳故都，得女娲之原庙，遂命中使董事，有司揆功，选良材，召大匠，以坚易脆，去故就新。郁郁之松，难藏涧底；岩岩之石，尽出它山。上栋下宇以如裁，左砌右平而若画。一日爰葺，千室俄成。长廊窈窕以凌风，大厦崚嶒而拂汉。南北百丈，东西九筵。雾罩檐楹，香飞户牖。虬负檐以欲动，马承阿而若驰。金碧相辉，丹青互映。即严且肃，不矜而壮。神寝载新，庙貌如故。成一时之轮奂，壮万古之威灵。若非我后事天明，事地察，神道设教，孝治天下，布无为之化，施不测之功，行前王不行之恩，成近代难成之事，化孚区外，泽渗地中。于夫！汉武帝起通天之台，唯求羽化；陈后主造迎春之阁，止事荒游。商榷圣功，何啻九牛一毛之远矣！

微臣不妄，奉诏为文。曾无磊落之才，曷叙杳冥之德，凌兢进牍，谨为铭曰：

二义初剖，四维未张，大朴闷闷，元气煌煌。洎服晖于四大，孰权舆于百王？伏羲以降，实惟娲皇。始造琴瑟，始制笙簧。以调天地，以和阴阳。炼石补天兮神功莫测，断鳌立极兮圣德宁量。我后抚运，妙用无方。事天地以明察，荐鬼神以馨香。言念前代，圣帝明王。曾无庙貌，空载缥缃。俾特新于祠宇，用永荐于烝尝。祠既崇兮肸蠁交感，神有知兮报应昭彰。享躅洁兮千年万岁，福蒸黎兮地久天长。

开宝六年岁次癸酉十一月辛亥朔十六日丙寅建

按：碑通高390厘米，宽130厘米、厚35厘米。碑文行书，25行，满行57字，字径4厘米，共1064字。《全宋文》著录。

裴丽泽，北宋山西永济人。进士及第，有文名。本碑外，今广东南海神庙现存其所撰《大宋新修南海广利王庙碑铭并序》。

（元）高鸣《大元国重修娲皇庙碑》

翰林直学士朝请大夫知制诰臣高鸣奉敕撰
奉议大夫河东山西道提刑按察副使臣胡祗遹书
嘉议大夫侍御使臣王博文题额

中统建元，有诏敕郡国名山大川、五岳、四渎、圣帝明王载在祀典者，所在以时致祭，有司承流，将事惟谨。

越至元四年四月，平阳赵城县道士臣申志宽，奉其先师臣张志一治命，诣长春宫，恳诚明真人臣志敬，奏言："臣志一所居赵城东五里，有娲皇庙。庙北有封崇二、丈许，传记为娲皇冢。虽古无封树之礼，不敢言其是，要出于古今相传，识其庙之所当在尔。庙有碑，自宋以上率剥裂不可考，独开宝六年所制者故在，具述奉敕重修始末。然则，赵城之有娲皇庙其来尚矣。庙废於兵已久。臣以（庚）戌岁承郡人礼召，始来主持。遂以其力芟草莱、掇瓦砾，庀徒蒇事，撤敝创新，以垣以基，以斫以构。逮乙卯岁，庙貌小成。庙旧以娲皇名，至是奉制改名补天宫。迄今又十三年，废者益新，新者益饰，为路寝一，小寝一，主廊过殿属焉；恢纲门二，立极门次焉；余三方有门，左右有廊，合九十楹。腋庙之左复为观，以居徒侣。大殿一，小殿一，堂庑厨库备，又合六十楹。层檐揭角，丹腹一新，缭以周垣，云木森映。岁时香火之祀，四方之民率不远千里而至，咨嗟踊跃，举手加额，以为天下伟观。臣按上古之世，洪蒙肇分，元气始达，阳未足兼覆，阴不克周载。女娲氏兴，乃炼石以补天，断鳌以立极，狡虫死，淫水涸，林林颛民，始侗然得适其性。微女娲氏，虽泯泯昏昏以至于今，可昭昭然有国存家，隆及载天履地之人，无有远迩，其于报本反始之祭，宜与天地相始终。况臣所居名为陵寝之地，庙又可废而不治哉？故不惮劳苦，岁增月葺。余四十岁，赖国家威灵，迄用有成。乃伏观圣天子建元所颁之诏，臣愚区区不觉欢喜顿踏，自幸适与诏意会，诚得大吏书其事于石，以示永久。臣不敢以为荣，庶几上彰朝廷尊礼百神之心，下顺斯民报本反始之意，臣昧死以闻。"制曰："可。"

直学士臣鸣当笔，敢拜手稽首而系之以铭。词曰：

乾端坤倪，固若是邪；辅相财成，仰有自耶。厥初洪蒙，阴阖阳披；元气未周，有冈覆漏。唯大圣人，女娲氏作；监厥疵蠹，以攻以药。以药维何，五色石炼；以攻维何，六鳌断足。两仪既剖，斯民复生；古无圣皇，万世寂廖。唯天地大，皇参其功；报本有典，与天始终。至元道洽，尊礼百神；臣一作庙，实祠我君。我君神圣，命奠八极；武德文功，爰与娲一。乐石煌煌，皇德既扬；昭我王度，共垂无疆。

至元十四年三月十四日敕建

侍御史嘉仪大夫平阳路总管兼府尹兼管诸军奥鲁臣乌提监视立石

按：此碑碑身巨大，通高470厘米。碑文楷书，26行，满行70字，字径4.2厘米，共850字。

高鸣（1209—1274年），字雄飞，元真定人。历官彰德路总管、翰林学士兼太常少卿、御史台侍御史、礼部尚书等。有文集50卷。

（明）张孟兼《碑阴记》

洪武七年冬十有二月辛丑，孟兼以公事道过娲皇冢下，在今赵城县东十里。冢二，东西差池，去不百武，其崇皆逾丈，贰传莫能孰是。旁地顷计者四三，环生多青桧，星罗棋布，干拱枝虬。杂植以小树，大类柘条，尤婆娑，可玩不可名，俗称对节。其林鸟不来巢。冢前为庙，始无从考，惟宋开宝"新庙记"、元"赐补天宫记"二碑分散在地，皆草莽，文微漫。

乡见危公素为孟兼言：元时一夕天大雨，风雷电起冢上，旁屋瓦尽震。居民大恐，中夜起奔走。俄闻空中语嘈嘈，有窃视无见。见冢上神辉亘天，成五彩霞文。既风雨已，神彩散尽，余一炬火，大如车轮，旋转冢间，久乃后销落。危自言殆未尽信，然灵异不可诬。召冢旁二三父老，因问危言，有答如危者。

三年春，诏祭古帝王陵。奏女娲如唐宋故事，以炼石断鳌，事出荒唐，且女主不祭。盖有天地、夫妇彝伦，实肇自皇，其功何可量？孟兼时在春官，以寡昧不能表其祀。载读是碑，嗟惋久之。因俾县令起树断刻，禁其樵采。惟皇风姓，太昊伏羲妹，以木德王。或为在羲皇前，今不可考。故书此石背，记其大略，使后来者尚或有所以稽。

同行奏差者孟彧、知县凌文质、主簿王玄，与者县学训导李希颜、朗岩。金华张孟兼造，华亭朱武书。

按：此文刻于裴丽泽《大宋新修女娲庙碑铭并序》碑碑阴，定名为《娲皇庙记》可能更准确。

张孟兼（1338－1377年），名丁，以字行，明浦江人。历任礼部主事、太常司丞、山西按察佥事、山东副使等职。著有《白石山房稿》。

（明）宋拯《敕建娲皇庙碑》

礼法施于民则祀，以死勤事则祀，以劳定国则祀，能御大菑则祀，能捍大患则祀，所以崇德报功也。五者载诸祀典，矧娲皇氏立功三五之前，敷德羲农之际，补天立极，人伦叙，阴阳和，与天地同覆载，日月同照临，山河同流峙者哉！用是载在祀典，尸祝之，燕尝之，比年三祀。三年遣大行人捧祝帛，诣陵致祭，严且谨，视岳镇海渎有加。

陵寝在赵城东八里侯村，创建于宋开宝癸酉。迄元大德癸卯，坤道失居，栋宇倾覆，至元羽士张志一重修。国初洪武庚申，循故典，遣大臣，祭以太牢。岁春秋二仲，及季春，共三祀。著为典，有司领之。前庙五楹，后宫三楹，厨库门垣毕备。正统壬戌三月初十，当圣诞，祀者勿戒于火，正庙灾，后宫存。

邑令吴桥何公子聪，以名进士作尹，政善人和，合其僚属，将鼎新之，请之朝，报可。乃捐资为倡，庠之师生，邑之裕于资者，从而和之。建正庙五楹，复添两廊、厨库、斋房、三门、钟鼓等楼共百余楹。金碧灿烂，焕然一新。肖其容仪，凡所以揭虔妥灵者，悉倍于旧。经营于癸亥岁四月十八日癸卯，落成于甲子岁闰七月十八日乙未。

工既讫，邑之绅耆谓不镌诸石，无以见美于后。授简于予。嗟閟宫有侐，所以揭虔妥灵，庙毁而复新，倡建赴公者，宜勒贞珉，以垂悠久也。乃刊助施姓名于碑后，复系以歌曰：

霍岳兮苍苍，汾水兮泱泱，閟宫兮言言，水之滋兮山之阳。皇尸兮妥此，血食兮万祀。胡祀者之弗戒，俾烈焰兮一毁。贤侯首倡兮邑人和之，万楹林立兮万瓦参差。皇灵兮来下，霍岳嵯峨兮翠岚舞；汾水萦纡兮去复顾。春兰秋菊，侈报祀兮终古。

正统九年岁次甲子仲秋二十四日敕建

按：录自道光《赵城县志》卷34《艺文二》。

宋拯，明山西洪洞人。明永乐十三年（1415年）进士。曾任江西提学佥事。

四　诗歌选录

（明）徐贲《女娲墓》

空山两高冢，娲皇此中葬。碑碣纷嵬峨，势助殿阁壮。
神哉补天手，功出千古上。至今炼余石，火气夜犹放。
轰雷常被护，烈日时掀荡。阴林惨可畏，怪木高数丈。
百鸟飞绕枝，欲止不敢向。地灵气所钟，祭祷土人仰。
经过谒祠下，幸获拜神像。

按：录自道光《赵城县志》卷35《艺文三》。

徐贲（1335—1380年）元末明初画家、诗人。字幼文，南直隶毗陵（今江苏常州市）人。历任刑部主事、广西参议、河南左布政使等职。著有《北郭集》6卷。

（清）顾炎武《书女娲庙》

吁嗟乎！三代以后天倾西北不复补，但见悲风淅淅吹终古。日月星辰若缀旒，赤黄青白交旁午。北极偏高南极低，四时错迕乖寒暑。城沦洪水海成田，六鳌簸荡中流柱。羲和益稷不任事，画州造历迷尧禹。弩弓不射九日落，苍苍列象生毛羽。仁人志士久郁邑，精卫空费西山土。排天门，荡地户，见天皇，与天姥。五色之石空斑斓，道旁委弃无人取。长人十二来临洮，苻姚刘石相雄豪。天竺之书入中国，三千弟子多其曹。凉州龟兹奏宫庙，汉陇雅乐随波涛。花门吐蕃日侵轶，天子数出长安逃。人似鱼虾随水落，世以东南为大壑。一半乾坤长草莱，山南代北虚城郭。百年旧迹邈难记，遗宫别寝屯狐貉。至今赵城之东八里有冢尚崔嵬，不见娲皇来制作。里人言是古高禖，万世昏姻自此开。华渚虹藏河马去，三皇五帝愁胚胎。奇功异事不可问，汾边山下余芦灰。惟天生民，无主乃乱。必有圣人，以续周汉。如东复如春，日月如更旦。剥复相乘除，包牺肇爻象。不见风陵之堆高突兀，没入河中寻复出，天回地转无多日。

按：录自顾炎武撰《顾亭林诗集汇注》，王蘧常汇注，上海古籍出版社 1983 年版，第 788—789 页。

顾炎武（1613—1682 年）著名思想家、史学家。字宁人，号亭林，南直隶苏州府昆山（今江苏昆山）人。著有《日知录》《天下郡国利病书》《肇域志》《音学五书》《亭林诗文集》等著作 50 余种。

（清）魏象枢《女娲庙三章》

维天清虚，维石顽冥，炼补而后，孰辨厥形？

天可门乎？不得其门，如何可补，仰之可扪。

五色既成，浑圆无漏，西北不完，伊谁之咎？

按：录自道光《赵城县志》卷 35《艺文三》。

魏象枢（1617—1687 年），字环溪，清山西蔚州（今河北省蔚县）人。顺治三年（1646 年）进士。历任刑科给事中、顺天府尹、大理寺卿、户部侍郎、刑部尚书等职。著有《寒松堂集》《寒松堂诗集》等。

（清）杨二亿《谒女娲庙》

霍岳遥看接五云，娲皇祠下叶纷纷。丹青像貌留前古，金碧楼台换夕曛。石色久经风雨蚀，松声如带管弦闻。荒坟拜罢寻残碣，一半模糊碧藓纹。

按：录自道光《赵城县志》卷 35《艺文三》。

杨二亿，清平陆人，乾隆二十二年（1757 年）任赵城县教谕。

（清）杨延冕《女娲庙》

犹留幻迹说纷纷，饮马池边几夕曛。断壁似含风雨气，残碑多带雪霜纹。松根老去都成石，烟篆飞来欲化云。痴绝山村年少女，年年洒洒拜荒坟。

按：录自道光《赵城县志》卷 35《艺文三》。

杨延冕，清人，事迹不详。

第四章 河南省伏羲祠庙

河南省伏羲祠庙数量较多，创建时间早，信众广泛。其中淮阳太昊陵建筑齐整，陵冢如山，占地面积达875亩，是天下名陵。其庙会绵延一个整月，也是国内仅有。另，孟津龙马负图寺历史上佛陀、人祖同寺，上蔡伏羲庙通称白龟庙，清代之前其庙田有2500亩之多，都很有特点。其余如巩义的伏羲台、新密的伏羲女娲祠、沁阳的伏羲女娲殿也是各具特色。究其成因，或与史籍所载淮阳为伏羲建都之地相关，或与伏羲得河图洛书而画卦地的传说相关，或与伏羲女娲繁衍人类传说相关。中原文化，河洛文明，少不了伏羲祠庙及伏羲信仰。

第一节 淮阳太昊陵

淮阳太昊陵，又名太昊伏羲陵、伏羲陵，俗称人祖坟，在河南省淮阳县城北1.5公里蔡河之滨。春秋时，这里应已有陵庙，明清两代多次重修，形成规模宏大的建筑群。陵庙原占地875亩，分外城、内城、紫禁城三道"皇城"。全陵有三殿、两楼、两廊、两坊、一台、一坛、一亭、一祠、一堂、一园、七观、十六门。主体建筑分布分列在全长750米南北的中轴线上，依次为渡善桥、午朝门、东西天门、玉带桥、道仪门、先天门、太极门、三才门、五行门、仰观门、俯察门、钟鼓二楼、东西廊房、两仪门、四象门、统天殿、显仁殿、太始门、八卦坛、太昊伏羲氏之陵、蓍草园等。附属建筑据道光《淮宁县志》记载：东有岳忠武祠、老君堂、元都观、火星台、更衣亭；西有女娲观、玉皇观、三清观、天仙观等。由于年久失修，沧桑巨变，多已不复存在，现仅存岳忠武祠。陵庙殿宇巍峨，陵冢耸峙，规模宏大，气势磅礴，有天下第一陵之称。明清之时，淮阳八景，太昊陵庙独占三景，分别为：羲陵岳峙、蔡池秋月、蓍草春荣。1996年，被列为全国重点文物保护单位。

一　太昊陵庙始建时间蠡测

淮阳地处黄河冲积扇南沿的颍水中游，左扼嵩山，右控商丘，南襟淮蔡，北枕魏梁，是历史上著名的交通枢纽和财赋之区。古称宛丘，为周代陈国的封地。春秋以来，陈地即被视为太昊伏羲建都之地，也是其陵寝之地。但对于太昊陵庙的始建时间，碑文和方志都是不置可否。如明吴国伦《修羲皇陵庙记》说："寝庙深广，三百亩有奇，未详所自置，乃享祀之典，则由上世以来不废。"[1] 又，清乾隆《陈州府志》卷8《圣迹志》说："太昊陵，在府城北三里许，隋以前未知崇奉……"又，清道光《淮宁县志》卷8《祠祭志》说："太昊陵，在城北三里，宋以前未知崇奉……"现在有关陵庙历史的追溯一般表述为"文献记载，春秋时有陵，汉以前有祠"[2]，或"据旧志载，陵庙始于春秋。《家语》载，孔子自魏适陈，陈侯启陵阳之台，那时就有陵了。汉代在陵前建祠"，[3] 似有结论，但有捕风捉影之嫌，所讲的依据都很模糊——如"文献记载"或"据旧志载"。下面我们引几段资料，以将太昊陵庙始建时间落到实处。

《左传·昭公十七年》梓慎语："陈，太皞之虚也。"这里"虚"即"墟"之古字，《说文》："虚，大丘也……从丘，虍声。"张舜徽《说文解字约注》说："舜徽按：丘、虚实即一字，虚乃后起增声体也。故昆仑丘亦名昆仑虚。丘、虚一声之转也。自虚字为空虚意所专，后人又加土旁作墟，以为丘虚字，而原意遂晦。"[4] 可见，"陈，太皞之虚也。"就是"陈，太皞之丘也。"所言

---

[1] 本碑文及以下引用碑文均采自乾隆《陈州府志》等地方志，具体出处见本章"碑文选录"附注。
[2] 齐玉珍主编：《太昊陵庙》，海天出版社2005年版，第3页。
[3] 新编《淮阳县志》，河南人民出版社1991年版，第764页。
[4] 张舜徽：《说文解字约注》，华中师范大学出版社2009年版，第2007页。

第四章 河南省伏羲祠庙

是太皞的"郡望",即宛丘。古迹所谓太昊建都于陈全都是因此而起。《竹书纪年》说:"太昊伏羲氏……元年即位,都宛丘。"东汉王符《潜夫论·五德志》说:"大人迹出雷泽,华胥履之生伏羲。其相日角,世号太皞。都于陈。"西晋皇甫谧《帝王世纪》说:"太昊帝庖牺氏,风姓也。蛇身人手,有圣德,都陈……帝出乎震,未有所因,故位在东主春,象日之明,是称太昊。"可见春秋以降,宛丘即陈地或者说陈城自古是太昊之墟成为共识。今淮阳县城东南4公里大连乡大朱庄村西南角有平粮台古城遗址,面积近百亩,时当龙山文化中期,距今约4500年,1988年被列为全国重点文物保护单位,学术界多认为这里正是太昊之墟宛丘所在。① 正因为春秋以降陈地被公认或认定为太昊之墟,而陈楚之地又好巫好祀,《诗经·陈风·宛丘》之"坎其击鼓,宛丘之下"即是证明,所以很早以前就有祭祀太昊伏羲的祠宇是可以想见的。前引《左传·昭公十七年》记鲁大夫梓慎以彗星在火星旁出没的天象预测将来火灾事发之地,举例"陈,太皞之虚也",说明陈地是太昊的"郡望"所在、生活之地早在春秋时代已是人们的共识,所以将太昊伏羲陵庙的始建时间定在春秋时代是完全可以的——虽然那时的太昊祠很可能和后世的太昊陵大不相同,好巫好祀的陈楚人为百王之先的太昊伏羲在太昊之墟立一祭祀之祠,作为城邑的保护神是合乎逻辑的。

另,曹植有《伏羲赞》《女娲赞》,或认为作于其封国陈国,因受当地伏羲遗迹感染使然,误!《伏羲赞》《女娲赞》为曹植三皇五帝诸赞之二赞,曹由东阿徙封为陈王是在魏明帝太和六年(232年)二月,当年十一月卒。② 而"二赞"通行《曹植集》编在卷1"建安期"。

《水经注》卷22《渠沙水》注说:

> 沙水又东迳长平县故城北,又东南迳陈城北,故陈国也。伏羲、神农并都之。城东北三十许里,犹有羲城实中。舜后妫满,为周陶正,武王赖其器用,妻以元女太姬而封诸陈,以备三恪。太姬好祭祀,故

---

① 《河南省志》第五十七卷《文物志》,河南人民出版社1993年版,第99—100页;邹文生、王剑:《陈楚文化》,辽宁教育出版社1998年版,第293—295页;张志华:《太昊都宛丘城及相关问题的研究》,《河南文化建设论坛》,大众文艺出版社2003年版,第523—525页。
② (三国魏)曹植撰:《曹植集校注》,赵幼文校注,人民文学出版社1984年版,第582—583页。

《诗》所谓"坎其击鼓,宛丘之下"。宛丘在陈城南道东。王隐云:渐欲平,今不知所在矣。楚讨陈,杀夏征舒于栗门,以为夏州。后城之东门内有池,池水东西七十步,南北八十许步,水至清洁而不耗竭,不生鱼草。水中有故台处,《诗》所谓"东门之池"也。城内有汉相王君造《四县邸碑》……今碑之左右,遗塽尚存,基础犹在。时人不复寻其碑证,云孔子庙学,非也。后楚襄王为秦所灭,徙都于此。文颖曰:西楚矣,三楚,斯其一焉。城南郭里,又有一城,名曰淮阳城,子产所置也。汉高祖十一年,以为淮阳国,王莽更名,郡为新平,县曰陈陵。故豫州治。王隐《晋书地道记》云,城北有故沙,名之为死沙。而今水流津通,漕运所由矣。沙水又东而南屈,迳陈城东,谓之百尺沟。又南分为二水,新沟水出焉。①

引这么一大段材料,一是说明陈地有建立太昊祠的文化背景,二是要指出《水经注》载"城东北三十许里,犹有羲城实中"之"羲城"非常重要,说明北魏之时陈郡的东北有一坚城名"羲城"即伏羲城,足见其对伏羲崇奉程度之深。羲城都有了,能没有伏羲祠宇吗?三是要指出"王莽更名,郡为新平,县曰陈陵"之"陈陵"非常重要,如此改县名使之名副其实,无疑就是今淮阳在汉代已有太昊陵的实证。四是要提醒大家,"后城之东门内有池,池水东西七十步,南北八十许步,水至清洁而不耗竭,不生鱼草。水中有故台处,《诗》所谓'东门之池'也"所言很可能就是明清时列入淮阳八景的白龟池。说"不生鱼草"旨在散布神秘气氛,不必当真。

到了唐代,《元和郡县图志》对当时的陈州当今淮阳的伏羲文化有了更明确的记述。其卷8《河南道》陈州说:"陈州,本太昊之墟,周武王封妫满於陈,春秋时楚灭之。"其记陈州宛丘县古迹说:"八卦台及坛,县北一里。古伏羲氏始画八卦于此。"②县北一里正是现在淮阳城北太昊陵庙所在,有画卦台及坛则必有伏羲庙。可判断在唐代之前太昊陵墓规制业已形成。

---

① (北魏)郦道元撰:《水经注校证》,陈桥驿校证,中华书局2007年版,第535页。
② (唐)李吉甫撰:《元和郡县图志》,贺次君点校,中华书局1983年版,第212页。

二 唐宋时期太昊陵庙基本状况管窥

对太昊陵庙唐宋时期的基本状况，乾隆《陈州府志》卷8《圣迹》有这样的记述：

> 太昊陵，在府城北三里许。隋以前未知崇奉，唐太宗贞观四年始禁民刍牧，周世宗显德元年敕官吏禁民樵采耕犁，宋太祖建隆元年始置守陵户。乾德元年，诏三年一飨，仲春之月，牲用太牢，祀官以本州长官，有故则上佐行事官。造祭器。四年，诏立陵庙，置守陵五户，春秋祀以大牢，御书祝版。开宝四年，增守陵户二，定配享仪，以时荐祭，以朱襄、昊英配，牲用羊豕。九年，命修祠庙。真宗咸平元年诏葺陵庙，景德元年诏修陵墓，大中祥符元年诏加崇饰，天禧元年申禁樵采。徽宗政和三年，定新仪，春秋享太昊於陈州，以金提、勾芒配。靖康后祀事不修，庙貌渐毁，至元末荡然无遗。

以上记述今人大量转引，往往以方志独家"秘籍"视之，但极少过问其"身世"，致使误解连连。现在我们逐条落实，看看这些记述的创作素材。

唐太宗贞观四年（630年）九月，"壬午，令自古明王圣帝、贤臣烈士坟墓无得刍牧，春秋致祭。"

——《旧唐书》卷3《太宗本纪下》

宋太祖建隆元年（960年），诏："前代帝王陵寝、忠臣贤士丘垅，或樵采不禁、风雨不芘，宜以郡国置户以守，隳毁者修葺之。"

——《宋史》卷105《礼志八》

乾德初，诏："历代帝王，国有常享，著于甲令，可举而行。自五代乱离，百司废坠，匮神乏祀，阙孰甚焉。按《祠令》，先代帝王，每三年一享，以仲春之月，牲用太牢，祀官以本州长官，有故则上佐行事。官造祭器，送诸陵庙。"又诏："先代帝王，载在祀典，或庙貌犹在，久废牲牢，或陵墓虽存，不禁樵采。其太昊、炎帝、黄帝……各置守陵五户，岁春秋祠以太牢……"

——《宋史》卷105《礼志八》

乾德元年，诏曰："历代帝王，国有常享，著于甲令，可举而行。五代乱离，率多废坠，匮神乏祀，阙礼甚焉。其高辛庙（在宋州谷熟县）、尧庙（在晋州临汾县，以稷契配）、舜庙（在河中府，以皋陶配）、夏禹庙（在陕州夏县，以伯益配）、商汤庙（在河南府偃师县，以伊尹配）、周文王庙（在鄠，今京兆咸阳县，以太公配）、武王庙（在镐，今京兆咸阳县，以周公、召公配）、汉高祖长陵（在京兆咸阳县界，以萧何配），宜令有司，准令每三年一享，岁仲春月行享，牲用太牢，以羊豕代。祀官以本州长吏，有故，遣宾佐行事。仍令造祭器送之陵侧，严禁樵采。"

——《文献通考》卷103《宗庙考十三》

（乾德）四年，诏曰："历代帝王，或功济生民，或道光史载，垂于祀典，厥惟旧章。兵兴以来，日不暇给，有司废职，因循旷坠。或庙貌攸设，牲牷罔荐。或陵寝虽存，樵苏靡禁。仄席兴念，兹用惕然。其太昊（葬宛丘，在陈州）、女娲（葬赵城县东南，在晋州）、炎帝（葬长沙，在潭州）、黄帝（葬桥山，在坊州）……十六帝，各给守陵五户，蠲其他役，长吏春秋奉祀。他处有祠庙者，亦如祭享。"

——《文献通考》卷103《宗庙考十三》

宋太祖开宝四年（971年）三月，"增前代帝王守陵户二"。

——《宋史》卷2《太祖本纪第二》

开宝九年（976年）七月，"丁亥，命修先代帝王及五岳、四渎祠庙"。

——《宋史》卷3《太祖本纪第三》

宋真宗咸平元年（998年）十一月，"甲子，诏葺历代帝王陵庙"。

——《宋史》卷6《真宗本纪第一》

宋真宗景德元年（1004年）十月"壬午，诏修葺历代圣贤陵墓"。

——《宋史》卷7《真宗本纪第二》

宋真宗大中祥符元年（1008年）十一月，"诏天下宫观陵庙，名在地志，功及生民者，并加崇饰"。

——《宋史》卷7《真宗本纪第二》

宋真宗天禧元年（1017年）六月，"因诏州县申前代帝王陵寝樵采之禁"。

——《宋史》卷8《真宗本纪第三》

宋徽宗政和三年，礼仪局上《五礼新仪》，仲春、仲秋享历代帝王：女娲氏于晋州，无配；帝太昊氏于陈州，以金提、勾芒配；帝神农氏于衡州，以祝融配……

——《文献通考》卷103《宗庙考十三》

乾隆《陈州府志》所述除"周世宗显德元年敕官吏禁民樵采耕犁"一语没有着落之外，其余均可一一对应。将原始资料和"陈州志"提炼出来的转述对照，不难发现：其一，这些个严禁樵采、置守陵户、春秋祭祀、修庙葺陵的诏令，是针对普天下的，并非太昊陵专享，受惠者包括三皇五帝、秦皇汉武在内的历代圣帝明王陵庙；其二，从《文献通考》知，乾德元年诏令"宜令有司，准令每三年一享，岁仲春月行享，牲用太牢，以羊豕代。祀官以本州长吏，有故，遣宾佐行事。仍令造祭器送之陵侧，严禁樵采"的历代帝王陵不包括太昊陵庙；其三，这些诏令对太昊陵庙最重要的为乾德四年诏令，钦定太昊陵祭祀的国祭地点就在陈州，其次是政和三年的《五礼新仪》，明确帝太昊氏以金提、勾芒配，一年仲春仲秋两祭；其四，有些诏令如景德元年的"诏修葺历代圣贤陵墓"其实不包括历代帝王陵墓。再就是有些诏令好像带有普遍性，其实修葺指的是那些需要修葺者，并不是每座帝王陵都得修葺。末了，再指出一点，《旧五代史》卷110《太祖本纪一》说："近代帝王陵寝，合禁樵采。唐庄宗、明宗、晋高祖，各置守陵十户，以近陵人户充。"颇疑前引没有着落的"周世宗显德元年敕官吏禁民樵采耕犁"记事正是这条诏令的张冠李戴。还要指出一点，乾隆《陈州府志》记述南宋至元代陵庙的状况言"靖康后祀事不修，庙貌渐毁，至元末荡然无遗"不符合实际。事实上，宋室南迁后，入主中原的金朝，对历代帝王的祭祀重视程度较唐宋有所减弱，但祭祀传统依旧延续，据《金史》卷35《礼志八》，包括三皇在内的历代帝王陵寝三年一大祭，"仲春之月祭伏羲于陈州"。元代全国通祀三皇，并有保护帝陵禁令，《元史》卷105《刑法四》说："诸伏羲、娲皇、尧、舜、禹、汤、后土等庙，军马使臣敢沮坏者，禁之。"陈州作为太昊伏羲、炎帝神农建都之地，伏羲陵寝没有理由被漠视。如果真"元末荡然无遗"那只能是天下大乱、兵荒马乱所致，非祭祀国策造成。

三 明代以来太昊陵陵庙建设沿革

明朝建立后，太祖朱元璋在即位的第四年，发布诏令，废止元代全国各州县建立的三皇庙，太昊陵寝所在的陈州被朝廷指定为全国唯一的伏羲祭祀地，从而确立了明代崇祀伏羲陵庙的主基调。

明正统元年（1436年），陈州知州张志道上奏朝廷整修太昊陵并扩大规模，① 得到许可。于是动员吏民募缘建修，第二年寝殿、戟门、门庑等次第落成，建内城墙，广植名木。张因丁忧离任，知州陈原崇、周庠相继主持其事，最终使整修扩建工程彻底完工。是为明开国以来陵庙的第一次大修。杨珇《太昊陵寝殿记》说：

> 前郡守毗陵张侯志道，意谓陵无殿宇，于尊崇圣典乌称，乃请诸朝。除隘陋，广规模，寝有殿，左右中前有门，神有库，有厨；宰有所，祭有具，斋有堂，缭以周垣，环以苑囿，树以嘉木。未竟，侯以忧去，会侍御金华徐公郁按部，复委挥佥陈公纪董其事。未几，衡阳陈侯原宗、麻城周侯庠继守于斯，谋诸倅，李侯瑶、千户李公敏咸欲成其美。而珇亦与焉。于是佥命义士卢昊、赵旻辈周旋其事，叶心赞理，厥功告成，乃俾炼师道广以主香火。

又，商辂《太昊陵庙重建记》说：

> 正统丙辰，知州毗陵张志道，具以疏请，诏许可。遂率吏民，募缘鸠工，创建祠宇。逾年，殿堂门庑以次落成。像设巍然，笾豆整饬，卫以垣墉，树以名木，其制略备。

明天顺元年至二年（1457—1458年），陈州知州万宣、同知李肃主持重

---

① 据康熙《续修陈州志》卷2《陵墓》、乾隆《陈州府志》卷8《圣迹》，"正统十三年知州张志道奏立寝殿、廊庑、戟门、厨库、宰牲等房……"此记载有误。据康熙《续修陈州志》卷2《职官》之"宦迹"，张志道任陈州知州为"正统丁巳"即正统二年，其后正统间任陈州知州还有周庠等，而"正统"一共十三年。又，据商辂《太昊陵庙重建记》，张志道整修太昊陵是在"正统丙辰"，即正统元年即1436年，比康熙《续修陈州志》卷2《职官》记载的上任时间早一年，碑文为当代人写当代事，文中叙述采用碑文说法。

修太昊陵，增建后殿、御碑亭、钟楼、鼓楼、斋宿房、铸祭器，又作三清观，命道士奚福仁主持，负责香火。郑肃《重修太昊陵记》说：

> 知州万公宣、同知李公矗来莅州事，政通人和，乃相与谋曰："古先帝王陵庙衰敝如是，不图葺之，非所以崇明祀也。"而判官江公宗海、颜公永、吏目李燮闻而是之，议以克合。于是征宿逋，缩浮费，鸠工市材而经营之。朽腐者易而新之，黝暗者涂而莹。于庙之后，撤故碑亭，作堂三间，以宏其规。若庑、若门、若墙之属，皆治其坏而补其未具。先是，有神厨翼于东，太清庙翼西。领祠事则有道士奚福仁。经始于天顺六年冬，明年秋告成。金谓不可无述，以书来俾肃记诸石。

又，商辂《太昊陵庙重建记》说：

> 景泰丙子，同知秦川李矗，增建御碑亭、钟鼓楼，又别建三清观，命羽士主之，司其香火，其制浸广。

按：郑肃《重修太昊陵记》所言引文中的工程经始的"天顺六年"疑"天顺元年"之误，因为商辂《太昊陵庙重建记》所言"景泰丙子"即景泰七年（1456年），为万宣上任的年份——万宣上任时间康熙《续修陈州志》卷2《职官》之"宦迹"有明确记载"景泰丙子来知州事"。记载万宣、李矗重修陵庙始末的郑肃《重修太昊陵记》有言："知州万公宣、同知李公矗来莅州事，政通人和，乃相与谋曰：古先帝王陵庙衰敝如是，不图葺之，非所以崇明祀也。"其来莅州事正好和商辂《太昊陵庙重建记》的"景泰丙子，同知秦川（州）李矗……"合拍。商文没有提到知州万宣，只言同知"秦川李矗"（插一句，其籍贯"秦川"是"秦州"之误，几部《陈州志》之"职官志"都作"秦州"），其实李是万的副手，那么大一个工程没有一把手的支持是无法进行的，没有提到万宣大抵是商文疏忽了。商文旨在记录戴昕重建太昊陵始末，记李矗等修庙功绩是在"忆往昔"，疏忽情有可原。合理的解释是，万和李"景泰丙子"即景泰七年来陈州赴任，志同道合，"三把火"的"第一把火"即是修葺陈州神圣景观太昊陵，动议之后经一年的筹备，于次年天顺元年开工，再次年完工。

明成化四年（1468年），陈州知州戴昕"起敝易坚，庄严帝像，增高钟鼓楼，彩绘殿宇，金碧辉映"。① 商辂《太昊陵庙重建记》说：

> 成化乙酉，临漳令云间戴昕以政绩超异，膺旌擢之，典来知州事。三载，政通人和，乃谋诸僚佐，谓："伏羲氏为三皇之首，而陵庙居群祀之先，况朝廷之崇重若是，前人之建立若是，而可使之日就于圮乎？"众曰："诺！唯命是从。"于是各捐俸为倡。士之尚义者，兢以赀来助。斧斤版筑，以次兴举。工喜吏劝，民用欢趋。未几，百度维新，庙貌改观，过者称叹，瞻者起敬。佥谓："是役也，人不见劳，功倍前规，守之设施过人矣！"

这次整修距上一次整修的天顺元年至二年只有10年，庙宇不会有太大的损坏，所以很大程度上是装饰工程。

明成化七年（1471年），宪宗朱见深下诏大修太昊陵，使之规模规制大为改观，以致宏丽过于孔庙。吴国伦《修羲皇陵庙记》在回顾陵庙的建设史时特意提到：

> 逮纯皇帝即位七年，诏大治寝殿。殿后为平台重屋，贮御碑。其殿前为神御，为露台，以受朝享。又前为辇道，为寝门，为棘门，为应门，各三扃，宏丽泱郁过于孔庙，盖隆之也。

不知何故，陈州的几部地方志在相关部分如康熙《续修陈州志》卷2《陵墓》、乾隆《陈州府志》卷8《圣迹》、道光《淮宁县志》卷8《祠祭志》都未提及，其《艺文志》也未留下这次大修的专门碑文，让人很是疑惑。康熙《续修陈州志》卷首附有一幅《成化志太昊陵图》应即奉旨扩建的"立此存照"。由图看，中轴线上建筑从前往后依次为：灵星门—无梁殿—戟门—寝殿—太昊陵；戟门内侧左右为钟鼓楼，戟门和寝殿之间左右为两厢配殿；陵庙

---

① 乾隆《陈州府志》卷8《圣迹》之陵庙将戴昕建修时间记为"成化六年"，误！因为商辂《太昊陵庙重建记》说得很清楚："成化乙酉，临漳令云间戴昕以政绩超异，膺旌擢之，典来知州事。三载，政通人和，乃谋诸僚佐……""成化乙酉"即成化元年（1465年），再"三载"就是成化四年，不可能是"成化六年"。

后部左为道院，右为厨宰库，自成院落。另，据康熙《续修陈州志》卷2《职官》之"宦迹"，"朱祥，字应和，江南盱眙人。举于乡，成化间以青州司理擢知陈州，详敏于有为，仁慈抚下，修羲陵，葺孔庙……"知这位朱知州也在成化间修葺过太昊陵。据乾隆《陈州府志》卷13《职官》，陈州知州戴昕之下是蒋泰，蒋泰之下就是朱祥，朱很可能就是奉旨扩建的参与者。

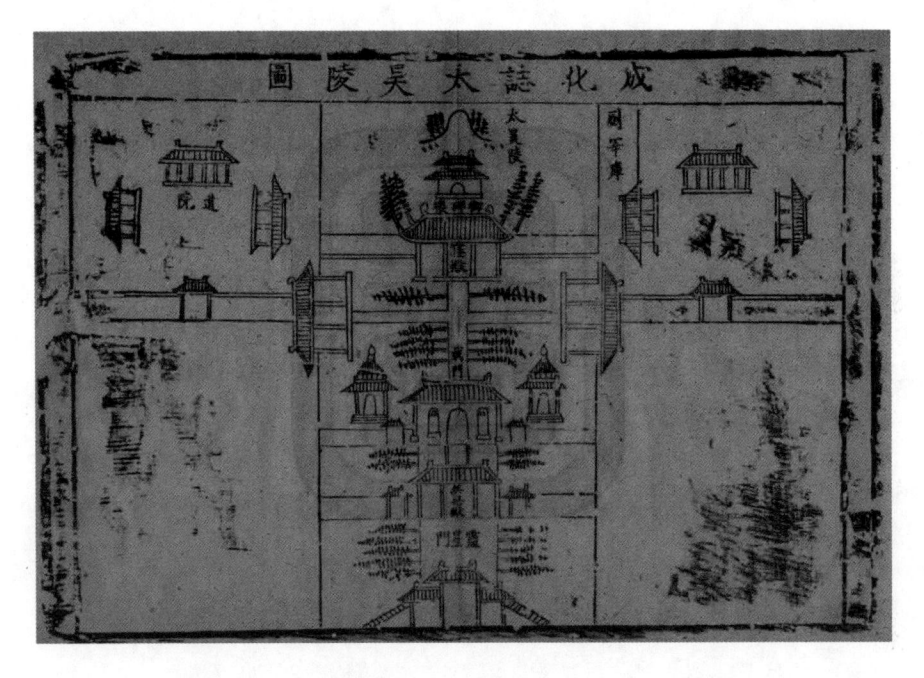

图8　康熙《续修陈州志》卷首所附《成化志太昊陵图》

明嘉靖二十四年（1545年），监察御史吴悌拜谒太昊陵，见多破败迹象"庙貌倾颓，陵冢坦夷，狐狸穴穿其中"，于是联合参政金清、佥事翟镐、睢陈兵备道李维藩等上书巡抚都御使雒昂，得到认可后，责成陈州及所属地方官对庙宇主要是陵冢加以整修，郭春震《太昊陵重修记》说：

（陵庙）岁久有司不加修葺，陵渐平夷，狐穴其中，而庙制亦多颓败。乙巳四月，御史疏山吴公以得代按陈，肃谒毕，慨然叹曰："嗟乎！斯岂所以妥圣灵哉？"乃谋诸巡抚都御史三谷雒公，公乐成。左参政金公，佥事翟公、李公咸协议赞决。饬材度工，其费取诸帑金，民不知劳。于是新而绘垩，而级、而陲、而序备矣。陵寝封以高厚，周遭蔽以垣，示勿敢践也。前后殿若干楹，翼以两廊，咸增饬。有亭三楹，在寝殿后，筑石门，徙置其上，中藏御制碑。庙旁有隙地若干亩，核入其租，以供岁时洒扫。工不逾月告成，通判范汝敬与劳兹役。

又，李维藩《重修太昊陵记》说：

> 于是相地宜，定规制，鸠工授日，度于有司，命通判范汝敬等董其役。凭基畚筑冢，圆而高，象天也；周砌以砖台，方而厚，象地也。冢前远数丈，筑以高台券门，建碑亭于上，圣祖崇重之意，又加隆矣。费用取诸帑金，民不告劳而功是用。

这次重修涉及许多省级或驻陈州的官员，可见修陵之事非同小可。当然真正干实事的还是陈州的地方官如陈州知州王大绍、州判范汝敬等。其重修的重点是陵冢，"陵寝封以高厚，周遭蔽以垣"。

明嘉靖三十九年（1560年）巡抚孙月岩参谒太昊陵，见庙貌有损坏迹象，责成知州武应昭修葺，章世仁《太昊陵记》说：

> 维时知州伍应昭栗然承命。遂集材鸠工，殚心而力图之。经始于庚申之秋九月，报成于辛酉之春二月。圮者以兴，敝者以完，屹然而视，昔殆复然异焉。

"庚申之秋九月"至"辛酉之春二月"用时半年，想必修葺比较彻底。

明万历二年（1574年），都御史道直、御史铁、督学副使贞吉①等联合上疏，请预留输帑银3000两按照宪庙和皇家宗庙的形式整修太昊陵庙。工部讨论的结果，陵庙可以修，但边防要紧，输帑不得截留，资金以自筹为宜。万历三年（1575年），御史尧卿巡视陈州，参谒太昊陵，看到陵庙岌岌可危的景象，和随同的河南布政使司左参政吴国伦、按察佥事汝翼、坤亨等合议，太昊伏羲乃百王之先、人文始祖，崇奉之是国家大事，怎么能因为3000两银子而使国家礼制受损？于是并责成布政使承荫筹集经费，按察佥事坤亨指挥，

---

① 道直、铁等是涉及修葺之事的官员之名，吴国伦《修羲皇陵庙记》只提名，不写姓。

知州洪蒸具体实施。工程经始于当年七月，年底完工，为期半年，拓旧而建新，庙貌空前改观。吴国伦《修羲皇陵庙记》说：

> 乃谋诸都御史臣重奉诏共图之，以经费属布政臣承荫，以营度属臣坤亨，以兴事考工属知州臣丞，而以其尉若幕副之。材石既盈，工吏既肃，拓其旧而一新之。凡因之工三，拓之工七，建两楼神御前，左衡鼓，右悬钟，相望若井干。应门之外，营绰楔三：其一广径门，象太乙；其二横道东西乡，象六阙，御史题其中曰"先天门"，东曰"继天立极"，西曰"开物成务"，森若鼎峙。且树屏其南以辟车骑尔。乃绕以重垣，垣皆朱垩，翼以丙舍，舍皆立圬。别为左右夹道，以通斋祓庖偪之所。而乃前后植柏数千株，蔚然成青林矣。是役也，因财于公羡，因役于刑徒，不薄边实，亦不侵民力，经始于七月，而以十二月告成。

具体规制，乾隆《陈州府志》卷8《圣迹》亦详载之。

> 其规制：南临蔡河之滨，曰棂星门，左坊"继天立极"，右坊"开物成务"，次券门三，匾曰"先天"；又次旧为无梁殿，岁久材朽，亦改砖券门三；阈其内戟门，门内钟鼓楼，楼北正殿五间，雕墙黄瓦，称为帝居；后殿规制颇同前，其后砖甃高台，上建翚阁，下为券门，匾曰"太始"，而阁贮御制碑焉；门内则陵，陵前树碑，大署曰"太昊伏羲氏之陵"，陵下筑方台，台周砌砖垣；垣南亦辟三门，左右莳蓍草，垣内外树松柏。后殿垣外左有真武庙，右有三清殿（副使翟师雍曰：陵寝岂宜杂以庙，今毁。）皆梵修者所居也；真武殿前更衣亭五间，亭左右有厢，前有门；亭西岳忠武祠，今移城内；三清殿前宰牲堂五间，堂左右有厢，前亦有门，此皆在内垣之外也。外垣之内，则梵修者所耕也，陵地凡三顷五十亩，袤四百五步，广二百七步，北至民人徐通地，东至大路张雨地，西至大路汪珣地为界。

经过这次整修，太昊陵庙，河湖环绕，景物佳胜，内外城垣，殿宇巍峨，一举奠定太昊陵天下第一陵的规模。

明天启六年（1626年），睢陈道唐焕、知州林一柱捐资重修陵庙。是为明代太昊陵庙重修的尾声,十余年后进入末世的大明王朝倾覆,陵庙也因战乱残破不堪,成为兵燹遗墟。

清顺治十五至十七年(1658—1660 年),知州王宏仁及继任者王士麟等捐银 25 两,募捐集资 200 两,由吏目陈可久主持修葺太昊陵庙。

清康熙四年(1665 年),巡抚张自德参谒太昊陵,见陵庙依然未能恢复旧观,寝殿损坏严重,便和知州方于光带头倡导,捐资重修陵庙,康熙七年工程完工,使之基本重现明代盛状。张自德《重修太昊陵碑》说:

> 构梓材鋈鸳瓦,煅石为垩,范土而墼之,来百工,既廪称事,易陈而新,施丹艧物色焉。视旧行献张乐地,纵加三之二,横加五之三,闳深爽垲,敌风雨,去鸟鼠,庶于开天神圣兴朝典礼为相称。而苍松之偃盖,崇墉之复隍者,又次第补植缩版焉,可谓聿观厥成矣。

清康熙二十八年(1689 年),知州王清彦捐俸重修陵庙,广植松柏,设祭器。

清康熙三十二年(1693 年),张喆任陈州知州,带头倡捐,得绅士苏应元、举人高维岳协力相助,集资数百金,于康熙三十四年,拆掉旧城土垣,筑以砖垣,高九尺,袤六百余丈。[①] 并在午朝门前东西两侧重建"继天立极""开物成务"两座石牌坊。

清康熙五十一年(1712 年)正月,统天殿遭遇火灾,适逢巡抚鹿祐至陈州巡视,集议公捐重建,委开封府丞吴元锦负责,四个月时间重建如旧。鹿祐《重建太昊伏羲氏陵庙大殿碑》说:

> 康熙壬辰春正月,祝融肆虐,庙之正殿偶灾。祐适抚是邦,敢弗仰体九重尊奉之至意,亟为新其庙貌耶?谨集议公捐重建,委开封府丞吴元锦董其役。于是鸠工庀材,加以涂壁丹艧,不费帑,不劳民。自经始迄落成,仅四阅月。而竹苞松茂之固,翚飞鸟革之华,旧观为之顿复云。

---

① (清)熊一潇:《增修陵庙围墙碑》,齐玉珍主编:《太昊陵庙》,海天出版社 2005 年版,第 109 页。

清乾隆十年（1745年），乾隆帝下旨拨付国库白银8000两，由陈州知府崔应阶监督，淮宁知县冯奕宿承修，大举重修陵庙，完全恢复明代鼎盛时期规模。道光《淮宁县志》卷8《祠祀志》说：

> 国朝崇礼古先帝王，历遣官致祭。乾隆十年奉旨发帑八千两，知府崔应阶监督，知县冯奕宿承修，规模壮丽，内外城垣，焕然丕新。南临蔡河之滨曰"道义门"，左坊曰"继天立极"，右坊曰"开物成务"；次曰"通德门"；三曰"先天门"，门内有太极坊，左右列钟鼓楼，其北正殿五门曰"统天殿"，雕墙黄瓦为帝居；后殿曰"显仁殿"，规制同前；其后砖甃高台，上建翚阁，扁曰"太始门"，阁内贮御制碑，门内为陵，竖碑曰"太昊伏羲氏之陵"。陵前有画卦台，陵后辟蓍草园，周以短垣，方广八十步，当春蓍草季发，不同凡卉。其后殿垣外，左为道院及岳忠武祠，又前为更衣亭三间，右亦为道院，与三清观皆在内垣之外，为梵修者所居，外垣之地则梵修者所耕也。陵地凡三顷五十亩，袤四百五步，广二百七步，北至民人徐通地，东至大路张雨地，西至大路汪珣地。

清道光十五年（1835年），重修统天殿。[①]清道光二十六年（1846年），淮宁知县吴承芳捐俸倡始，主持重浚乾隆初年淤塞的玉带河，"爰捐俸倡始，且走疏以募四方，而七邑绅耆皆踊跃乐输。计开河长百余丈，宽一丈八尺，深八九尺五六尺不等，用夫九百余名。中建石桥，翼以雕栏，环以月池。东西二桥与内外城之四闸，皆石址而砖甃。"[②]

清光绪三十三年（1907年）始，邑绅刘虞廷、严琴堂等组织陵工局集资筹修陵庙，前后筹资6000串，轮流监修。至宣统二年（1910年）终至功成。其间钟楼和东西长廊遭遇火灾，重修备历艰辛。陈星蔚《重修太昊陵记》说：

> 已岁丁未，淮邑诸绅等纠合同志，慨然重修，陆续筹集会款三千零六十四串有奇，鸠工庀材，轮流监视，而工未告成，旋遭回禄，东西长

[①] 1998年整修时发现大脊饰件有"道光十五年"字样，志书漏载。见李乃庆《太昊陵》，中州古籍出版社2005年版，第120页。

[②] （清）吴承芳：《重浚玉带河碑》，齐玉珍主编：《太昊陵庙》，海天出版社2005年版，第113—114页。

廊半周，钟楼一座，尽成灰烬。呜呼！无为人与，何好事之多磨与？时值邑侯叶公小颜在任，见功作过巨，专恃会捐，恐难奏功，乃自行倡首，复向陈属外县各官署商号筹捐二千九百三十串有奇，仍交诸邑绅并人会捐，轮流监修。于是危者持之，颠者扶之，残缺者补之，失次者续之，风雨剥蚀者，扑斫丹腆，腐败狭陋与灰烬盈余者，间架结构以扩充之，整饬之，崇墉峻宇，钩心斗角，轮焉奂焉，光辉毕露，盖保存古迹心宜如是之惨淡经营也。

此次清朝末年的重修，经费完全来自民间，一为香火钱，二为商号捐款，本来是国祭层次的陵庙，国家似乎已无暇顾及了。陵庙整修完工之次年，中国的最后一个王朝覆没，封建帝制结束。

清宣统元年（1909年），庙会期间，伏羲陵遭遇重大火灾，烧毁御祭碑、重建碑三十余通。《东方杂志》有报道说：

讵二月十四日下午一点钟，正殿前因放爆竹，延烧摊棚。其时西风正紧，甬道以东百余字摊棚顷刻化为灰烬。并延烧东面游廊二十六间、钟楼一座，变为瓦砾之场。历代御祭碑及重建碑三十余座，均煅为小石。[①]

建筑烧毁，可以重建，而御祭碑、重建碑烧毁，是历史文献的巨大损失。

民国6年（1917年），淮阳城关人前察哈尔财政厅厅长严汝诚筹资重修东西华门、东西天门、三才门、五行门及外城墙。之后，兵荒马乱，时有破坏。"大兵过境，驻防千军万马，长年累月，致使栋折榱崩，坦颓门毁，荒烟芳草，一片苍凉。"

民国20年（1931年），奉省政府令，淮阳保存羲陵古迹委员会成立，雷秉哲、赵澄波、杨惠卿为正副委员长。委员会依原陵工局按进香会人数抽捐的办法，筹集资金，维修陵庙。陈奎聚《重修太昊陵碑记》说：

民国二十年，省政府成立保存羲陵古迹委员会，公推雷绅秉哲、赵绅澄波、杨绅惠卿为正副委员长，众委员勋助之。仍照陵工局岁修法，

---

① 《伏羲陵庙被灾》，《东方杂志》1909年第6卷第4期，第25页。

按会抽捐，悉心筹画，何者宜修葺，何者宜改作，丹楹垩壁，惨淡经营。迄今数载，庙渐改观，倘积进行，始终不懈，尽可恢复原状也。

民国时期的重修用一句话概括：国家动荡不安，羲陵修缮惨淡经营。

关于1949年后的破坏及维修情况齐玉珍主编《太昊陵庙》之"大事记"及李乃庆《太昊陵》之"整修大事记"有详载，[①] 综合改写如下：

1949年12月，淮阳专署和淮阳军分区联合发出布告，要求对太昊陵坚决保护，严禁破坏，并饬令专署农场具体负责。淮阳专署成立羲陵保管委员会，并制定组织章程。1949年至1950年，西华门以南外城墙179米，以北244米，共长423米被军分区卫生处、专署白楼干校、农场以及当地群众陆续扒毁。军分区卫生处休养所和专署农场分别开垦蓍草园，用于种农作物。1950年春，淮阳公安局北关派出所扒掉午朝门前西边石牌坊，烧制石灰。11月，淮阳专署农场拆除东华门，不久又拆除西华门。12月，又拆除老君观门楼。同年，在太昊陵东观建农场。1951年夏麦收后，淮阳专署农技站扒掉老君观东墙80米，用于建房。1952年7月，淮阳专署农技站再扒掉二道紫禁城（内城）共长384米，盖车库18间；12月，扒掉子孙楼古建三间；扒掉岳飞与老君观界墙，扒东观北墙约7丈。同月，太昊陵西观被淮阳军分区卫生处占用，后为淮阳专署人民医院。1953年12月7日，河南省文化局奉中央文化部《调查淮阳县太昊陵破坏情况》指示，与淮阳县纪检、监委、文教局、文化馆联合组成检查组，检查太昊陵破坏情况。工作至16日结束，写成《淮阳县太昊陵破坏情况调查报告》，详细记录清光绪三十年（1904年）至1952年陵庙的破坏情况。同年，陵区20余名道士被遣散，道教活动终止。1956年8月28日，河南省人民委员会发出关于保护古迹名单的通知，太昊陵列入第一批保护名单。1957年秋，太昊陵人民公园建立。1961年11月，河南省拨专款3200元、淮阳县拨900元维修太昊陵统天殿、显仁殿、转厢楼等古建筑和蓍草园。10月27日至11月28日，河南省拨专款4700元（实支4694元）修葺统天殿、显仁殿、转厢楼等古建筑。

[①] 李乃庆：《太昊陵》，中州古籍出版社2005年版，第121—124页；齐玉珍主编：《太昊陵庙》，海天出版社2005年版，第398—408页。

1966年8月26日下午、8月27日下午，淮阳育红师范学校60余名师生、淮阳中学100余名师生先后对太昊陵以破"四旧"名义，大肆破坏。8月28日，淮阳中学师生又从县武装部要来导火索一根、从该校实验室取灰色炸药2.5公斤，轰炸太昊陵（墓）顶部。当时围观群众达万余人。1967年2月25日，淮阳县文化馆现场调查统计，计破坏：

1. 午朝门。砸毁门前石狮一对，砸毁"午朝门""开天立极"等木匾6块，砸毁八字墙琉璃饰件（龙头等）。

2. 道仪门。砸毁"道仪门"木匾，砸毁玉带桥南、路东清光绪石碑1通。

3. 先天门。扒下"先天门"石匾，砸毁门南路东清石碑1通。

4. 太极门。砸毁"太极门"木匾，砸毁门前清光绪碑3通、民国碑1通。

5. 统天殿。砸毁伏羲像及左右配享的朱襄、昊英塑像，砸毁明间明柱上嵌铁对联一副，砸毁木匾12块，砸毁铁香炉（其中一件高丈余）3个，砸毁铁狮1对，砸毁殿脊二十八宿等脊兽40余件。

6. 钟鼓二楼。砸毁部分脊兽及毁部分门窗。

7. 西廊房。砸毁明清碑9通。

8. 显仁殿。砸毁匾10块，砸毁殿前铁熊一对，砸毁香案1个，砸毁铁碑1通。

9. 转厢楼。砸毁伏羲像1尊，毁坏伏羲像后墙墨龙壁画，拉倒明正德八年石碑1通，拉倒楼南清康熙石碑1通。

10. 陵墓。墓顶炸平，直径约1米，扒掉墓前碑楼，砸毁墓前石羊一对，砸毁八卦坛上铁铸"龙马负图"像，砸毁墓西明嘉靖碑1通。

11. 砸毁秦桧等五人铁铸跪像。

1968年5月16日，由淮阳县革委会主办的"毛泽东同志伟大革命实践活动展览馆"在太昊陵落成。自此，各公社、大队有组织地参观，接待群众上万人。本馆是在拆除东、西廊房，在东廊房的基础上建成（1977年停办）。1970年6月，淮阳县制药厂占用蓍草园建厂。1976年6月至1977年春，淮阳县文化馆砍伐古柏五株。1977年5月，河南省委拨款5万元用以维修统天殿等古建筑。

1979年12月1日，淮阳县革委会下发《关于转发河南省文化局关于太昊陵保护范围的意见》的通知。1980年3月18日，恢复太昊陵物资交流大会。3月20日，淮阳县太昊陵文物保管所成立。4月，发现公园生长有大片蓍草，移栽至蓍草园，并在周围砌保护墙。1981年9月22日，河南省文物局拨款2万元用于恢复陵垣门及紫禁城。同年11月动工，1983年4月竣工。陵垣门于1986年3月因庙会人太多又被拆除。1982年，建碑楼4座，陵东西侧各一，显仁殿前二。12月29日，河南省物价局、文物局发文"淮阳太昊陵门票票价五分"。1984年7月太昊陵派出所成立。9月6日，河南省委书记刘杰视察太昊陵，同意恢复太昊陵伏羲像，并批款20万元（后分三年陆续拨完）。1985年2月，塑像落成。11月26日，整修太昊陵社会赞助活动委员会成立。之后赞助活动在全县范围开展，至1985年底，共收赞助款256.524元，在此期间，河南省拨专款15000元，地方投资30余万元。完成重建项目主要有：维修午朝门、岳飞观、转厢楼等古建；翻修东、西天门；根据保留下来的宋代伏羲铜像，重塑伏羲圣像，并有朱襄、昊英配享；恢复岳飞观内的岳飞像，重铸秦桧、王氏、王俊、张俊、万俟卨五奸佞铁跪像；重建先天八卦坛、午朝门前的渡善桥；改建东、西廊房，并进行油漆、彩绘；扩宽午门前街、玉带路、轿杆路，并整修院内东、西天门路及玉带河；拆除午朝门前违章建筑100多间。1985年，太昊陵文物保管所和公园合并，建淮阳县博物馆，馆址设在太昊陵，馆庙合一。1989年，河南省人民政府公布太昊陵保护范围，东至北关学校以西，西至106国道，南至城湖岸边，北至后孙庄护村沟，面积35.2万平方米（合52亩）。沿保护范围线设"太昊陵界牌"10个。

1990年7月至1991年元月，由国家和省文物部门先后拨款40万元，落架翻修显仁殿。1992年，淮阳县人民政府拨款3万元，油漆、彩绘午朝门和先天门。1992年8月，省、地、县拨款60万元，至1993年1月5日，先后完成显仁殿油漆彩画，太极门、仰观门、俯察门、道仪门的落架翻修，三才门、五行门的重建和内城东墙南段、西墙北段的修复以及太极门以北路面硬化等项目。1994年3月，在显仁殿塑女娲像。1995年10月至1996年4月博物馆自筹资金40万元，整修伏羲陵墓，方座砌以青石，长182米、高0.63

米，圆基筑青石，高 1.53 米，完善上圆下方陵制。并制作楹联匾 100 块。1997 年 6 月 26 日，国务院副总理朱镕基视察太昊陵。9 月，朱镕基签发中共淮阳县委、淮阳县人民政府请求拨款维修太昊陵庙的报告，当年底河南省人民政府拨款 120 万元用于太昊陵庙维修。1998 年 9 月 25 日，大殿维修动工，历时 120 余天，投资 120 万元挑顶大修，增设青石栏杆，殿内增设石雕《伏羲圣迹图》。

2000 年，河南省下拨太昊陵维修款 230 万元。2001 年 10 月 2 日，太昊陵门票提价，平时由每人每次 5 元提高到 15 元。初一、十五、二月会每人次 5 元。2004 年 3 月 20 日，在太昊陵古韵轩召开太昊陵西侧家属院拆迁工作动员会，拆迁 34 户。3 月 25 日至 4 月 12 日，陵区内补栽直径 10 厘米以上的柏树 111 株。8 月至 9 月，恢复陵区西侧外城墙。整修陵区地面拆除原来水泥路面，改用青方石铺设。9 月 20 日，整修统天殿、显仁殿后坡。9 月 26 日，统天殿、显仁殿分别安装伏羲、女娲金像。拆除陵前砖砌八卦坛，安装青石浮雕八卦坛。12 月 1 日，太昊陵门票提价，平时每人次 15 元提高到每人次 30 元，初一、十五、二月会由每人次 5 元提高至 10 元。2005 年 4 月 29 日，拆迁陵区东侧的药厂、药厂家属院、淮中工厂、兽医院家属院、文化系统家属院等。

四　太昊陵庙主要建筑简介

渡善桥　俗称"面桥"，是说朝庙者一过桥就可以和"人祖爷"见面了。1985 年恢复重建，敞肩式拱桥。1997 年又改建为平桥，宽 11 米，长 25 米。2004 年又加以改建，并在东西两侧与东天门、西天门对应处增添两座便桥，均改为汉白玉桥栏。

午朝门　明天顺六年（1462 年），是太昊陵第一道大门。门上悬有"太昊陵""午朝门""开天立极"等匾额。通高 10.35 米，面阔三间计 11.96 米，进深六架椽计 4.7 米，单檐歇山顶。门前左侧有明槐一株，再前原有照壁和"开物成务""继天立极"两石牌坊。午朝门东 23.82 米处为东天门，通高 5.2 米，馒头式。午朝门西 21.99 米处为西天门，样式、体量与东天门相同。

图 9　淮阳太昊陵午朝门

玉带桥　玉带河穿太昊庙院而过，像束在太昊陵腰间的玉带，故名玉带河。河上有三座敞肩式石拱桥，分别与午朝门、东天门、西天门相对应，便是玉带桥。玉带河穿过东、西两侧陵墙并入护城河后流进蔡河。陵墙外侧河岸边各有一口井，俗称"玉带扣"。2004年重建，红石护坡，桥即玉带河两岸增建青石栏杆。

道仪门　形似过厅，距午朝门126.55米，硬山式，通高8米，面阔三间计12.82米，进深计5.3米，六架椽。砖券门三，故俗称"三门"。

先天门　南距道仪门121.42米。面阔五间计7.04米，进深三间计3.4米，通高11.35米，歇山式。整个建筑坐落在城门洞式梯形台基，门额上嵌石匾额一方，阴刻楷书"先天门"三字。

三才门与五行门　分别坐落在太极门前东西两侧，与内城墙对应的玉带路上，东曰三才门，西曰五行门，两门形制相同，均为面阔三间，通高5.6米，硬山卷棚式。建在高台之上。由向东可通原东华门，向西可通原西华门。

太极门　旧称太极坊或戟门，明正统二年（1437年）始建。在先天门北83.5米，为三间三楼柱不出头式木牌楼，通高7.6米。鼓腹柱础，框槛式大门，上悬"太极门"匾额。太极门东西各4.82米为腋门，东曰仰观，西曰俯察，硬山式单间，筒瓦叠脊，板瓦覆顶。东通三才门、东华门，西通五行门、西华门。

钟楼·鼓楼 在太极门内，钟楼重檐歇山式，与西侧鼓楼昭穆对峙，距太极门东墙6.5米，面阔五间计7.21米，进深三间计4.36米，通高11.2米，重檐歇山顶。上层悬明铸铁钟一件。鼓楼样式与钟楼相同，楼下复制大鼓一面。

东西廊房 形制完全相同，东西对称。原为一面坡建筑，无门窗，1985年恢复时为适应展览之用，改为硬山顶。面阔21间计76.73米，进深5.58米，通高7.4米。东西廊房两过厅均为框槛式实板门，东曰两仪门，西曰四象门。

统天殿 俗称大殿，明正统二年（1437年）始建，明清历经重修。南距太极门57.5米，面阔五间计18.7米，进深三间计12.23米，单檐歇山顶，黄色琉璃覆盖。殿前连接直壁式月台，台面墁青砖，周有压条石，面积300多平方米。殿内1985年恢复彩色泥塑伏羲像等3尊。2004年华林集团捐巨资重铸伏羲等像金像3尊。伏羲像高3.6米，左右配享的朱襄、昊英像高2.6米。伏羲头生双角，项饰兽牙、蚌壳，手托八卦盘，肩披树叶，腰缠兽皮，赤脚坦腹。殿内东西北三面墙嵌高1.2米，长36米的青石仿汉画浮雕《伏羲圣迹图》。分别为履巨人迹、伏羲出世、都于宛丘、结网罟、养牺牲、兴庖厨、定姓氏、制嫁娶、画八卦、刻书契、作甲历、兴礼乐、造干戈、诸夷归服，以龙纪官，崩葬于陈。大殿与东西廊房，钟鼓二楼，太极门形成古老的四合院格局。平面布局和空间组合，主次分明，错落有致。

显仁殿 俗称二殿，明景泰七年（1456年）始建，明清历经重修。位于统天殿北，台基之间相距36.62米。面阔七间计18.76米，进深五间计11.67米，通高16.4米，重檐歇山式。殿中2004年华林集团捐巨资铸女娲像等金像3尊。

太始门 明景泰七年（1456年）始建，本在陵前，嘉靖二十四年（1545年）改建于现址。南距显仁殿7米（指距台基），砖拱高台，上筑寝殿。面阔五间计10.45米，进深五间计5.58米，通高16.65米，重檐歇山顶。殿内立有明正德八年"御祭碑"一通，故又称御碑亭。砖拱门洞上方嵌青石匾一方，阴刻楷书"太始门"三字。上款署巡按河南监察御史金豁吴悌题，落款为皇明嘉靖二十四年夏六月吉日金事上党李维藩立。两厢有台阶角门，可绕殿循游，故又称转厢楼。

先天八卦坛　距太始门后墙5.22米，2004年9月将原砖砌改为青石雕砌。须弥座式样等边八角形，边长1.8米，坛高0.6米，坛上正中为太极图，周边为先天八卦图。

太昊伏羲氏之陵　周有紫禁城护卫，上呈圆形，下有方座，象征天圆地方。1995年重修，方座50米×50米，高0.64米，圆墙直径47米，均用方石垒砌，墓前为"太昊伏羲氏之陵"宋碑一通。陵上古檀繁茂，松柏峥嵘，故有"羲陵峙岳"之称，明清以来一直是淮阳八景之一。

蓍草园　在陵后，相传伏羲取蓍草揲卦，后人用以占卜吉凶。每当春初，灵根秀发，生机盎然，郁郁葱葱，有"蓍草春荣"之称，明清以来一直是淮阳八景之一。2001年增设青石栏杆进行保护，周长96米。

附：画卦台

亦名八卦台、八卦坛，传说伏羲在台上观察白龟、揲蓍画卦而得名。在淮阳城北一里许的龙湖中，台高2米有余，台基约十市亩，中间高四周低而呈龟形，环台皆水，西南可通行人。画卦台前有白龟池，约一亩大小，传是"伏羲于蔡水得白龟，凿池养之"的地方，亦称蔡池。"蔡池秋月"明清以来即为淮阳八景之一。乾隆《陈州府志》说："去城一里为画卦台，前则为白龟池。世传伏羲于蔡水获白龟，凿池蓄之。"

画卦台是淮阳历史最悠久的古迹之一，唐《元和郡县图志》即有记载。明清历经重修，鼎盛时建有大殿七间，东西厢房各三间，奉宋代伏羲铜像。门外建有牌坊，上书"则图古墠"。至清末叶，存大殿五间、大门及八角亭一座。民国17年（1928年），画卦台正殿被行政长肖楚才拆除。至1959年，画卦台遗物仅有古松一株（俗称八卦柏），明万历年间石刻两方，一为"先天图"（俗称石算盘），一为巡按御史方大美诗碑。1962年，淮阳县人民政府将画卦台列为县级文物保护单位。"文化大革命"中又遭损害，台上所有文物荡然无存。1984年，台上恢复八卦亭一座，中悬伏羲先天八卦图。之后多次重修，逐渐恢复原貌。

五　官方祭祀与民间庙会

官方祭祀

宋太祖乾德四年（966年）《前代帝王置守陵户、祭享、禁樵采诏》明确"其太昊葬宛丘"，以宛丘即陈州作为正宗的太昊陵寝之地，从而确立了太昊陵的国祭地位，维修、管护、祭祀纳入国家规划。祭祀常态为仲春、仲秋以太牢一年二祭。金代曾一度三年一大祭。元代郡县通祀的三皇庙每年三月三、九月九由医官主持祭祀，伏羲专庙和陵寝每年仲春、仲秋上丙日由官员祭祀。

明洪武四年（1371年），太祖朱元璋诏令太昊陵寝所在的陈州为全国唯一的伏羲祭祀地，派遣使臣带自制祝文专程祭祀，[①]以示重视。祭文如下：

维洪武四年，岁次辛亥，正月二十二日。

[①] 淮阳县志太昊陵庙重修碑文都反复渲染明太祖朱元璋专程驾临陈州，祭拜太昊陵庙。明杨珇《太昊陵寝殿记》说："按陈羲皇所都，故陵寝在焉。历代报祀，载之典籍。我太祖高皇帝，开国初年，驻跸于兹，制文致奠。列圣相承，尊崇益至，敕有司岁时致祭。又每三岁，必遣使赍香币，祀以太牢。猗欤盛哉！"又，明商辂《太昊陵庙重建记》说："太昊伏羲氏陵，在陈州城蔡河之浒。高皇帝车驾幸汴，过陈，亲为文致奠。已而，命有司春秋致祭，著为令典。"又，明章世仁《太昊陵记》说："陈为太昊伏羲氏故墟，而陵在城北蔡河之浒，高皇帝车驾幸陈，亲为文致奠，继乃命有司春秋致祭，著为令典。"又，明郭春震《太昊陵重修记》说："陈州蔡河之浒，故有太昊伏羲氏陵云，史所谓都宛丘即其地也。崩葬于此，历世因之。高皇帝平定天下之明年，车驾幸陈，为文奠谒，遂订定飨祀仪，命有司以春秋时举行，岁为常。"又，明吴国伦《修羲皇陵庙记》说："我高皇帝定天下之四年，诏治太昊陵寝，亲为文遣礼官宰祀之，敕守臣岁祀为令甲。"皇帝驾幸的确惊天动地，但如碑文所言，或记为"开国初年"即洪武元年，或记为"高皇帝平定天下之明年"即洪武二年，或记为"我高皇帝定天下之四年"即洪武四年。对这些明朝人当代人记当代事造成的混乱，须得借助《明太祖实录》判别是非。据"实录"洪武元年条，这一年朱元璋两次巡幸汴梁（大梁），一次在四五月间，一次在八九月间，目的一是完成北伐大业，一是考察以汴梁为北京事宜。对巡幸的起止时间都记得很清楚，如八月丁丑"车驾发南京复幸北京"、八月癸巳"车驾至北京"、九月丁丑"上至自北京"，但不言行进路线，也未提到幸陈州祭奠太昊陵庙。陈州原有驻跸亭，据说是朱皇上幸陈驻跸之地，当地还有朱和太昊陵的传说。对此事，如果我们宁可信其有，那么时间只能是洪武元年，因为据"实录"，洪武元年之后至洪武四年再未见有皇上巡幸北方之事。碑文所言洪武二年、洪武四年御祭太昊陵寝之说不成立。表述如郑肃《重修太昊陵记》"太昊伏羲氏陵，在陈州北，古有庙存焉。我太祖高皇帝定鼎之初，特遣官典祀，列圣继统，礼亦如之。而有司祗率常典，享祀以时"是准确的。

另，太昊陵留存明正德八年（1513年）六月陈州知州杜杰所立朱元璋"御制祝文"碑1通，通高1.25米，宽0.85米，圆首方座，共241个字。祝文即是洪武四年正月二十二日皇帝祭陵专使会同馆副使路景贤祭陵所用祭文，此文几部"陈州志"都有收录。现在要指出的是，据《明太祖实录》卷59十二月条，此祝文乃洪武三年十二月"庚午，遣使致祭历代帝王陵寝"时皇上为祭三皇之陵而制作的祝文，并不是为太昊陵庙专制。文成于年底，次年遣专使祭陵时仍然用此祝文。可以想见当年祭黄帝陵、炎帝陵用的也是此祝文。

> 皇帝御名谨遣会同馆副使臣路景贤敢诏告于伏羲氏之陵：
>
> 朕生后世，为民于草野之间，当前元失驭，天下纷纭，乃乘群雄大乱之秋，集众用武，荷皇天后眷佑，遂平暴乱，以有天下，主宰庶民，今已三年矣。
>
> 君生上古，继天立极，作丞民主，神功圣德，垂裕至今。朕典百神之祀，考君陵墓在此，然相去年岁极远。朕观经典所载，虽切慕于衷，奈禀性之愚，时有今古，民俗亦异，惟仰神君，万世所法。特遣官奠祀于陵，圣灵不昧，尚其纳焉！
>
> 尚飨。

朱元璋自制祝文，遣使致祭，完全确立陈州太昊陵庙在全国同类庙宇中唯我独尊的地位。清代延续明代国祭礼俗，多次遣使致祭太昊陵庙。据淮阳地方志收录祭文统计，终明之世，朝廷又遣专使致祭河南太昊陵5次；而清代十帝均派使臣祭祖谒陵，其中顺治年间1次，康熙年间10次，雍正年间3次，乾隆年间10次，嘉庆年间5次，道光年间5次，咸丰年间2次，同治年间2次，光绪年间2次，宣统年间1次。[①] 举凡国家有大事要事都要到太昊陵致祭，以告慰始祖或祈福始祖。

国祭而外，每年仲春、仲秋由地方官员领衔致祭。康熙《续修陈州志》卷1《建置》说：

> 太昊陵……春秋二仲月本州祭。各官具祭服，礼与文庙同。

又，乾隆《陈州府志》卷9《祀典》说：

> 太昊陵，春秋二仲月本州本县祭。各官具朝服，礼与文庙同。详《圣迹》。

按：本州、本县指陈州及其附郭县淮宁县。至于基本祭祀礼仪，道光《淮宁县志》卷8《祠祀志》"祭太昊陵仪注"有载：

[①] 据淮阳州县志所载明清祭文统计。

祭日，赞引、承祭官至盥洗所盥洗毕，引至行礼处立。典仪、赞、执事官各执其事，赞引、赞就位，承祭官、陪祭官均就位立。

典仪、赞迎神，司香官捧香合跪香炉左，赞引引承祭官就炉前立，赞上香，承祭官上炷香，又三上瓣香毕。赞引、赞复位，承祭官、陪祭官均复位立。赞引、赞跪叩，兴，承祭官、陪祭官行三跪九叩礼，兴。

典仪、赞奠帛，行初献礼。司帛跪献毕，三叩，退。司爵立，献爵於案上正中，退。司祝至祝案前，一跪三叩，捧祝文立。赞引、赞跪，承祭官及陪祭官、司祝俱跪。赞读祝，司祝读毕，捧祝文跪，安案上帛匣内，三叩，退。赞引、赞叩，兴。承祭官行三叩礼，兴。

典仪、赞行亚献礼。司爵立，献爵于案左，退。典仪、赞行终献礼。司爵立，献爵案右。典仪、赞送神，赞引、赞跪叩，兴。承祭官、陪祭官行三跪九叩礼，兴。典仪、赞捧祝帛、馔送燎，司祝、司帛至案前行一跪三叩礼，俸祝帛，司香跪俸香，司爵跪捧馔并兴。依次送至燎所。承祭官转立西旁，俟祝帛、馔过，仍复拜位立。赞引、赞视燎，引承祭官至燎所视燎，毕，赞引、赞礼赞礼毕各退。

另，其对"太昊陵祭品"亦有载：

帛一，尊一；爵三，登太羹一，铏和羹二；簠黍一，稷一；簠稻一，梁一；笾榛一、枣一、栗一、菱一、芡一、槁鱼一、鹿脯一；形盐一，白饼一，红饼一；豆笋菹一、菁菹一、芹菹一、韭一、鹿醢一、兔醢一、鱼醢醢一、脾析一、豚一。大房牛一、豕一、羊一。祝版一，大烛一对，香案一。

如《陈州府志》言，祭太昊陵仪注与文庙同，而文庙的仪注即祭祀礼仪各种地方志都有详载，可依据复原之。祭伏羲和祭孔子礼仪相同，是基于伏羲为"人文始祖"而设定的。

民间庙会

太昊陵庙会，又叫二月会、朝祖会等。每年农历二月二日至三月三日举行，是一项重大的民间传统祭拜活动。延续时间长、参加人数多、涉及范围广，有天下第一庙会之称。

关于淮阳伏羲庙会的渊源，或认为起于古老的高禖祭俗。高禖乃生殖祖神，所以在主生长的春季祭祀。《礼记·月令·仲春之月》说："是月也，玄鸟至。至之日，以太牢祠于高禖。"《后汉书·礼仪上》有言："仲春之月，立高禖祠于城南，祀以特牲。"还有上古有仲春二月男女相会，奔者不禁的习俗，即在春天特定的时间男女私奔野合是不会被干涉的。如《周礼·地官·媒氏》所言："仲春之月，令会男女，于是时也，奔者不禁。若无故而不用令者，罚之。司男女之无夫家者而会之。"联系到伏羲又称春皇，如《拾遗记》言"春皇者，庖牺之别号"，伏羲也被认为是万物生长繁育之主宰，实质也是一位生殖神，是高禖的象征，因此在春季祭祀。《诗经》之《陈风》有诗歌十首，其中八首反映的是男女相悦的内容，同时掺杂着巫舞成分。或认为淮阳伏羲庙会的"担经挑"是巫舞的孑遗。一句话，学术界主流观点认为伏羲庙会由祭祀高禖的"二月会"演变而来。① 诸如此类的说法固然有道理，但男女"奔者不禁"的二月会毕竟是以少男少女为主的小众集会，和全民参与集祭祖和集市贸易为一体的大众庙会明显不同，将当今伏羲庙会的历史渊源一直上推至先秦可能过于乐观了。有庙就有祭祀，但不一定有和当今庙会性质相同的庙会。

我的看法，自北宋乾德四年确立了太昊陵庙的国祭地位，祭祀受到国家空前重视，民间祭祀规模随之扩大，逐渐形成集祭祖和集市贸易为一体的大众庙会。乾隆《陈州府志》卷11《风俗》说：

（正月）十六日，阖郡士民办香诣太昊陵奠献，观者因而为市。

又，道光《淮宁县志》卷6《风土志》说：

正月十六日，合郡士民暨远方来者办香诣太昊陵奠献，观者因而为市。

两条资料说的是一回事——伏羲庙会或者说太昊陵庙会，时间是正月十六日。

---

① 邹文生、王剑：《陈楚文化》，辽宁教育出版社1998年版，第173页；董素芝：《伟哉羲皇》，中华书局2004年版，第155—156页。

是"正月会",而非"二月会"。又,民国5年(1916年)《淮阳县志》卷2《舆地下》说:

> 二月二,是日居民诣太昊陵进香奠牲,三月三始止。

这个祭祀日期正是现在庙会遵循的祭祀日。可见淮阳现在的伏羲庙会日期是逐渐演变而来的,并非原本如此。甘肃天水市秦州区明代伏羲庙的庙会日期正是正月十六日,相互对照,似可判定在明代以来伏羲庙民间庙会的日期本来就是正月十六日。二月二日至三月三日的庙会日,是二月二"龙抬头"节日和三月三元代通祀三皇日期的时间段,为何将两个日期之间打通都变成庙会日,颇疑是因为物资交流的需要。如前所言,淮阳是历史上著名的交通枢纽和财赋之区,周围人口稠密,每年一次大型而持久的物资交流很是需要。对清代庙会习俗,淮宁县令何登棫《太昊陵会竹枝词》有形象描述:

> 陈州西望路迢遥,绿遍春风柳万条。
> 小艇苏堤何处去,烧香今夜听吹箫。
>
> 一肩行李半腰泥,策蹇驱车日渐西。
> 男女百年齐唱佛,皇陵竟作古招堤。
>
> 分衢列肆灿朝霞,六观真人醮事奢。
> 攒得香钱频唤酒,元都不用种桃花。
>
> 云旗高卷拥黄埃,击鼓鸣锣拜玉台。
> 桃李年年春二月,更无人向孔林来。①

春风拂面,庙会正酣,人众纷纷,争相祭祖,商铺繁荣,热闹非凡,一幅太平盛世的民俗图画。何登棫,清江西德化人,乾隆二年至六年(1737—1741年)任淮宁知县。"桃李年年春二月"暗指庙会日期在二月。而乾隆《陈州府志》、道光《淮宁县志》都将庙会日记在正月十六日,疑是因为沿袭顺治

---

① 乾隆《陈州府志》卷28《艺文五》。

《陈州志》和雍正《淮宁县志》所致，旧志往往闭门造车，记载脱离实际是常有的事。庙会日由正月十六日更换成二月二日至三月三日，大抵是乾隆之后的事。原因前面已讲了，物资交流是庙会变更日期的重要原因。再补充一点，康乾盛世，人口大量滋生，士民殷富，客观需要扩大物资交流。

庙会当然是由祭祀而起，但淮阳伏羲庙会的一大特点就是明清以来的庙会"观者因而为市"，人数众多，商业气氛浓郁；延至民国时期，依然如此。据民国23年（1934年）河南省立杞县教育实验区和淮阳师范学校联合调查并编著的《陈州太昊陵庙会概况》一书载：

> 庙会期间来自山东曹州属、安徽正阳关一带、河南南阳及郑州以西各县民众，至期都来朝祖。老少男女，扶老携幼，成群结队而来。一般都组成"朝祖会"或"进香会"。会内由会友推举会首一人，为全会的总负责人；会首之下另设司账二人，专管出纳账目事项；再设执事3至5人，司一切杂务。会友30至50人不等。会内经济来源，每年在小麦收获的时候，每人摊小麦一斗，没有麦的可折价交钱，把这收得的麦子，全数粜出去，将这所得的钱款放贷出去，到次年庙会时，本利收回，作为赶会盘费；每年如此循环不已。这些烧香会来赶庙会的时候，至少每一个会也要带几面铜锣，一进午朝门便镗镗地敲了起来；有的还带吹鼓手，随行随吹。每磕一次头，都要郑重其事地做。在磕头时，除烧疏烧香，并炮、鞭声震天价响外，还跪着唱一种祝歌，抑扬顿挫，犹如唱曲。词为：南无。开天辟地，三皇伏羲，手托八卦，身披芦衣。进了午门，狮子把门，八砖砌地，柏树两林。南无。天皇，地皇，人皇，伏羲。……朝祖盛期，方圆十多里住满了香客，井水取竭。陵区辟8条商业街，经营饭馆、酒馆、风味小吃者205家，食品干果店197家，杂货店179家，竹木柳编162家，纸扎、香纸125家，家庭用品71家，金属器皿67家，服饰46家，京货布匹41家，文具、皮货、药品、陶器等数十家；泥泥狗、布老虎等工艺品一街两行比比皆是，出售者多达222家。民间各种文艺组织纷纷来大会演出。计有高跷会5班，表演者近百人；盘叉会1班，34人；狮子会4班，每班"狮子"两头；旱船会3班，每班旱船2至3只；龙灯会1班，30余人；肘歌8架，每架2人。营业性文艺活动有梆子戏3

台，141人；马戏团两个，161人；动物团3个，有虎、豹、大蟒、狗熊等动物；道情2班，说书场10处，洋片12处，电影1处等。大会期间，每日约有太平车80辆至100辆，手推车60辆，湖运乘船97只，每船日往返8次，运送乘客3000多人次。会期每日约在10万人以上。①

关于朝祖会，民国时一些记述淮阳风俗民情的书籍也有记载，和"概况"大同小异。言朝祖会一般由"有事"（或家有久病之人，或缺少子嗣）的人组织，召集会员若干，商定朝会办法，庙会日集体前往朝会。"赴会时，会首另备旗帜，上书'朝祖进香'四字，令会员各执一面，并备锣鼓乐器，以凑热闹。此外男性会员，每人须备一香袋（由黄色布做成袋形，内充以香），佩于背上；女则仅制小香袋一个，束于纽扣之上。俟到太昊陵时，将所佩各袋之香悉行焚烧，以供人祖神灵之享受，斯即所谓朝祖进香之意也。"② 朝祖结束，会即解散，来年如法组织。三年一个周期，三年期满，会首换人。

1949年以后，政府逐渐将朝祖进香会引导成为物资交流大会。1951年淮阳专署借太昊陵庙会举办物资交流大会，抽调地直有关单位200余人组成物资交流大会办公室进行指挥。1953年后，太昊陵古庙会由淮阳县政府组织，大会活动基本沿袭旧俗。1958年，禁止"迷信活动"，朝祖进香者锐减，庙会活动萧条。1962年后，国民经济调整，各项政策放宽，太昊陵古庙会一度恢复，但远不及以往之盛况。1966年"文化大革命"开始，在"破四旧"的浪潮中，太昊陵古庙会被禁止。1980年，太昊陵古庙会恢复，规模越来越大。进入20世纪90年代后庙会期间每日朝会的民众都在22万人以上，2008年农历二月十五日，前往陵庙祭拜敬香的游客、信众创纪录地达到825601人。时代在变，而庙会的基本内容不变，敬祖、祈福、求子、交易、逛会。朝会者远自安徽、山东、河北、湖南等省，不少善男信女还结社组成"朝祖进香会"，他们高举黄绫青龙旗，手捧香、裱、楼子，肩挑花篮，唢呐声声，香烟缭绕，十分壮观。香客们称伏羲为"人祖爷"，称女娲为"人祖奶奶"，虔诚地向伏羲、女娲跪拜，焚香祭祖。其最有特色的祭俗为跳带有巫舞性质的

---

① 董素芝：《伟哉羲皇》，中华书局2004年版，第159—160页；郑合成主编：《陈州太昊陵庙会概况》，铅印本1934年版。本文所引不是原文，是董素芝综合转述者。
② 蔡衡溪：《淮阳乡村风土纪》，民国23年铅印本，第13—14页。

"担经挑"、买卖带有图腾性质的灵狗"泥泥狗",带有生殖崇拜性质的"摸子孙窑"等。

图10 淮阳太昊陵庙会进香场面

六 碑文选录

太昊陵历史悠久,碑刻众多。据统计,2005年有碑刻285通。最早为宋代,以清代数量居多,也有近年来维修庙宇的新立碑。以内容论,进香碑数量最多,有195通,其次为祭文碑和重建碑,新立碑则以捐款碑居多。其中历代的重建碑是陵庙史的原始记录"石书",价值最高,特选录10通,以备考史之用。

(明)郑肃《重修太昊陵记》

太昊伏羲氏陵,在陈州北,古有庙存焉。我太祖高皇帝定鼎之初,特遣官典祀,列圣继统,礼亦如之。而有司祗率常典,享祀以时。历岁滋久,殿宇弛圮,莫能兴之者。

知州万公宣、同知李公矗来莅州事,政通人和,乃相与谋曰:"古先帝王陵庙衰敝如是,不图葺之,非所以崇明祀也。"而判官江公宗海、颜公永、吏目李綮闻而之,议以克合。于是征宿逋,缩浮费,鸠工市材而经营之。朽腐者易而新之，黝暗者涂而莹之。于庙之后，撤故碑亭，作堂三间，以宏其规。若庑、若门、若墙之属，皆治其坏而补其未具。先是，有神厨翼于东，太清庙翼西。领祠事则有道士奚福仁。经始于天顺六年冬，明年秋告成。金谓不可无述，以书来俾肃记诸石。

谨按：伏羲风姓，生于成纪，以木德王而都于陈；开物成务，制器致用，为五帝首，载诸经典可考也。论其功德所建，若天覆地载，孰得名言之哉！自没迄今，天地间海桑陵谷，变故非一，而宛丘之陵岿然独存，则可见先圣之流风遗泽，煊赫宇宙，千古犹一日也。今是州长贰又能只承圣天子之德意，聿新陵庙，丹碧焕然，照耀于林野之间，使过者竦然加敬，宛若圣陵在上，徘徊瞻眺不能去。非知为政之缓急者，能如是乎！

夫圣德之盛，虽不可名言，乃若贤侯敬其秩祀，道宣灵休，则不宜无以告来者，庸是不辞而为之记。

按：录自康熙《续修陈州志》卷4《艺文》，乾隆《陈州府志》卷25《艺文》亦著录。

郑肃，生平事迹不详。

（明）商辂《太昊陵庙重建记》

太昊伏羲氏陵，在陈州城蔡河之浒。高皇帝车驾幸汴，过陈，亲为文致奠。已而，命有司春秋致祭，著为令典。列圣相承，尊崇益至。然庙貌未立，议者以为有司阙典。

正统丙辰，知州毗陵张志道，具以疏请，诏许可。遂率吏民，募缘鸠工，创建祠宇。逾年，殿堂门庑以次落成。像设巍然，笾豆整饬，卫以垣墉，树以名木，其制略备。景泰丙子，同知秦川李肃，增建御碑亭、钟鼓楼，又别建三清观，命羽士主之，司其香火，其制浸广。然陈地卑湿，岁月滋久，栋宇颓圮，钟鼓朽败，器物残缺。嗣而葺之，实有赖于良有司焉。

成化乙酉，临漳令云间戴昕以政绩超异，膺旌擢之，典来知州事。三载，政通人和，乃谋诸僚佐，谓："伏羲氏为三皇之首，而陵庙居群祀之先，况朝廷之崇重若是，前人之建立若是，而可使之日就于圮乎？"众曰："诺！惟命是从。"于是各捐俸为倡。士之尚义者，兢以赀来助。斧斤版筑，以次兴举。

工喜吏劝，民用欢趋。未几，百度维新，庙貌改观，过者称叹，瞻者起敬。佥谓："是役也，人不见劳，功倍前规，守之设施过人矣！"州民赵旻状其事，来求为记。

谨按：伏羲都陈，以木德王，则河图出而八卦画，造书契而文籍生，制嫁娶之礼，教佃渔之利，九州由是而别，区域由是而定，所谓功揆天地，道合乾坤，不言而化，无为而成，浩浩乎无得而名焉者也。且先王之制祭祀也，法施于民，则祀之，矧继天立极、开物成务之圣人乎？矧陈为太昊之墟，陵寝之所在乎？是宜贤有司汲汲于庙貌之崇，祀事之严，以祗承朝命而图报本始也。

或言戴君先在临漳，尝毁仓龙神庙矣，而于此乃崇敬之若是，何也？盖彼淫祀也，弗毁无以正人心；此正祀也，弗崇无以合人心。要知事神治民，其道无他，在合乎义而已。若戴君者，其知所重哉。嗟呼！圣神之灵与造化相为始终，则陵之传与宇宙相为悠久，后之为州者，其尚留意于斯。是为记。

按：录自康熙《续修陈州志》卷4《艺文》，乾隆《陈州府志》卷25《艺文》亦著录。

商辂（1414—1486年），字弘载，号素庵，明浙江淳安人。正统十年（1445年）进士。历任翰林学士、兵部左侍郎、兵部尚书、户部尚书、吏部尚书、谨身殿大学士等职。著有《商文毅疏稿略》《商文毅公集》等。

（明）李维藩《重修太昊陵记》

嘉靖乙巳岁夏五月，御史疏山吴公奉天子命代狩河南省，至陈，谒太昊伏羲氏陵于蔡河之浒，见庙貌倾颓，陵冢坦夷，狐狸穴穿其中，慨然叹曰："大圣人之陵寝，顾如斯乎！河南，古中州地，多古先帝王贤哲遗冢，每见屹然崴嶐，苍阴满覆，令人起敬。而太昊陵顾如此荒废，岂其功德之神人莫知所自，而尊崇之衷或未之启邪？抑数千年也，圣人继出，鸿蒙大开，制作炳炳，而无文之化，且入于微邪？是皆未之思也。庖牺氏之王天下也，史记其制书契，设网罟，定婚配，纪世之法制，略而未备，而八卦之图书精微奥蕴，有开圣人制作之先。是故穷天地之始终者，取诸数；察阴阳之消长者，审其机；探人物性命之微者，会其理；为天下备物制器者，尚夫象。而神农，而黄帝，而尧、舜、禹、汤、文、武，而周公、孔子，凡所以君天下师天下之大经大法，盖有不能外焉者。其功德之神，岂以世远而微耶？昔人谓孔子为太极，盖言其为圣人之统会也；谓伏羲氏为斯文鼻祖，盖言其为圣道之肇始也。曰肇始云者，先天太极也；曰统会云者，后天太极也。陈州，故宛丘，北有太昊氏陵，南有弦歌台，观风思化可义起矣。尊孔子而弗尊伏羲氏，不犹观东海之汪洋知百川之会，而于百川之源尚未之穷耶！洪武平定天下之明年，车驾幸陈，亲洒宸翰，为文以奠，仍命有司岁为常祭。列圣相承，遣使代祀不绝，其所以示天下尊崇之意，不但如历代帝王已也，而可如此荒废耶！"乃顾谓参政金公清、佥事翟公镐暨维藩曰："斯实吾辈责也。且御制碑亭规模卑隘，逼近陵冢，非所以崇敬也。"

于是相地宜，定规制，鸠工授日，度于有司，命通判范汝敬等董其役。凭基奋筑冢，圆而高，象天也；周砌以砖台，方而厚，象地也。冢前远数丈，筑以高台券门，建碑亭于上，圣祖崇重之意，又加隆矣。费用取诸帑金，民不告劳而功是用。成时以事，请于巡抚都御史三谷雒公曰："事有所由兴，道有所由明。世远风微，囿化而不知者，常人之情也；游神邃古，感物兴怀者，贤人之心也。疏山兹举，其所以启贤人之衷至矣！后有继者观风以思化，溯源以思道，以所尊孔子者尊之，未必不自今日始。"因命勒石以记。

按：录自康熙《续修陈州志》卷 4《艺文》，乾隆《陈州府志》卷 25《艺文》亦著录。

李维藩，明山西辽州（今山西左权县）人。嘉靖十四年（1535 年）进士。历任陕西布政司参议等，嘉靖二十年任睢陈兵备道按察司佥事。

（明）章世仁《太昊陵记》

陈为太昊伏羲氏故墟，而陵在城北蔡河之浒，高皇帝车驾幸陈，亲为文致奠，继乃命有司春秋致祭，著为令典。庙宇之建，祀事之崇，其来盖已旧矣。顾岁月相沿，有司或不能加意修葺，以致寝就圮敝。

嘉靖庚申夏五月，巡台月岩孙公观风莅陈，首谒陵寝，愀然叹曰："古帝王陵祠损坏，即行修理，此宪纲所列，有司责也。矧兹继天立极、万世斯文之祖，尤厪我圣祖钦崇之典，而听其宫寝若是乎？"维时知州伍应召栗然承命。遂集材鸠工，殚心而力图之。经始于庚申之秋九月，报成于辛酉之春二月。圮者以兴,敝者以完,屹然而视,昔殆复然异焉。

于乎!孙公诚为急先务,而伍守亦庶乎能任职矣!仁适以备兵之役来驻于陈,乐观其成,而又知其所由成也。因感夫事惟不为,为则必底于成。伍守之成,厥为固孙公一言启之,继自今守是邦者,其及时自为乎?其犹有待于启乎?大圮敝,必以渐渐修葺之,则力省而功易,而可泄泄然待其日甚乎?故曰智者无不知也,当务之为急,君子当思,其所以为智者。

按:录自康熙《续修陈州志》卷4《艺文》,乾隆《陈州府志》卷25《艺文》亦著录。

章世仁,字柱峰,明青阳县(今安徽青阳县)人。明嘉靖二十六年(1547年)进士。嘉靖四十年任睢陈兵备道按察司佥事。

(明)郭春震《太昊陵重修记》

赐进士开封府同知前广东布政使司参议郭春震撰
赐进士开封府知府白浚书
赐进士开封府推官宋治篆

陈州蔡河之浒,故有太昊伏羲氏陵云,史所谓都宛丘即其地也。崩葬于此,历世因之。高皇帝平定天下之明年,车驾幸陈,为文奠谒,遂订定飨祀仪,命有司以春秋时举行,岁为常。

正统丙辰,礼官用守臣议,上请始增庙貌,殿堂、门庑如帝制。今上间岁遣太常官祀之,盖以圣神功德益加隆异云。岁久有司不加修葺,陵渐平夷,狐穴其中,而庙制亦多颓败。乙巳四月,御史疏山吴公以得代按陈,肃谒毕,慨然叹曰:"嗟乎!斯岂所以妥圣灵哉?"乃谋诸巡抚都御史三谷雒公,公乐成。左参政金公,佥事翟公、李公咸协议赞决。饬材度工,其费取诸帑金,民不知劳。于是新而绘垩,而级、而隅、而序备矣。陵寝封以高厚,周遭蔽以垣,示勿敢践也。前后殿若干楹,翼以两廊,咸增饬。有亭三楹,在寝殿后,筑石门,徙置其上,中藏御制碑。庙旁有隙地若干亩,核入其租,以供岁时洒扫。工不逾月告成,通判范汝敬与劳兹役。

春震辱命识岁月刻之石曰:嗟乎!天下万世,服神教而言立极之道统者,必首太昊氏云。然史无得而称焉,何哉?其曰:仰观俯察始画八卦,以通神明之德，以类万物之情。次之造书契，咏网罟，制琴瑟，以理性反真，何其略而不备也，盖圣王者以学治天下者也，天地之精蕴不可尽而示之图书，圣王之精蕴不可得而见，而泄之卦画，其所谓学即所谓治也。夫惟其示之精蕴，故其道易简。而天下亦忘其所以，为治由卦画以经纬天地，弥纶阴阳，而前民用非天下之至神。至神者与或谓先天卦画，无文字，至文王、周公、孔子而辞变象占所由生，岂邃古之至意邪？曰：不然，夫易之为道精微，其义难知，非三圣者神而明之，引申而触类之，则能使嫌疑是非者能别邪？吉凶者能定邪？危倾者能平邪？故三圣者因其蕴以开物成务，于天下万世其功不与圣王准邪？嗟乎！陈擅河洛之胜，圣王画卦始于此。孔子亦尝厄居，以见乐天知命之学，其过化流泽，犹有不绝息者，而岂无奋起之者乎？仕于圣人之邦而治，不以学，产于其地者不知以学自治，其暴弃一也。斯疏山与诸公观风相成者之心也，而岂徒饰庙貌哉。

皇明嘉靖二十四年，岁次乙巳夏五月吉日，陈州知州王大绍立石

督工官：杞县知县蔡时雍，鹿邑县知县夏宝，陈州卫指挥徐季彦，太康县知县贺沂，西华县知县史衢，千户崔云龙、刘衍裔。

按：录自乾隆《陈州府志》卷25《艺文》。

郭春震，字以亨，菊坛，明江西万安人。嘉靖五年（1526年）进士。历任刑部四川司主事、浙江佥事、广东布政使司参议、开封府同知、潮州知府、云南金腾兵备副使等职。据光绪《万安县志》卷12《人物志》，郭任开封府同知为嘉靖二十四年。

（明）吴国伦《修羲皇陵庙记》

羲皇氏之王天下也，盖都陈称太昊云。太昊陵在今陈州之西北三里，东去其画卦台二里，高可十寻，望之崒嵂若圜丘。蔡水经其前，东汇为池，即白龟献瑞处。陵左右至于今生蓍，盖地灵也。而羲皇之灵，实幽赞之神乎！难言矣！寝庙深广，三百亩有奇，未详所自置，乃享祀之典，则由上世以来不废。

我高皇帝定天下之四年，诏治太昊陵寝，亲为文遣礼官牢祀之，敕守臣岁祀为令甲。逮纯皇帝即位七年，诏大治寝殿。殿后为平台重屋，贮御碑。

其殿前为神御，为露台，以受朝享。又前为辇道，为寝门，为棘门，为应门，各三局，宏丽泱郁过于孔庙，盖隆之也。百余年来，颇为霖潦所啮，蠹喙乘而腐之，土木颓陁，丹臒剥蚀，而先朝所隆，几且荡然，岂独其守臣责耶？奉皇上即位之二年，都御史臣道直、御史臣铁以督学副使臣贞吉言具疏，请得留输帑三千金大治之如宪庙。时不治且亟坏，而费益不訾。制下大司空尚书议治陵，如两臣言，第不得留帑金以薄边，实为主计者忧，其便宜图之。未几，都御史召入为少司马，御史得代行。明年夏四月，御史臣尧卿按部陈州，斋沐而谒陵庙，则参政臣国伦、按察佥事臣汝翼、臣坤亨从之。御史俯仰徘徊戚然，顾谓三臣曰：岌岌矣！古之式闾表墓为其贤，且藉以风世也。圣如羲皇非所谓启斯文之闷，而为万世帝者师乎？即奈何惜三千金使祖宗之制荡然，又安在其表中土而称今皇帝德意？

乃谋诸都御史臣重奉诏共图之，以经费属布政臣承荫，以营度属臣坤亨，以兴事考工属知州臣丞，而以其尉若慕副之。材石既盈，工吏既肃，拓其旧而一新之。凡因之工三，拓之工七，建两楼神御前，左衡鼓，右悬钟，相望若井干。应门之外，营绰楔三：其一广径门，象太乙；其二横道东西乡，象六阙，御史题其中曰"先天门"，东曰"继天立极"，西曰"开物成务"，森若鼎峙。且树屏其南以辟车骑尔。乃绕以重垣，垣皆朱垩，翼以丙舍，舍皆立坊。别为左右夹道，以通斋祓庖偪之所。而乃前后植柏数千株，蔚然成青林矣。是役也，因财于公羡，因役于刑徒，不薄边实，亦不侵民力，经始于七月，而以十二月告成。御史即以成之月，自大梁驰至陈，诹日举祀事。国伦等从之如初。御史曰："美哉！岩岩乎！翼翼乎！稍帝陵矣。藉不得奉明诏，从便宜，臣力岂至此哉！"属臣国伦记其事而碑之。

国伦曰：羲皇之功德大矣！纪传所载：象图画卦，应龙纪官，造书契之文，制嫁娶之礼，教佃渔，养牺牲。盖其彰彰著著，万世之下，仰而师之。其功德大而难名，故其泽绵绵而不斩。尝考棺椁制自黄帝，黄帝有冢在桥山，犹曰葬其衣冠。今按《世纪》，由女皇至无怀氏，凡十五世，皆袭庖羲之号。而后炎帝神农作，由炎帝至榆罔，凡八世，而后黄帝作。然则太昊氏邈矣，未有棺椁，疑无冢，即陵庙非古也，岂后世帝王将修其功德，为是望而禋之，犹所谓葬其衣冠意乎？乃兹十寻之丘，非有厉禁，历千万世樵牧不及，惟著生之。而人无古今贤不肖，未有毁其一抔土者，非其不斩之泽然乎？不者，何虎丘之锢、骊山之穿，曾不得比于裸葬，而以牢祀终，天地乃在，其棺椁未制、衣冠未藏者乎？嗟乎！异矣！我国家凡三诏治陵，而陵寝盛。诸臣或倡其议，或肩其劳，皆有所以默翼之。

今皇帝法古图治，兹一甚盛举矣！孔子曰：德合天地者称帝。太昊氏又帝之始也。国伦虽欲誉天地之大，其将奚从？

万历四年二月望日，开封府陈州知州嘉禾洪蒸立石。

按：录自康熙《续修陈州志》卷4《艺文》，乾隆《陈州府志》卷25《艺文》亦著录。

吴国伦（1524—1593年），著名文学家，与李攀龙、王世贞等七人并称"后七子"。字明卿，明湖广兴国州（今湖北省阳新县）人。嘉靖二十九年（1550年）进士。历任中书舍人、兵科给事中、江西按察司知事、邵武知府、高州知府、贵州提学副使、河南左参政等职。著有《藏甲岩稿》《甀甀洞稿》《吴川楼集》《春秋世谱》《川楼杂记》等。吴任河南左参政为万历二年至万历五年（1574—1577年），碑文当作于其任内。

（明）张自德《重修太昊陵碑》

巡抚河南等处地方兼理河道工部尚书兼都察院右副都御使正一品古燕张自德撰

余承天子简命，抚兹中土，吏治、民风、兵刑、钱谷诸大务，莫不随事旌心，讲求至当。而国家治理明备，纲举目张之日，顾使两河八郡间古人盛迹，抱叹兵焚遗墟，往往因陋就简，可乎？每于辙迹所涉历，耳目所周知，雅不欲以缺略，贻后人讥。

乙巳春，揽辔而东，未至宛丘十里许，遥望圆阜蠹起，郁郁葱葱，居州之乾地，太昊伏羲氏之陵在焉。次晨，盥沐毕，肃容展拜。陵高可十余寻，登陟四望，东南距画卦台数百武，土人云：白龟献瑞地，盖亦得之传闻云。应门前沮洳淯溹，萦回如衣带，蔡水也。陵四面产蓍草，给卜筮家用，开物成务之圣人精神凭焉。故兵劫河涛，而如堂之幽室岿然无恙。宜五帝三王来尊崇，不衰如一日。历代有大事，辄遣卿寺巨寮祭告。我世祖章皇帝暨今皇帝，凡两专大臣修祀事，示郑重也。陵前有殿六楹，肖伏羲貌其中，经始未详所自。盖礼之以义起者，惜置基洼下，绝少联云之势。岁久，上风旁雨所剥蚀，鸟鼠寝处，丹青黝黯，几筵摇落，蜗涎蛛网，黏结户牖间。徘徊瞻视，良廑余怀。爰进知州方于光而谋之曰："皇上敦崇祀典甚恭，大圣人陵寝所在，曾不得与化人老子诸寺观金碧沉檀，庄严土木者同称壮丽，其奚以自解？且也苍史六书，素王五经，为性命文章渊薮，无不权舆于一画，而乃聊且从事，又何以称圣天子专遣大臣之巨典耶？况今民安物阜，日趋繁昌，省会奥区，城堞池隍，楼观廨宇，未尝征派丝粒，迄得巍焕一新。从此知中原风物尚可鼓舞，率作从善如流水也。"敬出俸金倡首，授以成式。构梓材鎏鸳瓦，煅石为垩，范土而堲之，来百工，既廪称事，易陈而新，施丹腰物色焉。视旧行献张乐地，纵加三之二，横加五之三，闳深爽垲，敌风雨，去鸟鼠，庶于开天神圣兴朝典礼为相称。而苍松之偃盖，崇墉之复隍者，又次第补植缩版焉，可谓聿观厥成矣。

时布政使司布政使徐化成、按察使司按察使李士桢、分守大梁道左参议上官鉴、署开封府事同知李国瑜各捐金襄事维处，例得镌名。

大清康熙七年七月上浣之吉开封府陈州知州大兴方于光立石，新安龚作肃书丹。

按：录自道光《淮宁县志》卷23《集文》。

张自德（1608—1668年），字元公，明顺天府丰润（今河北省丰润县）人，满洲正白旗籍。清顺治四年（1647年）进士。历任庆都知县、贵州道御史、巡城御史、掌河道事监察御史、太仆寺少卿、通政司左参政、通政司右参政、大理寺正卿、陕西巡抚加都察院右副都御史衔、河南巡抚加工部尚书衔等职。著有《公忠堂文集》等。

（清）鹿祐《重建太昊伏羲氏陵庙大殿碑记》

巡抚河南等处地方提督军务兼理河道兵部左侍郎兼都察院右副都御史加五级鹿祐撰

史称太昊伏羲氏以木德王，都于宛丘。当洪荒之时，诸法皆其创始，如作甲历，制嫁娶，正姓氏，教佃渔，养牲畜，为琴瑟，后世利赖无穷焉！至于肇一画而成易卦，造六书以代结绳，使天下之人得以知其吉凶，明其政事，而造化颛蒙之气于此辟，开物成务之学于此兴，尤为万古文字之祖。故《易传》云："庖羲氏仰观于天，俯观于地，近取诸身，远取诸物，作八卦以通神明之德，以类万物之情。"周礼保氏之职，养国子以道，犹必教之六书，是帝经世之大法，诚与乾坤同运，日月齐明矣。

豫土开封郡属之陈州，即梓慎所谓太皞之墟也。城北三里许，帝陵实在焉。然隋以前未知崇奉，迄唐贞观间，乃禁民刍牧，周显德初，敕官吏禁樵采耕犁，宋建隆庚申置守陵户，乾德癸亥，诏有司享祀牲用太牢，迨丙寅而庙庭始创。政和而上，修葺时闻，渐增华饰。自入胜国，或建或修，皆有碑记可考。及流寇之变，而陵庙荡然。

本朝以来，钦崇先代帝王，凡陵寝所在，咸令守土者不时葺治，每遇庆典，辄遣廷臣祭告，礼盛甚也。今我皇上聪明睿智，重道崇儒，绍古帝之心源，启文明之景运，故于继天立极之圣，尤为拳拳。康熙壬辰春正月，祝融肆虐，庙之正殿偶灾。祐适抚是邦，敢弗仰体九重尊奉之至意，亟为新其庙貌耶？谨集议公捐重建，委开封府丞吴元锦董其役。于是鸠工庀材，加以涂塈丹腹，不费帑，不劳民。自经始迄落成，仅四阅月。而竹苞松茂之固，翚飞鸟革之华，旧观为之顿复云。

然稽历代圣帝明王获邀后世之祀典，则有之矣。从未有远近士民钦仰欢趋，焚香祭祷，如斯庙之盛者，岂非以画卦造书更出诸法之上，而氓庶报本反始，不期其然而然者哉！抑闻之圣人幽赞神明而蓍草生。古来陵墓生蓍者，惟孔林与此。一则开群圣之始，一则集群圣之成，故地灵特钟，久而益茂，非人力所能为也。则继兹以往，陵之巍峨，庙之轮奂，知与宇宙并存。将来嗣而葺之者，必有同志，无待祐之过计。已于其工之告竣，敬为记而勒之石。

大清康熙伍拾壹年拾贰月上浣之吉

开封府盐捕同知吴元锦立石

江宁梁一源镌

按：录自道光《淮宁县志》卷23《集文》。

鹿祐（1648—1718年），字有上，清颍州（今安徽阜阳市颍州区）

人。康熙二十一年（1682年）进士。历任浙江省西安县知县、江南道试监察御史、山东道试监察御史、道政司左参议顺天府府丞等。著有《天方礼经》《鹿氏族谱》等。鹿康熙四十八至五十四年奉命巡抚河南兼都察院右都御史，碑文当作于此时。

（清）陈星蔚《重修太昊陵记》

天无往不复，地无往不陂，名区古迹无时不变迁，理也，亦势也，其有不变不迁者，特后人保存之力耳。

我陈羲陵最古，陵前庙则创自明初，楼台重叠，门户洞开，廊复壁连，绵亘数里。其间松柏森森，古碑累累，斯亦颍北之巨观矣。然而代远年湮，时形倾圮，废瓦荒垣，触处皆是，维古迹巍然犹存，而庙貌极见荒凉。

已岁丁未，淮邑诸绅等纠合同志，慨然重修，陆续筹集会款三千零六十四串有奇，鸠工庀材，轮流监视，而工未告成，旋遭回禄，东西长廊半周，钟楼一座，尽成灰烬。呜呼！无为人与，何好事之多磨与？时值邑侯叶公小颜在任，见功作过巨，专恃会捐，恐难奏功，乃自行倡首，复向陈属外县各官署商号筹捐二千九百三十串有奇，仍交诸邑绅并人会捐，轮流监修。于是危者持之，颠者扶之，残缺者补之，失次者续之，风雨剥蚀者，扑斫丹腹，腐败狭陋与灰烬盈余者，间架结构以扩充之，整饬之，崇墉峻宇，钩心斗角，轮焉奂焉，光辉毕露，盖保存古迹心宜如是之惨淡经营也。

夫伏羲画卦制字，为生民文化之祖，厥功厥德，固宜亘万古而不替，后之人生斯长斯，恶听古迹之荒残消减而不思呵护保存耶！所以兴堵启宇，争先恐后，一砖一瓦，必敬必戒，非邀福也，存古也，亦官绅之责也。工既竣，爰书端委以勒贞珉，俾来观者咸知修葺之义，庶诸邑□历年之苦衷为不没云。

淮宁县省立中学校教员陈星蔚撰文
淮宁县公立小学校教员孙敬亭书丹
淮宁县优级师范学校教员段广义篆额
大清宣统庚戌年荷月立　铁笔蒋玉德

按：录自齐玉珍主编《太昊陵庙》，海天出版社2005年版，第116页。

陈奎聚《重修太昊陵碑记》

淮阳太昊陵古迹也,初有庙甚隘,创自何时,无考。明太祖诏扩大之,殿宇辉煌,绵亘数里。宋乾德时已遣官致祭,明代列入祀典,清因之,御碑森列,历有可征。每年皆仲赛会,商贾云集,笙歌喧阗,人民拥挤,弥月不绝,尤属全国巨观也。

惟代远年湮,渐形倾圮,鸠工庀材,经费无出。光绪三十二年,邑绅刘虞廷、严琴堂等组织陵工局,禀请邑侯左备案,按进香会人数各捐资少许,继长增累,集成巨数,会毕即以此数酌修之。如是数年,缺者补,倾者立,殿阁楼台,焕然一新。旋因时局不靖,大兵过境,或驻防千军万马,率居于此,穷年累月不去,以致栋折榱崩,垣颓门毁,荒烟蔓草,又成一片苍凉矣。

民国二十年,省政府成立保存羲陵古迹委员会,公推雷绅秉哲、赵绅澄波、杨绅惠卿为正副委员长,众委员勷助之。仍照陵工局岁修法,按会抽捐,悉心筹画,何者宜修葺,何者宜改作,丹楹垩壁,惨淡经营。迄今数载,庙渐改观,倘积进行,始终不懈,尽可恢复原状也。虽然是役也,集群策群力之功,非一朝一夕之故也。

溯伏羲氏神灵首出,一画开天,制礼作乐,万古凛遵于文化。既属开创于民族,尤称肇基。生都于陈,殁葬于陈,陵寝耸峙,庙貌崇隆。故仲春赛会时,四方顶香来祀者不知几百千万亿兆人,各存水源木本之思,共荐崇功报德之心,若殿宇颓废,置焉不修,不几类数典忘祖之失耶?但工程浩大,斯须难成,杯水车薪,成绩甚微,除将会时收款若干,修时花费若干别列帐。略述事之颠末,俾遐迩来观者洞悉情状云尔。

河南省立淮阳中学校教授陈奎聚撰文

河南优级师范博物科毕业例奖举人内阁中书省立二师四中学校教授段正则书丹篆额

  督工:雷秉哲赵澄波杨惠卿等七十人

  住持:刘君恩 陈至诚

  木工:范瑞德 泥工:陈学纯

  铁笔:郑文彩

  中华民国二十五年岁次丙子十月上浣穀旦

按：录自齐玉珍主编《太昊陵庙》，海天出版社2005年版，第116—117页。

陈奎聚，字侠父，今浙江永康麻车头人，北平朝阳大学毕业。

七　诗歌选录

（宋）王禹偁《太昊遗墟》

宛丘何隆隆，草木方蔽芾。羲皇不可作，封树表万世。
缅惟开辟时，人物无所异。虽有结绳政，礼法殊未制。
自非神圣兴，孰发天地秘？人文一以宣，三才道斯备。
立极尽恒性，稽疑示精意。泰和董八纮，独守君师位。
群圣承治统，百王赖书契。惜哉风气漓，复古终莫逮。
曰余昧先天，玩象冀深诣；可能穷蕴奥，一理贯万汇。
焉兹拜古陵，聊以酬素志。愿求五十蓍，决彼天下事。

按：录自乾隆《陈州府志》卷28《艺文五》。

王禹偁（954—1001年），宋代著名文学家。字元之，济州巨野（今山东省巨野县）人。太平兴国八年（983年）进士。仕途曲折，在朝为左司谏知制诰、翰林学士等，在地方为长洲知县、商州团练副使、黄州知州、扬州军知州等。著有《小畜集》《承明集》等。

（宋）张耒《太昊遗墟》

千里垂精帝道尊，神祠近在国西门。风摇广殿松杉老，雨入修廊羽卫昏。
日落狐狸号草莽，年丰父老荐鸡豚。旧游零落今谁在，尘碣苍茫字半存。

按：录自乾隆《陈州府志》卷29《艺文六》。

张耒（1054—1114年），字文潜，号柯山，人称宛丘先生。宋楚州淮阴（今江苏淮阴）人。熙宁六年（1073年）进士。历任秘书省正字、起居舍人，兖州、颍州、汝州等州知州。被指为元祐党人，数遭贬谪，大观年间居陈州。著有《柯山集》《宛丘集》等。

（明）陈朴《太昊遗墟》

春暮春风吹野裳，相随白日到羲皇。坐当真境忘身病，语对同心觉味长。太始楼开千里目，升平人醉百年觞。徘徊不尽闲寻意，古柏笼烟晚色苍。

按：录自乾隆《陈州府志》卷29《艺文六》。

陈朴，字一初，号竹野居士，明陈州（今河南淮阳）人。万历二年（1574年）进士。曾任户部主事等。

（明）王良臣《白龟灵池》

塞碧平开土一泓，庖羲从此注精英。天生神物呈嘉瑞，地泄元机兆圣明。剖破阴阳从背现，肇来奇偶自爻生。谁知有象含无象，止水无波分外清。

按：录自乾隆《陈州府志》卷29《艺文六》。

王良臣，字汝邻，明陈州（今河南淮阳）人。弘治六年（1493年）进士。历任南京御史、山东按察司副使、按察使。

（清）王良臣《卦台秋月》

龙驭已随仙化去，高台如峙对崇城。影悬冰魄三秋冷，光浸瑶池一片清。画里妙涵天地秘，爻前先见古今情。独怜未得传心印，消息盈虚昧此生。

按：录自乾隆《陈州府志》卷29《艺文六》。

（清）蒋涟《恭祀太昊伏羲氏陵纪事》

典文隆邃古，庙食首庖牺。元气遥相接，灵威俨在斯。
春风宣诏册，落日上旌旗。望望宛丘郭，行行蔡水湄。
天门何巘崿，周道自逶迟。整佩趋跄日，抠衣洒扫时。
金铺摇屈戌，网户对罘罳。架屋螭头攫，垂檐鸟翼搘。
槎牙森万木，突兀列千陴。蜗篆尧时石，蛟蹯黴国碑。
幽官星纬逼，秘宅鬼神治。仿佛仙官守，虚无工祝知。
别闻环小圃，每岁长丛蓍。素质阳光照，高原地脉滋。
茎茎离灌莽，叶叶布葳蕤。缅想先天妙，诚为后代师。

两仪呈卦象，一画启爻辞。书契应无极，亭台尚有基。
轩农陪剑履，周孔接须眉。脂脂罗筵几，馨香发鼎彝。
试看书大有，长得庇群黎。

按：录自乾隆《陈州府志》卷29《艺文六》。

蒋涟（1675—1758年），字檀人，清江南苏州府常熟（今江苏常熟市）人。康熙四十八年（1709年）进士。历任翰林院编修、提督河南学政、翰林院侍讲、太常寺卿、太仆寺卿等。著有《漱芳集》《使豫草》《鸿泥集》《中州视学记》等。康熙五十八年三月作为钦差蒋涟至陈州祭太昊陵。

（清）雷方晓《卦坛歌》

开天一画文明透，万古鸿蒙成白昼。宛丘城北蔡水南，坛庙巍然切云构。
虬龙曲屈松柏新，风云缭绕烟霞旧。纷纭离陆接西陵，神物芊芊蓍草秀。
君不见歌台树色带斜阳，圣人不死惟羲皇。

按：录自乾隆《陈州府志》卷28《艺文五》。

雷方晓，字惊万，著有《雪庐诗钞》《南游诗草》。

（清）雷方晓《羲陵岳峙》

宛上龙蟠面碧湖，岿然岳峙一陵孤。功开天地规模大，道冠皇王气象殊。
官阙云霞生栋牖，河溃烟雾隐龟图。干霄桧柏凌高峤，园寝争看壮旧都。

按：录自乾隆《陈州府志》卷29《艺文六》。

（清）吴履坦《蔡池秋月》

万古澄鲜碧一池，四周烟雾望离离。秋生蒲岸风凉后，月皎天心夜静时。
孤影沉涵碑倒水，清阴斜照树横祠。惟余画卦台边照，无复灵龟尚在兹。

按：录自乾隆《陈州府志》卷29《艺文六》。

吴履坦，字平叔。曾任鲁山训导。著有《适园诗草》。

（清）朱炎昭《太昊陵》

松柏森森碧殿前，羲陵高压大湖园。千秋不祧斯文祖，一画尝开太古天。灵藉素王传抔土，恩流赤子遍庖烟。年年二月喧人海，尽是云初扫墓田。

按：录自民国《重修淮阳县志》之《淮阳文征》。

朱炎昭（1832—1919年），字飞仙，清安徽颍州（今阜南县）人。同治六年（1867年）举人。先后任郑州学正、卫辉府教授。著有《飞仙东游记》《蔬香阁诗草》等。

八 民间传说选录

人祖坟的传说

相传淮阳人祖坟，古来是没有的。不知后来在什么时代，黄河决口了，遭了一次大水，浪波涛天，很是汹涌，看到大水头上漂有一个金光万道的人头，这水流到淮阳北关人祖坟现在所在的地方，忽然落了下去；刹时间狂风大作，携了很多飞沙走石，打得昏天地暗，不一会的工夫，黄水退完了，人头落处，就成了一巍巍峨峨的大坟。有一次人祖假借凡人说话，说他是祖爷，因为想家，特意回来看看。因而后人都命它为人祖坟，年年世世都去为他进香。

按：录自蔡衡溪《淮阳乡村风土纪》，民国23年铅印本，第78页。

人祖爷的传说

相传太古时代，天昏地暗，宇宙不分，世间的人类死得干干净净。那时，只有伏羲和他的妹妹二人还在活着。这样过了多年，天地才得以分开，日月星辰也才出现光明，他二人很快活地过着日子。

后来妹妹渐渐长大了，觉得这样人生太寂寞，太没趣了，因和哥哥商议，想着兄妹二人结作夫妇。但是伏羲以为是兄妹的关系，对此不很高兴，就严厉地拒绝她的要求。不过，他的妹妹终日和他死缠，伏羲缠她不过，就允许了。但在实行结婚之前，给她一个条件，就是看看神意对此是否答应，若神灵对此表示同意，便可结为夫妇；不然，仍是保持兄妹关系。他所谓占神灵的方法，就是取两个石磨，从山上向下滚，如果到下面，两磨可自然地合到一块，便算神答应了；倘若两磨滚下之后各分西东，就是神灵对于兄妹结婚不能赞成。他二人商量好了这种办法，就一同跑到山顶，各拿石磨一扇，向山下推滚。这时他二人的心景各不相同，伏羲自然是祝祷两磨滚下不要合到一起；而他的妹妹却恰和他相反，这样在这人间大事决定成败的时候，就忽地惊动了天上的月宫，明白了他俩在山上滚磨的用意。认为世上不能无人，即不能没有男女，更不能没有夫妇；现在世上只剩有他们男女二人，竟还这样别扭，真正岂有此理！因而上天便从暗中助她一力，使两扇石磨滚到山下，竟乒乓一声合在一起了。这时他的妹妹，因为宿愿已偿，自然是喜不自胜，但是伏羲的心里却是苦不可言，然而那是已提议的办法，又有何话可说。于是他们便就此结为夫妇，很安稳地过起日子了。

他们后来过得久了，觉得世界只有两个人，太寂寞了，不很快活，二人没趣极了，便去挖泥做人，以作消遣。时候久了，泥人做得很多，都在露天晒着。不料一日东南起了云彩，刹时布满天空，雷电交作，二人恐怕把泥人弄坏，就急急向屋中搬移，孰知还未搬完，倾盆似的大雨就下了起来，他俩着急了，就用扫帚向屋里扫去，他们这么一扫，竟把泥人的眼鼻或手足碰坏了不少。现在世界上的人类，都是他俩拿泥做成的泥人，而所有一些残缺的人，便是他们扫时碰坏了的。因为人类是他每日用泥做成的——都是由他产生，所以都叫他作"人祖""人祖爷"。

按：录自蔡衡溪《淮阳乡村风土纪》，民国23年铅印本，第78—79页。

人祖的传说

人祖小时，每天上学。有一天路过一个河边，碰见个老鳖，老鳖对他说："一百天以后有大灾大难，你以后每天能给我送个馍来，我就能搭救你。"人祖听了，就每天给他送个馍。时间长了，拿馍的事被人祖姐姐知道，就问他每天上学为啥要拿一个馍，人祖把老鳖说的话一一告诉了姐姐。姐姐从此后每天也拿给老鳖一个馍。到一百天上，果然天塌地陷，老鳖一口把他姊妹吞到肚里，一看他们拿的馍老鳖都给放着呢！从此后他们俩就以这馍来过活。因为他姐姐拿的馍不到一百个，因此，没等到一百天，天西北一块还没长好，他俩就用冰块堵起来，所以现在一刮西北风就冷。

天堵好了，天下光他俩人也不中。他想结婚生孩子，但姐姐不同意，人祖就说看天意如何？便找来一对磨，从山上往下滚，如到山下合起来就结婚，分开就不结。滚的结果是一分两半，说明他俩不能结婚，所以从此以后就立了一个规矩，兄妹不能结婚，一直流传到现在。

他俩不能结婚，又想没有人怎么办呢？他俩又商量个法子抟泥人。捏了很多放在外边晒，经过几天，有的晒干了，还有没有晒干的。眼看天要下雨，一个一个往屋里拿太慢，人祖就用扫帚往屋里扫，这一扫有的碰坏了眼睛，有的碰坏了腿，所以现在有瞎子、有瘸子。

由于人是用泥捏成的，所以现在人身上的灰总是搓不干净，什么时候搓，什么时候有。

口述：赵焦氏；记录：朱翠云

按：传说系1961年淮阳文化馆搜集。录自齐玉珍主编《太昊陵庙》，海天出版社2005年版，第186—187页。

第二节　孟津龙马负图寺

一　旧方志所载龙马负图寺沿革讨论

龙马负图寺在孟津县城东20公里，孟津县老城西北2.5里许的会盟镇雷河村，西南距洛阳市区23公里。

现通行的涉及负图寺的书刊，介绍负图寺纵不断线，娓娓道来，给人的感觉——流传有序，其实可疑之处甚多，大有讨论的必要。那么我们先由旧志即现存《孟津县志》[①]相关记述开始讨论话题。康熙《孟津县志》卷1

[①] 孟津县明清两代有史可查的县志有四部，分别是：明嘉靖二十九年（1550年）《孟津县志》（清顺治初年重修），康熙四十七年（1708年）增补《孟津县志》，乾隆十一年（1746年）《孟津县志》，嘉庆二十一年（1816年）《孟津县志》，其中明嘉靖志、清乾隆志已佚，康熙志残存，只有嘉庆志保留完整。

《古迹》说：

> 龙马负图，伏羲时龙马负图，伏羲则之以画八卦□（处）。县西五里有图堡、伏羲庙。

又，其卷3《祀典》说：

> 负图寺，在城西。

记述简略，对负图寺沿革全无涉及。嘉庆《孟津县志》卷2《疆域》说：

> 负图里，在县西五里，相传龙马负图出于河即此地。今有伏羲庙。

又，其卷3《建置》说：

> 伏羲庙，在城西五里负图寺，有司官春秋致祭，旧在寺前。晋穆席永和四年释澄建，后废。明嘉靖癸亥，知县冯嘉乾改建今处。

又，其卷3《建置》之"寺观"附说：

> 负图寺，在城西北五里，相传龙马负图之地，亦名浮图。晋天竺僧佛图澄西来住锡于此。怀帝永嘉时曰河图寺，梁武帝改曰龙马寺。唐高宗麟德中改曰兴国寺，寻易今名。

嘉庆《孟津县志》的这几条记述，如不设疑问看待，能称得上是内容丰富、条理清楚。这也是所有介绍负图寺著述的原始依据。对此，我们暂不做分析，首先弄清"嘉庆志"这几条记述的原始依据自何而来。

地方志记事向来提纲挈领，比较简略，即如文物古迹带细节的资料还得去文物古迹所在地去寻找。负图寺虽屡经变迁重修，而碑碣保存还算完好。接下来我们就以立碑时间先后梳理这些碑碣对于负图寺沿革的表述。

明嘉靖二十三年（1544年）王天叙撰《龙马寺记》说：

> 孟津县西北五里许，有负图寺之设焉，肇于唐麟德四年，其来远矣。①

这是说负国寺创建于唐麟德四年。"麟德"是唐高宗的年号，前面是"龙朔"，后面是"乾封"，只存在两年（664—665年），言"麟德四年"不知何据。

嘉靖二十四年（1545年）《重修龙马负国寺碑》说：

> 孟津县西北五里许，有龙马负国寺。建于唐麟德四年，名曰兴国，由来旧已。

在继承王天叙碑"麟德四年"错误的基础上，点明唐代寺院名兴国寺。

嘉靖四十四年（1565年）冯嘉乾撰《新建伏羲庙记》碑说：

> 县治西北五里许，地名曰浮图，寺名曰龙马……晋永和四年，僧名澄者于寺前建伏羲庙三楹，梁武帝因以龙马寺名之，俱遗碑可考。今寺名兴国，皆僧人传袭之误耳。

其资料空前丰富，形成"证据链"，并申明"俱遗碑可考"，以示所有的结论都由来有自。

将以上所引三通嘉靖年间碑文和嘉庆《孟津县志》记述对照，可以清晰地看出，碑文"影子"无疑投射在了"嘉庆志"上，如"晋穆帝永和四年释澄建"，如"梁武帝改曰龙马寺"，如"唐高宗麟德中改曰兴国寺"（和碑略异没有标明麟德四年）。当然也有未被采用者，如"怀帝永嘉时曰河图寺"。大致可断定，"嘉庆志"的条目是继承庙内重建碑文而来。可以想见，县志的主纂者对负图寺进行过实地考察，而后综合明代碑文写就有关负图寺和伏羲庙的辞条，其完整程度远远超过了康熙《孟津县志》的记述。但其记述内容的可靠性还有进一步推敲的必要。

我们首先要明白一个大方向，负图寺是先有佛教寺院，后有伏羲祠庙。

---

① 康熙《孟津县志》卷4《艺文》，嘉庆《孟津县志》卷12《艺文》。

寺是本源的，庙是派生的。其次，要明白现在整理关于寺和庙的资料，冯嘉乾《新建伏羲庙记》碑所依据的"俱遗碑可考"的那些"遗碑"我们如今一通也见不着了，而孟津旧志也没有著录，因此推敲考证"条件"还不是太好。

1. 关于嘉庆《孟津县志》"伏羲庙"条的"晋穆帝永和四年释澄建，后废"和"负图寺"条的"佛图澄西来住锡于此"。释澄和佛图澄是同一个人，此人来自天竺，是著名高僧，《晋书》卷95《艺术》有传。传中的佛图澄能预知未来，能呼风唤雨，依附后赵政权，备受石勒、石虎重视，被尊为"大和尚"，以国师视之，遇事必先咨询而后决断。佛图澄利用后赵皇帝的信任大肆传教，石虎还曾专门颁布诏命"佛是戎神，所应兼奉，其夷赵百姓有乐事佛者，特听之"，于是乎造成了"澄时止邺城寺中，弟子遍郡国"的宏大局面。百姓也因佛图澄的威望而纷纷皈依佛门，大力营造寺庙。据《高僧传》等记载，受业追游者经常有数百人，前后门徒几近一万人。"澄公凡在赵三十余年，'兴立佛寺八百九十三所'，其弘法之盛，'莫与之先'。如此局面，诚为佛教传入中国后前所未有。由于澄公努力，使后赵时期成为中国佛教发展史上第一个兴盛高峰。故古德曾赞曰'自大教东来，至澄而盛'。此言真不虚也。"[1] 在这样的大背景下，创建负图（浮图）寺理固宜然。但说负图寺从一开始就是伏羲庙，大有问题。因为那是佛教大传播背景下为弘扬佛法而建立的佛教寺院，怎么可能奉祀伏羲？另，"晋穆帝永和四年释澄建"一语也有问题，"永和四年"时当赵石虎建武十四年，为348年，这一年正是佛图澄邺宫寺圆寂的年份。要说其弟子建有可能，佛图澄本人建不可能。但不管是谁创建，建的是佛寺，而不会是伏羲庙。《晋书》佛图澄本传说他"永嘉四年，来适洛阳"，但是否"佛图澄东来住锡于此"不得而知。不过要住锡就得有寺院，而佛图澄未来之前此处寺院尚未创建，何得住锡？说"住锡于此"也值得怀疑。

2. 关于冯嘉乾《新建伏羲记》碑"晋永和四年，僧名澄者于寺前建伏羲庙三楹"。冯嘉乾于明嘉靖四十一年（1562年）任孟津县令，一大举措就是着力改革负图寺的功能，以落实龙马负图的故事，于是在寺后的置地建造伏羲庙3间，并改寺名曰龙马寺。这么大的变动自然得有理论根据，得有个说

---

[1] 高士涛：《大教东来至澄而盛——后赵大和尚佛图澄》，《禅》2001年第3期。

法，于是就有"僧名澄者于寺前建伏羲庙三楹"的"依据"和"说法"出现。且"僧名澄者"建的伏羲庙和他建的一样也是"三楹"。这显然有编造的痕迹，貌似具体，实不可信。

3. 关于嘉庆《孟津县志》"负图寺"条"怀帝永嘉时曰河图寺，梁武帝改曰龙马寺"。前面说过，晋永嘉四年是佛图澄初到济阳开始传教的年份，而负图寺的建造当是佛图澄在后赵得势之时，晋永嘉中（307—313年）盖此寺尚未建立，"怀帝永嘉时曰河图寺"一语也有怀疑的必要。至于"梁武帝改曰龙马寺"则完全是妄语。这一句话是因冯嘉乾《新建伏羲庙记》碑"晋永和四年，僧名澄者于寺前建伏羲庙三楹，梁武帝因以龙马寺名之"而来。梁武帝即南朝梁之皇帝萧衍，502—545年在位，当时洛阳本是北魏的都城，后归北魏分裂之后的东魏。一个南朝的皇帝如何能够对"敌国"土地上的寺院赐名——虽然萧衍是一名虔诚的佛教徒。南朝的几个政权都是汉族建立的，史家奉为正朔，记述南北朝时期的历史，无论南朝还是北朝都用南朝年号，是否因为这个原因导致误解古籍，而造成南朝梁武帝赐名北朝寺院的"穿越剧"。

4. 关于嘉庆《孟津县志》"负图寺"条"唐高宗麟德中改曰兴国寺，寻易今名"。这一句话的来源是嘉靖二十二年王天叙《龙马寺记》"孟津县西北相距五里许，有负图寺之设焉。肇于唐麟德四年，其来远矣！"和嘉靖二十四年《重修龙马寺负图寺碑》的"孟津县西北五里许，有龙马负图寺。建于唐麟德四年，名曰兴国，由来旧已"。前面已辨正，唐高宗麟德年号只用了两年的时间，不可能有麟德四年。大抵嘉庆《孟津县志》的编纂者觉得"麟德四年"有些不靠谱，于是用为"麟德中"。唐朝叫兴国寺、龙兴寺、大云寺的寺院数量众多，和当时国家的佛教政策有关。寺院改名兴国寺本为寻常之事，而碑记将寺院的创建时间推后在了唐代不曾有过的"唐麟德四年"，盖是将重修更名和创建混淆了。

因资料所限，我们的推敲只能做这么多，经"脱水"之后，负图寺唐代之前的历史，可小结为：

龙马负图寺，始建于东晋十六国时期的后赵，或系佛图澄弟子创建。名称数易，先后称河图寺、龙马寺等，唐高宗时重修，一度改称兴国寺。

龙马负图寺长期以来一直是佛教寺院，伏羲庙能加入到寺院中去，当是佛教衰败后的产物。王永宽《河图洛书探秘》很敏锐地指出：

> 此寺本来可能只是一座佛教寺院，由于佛教所谓"浮图"与"负图"谐音，而联想到"龙马负图"的传说，并由此而将寺名改为河图寺。这只是推测之词，尚须进一步研究。后来无论称龙马寺或者兴国寺，其寺中内容主要是佛法事，并未突出"河出图"的主题。①

虽然王先生谦虚地说"这只是推测之词"，但由寺院以佛教为主基调这一点上看，这座寺院本名是"浮图寺"，而其所在处黄河之滨，《易·系辞上》又有"河出图，洛出书，圣人则之"的说法，于是就由"浮图"而"负图"，将龙马负图的传说坐实，于是有了建设伏羲庙的必要。至于何时寺内有伏羲庙或设伏羲像的，大概时间不会超过唐代。因为，佛教衰落是唐代以后的事。元朝举国通祀以伏羲为首的三皇，很有可能在元代负图寺中才有了伏羲庙。

二 明清以来龙马负图寺的重建

明代之后，负图寺历史开始有碑碣可资考证。王天叙《龙马寺记》记重修之前负图寺"现状"说：

> 正建佛殿，前筑危塔，乃左乃右俱有神祠。②

完全是佛教建筑模式。嘉靖十七年至二十二年（1538—1543年），僧人智印在其师父定喜支持下于负图寺新建地藏菩萨殿，"肇垣墉之基，构栋宇之美，绘善恶之像"。王天叙的记文通篇只谈募捐兴建菩萨殿的艰辛及佛寺教人向善的意义，丝毫没有透露寺内有无伏羲祠庙，也不提龙马负图传说。两年之后的嘉靖二十四年，乡贤陈文山等人各捐银两，会同住持澄忠整修"风雨剥蚀，几欲颓废"的大雄殿等建筑，使之"廊腰如钩，檐牙似啄，就湮之故迹，焕

---

① 王永宽：《河图洛书探秘》，河南人民出版社2006年版，第30页。
② 嘉庆《孟津县志》卷12《艺文》。

然复新"。记述这次重修的《重修龙马负图寺碑》[①] 还是没有透露寺内有无伏羲祠庙,也不提龙马负图传说。

嘉靖四十二年至四十四年(1563—1565年),孟津知县冯嘉乾命住持僧人智经在寺院后空地新建伏羲庙3间。冯知县此举旨在使寺院体现寺名"龙马"或"负图"的含义,以名副他所认为之"实",从而强化伏羲在寺院应有的地位。之前伏羲顶多是偏殿的神祇之一,而从此有了独立的殿宇。冯还自撰《新建伏羲庙记》以记其始末,主要是申明新建伏羲庙的理由。记文通篇以龙马负图、伏羲则之而画卦为中心,说明伏羲庙非建不可。为此,他还引经据典,认定寺之所在正是父老相传的龙马负图处,并制造"晋永和四年,僧名澄者于寺前建伏羲庙三楹,梁武帝因以龙马寺名之,俱遗碑可考"的证据,认定"兴国寺"的叫法是传统"错误"。"记"文用心良苦。

余叹曰:"道之大,原出于天,而其统寄于圣人。伏羲阐天地之秘,立文字之祖,所以启圣人之独智者,实于此焉赖之也,容可或泯乎!"以故,择寺后隙地,命住持僧人智经率众鸠工,重起伏羲庙三楹,中肖以像,春秋以少牢祀之,而仍名其寺为"龙马"焉。厥工告成,余遂援笔书之,以记岁月云。

入清之后,负图寺最大的改观是乾隆十八年至十九年(1753—1754年)孟津知县叶体仁乾坤大转移,将伏羲圣像移至正殿即原来的大雄宝殿,并在两厢祭祀周文王、周公、孔子及"宋六子"周敦颐、张载、程颢、程颐、邵雍、朱熹等,并题额"伏羲庙"。至此,负图寺由寺变成了庙,成了保留寺名的伏羲庙,佛教成分去除殆尽。叶体仁在咸丰《孟津县志》卷5《官师》有传。

叶体仁,陕西咸宁举人,十八年任。雅重儒术,邑西负图寺旧祀伏羲,而佛像乃在前殿,体仁易伏羲殿于前,并改名伏羲庙,学者多所兴起,怜在任仅两年以故去。

[①] 此处及以下所引碑文资料均录自孙顺通主编:《龙马负图寺金石录》,2000年内部铅印本。

地方官能入传已属不易，由传看叶的政绩就体现在突出伏羲地位以振兴文教的举措，足见此举影响之大。叶还自撰《重修伏羲帝庙碑》以陈述变易祭祀地位的理由。

  莅任后，披览图籍，见有所谓负图里者，亟进缙绅先生而问之，始知传之所记，实即此地。洛阳，古名都，故借以为冠耳。于是遴吉往谒，见其地背黄河，面邙岭，涛汹湍激，峰秀林深；其前瀍河环绕，细流涓涓。不禁喟然叹曰：天地钟灵，风景特异。唯是地以寺名，梵宇罗列，而所谓羲皇殿者，反居其殿，心窃异之。寻阅断石，知梁武崇释，久奓其故。而一二贤令修废补坠，亦止因仍旧址，未及更张。

  余意伏羲一圣，乃万世文教之祖，百代道学之宗，岂宜让彼释伽贵居于前！商之绅士，移圣像于正殿，佥以予言为是。此可见天理人心之同，无可疑者。夫像既移易，配享亦宜斟酌。文王周孔，叠祀崇阁，有宋六子分别两庑，俾世之游者知易学源流，肇于龙马，而伏羲氏为功于天下后世者，固不仅嫁娶、佃渔、斫桐数事已也。

今负图寺伏羲大殿墙壁镶有《伏羲庙全图》碑一通，当正是此次重修之后的遗存，基本布局为一进三院：入山门为第一院，有五级佛塔一座；入佛塔后左右圆形侧门则为中院，正中伏羲大殿，叶体仁所题"伏羲殿"依稀可见，大殿前方墙角有钟亭、鼓厅各一座；后院中心部位有一座庑殿顶二层殿宇，殿后贴墙为庑殿。

乾隆三十四年至三十六年（1769—1771年），负图寺周围民众募化集资，对庙内建筑全面整修，《负图寺重修碑记》说：

  大佛殿五间，西山倾复，后檐倾复，殿宇倾复间半，旧砖俱无，檩椽俱坏，并加修葺，又添前□缘石墙。提菩萨殿三门瓦解将倾，殿门俱无，修葺重新。观音菩萨西殿四间，砖瓦木料添补许多，门窗修理一新。关帝阁前坡倾复，添木料砖瓦修补，门墙俱新。伏羲旧殿两檐俱坏，修补重新。

清宣统三年（1911年），负图寺周围民众对庙宇又加整修，重点修复伏

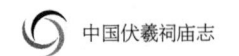

羲大殿，有《重修羲皇殿碑》记其事。

民国时期，庙内办学。1932年2月19日，蒋介石、宋美龄、戴季陶等参观负图寺，蒋题词"河图洛书"，临行还捐赠1000银元，戴季陶捐赠500银元。[①] 之后捐款用于修缮已倒塌的山门。

20世纪50年代以后，庙宇依然由学校利用，"随拆随废随改建，'文化大革命'中又将规模宏伟的山门及仅余的附属建筑拆除改建楼房"。只有伏羲大殿还保持原貌。[②] 1992年，落架修复伏羲大殿。1998—1999年，政府投资对负图寺全面建修，修复钟鼓楼、三皇殿、孔圣殿、文王殿、配殿、龙马厅、灵龟厅、三十六宫等建筑。重修后的负图寺东西宽120米，南北长246米，占地45亩。

2000年，负图寺伏羲大殿被列为河南省省级文物保护单位。

三　主要建筑简介

拜谒负图寺，首先映入眼帘的是庙前的图河，正对山门，是图河石桥，过桥为一城门楼式样的山门，山门左面墙壁刻"人文始祖"、右面墙壁刻"河图之源"大字。入山门步入庙内，中轴线上主建筑为伏羲殿，三皇殿。

伏羲殿，嘉靖四十二至四十四年（1563—1565年）孟津知县冯嘉乾主持初建时在寺内空地，乾隆十八年至十九年（1753—1754年）孟津知县叶体仁主持将伏羲圣像移入正殿并改建之，此即现在的伏羲殿，也是庙内唯一保留的古建筑。殿为单檐歇山顶，面阔三间计10.05米，进深两间计7米。殿内正面正中是伏羲坐像；背面祀女娲，额题"女娲宫"，系2009年建立者。殿内山墙镶嵌石碑24通，有《古河图》《伏羲庙全图》，伏羲、大禹、周文王、孔子等先圣像赞，宋代易学理学大家邵雍、程颐、张载、朱熹等人的诗作，明清地方官或乡贤张汉、邓锡礼、胡煦、刘仕伟、王铎等人的诗文，内容丰富，弥足珍贵。同时也有很高的书法艺术价值，如王铎的《龙马记》、张汉的"一画开天"、邵雍诗碑等。

---

① 李根柱：《名人与负图寺》，孙顺通主编：《河图之源：龙马负图寺志》，中州古籍出版社1997年版，第136页。

② 孙顺通主编：《河图之源：龙马负图寺志》，中州古籍出版社1997年版，第151页。

图 11　孟津龙马负图寺伏羲殿

伏羲殿后是 1999 年新建的三皇殿，面阔七间计 30 米，进深三间计 22.5 米，通高 21 米，重檐庑殿顶结构。殿内祀三皇，伏羲像居中，炎、黄二帝塑像分列左右。

中轴线两厢建筑，前院山门两侧为历代碑刻，靠墙角，东面是鼓楼，西面是钟楼；中院伏羲殿两侧，东面是文王殿，西面是孔圣殿；整个庙院中部两侧靠墙是三十六宫，东厢房后墙内壁刻《周易》全文，西厢房有金母殿等。

重新修建的龙马负图寺，既无僧人，又无佛像，寺里寺外突出的全是三皇、河图、《易经》八卦等内容，是徒有"寺"名的伏羲庙。

四　负图寺庙会及祭祀仪式

负图寺庙会明清时期最盛，民国以后开始衰落，中华人民共和国成立后一度中断，20 世纪 80 年代逐渐复兴。据传农历正月十六日是伏羲生日，另外农历八月十五日为伏羲祭祀节，围绕这两个日期形成庙会。春季庙会在正月初十至二十日，秋季庙会在八月初十至二十日。平时每逢农历每月初一日、十一日、二十一日即是重要祭祀日，周围民众进行进香、参拜、许愿、还愿活动。

春秋季庙会人多，规模大，祈福上香而外，还有各村社的社火表演，如排鼓、高台、旱船、耍狮子、龙灯、秧歌、唢呐等。再一项重要内容是农副产品买卖和小商品交换，集市贸易非常红火。

当然，庙会的中心议题是祭祀。每当正月十六日与八月十五日寺院山门楼上红灯高挂，杏黄旗随风招展，神案上红烛高烧，香烟缭绕，各色水果供品堆案如山，庄严肃穆。其祭祀程序李根柱《负图探秘》有载，录如下：

辰时刚过，山门外图河桥上各执事人络绎而至。排鼓队布置于山门两侧。

巳时三刻，主祭司仪就位，训练有素之辅祭二名肃立于主祭两侧。有礼仪仪仗队男性六六三十六人，皆马褂布袍，纵横成列，恭而敬之，肃立于伏羲殿露台之上。

祭祀仪式大略有八项，兹分述于下：

一曰迎神。（意谓迎接神灵降临）司仪高唱："就……位。"众皆就位肃立。

司仪高唱："免冠。"众皆脱帽整衣。

司仪高唱："迎神——。"寺院内外鸦雀无声。寺院主持用清水净手后，先伏羲，后诸神依次上香。主持身后随弟子二人，一人执条盘盛放香烛，一人执巨烛炎炎。钟鼓楼上钟鼓徐徐击打。钟击八声应八卦，鼓击三十六声应三十六宫卦。

二曰献祭。司仪高唱："升前。"主祭、辅祭出列。钟鼓声停。

村民人等抬猪、羊、果品等祭品鱼贯升进露台。

司仪高唱："献供品。"主祭、辅祭协助一一将供品摆放于伏羲圣像前案。

司仪高唱："复位。"主祭、辅祭，退下肃立于仪仗队队列之前。

三曰初献。司仪高唱："升前。"主祭、辅祭出列。

司仪高唱："初献爵。"辅祭将三个铜爵的酒依次斟满。主祭者持爵将酒一一奠洒于殿门外地上。

司仪高唱："复位。"主祭、辅祭皆原位肃立。

司仪高唱："皆鞠躬。"主祭、辅祭率礼仪队伍皆面对圣像作揖。

司仪高唱："跪。"众皆跪下。

司仪高唱："皆叩首。"众皆叩首。

司仪高唱："皆起行。"众人皆起身。

司仪高唱："再鞠躬。"众人皆作揖。

司仪高唱："跪。"众皆跪。

司仪高唱："再叩首。"众皆叩首。

司仪高唱："皆起行。"众人皆起。

司仪高唱："皆鞠躬。"众皆作揖。

司仪高唱："跪。"众皆跪。

司仪高唱："三叩首。"众皆叩首。

司仪高唱："皆起行。"众人皆起。

司仪高唱："皆鞠躬。"众皆作揖。

至此，初献过程初告完毕。

四曰亚献。

五曰终献。

亚献、终献礼仪大略如同初献。区别只在于主祭执酒分别奠洒于东、南、西三方。因羲皇为木德，值春令，位东。则自东依次献酒。亦依太阳东升、南盛、西没之序。终献完毕，就表示天地四方全神都已享祭了。

总计三献共奠酒九爵，十二揖、九跪、九叩。九数为老阳，为至尊之数。十二揖亦与每年十二月相应。

六曰献祭章。

司仪高唱："就位。"主祭就位，立于伏羲殿东侧面向西南。

司仪高唱："献祭章。"主祭顿挫阴阳颂读祭文。

祭文大略如下：

"维×年×月×日吉时，××率僚佐缙绅、军民人等致祭于羲皇圣殿之前曰：伏惟羲皇圣祖，造书契，正姓氏，制礼乐，结网罟，定甲历，画八卦，肇中华文明八千载之基，功侔天地，德同日月。而今海晏河清，风不鸣条，风化日淳，物阜民康，外夷臣服，四方朝贡。此不惟国朝祚长，亦羲皇圣祖庇佑之功。龙德中正，品物咸亨，慎终追远，圣思绵绵。

特于圣祖诞辰,薰香沐浴,举三牲太牢,设祭于此,颂曰:'邙岭苍苍,河水泱泱,华夏子孙,繁盛荣昌,羲皇盛德,山高水长。'

呜乎,尚飨。"

七曰稳神。

司仪高唱:"稳神——"此时和风微微,万籁俱寂,众皆垂首肃立。意为恭候神灵享用祭品。

八曰礼成。

司仪高唱:"礼成——"顿时锣鼓喧天,鞭炮齐鸣,排铳齐发,惊地动天。众皆载歌载舞,一派欢腾。①

祭祀完毕,民众始得入庙。入庙之后各自膜拜诸神,或焚香许愿,或还愿献祭。至此,庙会达到高潮。

五 碑文选录

(明)王天叙《龙马寺记》

孟津县西北相距五里许,有负图寺之设焉。肇于唐麟德四年,甚来远矣。释民者流,咸衍其传记道法也。正建佛殿,前筑危塔,乃左乃右俱有神祠,虽所以崇貌之巍,实所以启为善之心也。然岁月渐久,人习其常,其何使之长善于无穷乎?

僧人智印有感于此,嘉靖戊戌就谋业师定喜暨阖寺诸僧,以修建地藏殿为议,定喜悦曰:"建庙妥神,吾教之重也。予窃有志而未逮,汝之斯谋其善矣哉!"智印遂奋然苦心,倡号四方,以鼓众志,于是遐迩倾动,咸悦与之为义,富者输财,贫者供力,凡有木石糇粮,莫不施之而不吝。经之营之,遂董其役,肇垣墉之基,构栋宇之美,绘善恶之像。至嘉靖甲辰,次第落成焉。往来观者善心罔不生,恶心罔不黜,智印之功其懋哉!乃师定喜慰其劳,嘉其绩,以为难成而易败者,功也;可暂而不可久者,名也。属于为文以记之,用彰厥善,以垂不朽。

余因而告之曰:斯殿之设何所取也?答曰:释祖之道,修真养性,坐

---

① 李根柱:《负图探秘》,中国文联出版社 2009 年版,第 156—159 页。

禅定志，教人以求福远祸而已，又况地藏殿者善恶暴著祸福，影响感人之速，于为善者莫此若也。噫嘻！有是哉！善恶者自然之情也，祸福者一定之理也，报应之设岂其然乎？不过牖民以释氏为宗而已。虽然，为善难，为恶易，夫人之情也，不有以警之孰从而移之。知印是举因为崇佛法以率世，俾人缘此而作德修行，以成仁厚之俗者，未必无小补云。传曰：君子莫大乎与人为善。予亦识之而不没其善也。嗟哉，庙貌难于不朽，后之人可不鉴此而葺之功耶。

按：录自康熙《孟津县志》卷4《艺文》，嘉庆《孟津县志》卷12《艺文》亦著录。

王天叙，明孟津人。嘉靖二十五年（1546年）举人。曾任金乡、交河等县知县。

（明）重修龙马负图寺碑

孟津县西北五里许，有龙马负图寺，建于唐麟德四年，名曰"兴国"，由来旧已。前有大雄殿三楹，历年多风雨剥蚀，几欲颓废。狄梁公增其旧制，鸟革翚飞，益奕匕乎，视前有加也。

迄今墙垣圮毁，殿宇摧残。省祭卫天祥、邑致仕官陈文山、主薄雷时春各捐银两，秉虔重修。廊腰如钩，檐牙似啄，就湮之故迹，焕然复新，而犹不欲后世疑功德自今始也，则踵事增华，理应明其朔也。今功告竣，故必溯厥由来，勒诸贞珉，并垂不朽云。

功德主省祭卫天祥、邑致仕官陈文山、主簿雷时春。住持僧澄忠仝建立。嘉靖二十四年岁次乙巳八月己酉日吉时榖旦。

按：录自孙顺通主编《龙马负图寺金石录》，2000年内部铅印本，第22页。

（明）冯嘉乾《新建伏羲庙记》

县治西北五里许，地名曰"浮图"，寺名曰"龙马"。父老相传为伏羲时龙马负图之处。又按《洛阳县志》，"河图在县东北四十五里邙山之阴"，观此尤足征也。晋永和四年，僧名澄者于寺前建伏羲庙三楹，梁武帝因以龙马寺名之，俱遗碑可考。今寺名"兴国"，皆僧人传袭之误耳。

历世既久，神庙颓废，乡人虽知有寺之名，而负图之义，又鲜有识者，圣迹益岌岌乎泯矣。

岁癸亥年，履任之明年也，百务少举，民知向化，乃乘暇与监丞谏村杨君遍访名迹，以镇四境，谏村即以负图沿革之故语余。余叹曰："道之大，原出于天，而其统寄于圣人。伏羲阐天地之秘，立文字之祖，所以启圣人之独智者，实于此焉赖之也，容可或泯乎！"以故，择寺后隙地，命住持僧人智经率众鸠工，重起伏羲庙三楹，中肖以像，春秋以少牢祀之，而仍名其寺为"龙马"焉。厥工告成，余遂援笔书之，以记岁月云。

嘉靖四十有四年秋七月上浣之吉，孟津令东平泮东冯嘉乾撰。

按：录自孙顺通主编《龙马负图寺金石录》，2000年内部铅印本，第24页。

冯嘉乾，明山东东平人。举人。嘉靖四十一年（1562年）任孟津知县，有政绩。

（清）王铎《龙马记》

余儿童时，戏于河墟，父老曰："此河中，下多石子，有声，曾出龙，相传以为怪。"余亦讶以为奇。后数十年，阅石碣所记载，知为伏羲画八卦，肇端龙马所负之图；龙马所出之河，今孟津西北，河中旋涡倒流者，即其处也。其地由底柱东下，众山钳制石骨，水无所发其愤恨，燥急沍濩，颓溃盘曲，放于平原，宿莽得以畅其所，性如怒如悦，斯河之举赢用奢而不受绌抑之端也。按图，马徽类骍，蹼水有火光，身龙鳞，首、口、鼻类龙，喘成云，无角，毛文八卦：乾、坎、艮、震、巽、离、坤、兑，冒乎天地鬼神之道，为千古文章鼻祖。嘻，良亦奇也！

夫天地间最灵最秀之窍，鸿蒙若有以司之，不输启而示其象于宓羲，以手辟玄沌剖露文明，盖天之所以资神灵而自释其苞结郁蓄之意者乎？由是知父老之以为怪者，千古以之为大经而非怪也。规矩三才，权舆万类，贤不契非贤，智不契非智，圣不契非圣。裔裔皇皇，范围曲成，纲纪人鬼者，得宓羲而始灵睿也欤？不然西狩获麟则从而毙之矣，世之晦塞，天之意不转而郁结也欤？余谓父老之言是也，谓天地尚神，使之费而不竭，不独图怪也，马亦怪也，河亦怪也，文王、周公、孔子亦怪也，宓羲尤怪之怪也，不怪不奇，天地不亦昧昧腐弊之器乎？如是，即题为开辟一大怪，而孟津一怪地也不亦宜乎！

礼部尚书王铎题

按：碑镶嵌龙马负图寺伏羲大殿墙壁。

王铎（1592—1652年），著名书法家，有"神笔"之誉。字觉斯，明末清初河南孟津人。天启二年（1622年）进士。官至清礼部尚书。著有《拟山园选集》等。

（清）叶体仁《重修伏羲帝庙碑》

龙马负图处建立伏羲帝庙。

盖于太古之初，浑浑噩噩，民不火食，男女无序。太昊氏造书契，制网罟，正姓氏，作乐而成文明之宇宙。传曰"有功德于民者则祀之"，此功德岂可量哉！

余少读书考传记，知龙马负图出于河，其地在洛阳东北四十五里。窃有志焉，思履其地。甲戌夏，宰津邑，私心窃自喜，以为夷齐扣马之区，八百会盟之所，庶几首阳薇蕨、跃舟白鱼得以俯仰凭吊，少证夙闻。

莅任后，披览图籍，见有所谓负图里者，亟进缙绅先生而问之，始知传之所记，实即此地。洛阳，古名都，故借以为冠耳。于是遴吉往谒，见其地背黄河，面邙岭，涛汹湍激，峰秀林深；其前潘河环绕，细流涓涓。不禁喟然叹曰：天地钟灵，风景特异。唯是地以寺名，梵宇罗列，而所谓羲皇殿者，反居其殿，心窃异之。寻阅断石，知梁武崇释，久紊其故。而一二贤令修废补坠，亦止因仍旧址，未及更张。

余意伏羲一圣，乃万世文教之祖，百代道学之宗，岂宜让彼释伽贵居于前！商之绅士，移圣像于正殿，佥以予言为是。此可见天理人心之同，无可疑者。夫像既移易，配享亦宜斟酌。文王周孔，叠祀崇阁，有宋六子分别两庑，俾世之游者知易学源流，肇于龙马，而伏羲氏为功于天下后世者，固不仅嫁娶、佃渔、斫桐数事已也。

呜乎！道统之传，首推五帝，画卦之功，包络天地，即尧舜禹汤之制作，文武周孔之佳述，亦且囿于其中，而无能出乎外。我朝圣明继作，文教覃敷，御制《折中》一书，发明先天诣最详。余虽不才，来抚是邦，凡有利弊，犹当兴改，以圣像位置之重，岂敢承讹袭谬！幸缙绅先生鉴于微忱，捐资鸠工，将落成，请予颜额，余因敬易其颜曰"伏羲庙"，为之记云。

按：录自孙顺通主编《龙马负图寺金石录》，2000年内部铅印本，第28—29页。"金石录"没有标出碑文之作者名，考咸丰《孟津县志》卷5《官师》，碑文中的"余"当是孟津县令叶体仁。

（清）负图寺重修碑记

邑侯李公将地拾叁亩肆分，断入负图寺，令三村收管稞租，以为修寺之资。但稞租有限，因募化外村，而三村□多施，三年间成大小功五处。今将三村修葺功德募化捐施刻勒珉石，以志不朽。

大佛殿五间，西山倾复，后詹倾复，殿宇倾复间半，旧砖俱无，檩椽俱坏，并加修葺，又添前□缘石墙。提菩萨殿三门瓦解将倾，殿门俱无，修葺重新。观音菩萨西殿四间，砖瓦木料添补许多，门窗修理一新。关帝阁前坡倾复，添木料砖瓦修补，门墙俱新。伏羲旧殿两詹俱坏，修补重新。

（捐资人员名单略）

乾隆三十六年七月穀旦

按：录自孙顺通主编《龙马负图寺金石录》，2000年内部铅印本，第31页。

（清）吕乃斌《重修羲皇殿碑》

羲皇为中国文教之祖，图河乃当年发祥之地，葺殿肖像，原本"有功德于民则祀之"，以取古者尸祝之遗意也。

惟代远年湮，历经重修，俱有前碑可稽，近又风雨剥蚀，势将倾圮，河三村董事雷□春等同谋所以新之。第工程浩大，非众擎难举，于是奔走劝募，幸四方仁人君子皆好善乐施，以襄厥事。自前清宣统三年三月经始，迨四月而蕆事。

是役也，初则积腋谋裘，继则庀材鸠工，名虽重修，实同创建。诸君固不敢告劳，然非热心毅力不及此。且善与人同，取诸人以为善暨与人为善者，要皆不容淹没也。谨将姓名列后，昭兹来许。后起有人，尚永念有基弗坏之训乎！

邑人□清丁酉科举人吕乃斌笔□撰文

募化捐资人（略）

按：录自孙顺通主编《龙马负图寺金石录》，2000 年内部铅印本，第 32 页。

六 诗歌选录

（宋）程颢《伏羲圣像》

洪濛既辟，大圣始生。网罟礼乐，利用前氓。

仰观俯察，龙马瑞呈。秘泄一画，万世莫京。

按：诗碑镶嵌龙马负图寺伏羲大殿墙壁。

程颢（1032—1085 年），著名理学家。字伯淳，北宋河南洛阳人。嘉祐二年（1057 年）进士。历任鄠县主簿、上元县主簿、泽州晋城令、监汝州酒税、镇宁军节度判官、宗宁寺丞等职。著有《河南程氏遗书》《河南程氏外书》《伊川先生文集》等。

（宋）朱熹《河图赞》

河之图兮开天地赜，五十有五兮阴阳相索。

惟皇昊羲兮肇端乎神，尽心妙契兮不知其千万年之隔。

（宋）朱熹《伏羲先天图诗》

吾闻庖羲氏，爰初辟乾坤。乾行配天德，坤布协地文。

仰观玄浑周，一息万里奔。俯察方仪静，颓然千古存。

悟彼立象意，契此入德门。勤行当不息，敬守思弥敦。

按：诗碑镶嵌龙马负图寺伏羲大殿墙壁。

朱熹（1130—1200年），著名理学家。字元晦，南宋徽州府婺源县（今江西省婺源县）人。绍兴十八年（1148年）进士。曾任荆湖南路安抚使，仕至宝文阁待制。著有《四书章句集注》《楚辞集注》《朱子大全》《朱子语录》等。

（清）张汉《至日谒羲皇庙》

性癖耽奇古，重游河水隈。行过负图里，接近读书台。
七日初阳发，先天一画开。归时夸父母，亲见伏羲来。

按：诗碑镶嵌龙马负图寺伏羲大殿墙壁。

张汉（1680—1759年），字月槎，清云南石屏人。康熙五十七年（1718年）进士。雍正二年（1724年）由翰林院检讨出任河南知府，后任山东道御使。著有《留砚堂诗集》《留砚堂文集》。

（清）梅敏美《负图寺》

五十居中理数宣，中州况得地中权。大文藏到羲皇末，至道含于太极前。
一日显同书出世，圣人是则画开天。却疑立庙标名意，误入菩提梵志传。

按：录自孙顺通主编《龙马负图寺金石录》，1999年内部铅印本，第34页。

（清）邓锡礼《龙马负图寺》

图马出河处，犹传胜迹存。先天开道蕴，此地是星源。
古殿精灵在，高台象数繁。徘徊遗碣下，幽赞得真言。
道以阴阳妙，心缘契合通。几年窥月窟，今日数春宫。
更寻图内象，静验太虚中。

按：诗碑镶嵌龙马负图寺伏羲大殿墙壁，落款"萍乡邓锡礼"，不署时间。

邓锡礼（1713—1762年），字偶若，清萍乡（今江西萍乡市湘东区）人。乾隆十六年（1751年），进士。历任河南开封道、驿盐粮道、四川按擦使等职。著有《周易传义合纂》《悔庵文稿》《白贲堂诗集》等。

（清）胡煦《先天八卦图》

易卦开天天不违，元之亨处露希夷。乾坤终始剖三画，日月回旋当一期。退象转来犹是进，偶爻劈破复成奇。得知妙自天心出，莫更殷勤问伏羲。

按：诗碑镶嵌龙马负图寺伏羲大殿墙壁。

胡煦（1655—1736年），字沧晓，清河南光山（今河南光山县）人。康熙五十一年（1712年）进士。历任翰林院检讨、鸿胪寺卿、兵部侍郎、礼部侍郎等职。著有《周易函书》《易学须知》《卜法详考》《农田要务》《葆璞堂文集》等。

（清）刘仕伟《河图八卦吟四章》

一

初辟一元六合浑，河图龙马负乾坤。伏羲一画阴阳判，奇偶月窟见天根。

二

天一生水地六成，永贞之后见元亨。不将皇极其中应，终始如何十数盈。

三

画得一阳继一阴，积之六九见天心。丝纶宇宙本无外，错综须当仔细寻。

四

一息玄穹万里奔，却将日月转昆仑。喻言犹似蚁行磨，天德乾兮地德坤。

按：诗碑镶嵌龙马负图寺伏羲大殿墙壁。

刘仕伟，字信吾，清四川梁山（今重庆市梁平区）人。乾隆十年（1745年）武进士。先后任河南襄城营都司、山西宁武关参将等职。著有《金川从戎事实》《灼龟》等。

七　民间传说选录

负图寺的传说

距洛阳东北五十华里的孟津老城一带，在远古时代是一片水草丰盛的地方。我们的祖先生活在这里，全靠树上的野果和水里的鱼虾充饥。夏天，生活倒还可以应付，可是到了冬天，树上落了果，水里结了冰，人们就处在饥寒交迫之中。后来，伏羲来到这里，教人们制造农具，开垦荒地，种植五谷。自从人们有了粮食，生活才算有了保障。

伏羲在这里住了一段时间，看到这里的人们已经能够耕作，便到别处教人们耕作去了。他走后不久，这里的图河里便出现了一个妖怪。它头似龙，身似马，满身的鬃毛卷成无数个旋涡。人们按它的形状，就叫它龙马。据说这龙马是水中蛟龙变的，凶猛无比．它跑到哪里，哪里就平地生水。它在这里出现不久，便弄得这里七里八河（方圆七里的范围内有雷河、孟河、卫河、陈河、西李河、东李河、郑河、图河）洪水混流，冲环了人们刚刚开垦的田地，淹没了人们刚刚种植的五谷，还使不少人葬身洪水。人们恨透了那匹龙马，他们自动组织起来与龙马搏斗，又有不少人被那龙马囫囵吞食。人们在叫天不应、叫地不灵的时候，都把希望寄托在伏羲身上，盼望他早些回到这里，降服龙马，为人民再施恩德。

正当这里的人们处于生死存亡的关键时刻，伏羲乘坐六龙，身披胡叶，飘然而至。他听了人们的哭诉，看了被龙马糟蹋的田地，心里非常难受。他顾不上休息便来到图河边，冒着被龙马吞食的危险，赤手空拳与龙马搏斗。说来也怪，那匹作恶多端、凶猛无比的龙马，见了伏羲却一反常态，顿时变得温顺善良起来。它摇着尾巴，咴儿咴儿叫着，驯服地偎依于伏羲的腋下，并用舌头去舔伏羲的手臂。伏羲见龙马归顺，就让人们找来一根绳索，把龙马拴在一棵半截树上，又选了两块高地，圈了篱笆，把龙马圈养在里边。

自从伏羲降服了龙马之后，就发觉龙马身上的鬃毛的旋涡非常奇怪，认为其中必有奥妙，于是，他让人们专门筑了一个高台，把龙马牵上去。他日夜守在龙马身边，面对着龙马身上的旋涡纹，认真地研究起来。他一直在这个高台上，坐了八八六十四天，终于根据龙马身上旋涡的形状，研究出了"乾、坎、艮、震、巽、离、坤、兑"这套八卦图．人们叫它"伏羲八卦"。八卦互相配搭，又可变为六十四卦，这是伏羲研究八卦用了六十四天的象征。

龙马归顺以后，在伏羲的感召下，悔恨以往的过错，决心为人们办些好事，就利用自己深识水性的特长替人们疏通河道，消灭伤害人畜的狼虫虎豹，使这里的人们能够更加安稳地在这里休养生息，繁衍后代。

"龙马恰为天地用，图河先得圣人心。"后世人们为纪念广施恩德的伏羲和虽有过错但能以功补过的龙马，就在当年伏羲降服龙马的图河故道上，修建了一座寺院，名叫负图寺。寺前高竖两通大碑，一通上刻"图河故道"，一通上刻"龙马负图处"。在寺内雄伟的伏羲殿内，供奉着伏羲和龙马的塑像，每日香客不断，烟火缭绕，钟磬长鸣。当年伏羲拴龙马的那个地方，后人叫它马庄（桩）。当年伏羲面对龙马研制八卦的那个高台，后人叫它八卦台。先后圈养龙马的那两个地方，后人就叫它前圈和后圈（后改称雷河村和卫河村）。

讲述人：张作贞，七十六岁，农民；搜集整理：褚书智。

按：录自孟津人民文化馆、孟津县志总编辑室合编《孟津史话》，1988 年内部铅印本，第 188—190 页。

第三节　上蔡白龟庙

一　"蔡"之本义和白龟庙始建年代讨论

《说文》释蔡曰："蔡，艸也。从艸，祭声。"是说蔡是形声字，是名词，本意是草之一种。许慎先生的河南老乡、上蔡乡贤清初著名学者张沐另辟蹊径，有一种别致的解释：

伏羲氏因蓍草生蔡地，因画卦于此，遂名其地曰蔡。按：蔡，上古地名，其后为国。许慎《说文》曰："从草，从祭。"其即蓍草欤！蔡又生大龟，□□龟为蔡，非蔡即龟也。郑康成云："龟出蔡地。"颜师古曰："本以蔡出善龟，故名。"据此，则以其地产蔡，因号曰蔡耳。张沐识。①

中心意思，蔡既是蓍草，又是大龟，上蔡之地既生蓍草、又生大龟所以名之曰"蔡"，就是说这个"蔡"是为古蔡即上蔡量身定做的。基于这样一种理解，和张沐同修《上蔡县志》的上蔡知县杨廷望《重建伏羲庙碑》说：

蔡治之东，旧有蓍台庙，相传为太昊伏羲氏画卦之所也。庙何昉乎，意者唐虞三代之旧，自汉迄今，累朝敕建而修之者乎……蔡出白龟，地生蓍草，伏羲氏作，取而筮之，以画八卦之变，故名蓍台。史迁所谓"百茎丛生，上有青云覆之，下有灵龟守焉"者，非此地也！②

中心意思，蔡这个地方原本就出产白龟、蓍草，伏羲以之占卜，从而画八卦，上蔡东面的蓍台庙就是传说中伏羲画卦的地方。而《史记》卷128《龟策列传》所说的"闻蓍生满百草者，其下必有神龟守之，其上常有青云覆之"。③正是蔡地，正是蓍台所在。"蔡"所标识的蓍草和白龟乃伏羲氏画八卦不可或缺之物，那么有蓍草和白龟即有蔡、有伏羲画卦之缘，纪念伏羲画卦的蓍台庙想必就是唐尧虞舜，夏商周三代之上的旧物。这是由蓍草、白龟这两个上古应用的占卜之物结合"蔡"的本意推断蓍台庙即白龟庙的始建年份。综观张沐、杨廷望言论，其中心含义是蔡这地方先天有蓍草和大龟（白龟），"蔡"这个字正好反映出其地产蓍草和大龟这种故实，于是就又有了伏羲氏画卦于此的故实，其纪念庙宇当然起源很早，最起码在夏商周三代之前。

蔡国在商代已经存在，本来是姞姓，周灭商后，周武王封五弟叔度于蔡（河南中牟祭城亭），从此姬姓之蔡取代了姞姓之蔡。叔度子蔡仲再封于蔡，这个蔡国的王城已不在原蔡地，而是现在的上蔡县城关一带。蔡国共传23代历26

---

① 康熙《上蔡县志》卷1《舆地志》。
② 康熙《上蔡县志》卷14《艺文志中》。
③ 杨文是节引，所引本非司马迁《史记》原文，而是西汉史学家褚少孙续补文字。

君,存在 619 年,至公元前 447 年被楚国攻灭。何光岳《楚灭国考》之《蔡国考》在详考蔡国历史的同时,对"蔡"名称的由来也有详考。

  商代的祭祀,习惯兼用占卜问吉凶,占卜必须用大龟和蓍草,蔡字由艸、祭组成,为会意,艸代表蓍,祭代表祭祀中必须用龟占卜。故九江特产大龟之地蔡山(在今黄梅县境),便又叫龟为蔡。《庄子》称"楚有神龟",即指产于蔡山者今蕲春特产绿毛龟。《左传》襄公廿三年,记载臧武仲要臧贾用大蔡祭祀,"贾再拜受龟"之事,可见龟即大蔡。卜人用龟甲占卜定吉凶,龟甲与蓍草配合占卜,所以《白虎通》称:"蓍龟,龟阴之老也。"龟喜栖于蓍草之阴,故蓍龟合卜即灵。

  由此看来,蔡字即蓍草下面的神龟。《楚辞》有"匡机蓍蔡兮踊跃",蓍蔡即蓍龟。《孔子家语·好生》云:"臧氏有守龟焉,名曰蔡。"《汉书·食货志》也说:"元龟为蔡。"因为这种"宝龟产于蔡地",故叫龟为蔡,两者古代都可通用。

  据此,蔡仲立国于蔡城,城踞蔡冈,因产蓍龟而得名。周源《重建上蔡治碑记》说:"蔡之为地,本以卜筮得名。"陆德明《经典释文》云:"一云龟出蔡地,因以为名。"何晏《论语集解》:"臧文仲居蔡。"注云:"蔡国君之守,龟出蔡地,因以名焉。"周代以蔡名龟,认为蔡地之龟,在占卜时最有灵验。

  上蔡县城东三十里有蓍台,产蓍草,可揲卦。台前即蔡河,盛产大龟,夏秋时常爬上蓍台上的蓍草下歇阴。《本草纲目》《群芳谱》《广群芳谱》都称上蔡县白龟祠的蓍草最著名,说是神草,能卜吉凶,白龟祠即在蓍台上。这条蔡河据《大清一统志·汝南府》说是:"因龟行之迹成沟。"蔡河原因蔡人迁此而得名,并为蔡河所产之龟取名为蔡。上蔡传说有"白龟浮于蔡河",以后便建白龟祠于蓍台上来从事祭祀。《史记·龟策列传》中说:宋元王从泉阳获得神龟。这个宋元王可能是战国时的宋王偃,他曾横行列国,事迹与宋元王同,泉阳或在上蔡附近,神龟即白龟,亦可说明白龟祠来源甚古。[①]

[①] 何光岳:《楚灭国考》,上海人民出版社 1990 年版,第 71—72 页。

中心意思还是说"蔡"是会意字，是蓍草和大龟的形象体现，蔡仲立国蔡城，就是因为地产蓍龟而得名。也可以说"蔡之为地，本以卜筮得名"。而上蔡所产神龟即白龟在战国时很驰名，所以白龟祠来源甚古。也是基于这样的认识，新编《上蔡县志·建置》"沿革"有言：

> 上蔡历史悠久，传说中的人类始祖伏羲氏（太昊）因蓍草生于此地揲卦于此，遂名本地为蔡。①

而张舜徽先生《说文解字约注》对"蔡"的本义则有完全不同于传统观念的说解。其注"蔡"说：

> 然而蔡之本义，当为芟艸。说解原文，当作："丰艸也"。丰即割之初文，此与四篇"丰，蔡艸也"义可互明。②

又，其注"杀"说：

> 舜徽以为祭、察、蔡古声同，杀之音察，犹音祭音蔡也……《尚书·禹贡》："二百里蔡"郑注云："蔡之言杀，减杀其赋也。"昭公元年《左传》："周公杀管叔而蔡蔡叔"上一蔡字亦作祭，注家或读为椴实即杀也，此蔡杀字通之证。字亦作祭，《礼记·月令》："孟春之月，獭祭鱼。""孟秋之月，鹰祭鸟。""季秋之月，豺乃祭兽戮禽。"此读祭字，皆当训杀，谓杀鱼、杀鸟、杀兽也。季秋以祭兽与戮禽并举，意尤明。郑注乃谓将食之先先以祭，失其旨矣。此祭杀字通之证也。以古文考之，蔡杀古盖一字。祭则蔡之省体，故《左传》亦以祭为蔡。然蔡与杀同字，义果何取乎？曰：蔡之本义，亦当为芟草，本书"丰，艸蔡也。象艸生之散乱也"。艸蔡当为蔡艸之误例，谓杀草也，艸之芟者散乱在地，故云象艸生之散乱也。③

---

① 新编《上蔡县志》，生活·读书·新知三联书店1995年版，第67页。
② 张舜徽：《说文解字约注》，华中师范大学出版社2009年版，第209—210页。
③ 张舜徽：《说文解字约注》，华中师范大学出版社2009年版，第731—732页。

中心意思，蔡的本义是蔡草即割草，行声字，从艸，祭声（cài），祭为蔡之省体。就是说蔡是动词。完全不提和蓍草及白龟的瓜葛。

我的看法，将蔡字解释为——蓍草下面乘凉的白龟，认定此字造字之时就是因这一景象而来，或蔡字就是蓍草加大龟，未免太浪漫主义了。但要说蔡完全没有龟的意思，那么《左传》襄公二十三年"臧武仲自邾使告臧贾，且致大蔡焉"（杜预注：大蔡，大龟也）中的"致大蔡"就不好解释，尽管有可能龟不是蔡的本义。蔡，就甲骨文、金文字形来看，[①]和草大有关系，和龟关系不大，因为龟字不论甲骨文或金文，其字形完全是龟形体的简笔画。所以，关于蔡的本义，还是《说文》"蔡，艸也"可靠，大抵割草之意和大龟之意都是后来赋予的。至于这种草是否就是蓍草，很有可能，其甲骨文、金文字型，很像蓍草的枝叶。文字产生并成熟的时代（这里姑且定为殷商）蓍草、大龟乃常见之物，黄河中下游处处有之，即便是蔡的本义就是蓍草加大龟也不可能单指今上蔡的那个"蔡"，何况蔡在商代即有，领地并不在今上蔡。合理的解释应该是，蔡地不但生优质蓍草，且产优质大龟，至而有神奇的白龟，而这两种物件是古人占卜必不可少之物，蔡地出者质量最好，也就被认为最灵异，于是龟无论是否为蔡地所产统统名之曰"蔡"，这和将鸡名为凤凰、蛇名为龙是一个道理。

今上蔡建有白龟庙，其始建即来源于人们的龟崇拜，也和赋予蔡有大龟的意思有很大关系。换句话说，蔡地所产之龟被公认为最上乘的占卜用物，当无论产自何地的龟在占卜时都被视为蔡龟、龟成蔡的代名词时，也就是白龟庙创建之时。

《论语·公冶长第五》言："子曰：臧文仲居蔡，山节藻梲，何如其知也。"三国魏何晏《论语集解》注蔡："国君之守龟，出蔡地，因以名焉。"又，《淮南子·说山训》说："大蔡神龟，出于沟壑。"东汉高诱注："大蔡，元龟之所出地名，因名其龟为大蔡，臧文仲居蔡是也。"又，西汉王褒《九怀·匡机》说："蓍蔡兮踊跃，孔鹤兮回翔。"东汉王逸《楚辞章句》注说："蓍，筮也；蔡，大龟也。"又，三国魏王肃编辑《孔子家语》说："臧氏有守龟焉，名曰蔡。"由此观之，在东汉以前蔡即大龟是人们的共识，结合康熙

[①] 徐无闻等：《甲金篆隶大字典》，四川辞书出版社1991年版，第42页。

《上蔡县志》"有蔡邕题画卦碑"的说法，可推定白龟庙始建大约是在东汉以前。

二　清以来白龟庙沿革及其建筑

白龟庙，又称白圭庙、白圭祠，在上蔡县东 15 公里的塔桥乡白圭庙村。所在古称蓍台，又因台上建有伏羲庙，所有建筑均可称伏羲庙。康熙二十五年至康熙二十九年（1686—1690 年），知县杨廷望主持全面整修蓍台伏羲庙。当是时也，经明末大乱，蓍台庙宇为佛教徒占有，大造佛像，庙完全成为佛教场所。杨利用行政权力遣散僧人，搬迁佛像，重新建设以伏羲画卦为主题的庙宇，经过长达五年的建设，庙貌彻底改观。杨自撰《重建伏羲庙碑》以记其始末。① 由碑文知，蓍台伏羲庙明以前有庙田二十五顷（一顷 100 亩），用于祠庙祭祀，明朝廷派专人划定四至，可以想见伏羲庙规模之大和受重视的程度。也由碑文知庙整修后的状况："先天卦台在其左，后天卦台在其右。""中建正殿五楹，前后配殿，左右两庑。门构二层，并建三皇阁。经营凡阅五载乃告成功。"杨是一位勤于事功的能吏，在政事之余还和上蔡籍的中州大学者张沐合作，于康熙二十九年纂修完成《上蔡县志》，本志在多处记及伏羲及伏羲庙。其卷 1《舆地志》之山川"蔡岗"杨廷望按语说：

查城东三十里有蓍台，为伏羲氏画卦处。平原之中一冈突起，直达渚泬，绵亘十五里，左洪河，右朱马，四面地多洼下，而中条屹然高出，且岗产蓍草，疑此即为蔡岗云。

又，其卷 1《舆地志》之"古迹"杨廷望按语说：

杨廷望曰，古之遗迹有名存而实亦存者，有实存而名或讹者，有名存而实无征者，有得诸传闻，而失之怪诞者，有年远世湮为释老所窃据而亟待俟厘正表彰者……上蔡古迹载诸邑乘，尚矣，然不可以无辨，如八卦台、蓍台……皆名存而实亦存者也。

---

① 康熙《上蔡县志》卷 15《艺文下》。

又，其卷1《舆地志》说：

> 蓍台，在城东三十里蔡岗之上，为伏羲画卦处。台四周皆产蓍草。近台一水曰蔡沟，旧有元龟缟身素甲浮游其中。台有白龟庙，祀伏羲氏。历代赐祭田二十五顷。迨明末为释氏占据，康熙二十五年知县杨廷望迁徙诸佛，鼎建庙宇，重塑太昊伏羲氏像，募道士住持其中，所有祭田即令耕种，收课以供祭祀。
>
> 顺治辛丑进士张沐率乡人补蓍台缺处，才锹二三尺，有小蛇盘结无数，遂止焉。蓍台灵验如此，寸土尚不敢动，敢亵越处此耶？
>
> 八卦亭，在蓍台左。伏羲于此画卦，又名画卦台。台旁有蓍草园，园中筑二台，台上作二亭，一砌先天八卦图，一砌后天八卦图，久废。有蔡邕题"画卦"碑，旧在南门外，今移置蓍台。
>
> 钟灵之地，易象之源，既有蓍台、蓍园，宜作蓍室，藏蓍其中，敬而礼之，遇有事，官师就而穆卜之。张沐识。

又，其卷2《建置志》说：

> 伏羲庙，在城东三十里蓍台之上。按陈州有太昊陵、太昊庙，为伏羲专祠。此奉，累朝敕建，因蓍龟以祀伏羲者，历代田二千五百亩。邑有司春秋二祭，厥有常典。明崇祯间寇乱，庙祀荒废，有远方僧来居，遂称庙为寺，塑佛像于其中。
>
> 旧例，春秋二仲次丁日知县亲祭。康熙丙寅年，知县杨廷望往祀，移置佛像，仍复旧制，新建殿宇，塑伏羲神像，募守庙人奉祀香火。
>
> 房屋。石坊一座（上书"蓍台"二字）。大门三间，正殿五间，二门三间，东西厢房各三间，三皇阁三间。八卦台一座。蓍园。道院。
>
> 祭田四止
> 东止青龙沟，去台一百步。
> 南止朱雀坑，去台二百步。
> 西止朱马河，即白虎沟，去台六百步有奇。
> 北止玄武坑，去台三百六十步。

> 共宽七百步，长五百步，台四周限以沟塍。

又，其卷4《食货志》说：

> 蓍，丛生，高四五尺，一本数茎，末梢小枝细密，根多横芦，叶碎柔。华开黄紫二色，结实如艾。龟荚传曰……褚先生云，蓍满百茎，其下常有神龟守之，上有青云覆之，又有龙头凤尾之名。
>
> 昔生伏羲庙旁蓍草园八卦台下，明末园颓，今生旷野。康熙二十九年知县杨廷望复筑其园，重建其台。

此外，据《上蔡县志》卷2《建置》之"楔表"目，城南有"羲画孔轵"牌坊，蓍台有"开物成务"牌坊和"蓍台"牌坊；据其卷2《食货》之"里甲"，有蓍阳里（上蓍台，下阳岗）；八景有"蓍台云护"，伏羲文化氛围很是浓郁。

入民国，庙内建筑基本保存完好，作为公用建筑多用于办学。1913年上蔡县知事改原工艺局艺徒学校为上蔡县立乙种职业学校，校址就设在伏羲庙内，直至1931年迁入县城。① 1939年春上蔡人李建中在庙内创办私立改良学校，学生在伏羲大殿上课，三个月后停办。② 1942年，上蔡人许培根等在庙内创办蓍台初级中学校，当时的伏羲庙有香堂瓦舍百余间，基本保存着古庙原貌。1944年夏日本侵略军攻占县城，学校停办。③

据梁俊峰先生《伏羲画卦在上蔡的文化遗存及其影响》考证，民国以前伏羲庙的布局基本如下：

> 经考证，现辖于上蔡县塔桥乡的白龟庙村，宋明时期名羲和寨，内建有占地6万平方米的一庙一城。其寨东西宽800米，南北长1200米，四面各建有寨门，双道护河。东有青龙沟，西有白虎沟，南有朱雀沟，

---

① 新编《上蔡县志》，生活·读书·新知三联书店1995年版，第531页。
② 石廷俊：《白圭庙私立改良学校见闻》，政协上蔡县委员会编：《古蔡春秋》，内部铅印本2003年版，第102—103页。
③ 张彦方：《回忆私立蓍台中学》，《上蔡文史资料》第4辑，内部铅印本1991年版，第72—74页。

北有玄武坑，并有 20 顷祭田。伏羲庙即白龟庙，庙门向南，门前有蔡邕题写的"蓍台"石坊。门内左右为钟鼓楼，其北有仪门。仪门左右各有五间配殿，东配殿前有古槐一株，胸径 2 米。古槐旁有御碑一通（俗称圣旨碑）。面阔五间、进深三间的伏羲大殿建在四尺高的月台之上，为硬山琉璃瓦顶，中悬"人文始祖"匾额，殿中塑有伏羲坐像。殿前有五层铁塔两座，塔高 8 米。伏羲殿后有在皇阁，面阔三间，硬山琉璃瓦顶，内塑天皇、地皇、人皇坐像。阁西有垂花门通蓍草园，蓍草园中有先天八卦亭一座。八卦亭建于高 2 米高的八角形砖台之上，亭为八角攒琉璃瓦顶，青石圆柱，分立于八角砖砌台基上。亭檐下方刻有"乾、坤、震、艮、巽、离、坎、兑"八字，象征八卦。亭门南开，两侧青石条框上镌刻有楹联，上联："仰观俯察一画明天地之道"；下联："数往知来六爻发古今之藏"。亭旁旧有东汉蔡邕所题"伏羲画卦碑。"八卦亭后有伏羲墓，当地俗称人祖坟，坟高十余米，上有两人合抱的古楸数株。东配殿有角门东通接官厅。接官厅面阔五间，青砖灰瓦顶。厅前有后天八卦亭一座，拱形如西院先天八卦亭，东西对应。接官厅后为道院，又东有道教诸庙，其北为菜园花圃。①

1949 年 3 月，上蔡县人民政府成立，财粮科接收残破仓库及祠堂、庙宇用以储粮，下属三个支库，白龟庙即为其中之一。1950 年上蔡第二区区署设于庙内，1955 年迁出。1958—1961 年，在庙内开设农业中学。"文化大革命"时期庙内建筑多数遭毁，材料移作他用。现残存画卦亭、接官厅、东厢房、东禅房等几座建筑。最像古建的就是庙院西北角的画卦亭。

三　官方祭祀和民间庙会

伏羲庙官方祭祀在每年"仲春仲秋月中丁日"即每年二月八月中旬干支纪日带"丁"的那一天举行。其开始年份不详，但有庙即有祀，既然推定白龟始建于东汉之前，想必其祭祀传统由来已久。明清时期以少牢祭，知县领

---

① 梁俊锋：《伏羲画卦在上蔡的文化遗存及其影响》，政协上蔡县委员会编：《上蔡文史资料》第 8 辑，内部铅印本 2006 年版，157—158 页；穆仁先：《伏羲与中华姓氏文化》，黄河水利出版社 2004 年版，第 209—210 页。

衔，祭前三日斋戒二日，祭前一日献官前往祭祀地察验祭品准备情况，陈设有豕一、羊一、登一、铏一、笾豆各十、簠簋各二、帛（白色）一，酒尊、爵三。祭祀规程康熙《上蔡县志》卷6《典礼志下》有详载。

每岁仲春仲秋月中丁日伏羲庙

一斋戒。凡祭祀前三日致斋二日。

二者牲。凡正祭前一日，献官诣本坛省牲。

陈设。豕一，羊一，登一，铏一，笾豆各十，簠簋各二，帛（白色）一，酒尊一，爵三。

仪注

□□仪□□□□□位执事者，各司其事，赞引、事官至盥洗所，赞引至拜位，典仪唱：迎神，奏乐。乐止，赞四拜（陪祭官同）。

典仪唱：奠帛，行初献礼。奏乐，执事者各奉帛爵进于神位前。赞引、赞诣神位前。执事者以帛进于献官，奠讫。执事者以爵进于献官，赞献爵，赞诣读祝所，跪读祝。读祝者取祝跪于献官左，读毕，进于神位前。赞俯伏，兴，平身，复位。

乐止，典仪唱：行亚献礼，奏乐。执事者各以爵献于神位前。

乐止，典仪唱：行终献礼（礼同亚献）。

典仪唱：饮福受胙，赞诣饮福位跪，执事者以爵进饮福酒，执事者以胙进，受胙，俯伏，兴，平身，复位。赞两拜。

典仪唱：彻馔，奏乐。执事者于神位前彻馔，乐止。

典仪唱：祝者捧祝，掌祭官捧帛馔各诣□位。乐止，赞礼毕。

祝文

维某年，岁次某甲子某月某日，河南汝宁府上蔡县知县某致祭于太昊伏羲氏。

惟帝代天理物，抚育黔黎，彝伦攸序，井井绳绳，至今承之。生民多福，思不忘而报，特祀以春秋。惟帝兮英灵，来歆来格，尚享。

民间庙会也称烧香会，自农历三月十五开始至十八日结束，共四天，以十五日最为红火热闹。其祭俗以演大戏最为独特，从庙会第一天开锣第一场起戏到会期结束，无论白天黑夜，中间从不停戏。民国时期的祭祀情形，冀本彰《白龟庙古庙会》有回忆：

> 这里一年一度的烧香会，每逢会期，前往烧香的人们，大都是些妇女，其中老太婆约占百分之五十。从三月十五日上午开始到十八日，烧香的人群络绎不绝。特别是十五这天，烧香的人最多。伏羲氏大殿前有个铁香炉，炉中纸、香火光冲天。炉的前边，放着一个直径三尺的圆簸箩，道士们用锤敲打着铁磬，口中念念有词："添灯不添灯，人祖爷爷看得清。"凡是前来烧香的，每人都要向簸箩里扔一个铜钱，有十文的、五十文的、二百文的不等，以表对伏羲氏的诚意。烧香之余，老太婆们在庙院内肩上担经，口中念经，载歌载舞，直到夕阳西下方肯回家。为了维持好烧香的秩序，以防出意外，当时白龟庙有庙地二十四顷（一顷百亩）。寨上有百余人的武装，武器精良，每人一长一短，长的是捷克式步枪，短的是二十响手枪。从三月十五日古庙会开始，庙门边武装站岗，只叫女的进去烧香。每年烧香会上，还要演戏。农历三月十四日晚上起戏，十八日下午结束，四天四夜不煞戏。戏台两边的看戏场地是用木杆从中隔开的，男的在东边看，女的在西边看。还规定女的只能白天看戏，夜晚不准看。
>
> 白龟庙古庙会，也可以说是一次春季物交会。每逢会期，来这里做生意的人很多。农历正月十五过后，四面八方的生意人开始在这里插标作记，占据场地。会场很大，东西宽三华里，南北长两华里，有木料场、牲畜行、布匹衣料、皮货、竹货、饮食等。街道摆设得很有秩序。来赶庙会看戏的人，每在约有二万人之多，情景壮观，十分热闹。
>
> 现在，这座五十余间的庙宇和两钟鼓楼都已不存在了。烧香会也没有了。可是每到会期，仍要演戏，进行物资交流，赶会的人们，熙熙攘攘，胜似往昔。[①]

---

① 冀本彰：《白龟庙古庙会》，政协上蔡县委员会编：《古蔡春秋》，内部铅印本 2003 年版，第 64—65 页。

附：白龟庙道士

白龟庙一直由道士经守管理，据说最盛时人数达到数百人，有庙周围2500亩庙田放租，生活富足裕如。其日常生活主要有三件事：练艺、祭神、做法事。练艺主要是和祭祀乐舞相关的内容，当然还要念道教经书；祭神就是主持每月初一、十五烧香及庙会烧香；做法事也叫做经事，主要是为有钱人家去世的人超度亡灵，价码是每次三十贯。老道士招收徒弟来源有二：一是无家可归或贫苦人家无力抚养的少儿；一是大户人家为使健康成长而"舍"给庙里的孩子，随师父的姓，而仍住在家里。每年的庙会是道士大展身手的时候。

白龟祠的道士祭神烧香，是在每月的初一、十五两天，春秋两季并有大祭日。春季的大祭日是在农历三月十五日。道士祭祀后，还允许百姓烧香祭祀。这时，照例演戏三台，时间三天，俗称"白龟庙烧香会"。会上人山人海，十分热闹，很多信男善女手捧香纸，排着长队到"人祖爷"（伏羲）塑像前祭祀。神台上放个照明灯，神台下放个大箩筐。人们烧过香，还要向人祖爷捐燃灯油钱。道士用锤敲着铁磬发出"铛……铛……"的金属声，口中念念有词道："添灯不添灯，人祖爷看得清。"当时的钱是铜币，人们便纷纷把铜币放进箩筐里。因为捐款的人多，一会儿就放满一箩筐。道士们把放满的箩筐抬走，另放个空的。就这样放了抬，抬了放，一个庙会期间道观弄了很多钱。之外，大祭期间，道观照例要请乡绅参加，以丰盛的酒宴招待三天。因为这些乡绅是道观的支柱，只要乡绅支持，道士就可为所欲为。[①]

四 碑文选录

（明）杨垍《蓍草台记》

上蔡，古建侯之国也。由东门不二里许，有水一脉，萦纡委折、东流三十里，注于洪河，旧有元龟素甲缟身浮游其中，故曰蔡沟。迨沟强半，有台隆然临于沟北，台之四周方广余二十顷，蓍草丛生其间。首若龙矫，尾若凤

[①] 尚景熙、邹俊：《白龟庙道士轶事》，政协上蔡县委员会编：《古蔡春秋》，内部铅印本2003年版，第136页。

翔，盈于台畔。伏羲氏作，取而筮之，以画八卦之变，故曰蓍台。又于其西北为八卦台，后人建白龟庙于台上，以祀元龟之神。其创始岁月漫不可考，意者唐虞三代之旧与？不然自伏羲以来上下数千年间，樵丁牧竖日操斧刃以相从，蓍与庙湮灭久矣，孰知禁御而修葺之耶？

洪武初，朝廷稽古右文，崇尚易道，爰命礼部遣官经理之，以故地二十五顷赡护蓍台，禁民不得耕牧。东抵青龙沟，去台九百武；南抵朱雀坑，去台二百武；西抵朱马河，是为白虎沟，视南加三分之二有奇；北至玄武坑，倍南之数而杀其四十五。台四周限以沟塍，设守台户赵伯成、丁住儿、彭□辛相继领其事。迨今逾百年，岁久弊滋，守台者利其地之入，与近台之家冒禁为奸利，日侵月剥，盗耕四之一以为私有。为县令者经几政理，莫之谁何。□仁和钱侯来守汝宁，凡政有不便，或废缺者，皆罢行之。且谓台庙废弛，乃命县尹刘鼎亲诣台下葺而新之，正其四疆而治其侵夺者，于是堂与庙穹然居中，尊严整饬，而前后左右或起或伏，恍若有神呵护之者。役成，命埍为文，以识岁月。

窃惟太昊伏羲氏，观龙马之图始画八卦，宣洩玄秘，幽赞神明，故灵蓍繁殖见于故都之近地，其探赜索隐，钩沉致远，定天下之吉凶，成天下之亹亹者，莫大于是，故台存则蓍存，而易道之用神龟之灵因以显白于世，后之人因蓍以求易，因易以求圣人之道，则于神道其殆庶几岂特无大过而已哉！然则，台与庙关乎易道之显晦、人事之得失，其不轻而重也，昭昭矣。侯留意于是，可谓知所先务。后之为守若令者，尚嗣而葺之，毋替侯之用心也哉。

按：录自康熙《上蔡县志》卷15《艺文下》。

杨埍，明繁昌（今安徽繁昌）人，成化年任上蔡教谕。

（清）阎兴邦《蓍台碑记》

上蔡县东三十里，一台屹然临于蔡沟，曰蓍台，蓍草生焉，盖伏羲氏画卦地也。台西北有庙以祀伏羲，历代设祭田二十五顷，明末荒芜不治，故台与庙亦就圮倾。今既修复之，招来垦辟，且为之言曰：伏羲画八卦开万世文字祖，文王、周、孔共发明之，定阴阳，辨吉凶；合天地，通鬼神，故曰幽赞于神明而生蓍，无蓍则无易，易不可见而乾坤或几于息矣。伏羲之德如是，则台也、庙也当与河图、洛书并乘永久矣。守斯土者敢不保之勿替哉!

按：录自康熙《上蔡县志》卷15《艺文下》。

阎兴邦（1635—1698年），字涛仲，号梅公，清直隶宣化（今张家口宣化）人。康熙二年（1663年）举人。历任直隶新城知县、通州知州、工部员外郎、鸿胪寺卿、顺天府尹、河南巡抚、贵州巡抚等职。著有《冰玉堂集》。

（清）杨廷望《重建伏羲庙碑》

蔡治之东，旧有蓍台庙，相传为太昊伏羲氏画卦之所也。庙何昉乎，意者唐虞三代之旧，自汉迄今，累朝敕建而修之者乎。地广二十五顷，世隶诸庙中，用修祀事也。盖太昊都陈州，蔡与陈邻壤也。蔡出白龟，地生蓍草，伏羲氏作，取而筮之，以画八卦之变，故名蓍台。史迁所谓"百茎丛生，上有青云覆之，下有灵龟守焉"者，非此地也耶？夫天生神物，圣人则之，于以钩深索隐，定天下之吉凶，成天下之亹亹。苟无蓍则无易，无易则天道弗显于上，人事弗明于下，两仪变化之理终古或几于息。惟伏羲之德如是，至今蓍存而台存，神龟之灵用以显白于世。嘻嘻！其产灵，故其地重；其地重，故其庙亦与俱永也。故守兹土者，遇春秋二仲之次戊，亲往祭其庙。

廷望于丙寅仲春值祀庙时道出城东，寓目四顾，见蜿蜒扶舆，磅礴郁积，迢迢自嵩少而来。北枕汴京，艮岳耸其后；南望光罗，商固诸峰隐隐存指掌间；西则嵯岈诸山，列为屏障；东则洪、蔡两河合淮、汝诸水汇为巨浸。古所称上应天市一垣者，故其灵其地重欤。父老迎而入，将斋宿而拜登其堂讶焉，瞻其座更骇焉，非复向所云草衣卉服、筮蓍画卦之伏羲氏也，俨然褊袒圆顶方袍之释迦氏也。余诘之曰："斯何地也，而有彼佛也？"父老告余曰："明季乱后，有僧寓此，以佛易帝像。"所谓帝像者，在寺旁小庙耳。余因进诸父老而晓之曰："甚哉！世人之惑。溺于佛而不识此圣帝之所由也。此伏羲氏者，乃开天之祖，立人之宗，其庙固历代帝王鼎建，以奉神灵者也。左右之地，又历代帝王锡之庙中以供祭者也。其地二十五顷，赡护蓍台，明初命礼臣再为经理之，四至尚载明杨埍碑中，亦惟是此地之钟灵萃秀以崇礼神圣，而慎重将之。佛何与之，有乃舍神圣之尊而辄易佛氏之像，崇信其法以求所为福田利益，举国不知其非，学士莫指其失。余窃叹其传笑四方，为惑甚矣。"于是诸父老茫然丧其所怀来，失厥所以进，喟然并称曰："允哉！所谕此，鄙人所未知也。百姓虽愚，闻此敢复迷乎！爰命亟迁其像于远方之僧舍，恭迓太昊伏羲氏之像而中处焉。"

先以桃茢除其不祥，旋以丹臒饰其不洁，乃循故事兴拜祝燎瘗于其下而告成礼焉。因访其蓍台，巍然临于蔡沟之北，先天卦台在其左，后天卦台在其右。丛生其间而英英表异者，蓍也；俯瞻蔡河，洋洋而东注者，元龟之所效灵而显异者也。呜呼！以若此神灵之地而令彼佛者实偪处此，日渐月染，恬不为怪，余之撤其像，迁其居，尊圣帝之遗以祀之，其亦庶乎其可也。余又念焉佛像虽除，庙貌勿新，非所以乘永久也，睹兹败宇颓垣，栋折而仅支，榱将崩而莫续，苟不为重建而鼎新之乌乎可？遂请于郡伯何公并汝属州县诸公，共襄厥事。中建正殿五楹，前后配殿，左右两庑。门构二层，并建三皇阁。经营凡阅五载，乃告成功。今年秋祀，再谒入其中，第见金碧辉映，俨然如在；壮丽崇宏，森然在列，恍若有神呵护之者夫，而后其不虚此辟邪崇正之一念也夫，遂勒之贞珉，书诸同志之台讳于碑阴。而为之铭曰：

维帝太昊，屯蒙肇开。画卦于蔡，建都于陈。蓍草挺异，白龟兆灵。惟兹土壤，乃洁斯馨。惟兹庙貌，再整重□。攸除攸去，美奂美轮。于昭万□，祀事孔明。

按：录自康熙《上蔡县志》卷15《艺文下》。

杨廷望，字竟如，清武进（今江苏武进）人。康熙二十五年至三十四年（1686—1691年）任上蔡知县。调查土地资源，兴修水利，振兴文教，修葺祠庙，多有政绩。离任后县人立生祠，冀景隽撰《上蔡县侯杨公竟如德政碑记》用以表彰。著有《上蔡县志》《衢州府志》等。

五　散文诗歌选录

（清）唐晏《游上蔡县白龟庙记》

上蔡县之南有白龟庙，祀太昊伏羲氏，庙貌巍焕，像设隆崇。配以四佐案，上伏白龟，琢石为之，雕镂绝致。相传神龟出洛，伏羲按其文而画之，是为八卦，实始成兹地也。阶除陛桓之间，皆生蓍草，一茎两叶，对节而生，茎长二三尺，叶圆如槐，鳞次下垂，隆隆然如苍龙之脊。一垣之外，寸茎不睹，亦地气所钟欤！土人以三月下旬市于庙，云伏羲诞也。大抵世间惟圣贤所留遗最足动人耳目，而兹庙之所起尤古。孔子曰：圣人之作《易》也，幽赞于神明而生蓍。吾盖于兹庙验之。

按：录自唐晏《涉江先生文钞》。

唐晏（1857—1920年），字在廷（亭），号涉江道人，光绪八年（1882年）举人。曾任甘泉知县、江都知县、江宁八旗学堂总办等职。著有《涉江先生文钞》《涉江诗稿》等。

（明）李梦阳《春日谒三皇庙》

爰从开辟无三圣，蠢尔生民岂至今？寂寞庙宫谁下马？迟回天地独沾襟。紫阶药蔓还春色，摇日丛蓍已暮阴。怅望龙髯心更苦，白云偏系鼎湖心。

按：录自康熙《上蔡县志》卷13《艺文上》。

李梦阳（1472-1530年），明代中期文学家，复古派"前七子"领袖人物。字献吉，号空同，明庆阳府安化县（今甘肃省庆城县）人。弘治六年（1493年）进士。历官户部主事、员外郎、郎中，江西提学副使。著有《空同集》。

（明）王概《登蓍台》

高台突兀接荒城，风雨年年蓍草生。凤尾飘萧云气湿，龙头夭矫露华清。重瞳此日升双阙，一本何时满百茎？安得神龟常守护，灵根直拟献承明。

按：录自康熙《上蔡县志》卷13《艺文上》。

王概，明人，曾任河南布政司参政。

（明）曹凤《友人约游八卦台寻白龟蓍草》

神海遗民留别岛，黄氛黑飓欻然扫。寻常仿佛到先天，咫尺羹墙依太昊。稔知一画破鸿蒙，万古长开謦与咳。最喜登台陈八卦，天中胜迹在天中。

偶遘畸人蓄奇抱，约予同过洪河道。直指瑶光访白龟，瞵视青云觅蓍草。
猥云龟坼是灵师，蓍实服之亦先知。能令虿蛰不敢近，虎狼远窜谁昌披。
予谓稽疑不始此，益从德兮损从否。莫将曲利宽小人，祇许平慢成君子。
乃知卜筮自有真，藏往知来悉在人。不然朽骨焉能智？不然枯草焉能神。
君不见——
屈子心烦詹尹避，骊姬卜吉原非利。是以君平说孝慈，季主由来顺仁义。
至诚感召本无心，前无古兮后无今。且会羲皇台上义，漫向蓍龟足下寻。

按：录自康熙《上蔡县志》卷13《艺文上》。

曹凤（1457—1509年），字鸣岐，明新蔡古吕镇人。成化十七年（1481年）进士。历任安徽祁门知县、陕西道监察御史、苏州知府、山西左参政、湖广右布政使、都察院右副都御史等职。

（明）曹琏《上蔡怀古》

汝南一带绕芦岗，四眺烟霞接渺茫。丞相冢头苍鲜合，杨仙洞口白云荒。
霜前野水连天涨，雨后灵蓍满地芳。欲问卦台宓羲画，旅怀无奈去途长。

按：录自康熙《上蔡县志》卷13《艺文上》。

曹琏，字廷器，明永兴（今湖南郴州永兴县）人。宣德四年（1429年）举人。历任河南提学佥事、陕西按察副使、大理寺少卿等职。

（清）曹文淡《伏羲画卦台》

早知一画划天开，何幸登临八卦台。蓍草百茎诚诞也，羲皇亲觏亦奇哉！

按：录自康熙《上蔡县志》卷13《艺文上》。

曹文淡，清初人，事迹不详。

（清）邱士昂《晚登白龟庙》

野庙寻幽径，千峰锁夕阳。问人东道远，拾草百茎长。
龟看云常覆，祠环柏自苍。到来频吊古，风物正凄凉。

按：录自康熙《上蔡县志》卷13《艺文上》。

邱士昂，清初人，事迹不详。

（清）张沐《蓍台云护》

岳神兀兀来青阜，土宿方方躔紫垣。树荫深台龟甲老，阡连禁甿蓍条繁。天开子记百茎窟，大衍数知丈草原。世代几经人祖笑，还从一画长儿孙。

家与洪荒结比邻，曾看老死不相亲。缟蔡已空凰尾短，白云犹恋龙头春。气收古国双河黯，日照苍藓八卦真。谁向方台谒太昊？裳衣本不似时人。

按：录自《上蔡古今诗词选集》，中州古籍出版社2009年版，第37页。

张沐（1630—1712年），字仲诚，号起庵，清河南上蔡人。顺治十五年（1658年）进士。历任河南内黄知县、四川资阳知县等职。著有《前川楼文集》《四书疏略》《五经疏略》等，合著有《河南省志》《开封府志》《上蔡县志》等。

（清）冀景隽《伏羲画卦台》

羲皇画卦处，万古白龟浔。地气分嵩少，台兴奠汝阴。
春寒蓍草浅，日暮野云深。惆怅荒原下，长怀寄短吟。

按：录自《上蔡古今诗词选集》，中州古籍出版社2009年版，第45页。

冀景隽，上蔡人，康熙二十九年（1690年）贡生。

（清）张景庚《蓍台云护》

蔡河临古渡，偶到画卦处。樵斧不敢斤，牛羊不敢牧。
至今四千年，蓍草尚如故。佳境点缀幽，参差夕阳境。

按：录自《上蔡古今诗词选集》，中州古籍出版社2009年版，第90页。

张景庾（1871—1945年），革命烈士。字吟塘，河南上蔡人。1929年加入中国共产党，与寇文谟等组建中共上蔡支部，任宣传委员。

六　民间传说选录

白龟与白龟庙会

上蔡县东15公里有一白龟庙村，奔流入淮的蔡河从村前流过。这里，古有元龟，经常在蔡河浮游，因其素甲缟身，故称白龟。白龟乃蔡地之特产，人们敬之为神物。在该村蔡河岸建一座白龟祠，春秋祭祀。后世人称白龟祠为白龟庙，白龟庙村由此得名。后来，人们嫌白龟村名称不雅，遂称现在的白圭庙村了。

据传，白龟庙建于尧舜时代。这里有蓍台，是个面积占20多顷地的高台，因生蓍草而得名。这里的蓍草独具特色：首若龙矫，尾若凤翔，一株数茎，叶如槐而小，秋季开白瓣紫心花，有香气，葳蕤丛生。《本草纲目》《群芳谱》《植物图鉴》等书均认为此处的蓍草最为正宗，并详细记载了此处蓍草的特征、生长情况及其品种的珍贵性。白龟庙内有伏羲画卦台。画卦台有二，上有亭，亭上一砌先天八卦图，名伏羲画卦亭。亭为八面拱角形，亭檐下八方刻有"乾、坤、震、艮、离、坎、巽、兑"八字。亭门南开，两则有对联，上联"仰观俯察一画明天地之道"，下联"数往知来六爻发古今之藏"。字体优美，筒瓦盖顶，古雅秀丽。亭旁旧有东汉蔡邕所题的"伏羲画卦"碑。

白龟庙自汉唐迄今，历朝修建，现在庙内除画卦亭外，还存有接官厅、东厢房、东禅房等古代建筑。每年农历三月十五，白圭庙村都要唱上几台大戏，会期一般是10天。白龟庙会还有一条规定：无论会期多长，从开锣第一场起戏到会期结束，无论白天黑夜，中间从不停戏，因为人们等着蔡河龙王的女儿来看戏哩。这里有个传说：不知道哪个朝代，白龟庙起会的第三天，蔡河龙王的女儿想去看戏，她担心怕人们看出她的形象，就命管家火头精先出来察看情况。火头，是上蔡人对乌龟的俗称。火头精钻出水面，朝岸上观察一会儿，看看没有人，就回去向龙王的女儿报告"没人"。哪知却被爬在柳树上折柳枝的一个小伙子看见了。这个小伙子是赶白龟庙会卖油条的，过去，人们卖油条都要自备柳枝，称好油条后用柳枝串起来，让买油条的人提着带走。这个小伙子在柳树上看见一个人从水里钻出来又钻了回去,感到很惊奇,就藏在柳树上要看个究竟。不一会儿,就见蔡河水中突然冒出一辆三匹大马拉的轿车子,赶车的正是刚才从水里钻出来的那个人,那辆轿车冲出水面直朝戏台前奔去。小伙子看呆了,也顾不上折柳枝了,就跳下柳树,一直跟着那辆轿车子。轿车走到戏台前,从里面下来一个年轻漂亮的女子,在丫环的搀扶下到人群里看戏去了。外人都只当是哪家老财的女儿,所以谁也没有注意。可是那个小伙子却指着大声喊起来:"都来看哪,那个漂亮的大闺女是从蔡河里出来的妖精啊!"这一喊不要紧,人们像潮水一样向龙王的女儿拥去。龙王的女儿一见这样,又气又羞,用手往西北天空一指,一刹那电闪雷鸣,风雨大作,人们都被淋得睁不开眼。一会儿,雨过天晴,再一看,轿车夫和那个女子都不见了。只见白龟庙前蔡河里漂出一个斗大的乌龟头,那个报错情况的火头精被龙王女儿斩首了。自此以后,白龟庙戏中间再也不停止了,目的是等着龙王的女儿再来看戏。说来也怪,千百年来,白龟庙会期间,没有不下雨的。

按:录自刘中正主编《古蔡风物》,中州古籍出版社 2002 年版,第 120—121 页。

第四节　河南省其他地方伏羲祠庙

一　巩义伏羲台

台在巩义市东北约 10 公里处的河洛镇洛口村东黄河南岸的台地上。台地处黄河与洛河交汇处以东的夹角地带,高出黄河河床八十余米;东部沟壑纵横,西部紧靠洛口,南边仰望莲花山。东西长 150 米,南北宽 100 米,呈椭圆形,台东有一个约 15 平方米的洼地,称"羲皇池"。高台地势平坦,视野开阔,伊洛水从西南而来,与黄河交汇,清浊分明,传说远古时代伏羲氏在此台得河图洛书而画八卦。相关传说有好几种版本,兹录《史话巩义》所选

《伏羲台的传说》如下：

　　传说远古时候，黄河、洛河中妖孽很多，经常兴风作浪，弄得河水泛滥，民不聊生。当时伏羲是天下的首领，就在这一带黄河、洛河中斩妖除怪，慢慢地，水怪被降服了，黄河、洛河平静了，百姓捕鱼打猎，安居乐业。

　　为了防止水中的妖孽再次祸害百姓，伏羲每天都站在河边这个高台上眺望黄河，因这一段河流水面开阔，洛河又在这里和黄河交汇，站在这个高台上，可西看黄河五十里，东看黄河四十八（里），河中妖孽稍有动静，立即就会被发现。从春到夏，从夏到秋，伏羲察黄河、观天象，再也没有发现妖怪出现。

　　有一天，人祖伏羲又在这个高台上监视黄河，突然发现河洛上空出现了一层吉祥之气，荣光闪耀。伏羲唯恐是妖孽出现，不眨眼地盯着水面，只见荣光闪耀之后，从黄河浮出一匹龙马来，从洛河中爬出一只巨大的神龟，爬到这个土台下便不动了。伏羲知道龙马和神龟都是吉祥长寿之物，绝不是什么妖怪，于是就仔细观察龙马身上的旋纹和神龟甲背上的纹理。他觉得这吉祥物身上带的纹理肯定是上天对人类的一种昭示，于是就把这种纹理记录了下来。后来，他反复研究、思索，就根据龙马身上的旋毛纹画出了太极图，又根据龟甲纹研制出了代表乾、巽、坎、艮、坤、震、离、兑八个方位的八卦图。因为伏羲最初画八卦是在这个临河的高崖上进行的，所以，这个土台就叫伏羲画卦台了。[①]

1986年文物普查时在台周围发现一处重要的仰韶文化遗址，东西宽160米，南北长300米，面积约5万平方米。[②] 文化层内涵丰富，采集到诸多石器、骨器、陶器等文物，更重要的是发现有祭坛的台基基址和祭祀坑。遗址名曰伏羲台遗址，1987年3月4日，被公布为郑州市重点文物保护单位。

乾隆《巩县志》卷2《古迹志》说：

[①] 王振江等：《史话巩义》，中州古籍出版社2008年版，第44—45页。
[②] 赵金昭等：《河南古迹名胜词典》，解放军外语音像出版社2007年版，第49页。

> 羲皇池，在洛口。隋文帝开皇二年敕建羲圣池，今祠废而池存。

又，民国《巩县志》卷9《学校上》说：

> 河洛书院，在洛口。元谯国公曹铎建，久废。

可知伏羲台在隋文帝开皇二年（582年）已建庙，元代在附近建有河洛书院，应是一处重要的伏羲遗迹。今河洛镇东洛（阳）开（封）高速公路有一隧道名伏羲台隧道。

二 新密伏羲女娲祠

祠在新密市来集镇南三里的浮山岭上。庙门额题"伏羲女娲祠"，旁立一碑，题"人根之祖"，正殿供奉伏羲女娲并坐像，西配殿祀三位送子娘娘。古建筑多毁，现存者多是近年新建者。庙内残存古碑8通，明代万历三十四年（1606年）《重修伏羲女蜗庙记》说：

> 密邑东三十里，浮山岭上有伏羲女蜗祠……伏羲古之继天而帝者也。洪荒之世，文明未开，而始画八卦，造六书，作甲历，正大婚之礼，制歌咏之乐。非特万古文明之祖，实开物成务之举也。女蜗与之同母而相佐之，洎功业不灭矣……伏羲女蜗之祠建立盖有年矣。历以岁月，兼以风雨，颓乎将倾……

说明至少在明代以前此祠业已存在。[①] 每年农历三月十八日为庙会日，[②] 朝山敬祖习俗一直沿袭至今。

此外，新密市西北牛店乡的补子庙也奉祀伏羲女娲，补子本是"伏羲"的音转，庙设在发源于浮戏山的绥水河滩上的补国城址内，历经重修，景色

[①] 张振犁：《"浮戏"本是"伏羲山"华夏文明此有源——新密市浮戏山考察记》，《南阳师范学院学报》（社会科学版）2003年第5期。

[②] 关于伏羲女娲祠庙会日期，李红军《走进浮戏山系列之"伏羲文化"：遗迹和传说锁定了伏羲的存在》说："在新密祭祀伏羲女娲的庙会中，规模最大的当数浮山伏羲女娲祠庙会。庙会在每年农历二月十八和六月初六，以二月十八规模最大。这天，新密及附近各地的群众从四面八方赶来进香，会场绵延四华里，人数常常有三四万。"见《大河报》2008年02月26日。不知孰是，留此备考。

幽美。庙会日同样为每年农历三月十八日。

另，新密市尖山乡天皇山顶原有始祖庙，祀伏羲女娲。现有庙宇，为周围群众集资新建者。庙内塑开山始祖爷伏羲像，始祖庙后有祖母殿，门额刻"人祖根源"，内塑女娲托五彩石补天像。

另，新密西部浮戏山东延之余脉名开荫山，又名三皇山，据传是女娲炼石补天、伏羲女娲兄妹滚磨成亲处。山南半坡建有三皇殿，供奉伏羲、女娲、神农三皇。其主峰称磨磨顶，因伏羲女娲由此滚磨的传说而得名。其东沟为滚磨处，群众称为磨合沟，沟底有磨盘石。开荫山下建有开荫庙，内祀伏羲、女娲、炎帝、黄帝、祝融，留存有明清碑刻十余通。[①]

新密市以伏羲山为中心遗留有诸多和伏羲女娲相关的遗迹或传说。2008年，中国民间文艺家协会命名新密市为"中国羲皇文化之乡"，并在新密建立"中国羲皇文化保护基地"。[②]

三　沁阳伏羲女娲殿

殿在沁阳市紫陵镇赵寨村北。山上原有一天然石洞，元代在此倚洞建有女娲殿宇，清代进行重修。现存伏羲女娲殿为石砌山墙，硬山灰瓦顶，殿内供奉伏羲、女娲塑像，殿前有清代重修碑记一通。对大殿的建筑规制及特点《焦作市文物志》"伏羲殿"有系统描述：

> 伏羲殿，位于沁阳市紫陵镇赵寨村北的伏羲峰下。清道光五年《河内县志·古迹志》云："伏羲殿在紫金坛下。"该殿坐西面东，背靠石祖峰，前望云阳河谷，北山壁上有女娲洞。伏羲殿的墙体、屋面与瓦饰、斗拱、柱、枋全为石造。单檐外廊，面三进一，通阔4.16米、进深3.41米。其中墙厚0.8米，外廊净深0.47米、殿净深2.14米。明间宽1.26米。廊柱高1.77米，上施平板枋与栏额，檐部雕出飞子。殿内为拱券式，后壁开设二龛，高1.05米、宽0.7米、深0.48米。龛内塑有伏羲、女娲彩塑泥像。殿前右侧原砌有碑楼，内置高1.75米、宽0.78

---

① 《郑州日报》2008年3月10日。
② 焦作市文物局编：《焦作市文物志》，中州古籍出版社2005年版，第164页。

米、厚 0.18 米的石碑两通，一为清乾隆十三年"创修云阳口峡并盘道路碑"，一为捐资碑。清人窦可权诗云："飘渺羲皇殿，炉烟灶一片。龙蛇骄窟穴，岁月老松秋。社鼓千山动，灵风万壑幽。尘嚣此地隔，遥想此窗秋"。

为开发神农山旅游资源，神农山风景管理局对此地进行了规划整修。在伏羲殿外新建伏羲大殿将原伏羲殿包裹在内。新建伏羲殿坐落在长 30 米、宽 21.3 米的台基之上，仿元代建筑。面阔七间，进深二间，单檐歇山顶，绿色琉璃瓦覆面，上置飞鱼及吻兽。前面及两侧置廊，平板枋上置三踩斗拱。台基四周装饰栏杆，大殿明间开正门，次间开侧门。原伏羲殿位于正中明间之内。殿前石砌三层平台，有台阶供上下，平台四周安装栏杆。新建伏羲殿气势雄伟，巍峨壮丽。

在修建新殿中于台基废墟中挖出元代重修碑一通，由此可知伏羲殿建于元代之前，根据传说，该殿应创建于唐宋时期。

1987 年 1 月 7 日，沁阳县人民政府公布其为文物保护单位。[①]

四　荥阳汜水镇伏羲庙

庙在荥阳市汜水镇浮戏山一侧的紫金山。乾隆《汜水县志》卷 3《地理》说：

> 紫金山，在县南五十里，上有古庙，祀伏羲氏。其西南曰白玉岭，亦有古庙，祀女娲氏。

又，民国《汜水县志》卷 1《地理》说：

> 伏羲庙，在东南五十里紫金山下鲁寨村。

紫金山伏羲庙今已湮灭无闻。

---

① 焦作市文物局编：《焦作市文物志》，中州古籍出版社 2005 年版，第 164 页。

五　信阳伏羲庙

民国《重修信阳县志》卷 5《建设志》说：

> 伏羲庙，在城东放生祠东，久废。

此信阳县城伏羲庙今已湮灭无闻。

六　禹州方山镇伏羲庙

庙在禹州市方山镇东。此庙清代《禹州志》不载，始建年代不详，现存建筑为明清时所建，三进院落，主体建筑由山门、前大殿、中大殿、后大殿以及山门南的九龙照壁组成。山门南有八卦台亦称天象台。伏羲庙北古方山寨正中有伏羲陵，青石砌边，高约 10 米，古柏参天，环境清幽，每逢农历二月二"龙抬头日"当地民众有祭奠伏羲的习俗。[①]

七　项城市人祖庙

民国《项城县志》卷 10《祠庙志》说：

> 人祖庙，一在城北关，一在槐店新街北头，一在小项寺，一在永丰集。王仲友出家，施自己地八十余亩，后卖修寨，尚存二十余亩为香火地。

民国时项城北关人祖庙的庙会为农历二月二十五日，连续七天，香火很盛。这些《项城县志》所载人祖庙现在均已湮灭无闻。

八　扶沟县人祖庙

据《扶沟县文史资料》，民国时扶沟县吕潭镇有人祖庙。[②] 庙在小东门

[①] 刘文松等：《伏羲氏故里方城山旅游资源调查》，《资源节约和综合利用》2000 年第 4 期。
[②] 李小白等：《吕潭古镇印象记》，政协扶沟县委员会编：《扶沟县文史资料》第 1 辑，内部铅印本 1989 年版，第 140 页。

里,有正殿、东西厢房和山门。农历二月二十五是迎接人祖大会,有一种"进香楼"的祈祷仪式比较独特。香楼以朱仙镇所产香条做成——将香条编成神龛状,龛内镶嵌双手抱太极图人祖伏羲像。庙会之时各地方的会社团体参拜人祖,都由会首捧着香楼前行,信众各执香表依次后行,最后将供奉之物香表、香楼全部在庙前大香炉烧尽。此人祖庙今已湮灭无闻。

第五节　西华女娲城

一　女娲城沿革考略

女娲城在河南西华县城北 7.5 公里的聂堆镇思都岗村。当地传说城系女娲氏所筑故名女娲城。明清以来"娲城晓烟"即被列为西华八景之一。[①] 1981 年周口地区文物普查小组对女娲城试掘,断定此处是一座春秋战国时期城址。里城外郭,内城四墙各长 360 米,外郭四墙各长 1000 米。护城壕轮廓清晰。今残存城墙最高点 3 米,宽 8 米。城内有夯土台基,出土有陶水管道一截。城墙上探掘出土春秋战国时期釜、鼎、缸、鬲、瓮、豆等陶片。[②]

知女娲城所在的确是有古城存在,但这座古城何时和女娲联系起来以至有女娲筑城的传说,不得而知。北宋《太平寰宇记》卷 10 陈州西华县条说:

> 柳城,在县西二十里。故老传云女娲氏之都,本名娲城。魏邓艾营稻陂时,柳舒为陂长,后人因为柳城。

[①] 乾隆《西华县志》"娲城晓烟"图注文字说:"城在县东北十里,《东野纪闻》云'陈之长平即女娲炼石补天处,上有女娲城在焉。'旧志以为为女娲所筑之城,古老相传,其来已久。春夏之交,城上朝烟,缤纷在目。"并附诗赞曰:"女娲炼石自何年,补尽人间缺漏天。石屑化为城上土,常将五色幻朝烟。"地方志所谓"八景"基本上是有诗意的自然风光,这应是正解。不过,民间传说《娲城为啥起晓烟》更为有趣:"女娲在盘龙山上炼石补天,补好以后,两只手上尽是泥沙沫子和碎石头渣子。别小看这碎渣子,得着女娲神功哩。女娲两手一拍打,落下来变成了三道皇城了,所以叫女娲城。女娲城是神石神土,过去一春一夏的清早(早晨),您(你们)看吧,雾气腾腾,有五彩,好着哩。后来世道坏了,香烟断了,神收了,没有了。"见张翠玲《西华女娲城调查报告》(下),《民俗研究》1996 年第 3 期。

[②] 《河南省志》卷 57《文物志》,河南人民出版社 1993 年版,第 134—135 页。

据乾隆《西华县志》卷3《建置志》之古迹,柳城有二,一北一南,北面一个叫北柳城,南面一个叫南柳城。所谓"北柳城,在县西北十里";"南柳城,在县南三十里……邓艾以为陈蔡之间上下良田,可令淮北屯二万人、淮南屯三万人,且田且守……时柳舒为陂长因以为名"。知和《太平寰宇记》柳城对应的是北柳城。又,据乾隆《西华县志》卷3《建置志》说:

> 女娲城,在县北十里。曹植赞曰:"古之国郡,造簧作笙……"按史,女娲氏起于承筐之山,都于中皇之山,葬于风陵。则此或所筑之城,而非所都也。按《水经》云:"(洧水)又东南过茅城邑之东北。"注云:"洧水又南迳一故城西,世谓之思乡城。"今邑之思都岗有女娲城,疑即《水经注》之思乡城也。

"女娲城,在县北十里"这和北柳城据县城的里程方位一致,指的应是一个地方。再就是,民国《西华县续志》卷2《疆域志》之古迹说:"柳城县故城,在今思都岗。"还有"按女娲城今称思都岗",也可证柳城、女娲城、思都岗是同一地方之异名。所以依《太平寰宇记》,可判定至迟在北宋时就有"女娲城"的称谓。对《水经注》所谓"思乡城",清杨守敬《水经注疏》注疏说:"守敬按:《地形志》,襄邑治思都城,都为乡之误,当以此正之。今西华县北二十里。"[①] 这是认可"思乡城"和"思都城"只是字讹,实为一地。这和乾隆《西华县志》"今邑之思都岗有女娲城,疑即《水经注》之思乡城也"观点一致。依此,则在北魏时已有"女娲城"的称谓。

有"女娲城"的称谓则必当有祭祀女娲的祠堂,而其重建情况西华旧志不载,难得其详。不过,明清时期多次重修是可以肯定的。乾隆《西华县志》卷14《艺文四》载明代邑人刘景曜《女娲城上檀树》云:

> 客到女娲城,但见千年树。古怪如虬龙,恐随风雨去。

由古树可见其历史悠久。民国之前,女娲城又有女娲寨之称,有东西两个寨门,寨门刻"女娲寨"三字。西华县博物馆收藏一"娲"字砖刻,经鉴定为

---

① 杨守敬撰:《水经注疏》(中册),段熙仲点校,江苏古籍出版社1989年版,第1854页。

明代女娲城村寨的匾额遗字。城南有女娲陵，俗称女娲坟。据说当时城内建有五庙十殿的女娲阁，规模不小。① 1938 年当局以阻止日本侵略军为名炸开花园口，导致黄河泛滥，女娲城被冲毁，女娲坟被淤没。黄河水退落后，当地群众纷纷在自家带土为女娲添坟，在女娲坟原址堆成墓冢，并树立墓碑，依旧祭拜。

1986 年女娲城遗址被列为河南省级文物保护单位。1989 年后逐渐恢复原有建筑，建成女娲阁、牌坊门、补天殿、娲皇宫、伏羲殿、三皇殿、地母殿、三清殿和两侧廊房等。庙区南北长 300 米，东西宽 150 米，占地 60 亩。

另，女娲城址东邻思都岗村内岗阜之端，有龙泉寺，寺内大殿里，以前一直供奉有身披葫叶的女娲像。乾隆《西华县志》录《明思都岗龙泉寺碑》云："西华治北二十里，有城遗址，半就淹没，相传女娲之故墟也。"

二 女娲城庙会

女娲城庙会历史悠久，每年农历正月十二至二十日举行。② 20 世纪 50 年代后中断。1980 年后，农村香会自发出现，庙会恢复。现在庙会改在农历正月十五至二月初二举行，另有每月初一、十五为例会。届时方圆数百里民众赶会进香，进行集市贸易的小摊往往绵延几公里。热闹非凡之外，庙会颇有独特之处。"女娲城庙会上的进香、许愿还愿、求子祈福等习俗与淮阳大体相近。不过在这里，女娲是享有崇高地位的'天地全神'，她给人们送子赐福、消灾治病，还成了人们诉冤陈情的神判官。进香的群众也有一些自发结成的香会组织，据有的老先生介绍：在民国甚至更早些时候，这里还曾有一种自

---

① 邹文生、王剑：《陈楚文化》，辽宁教育出版社 1998 年版，第 297—298 页。
② 庙会日期本来不应有争议，而现在介绍或研究女娲城的文章给出多种说法。或言传说农历腊月十一是女娲生日，正月十五是女娲补天完工的日子，于是有两个庙会，一个是每年腊月十七到二十三，一个是正月十二到二十。杨利慧《河南西华女娲城考察报告》说："每年农历正月十二到二十日，这里都有女娲城庙会。届时方圆数百里的群众纷纷赶来进香，进行集市贸易的小摊往往绵延到几里以外。平时，每月的初一、十五，这里也很热闹。"见杨利慧《女娲的神话与信仰》，中国社会科学出版社 1997 年版，第 152 页。又，张翠玲《女娲城祭祀歌舞研究》说："旧城址南一公里，有女娲墓，查地方志书可知，其墓由来茫远，且自古形成庙会祭俗。每年正月十二至二十日，方圆百里的各地香客，络绎不绝走向女娲城，祭祀女娲，观看社戏，游历购物，并载歌载舞，娱神自娱，形成盛大的中原庙会文化景观。"见张翠玲《女娲城祭祀歌舞研究》，2002 年郑州大学硕士学位论文，第 11 页。杨、张二人为完成研究课题，在庙会现场蹲点深入采访，她们的说法应该由来有自。至于时下正月十五至二月二日的庙会日，当是近些年来官方为推动经济发展弘扬女娲文化的结果。

发的民乐团体叫'娲皇社'。成员不限男女,自筹鼓乐,在节日里歌舞。"①

女娲城庙会有进香许愿、跪拜求神、歌经娱神等仪式,此外还有为女娲陵"添坟""讲唱女娲功德""对功""渡船""表演""守功"等娱神方式。②当地人认为女娲城是女娲的娘家,因此老者称女娲为"女娲姑娘",小者称女娲为"女娲娘娘",而外来人又有称女娲为"人祖奶奶"者。在庙会上,由于祭奉的女娲是女神,所以这里的庙会便成为女性的世界,讲的、唱的、跳的、神灵附体的以及庙会各层管理人员均为女性。③ 这些信奉者对女娲十分虔诚、笃信,有的甚至达到迷狂的程度。庙会最独特的便是内容丰富的歌舞,信女们讲唱以歌颂女娲功德为中心的系列故事和祭歌(兼及佛道),贯穿庙会始终。有歌词云:

> 天上碰了一个大窟窿,女娲一看心胆惊。
> 浑身树叶都脱净,热身子跳到大海中。
> 大海是捧出了五色石,背到俺的高山顶,
> 俺的人要是冻死完,世上无人咋都弄?
>
> 一层石头一层水,一层一层才炼成。
> 手托五色石把天补,头一回补天补不上,
> 二一回补天没补成,三一回补天还是不中。

对此,张翠玲 2002 年郑州大学硕士学位论文《女娲城祭祀歌舞研究》有详述,兹不细说。

三 民间传说选录

女娲城的传说

西华县城北十八里,思都岗村,是远古女娲故墟,故名女娲城。其传说由来已久,如今城上朝夕云霭缤纷,烟霞袅袅。人们为缅怀人祖女娲造人补

---

① 杨利慧:《女娲的神话与信仰》,中国社会科学出版社 1997 年版,第 153 页。
② 邹文生、王剑:《陈楚文化》,辽宁教育出版社 1998 年版,第 176—178 页。
③ 张翠玲:《西华女娲城调查报告》(上),《民俗研究》1996 年第 2 期。

天的丰功伟绩,常常前来祭拜、绵延千载,香火不断。

传说,女娲修地补天以后,大地上又出现了欣欣向荣的景象,春夏秋冬四季分明,依序去而复来,春光明媚,万物争荣。可是中原一带恶禽猛兽仍然兴风作浪,袭击人类,严重威胁着人们的生命安全。女娲答应了子孙们的请求,斩了黑龙。恶禽猛兽杀的杀、死的死,剩下的被人们驯服,有的成了人类的朋友。人们又过上了快乐幸福的生活。她终于可以长出一口气,想恢复一下因过度劳累而疲倦的身体。

一天,女娲信步来到现在叫思都岗村的地方。仰望她亲手修补的天际,彩霞满天,碧空万里,风轻云淡,观脚下那高岭低埠错落有致。站在此处四眺视野开阔,一览无余。北依广阔的原野,林木葱郁,草绿茵茵,南边与昆山奇峰对峙;一条弯弯曲曲的小黄河由西北向北向东南穿岭而过,水波荡漾。她呼吸着河边送来的阵阵清风和野花芳香,内心感到从来不曾体验过的舒坦。她决定在这里定居下来。

女娲结束了四处奔波,安下心来同伏羲一起教人们捕鱼、打猎、种庄稼;婚配、嫁娶、繁衍子孙后代;又教人们用木棍撑起搭盖棚子,代替穴居。事事都为人们劳心费神。人们的生活住所得到改善以后,她选择一处较为宽广平坦的地段,开始修造自己的住所,把它叫作"城"。此城长宽各百余丈,高八尺盈余,内城外廓,宫寝坐落其间,据考古专家发掘调查至今仍有城遗址和坚实的夯土层。因世人尊女娲为人类始祖,远古三皇之一,该城叫"皇城",后又叫"女娲城"。

女娲城修建以后,周围聚居的人们也越来越多,逐渐形成了女娲统治的中心。那时候人们还没有衣服,御寒靠树叶、兽皮。每逢冬天,东北风一刮,还是冻得难受。女娲想来想去决定在城的北面造三座山挡着风寒。她就给伏羲说明自己想法。伏羲不相信女娲有造山的能力。女娲又说:"我们能造人补天,难道就不能造山吗?不信今天夜里我就能造三座大山给你看。"伏羲不服气地说:"咱俩打赌,如果今夜你能造出三座山,以后啥事都由你做主,如果造不成啥事都由我做主。"时间于次日鸡叫天明为限,说罢离去。

当天夜里,更深人静,女娲不声不响起来,伏羲偷偷跟在她后边,女娲来到女娲城北边,用手抓起三把土,分别放在三处,用嘴各吹一口气,三堆土就"嗡嗡"的发出响声,在月光下,雾气腾腾,慢慢往上长。伏羲打心底佩服女娲的神力,但眼看着三座山平地而起,自己打赌肯定要输,就心生一计,急忙求告天将二郎神杨戬帮忙,让天鸡早叫,二郎神不知何意就指派天鸡"哏哏哏——"三声连叫,地上的鸡也跟着叫起来,霎时间"嗡嗡"声不响了,雾慢慢散了,三座山头冒出地面才几丈高就停住不长了,成三个大土丘,女娲输了,从此以后啥事都由男人做主了。这三个土丘后人称作"三土城"。每逢日晴气爽,斜阳西下,人们都能清楚地看见土丘冒出三股青烟,又称"娲城夕照",为西华八景之一。民国初年,三个土丘被一个盗墓贼挖破,从此再也不冒烟了。1938年黄水淤积加之村民取土烧窑和平整土地,三个土丘挖平了,但现在仍能看清土丘遗址。

女娲做完了造福人类的一切工作,便乘着雷车,驾着应龙、白螭开道,腾蛇护驾,依依不舍地离开人们,归依天朝。而她的肉体留在了"皇城",葬埋在女娲城西的岗岭上。随着数千年自然的变化,朝代更替,山有荡平,河有改道,沧海变桑田,唯女娲陵墓巍然不动。

讲述:李长往;记录:李志军

按:录自《周口神话故事》,学苑出版社2006年版,第29—31页。

第五章　河北省伏羲祠庙

河北省三皇庙较多，而伏羲庙只有3处——新乐伏羲庙、赵县伏羲女娲庙及其分庙龙泉双庙。新乐伏羲庙建在伏羲台上，《魏书》有载，远观之，在华北大平原上非常壮观，自古新乐八景有"羲台晓日"之目。伏羲台又称伏羲画卦台，传是伏羲画卦之地。附近有浴儿池，传是伏羲女娲生儿育女、洗浴婴儿之处。周遭伏羲文化遗迹密集，新乐于是有"羲皇圣里"之称。赵县双庙村的伏羲女娲庙，俗称双庙、哥姐庙或哥哥姐姐庙，庙中有井，功用和龙王庙差不多，主要用于祈雨。

第一节　新乐伏羲台

新乐伏羲台，古称义台、羲台，在新乐市北郊东2公里的何家庄东、吴家庄村北。"伏羲台北有黄山环抱，建立在两河之间的台地之上，又有龙王庙发祥之地的'中同涌泉'之水通过涌泉沟绕其台向东南潺湲而过。历史上浴河流红、长亭烟柳、芳池瑞莲、千秋葫芦头、百亩芦苇荡等景观分布于此，湖光山色，真乃风景秀丽，气候宜人。"① 台上有羲皇古庙，俗称人祖庙。台由夹沙土罗叠堆集而成，分上下三层。底层南北长102.58米，东西宽87.42米，高2.9米；中层南北长89.43米，东西宽64.6米，高2.12米；上层南北长53.68米，东西最宽处23.8米，最窄处17.9米，高4.19米，呈不等边八

---

① 相振稳：《伏羲台的调查记录》，相振稳主编：《伏羲城资料选编》，内部铅印本2001年版，第63—64页。

角形，故台又名八卦台、伏羲画卦台。① 总占地面积 128011 平方米，旧时有一丈多高的土城围绕四周。

台三层相加，总高度为 9.3 米，再加台上的人祖庙正殿，突兀矗立在华北大平原上，方圆几十里之外可以遥观。台上古柏苍翠，更有槐抱槐、槐抱椿古树奇观；台周绿树环绕。"羲台晓日"自古为新乐八景之一。新乐知县林华皖《羲台晓日》诗序云：

> 新乐邑南五里许，有碑作隶，古字云"羲皇圣里"，由碑以北西行十里，丘陵四起，周遭若城，城中有台级以六十四方，以八为伏羲画卦台。台端璃头殿角，复道离宫。高居远览，西倚太行，东临河水，心目所及，与时无尽。独有晨光气清，烟树弗迷，尤称胜概，登者窃拟之泰山观日云。②

2013 年，伏羲台遗址被列为全国重点文物保护单位。

一 伏羲台历史钩沉及伏羲庙建设沿革

伏羲台历史文化积淀深厚，先后出土大量文物。有新石器时代的石斧等，商代的细绳纹灰陶鬲、直沿粗绳纹陶鬲、喇叭口尖底灰陶瓶等，周代的粗绳纹灰陶鬲、折沿灰色粗绳纹灰陶鬲、双耳灰陶壶、折沿红陶鬲、灰陶壶、铜戈等，战国时代的细绳纹灰陶罐、粗绳纹尖底灰陶罐、青铜剑、素面高把铜豆、粗绳纹瓦当等，秦代的灰扁壶等，汉代的灰陶鼎、灰陶钵、人字图案瓦当、回纹图案瓦当、龙纹图案瓦当、细绳纹瓦当等。③ 由这些文物尤其是建筑构件可断定，伏羲台至迟在汉代就有高规格建筑。而有学者以此为依据进一步判定伏羲台伏羲庙汉代即已存在，可能有些失之草率。因为单凭瓦当还真不好判别台上汉代建筑一定就是祠庙建筑。

在文献方面，伏羲台的历史在明代以后比较清晰，而明代之前征引的资料有以下几条：

---

① 相振稳：《伏羲台的调查记录》，相振稳主编：《伏羲城资料选编》，内部铅印本 2001 年版，第 64 页。
② 乾隆《新乐县志》卷 18《续艺文志》。
③ 相振稳：《伏羲台的调查记录》，相振稳主编：《伏羲城资料选编》，内部铅印本 2001 年版，第 72—73 页。

其一，《史记》卷43《赵世家》说："十七年，王出九门，为野台，以望齐、中山之境。"张守节《史记正义》引《括地志》云："野台，一名义台，在定州新乐县西南六十三里。""王"即赵武灵王。今人贺次君辑校《括地志辑校》卷2新乐县目说："野台，一名义台，在定州新乐县西南六十三里。"[1]完全来自《史记正义》。而《史记正义》所引《括地志》为初唐地理总志，唐太宗子魏王李泰领衔撰，贞观十六年（642年）表上，南宋时亡佚。

其二，唐李吉甫《元和郡县图志》卷18定州之新乐县目说："仪台，县西南十三里。《后燕录》曰：'慕容麟与道武战于仪台，燕师败绩。'"[2]《元和郡县图志》和《括地志》同为地理总志，对义台记述略异，名称有"仪""义"之别，道里有"西南十三里""西南六十三里"之别。但很明显，所记是同一对象。

其三，义台在《晋书》中出现1次，见卷124《慕容宝传》；在《魏书》中出现5次，分别为：卷2《太祖纪》、卷14《神元平文诸帝子孙》、卷33《李先传》、卷105《天象志》（2见）。所述都是不同角度的同一件事——道武帝拓跋珪讨伐后燕大胜慕容麟的义台之战，也就是《元和郡县图志》所引"《后燕录》曰：'慕容麟与道武战于仪台，燕师败绩'"。可见义台是军事重镇。《魏书》卷105《天象志》记为"十月，太祖破之于义台坞，斩首九千余级"。直接称"坞"，即义台为坞堡可证。

其四，《魏书》卷106《地形志上》定州之中山郡领县七，其中有新市县，"新市，二汉、晋属。有蔺相如冢、羲台城、新市城"。

对以上资料涉及的野台、义台、羲台，或认为是同一地，《读史方舆纪要》卷14真定府之"新乐城"说：

> 义台，县西南三十五里，《括地志》云："本名野台。赵武灵王十七年出九门，为野台以望齐、中山之境"即此。后更为义台，拓跋珪与慕容麟战于义台，麟大败。魏收志新市县有羲台城。李延寿曰："义台，坞名也。"[3]

---

[1] （唐）李泰等撰：《括地志辑校》，贺次君辑校，中华书局1980年版，第100页。
[2] （唐）李吉甫撰：《元和郡县图志》，贺次君点校，中华书局1985年版，第511页。
[3] （清）顾祖禹：《读史方舆纪要》，中华书局2005年版，第621页。

或认为野台、义台是同一地，而"羲台城"或认为"羲"为"义"（義）之讹。光绪《重修新乐县志》卷1《古迹》说：

> 在县西南，即古野台也。《史记》，王出九门，为野台，以望齐、中山之境。《魏书》，皇始二年道武帝与慕容麟战于义台坞，大败之。《地形志》，新市县有义台城。《括地志》，野台，一名义台，在县境之西南（六）十三里。旧志称，伏羲城在县西南十五里，中有羲台，东西十五丈，南北二十五丈，上有羲皇古庙。其北有洗儿池，相传炎帝生此。盖即义台，后人讹"义"为"羲"，遂附会其说耳！

我的基本看法：一是义台、羲台肯定是同一地，其前身是否就是《史记》所言赵武灵王的"野台"，不能因同有"台"字而贸然断定。万历《新乐县志》卷3《地理志》之古迹将"羲台"和"义台"分列，前者记为"在县西十五里"，后者记为"在县西南三十五里柴里社"有自扰之嫌。二是光绪《重修新乐县志》所辨"后人讹'义'为'羲'，遂附会其说耳！"诚如是，则今伏羲台上的伏羲庙就是因为"义台"讹成了"羲台"而因"羲"而建立的。三是伏羲台秦汉以来既有城垣，是军事重镇。四是即便是"义台"讹成了"羲台"其伏羲庙的设立不会晚于元代，[①] 明代郑一麟《羲台》有句"登台上觉远峰低，古庙相传祀宓羲。人过祷祈香自爇，碑看剥落字难知"可证。[②]

明代伊始，伏羲台伏羲庙规模和重修情况见于史志碑刻。明嘉靖二十五年（1546年）王思义所撰《伏羲台庙碑》勾勒伏羲庙规模：

> 厥今所见，所谓伏羲台庙者，厥台高约丈五，周一百九十五丈。厥庙殿五间、寝三间，厥门三间，司香火者大小一十五间。厥庭厥阶，厥墀几物，台庙所占泊香火地总约五十三亩，不知肇之。[③]

[①] 20世纪90年代伏羲台新建伏羲大殿，或在石柱上刻"元大德五年三月，瓦刘三"，糊弄了不少喜欢引用"考古"资料的人。事实上题刻书法拙劣，"刘"完全是现在使用的简化字。
[②] 康熙《新乐县志》卷17《艺文志》。
[③] 相振稳主编：《伏羲城资料选编》，内部铅印本2001年版，第251页。

明万历九年（1581年）三月十三日至万历十一年三月十八日，民众集资重修伏羲庙配殿三司圣母殿，重修殿宇三楹，增添庑厦三楹。陈所学所撰《重修三司圣母殿宇记》碑有载。明万历十三年至万历十九年（1585—1591年），新乐县令张正蒙、赵一经先后主持重修，住持道人阎然海等募资辅佐，据苗遇时所撰《重修新乐县伏羲庙记》碑记载，重修后的伏羲庙规模如是：

> 台象八卦屹屹然，庙成具瞻巍巍然，廊祠门垣冈不翼翼秩秩然。而冠裳之骏奔，俎豆之登荐，又足延千万祀而无穷极焉。①

同时完善祭祀制度，"既以本乡之集税办供牲帛庶品以祭，永为成规"。

明代伏羲台伏羲庙多次重修，出土文物有伏羲正殿戗脊琉璃脊筒、伏羲正殿垂脊琉璃脊筒，伏羲正殿琉璃勾头、伏羲正殿琉璃滴水等。明陈所学《人祖庙颂歌》说：

> 树茫茫，翠柏苍苍，鸟草撵飞，殿宇雕梁。珊瑚映碧，水晶浮光。依稀乎，雾镇蓬莱；仿佛乎，日丽天堂。遥而睇之，不营斗牛月窟；近而视之，一如王者宫墙也，所谓燕赵中第一仙官者。②

万历《新乐县志》卷3《地理志》说：

> 羲台，在县西十五里。碑字剥落，不可读识。有城，见《魏书》。今城废，遗址屹然。其台高一丈八尺，东西阔十五丈有余，南北二十五丈。上有羲皇古庙，旭日初升，红光照映独先，后复绕以浴水，稻田错落，诚一方之胜概也。名公登游，多所题咏。

这段资料康熙《新乐县志》、乾隆《新乐县志》原文照录，视为伏羲台的标准介绍资料。

清顺治十七年（1660年）新乐县令林华皖主持整修伏羲庙，王崇简所撰《新乐县重修伏羲庙记》碑有载。但此碑大赞林华皖的政绩，对重修规模只字

---

① 万历《新乐县志》卷9《艺文志》。
② 相振稳主编：《新乐古诗文》，内部铅印本2001年版，第20页。

未提，实情不得而知。

清乾隆十二年至二十五年（1747—1760年），功德主刘长、道人饶清景等募资重修伏羲庙，新乐县令马绶捐资支持。先后共集资"千金"（1000两银子），清乾隆二十五年毕其功于一役。据《建立重修伏羲庙碑》（撰者姓名因碑文漫漶失考）记载，重修后的伏羲庙：

> 故于此境望之巍然而高耸者，台也；渊然而静深者，池也；峻宇雕墙、撑飞鸟革者，伏羲庙也。登其台，清风徐来，衿袂而生凉，临其池浴水流红，赤草而生光。入其庙者，睹其圣像，宛然而如在。猗然休哉！诚新邑一伟观也，有令人流连不忍去。非功德主诸君子乐善不倦、尽心竭力，焉能庙貌更新以后其左哉？①

据伏羲台所存清乾隆四十三年（1778年）残碑记载，乾隆四十二年至四十三年伏羲庙又经修葺，

> 伏羲台之诸庙倾圮，诸若关帝、龙王、药王、马王、伏羲后宫以及娘娘、太尉等殿共七处有余，修葺破败，□固坚实……是役也，始于丁酉之秋，落成于戊戌之春。②

清嘉庆十九年至二十四年（1814—1819年），伏羲庙住持道人张靖瑞、张靖文等会同举人张仲等募资重修伏羲庙。据谢诚所撰《重修伏羲庙记》记载：

> 自我朝乾隆戊戌补葺，而后又复历有年，风雨摧残，庙貌渐就倾圮。有道人刘忠让者，命其徒张靖瑞、张靖文来守是庙，誓愿募化重修，本乡举人杨仲及诸君子与四方众善信捐资相助，抡材鸠工，次第从事，前后越六寒暑，而功始告竣，盖其艰哉！③

清道光十七年（1837年）始，住持道人赵得旺等募集重修伏羲庙经费。道光

---

① 相振稳主编：《伏羲城资料选编》，内部铅印本2001年版，第262页。
② 碑存伏羲台。
③ 相振稳主编：《伏羲城资料选编》，内部铅印本2001年版，第263页。

二十年至二十一年，完成对伏羲庙的整修。据残存《重修伏羲台碑记》记载：

> 善信则戴月披星，不辞辛劳，冲风冒雨，不惮劳勤，忍饥渴，历寒暑，重修二载有余。①

清同治九年至十二年（1870—1873年），住持道人刘礼禄等募资重修伏羲庙。据刘燕所撰《重修伏羲台碑记》记载：

> 自道光辛丑岁重修而后，迄今数十载矣。雨摧风飘，渐近圮颓，非为续加补葺，何由永何无替。道人王礼禄住持于兹，览其形势，不忍坐视，因此煮茗与合乡议及此举。幸人心不忘祖德，各怀义气，慨然任事，遂各施钱文，多寡不一。以倡其始而又不惮勤劳，遍及四乡，叩化善信，备众力之小补，裹一方之胜事。修废补坠，三载有余，功始告竣。②

清代的重修，乾隆之前官方主持，乾隆之后多由民间集资进行，从中可见清代伏羲祭祀渐次败落的状况。

关于伏羲庙民国以后的情形，据新乐市何家庄李兰庆老人回忆："小时候去赶庙会，记得除了正殿，还有很多偏殿，听说有81间。每个殿里都供奉着神像。我记得，东边殿里是风神娘娘，中间是马王诸神，西北角上有送子观音，正西还有关公的像。1948年以后，庙里的佛像就不见了，只剩下了庙宇，到'文革'时期，庙也被拆掉了。只剩下外面四周的土城，我只记得村北边有土城墙，现在已经倒塌了。虽然庙没了，但庙会一直都没断。说是庙会，也是农具展销会，后来叫物资交流会。凡是农村过日子用的东西，像盖房用的石料什么的，都可以在庙会上买到。"③

20世纪50年代，伏羲庙配殿全部拆除。新乐县政府安排林业部门利用庙产进行林果试验，并改建人祖庙以适应林业作业生产。"文化大革命"后期龙师殿、寝宫被拆除。

---

① 相振稳主编：《伏羲城资料选编》，内部铅印本2001年版，第265页。
② 相振稳主编：《伏羲城资料选编》，内部铅印本2001年版，第264页。
③ 刘青：《传统庙会何去何从 传统庙会的文化气息能否延续》，《燕赵晚报》2008年3月30日。

1985年，新乐县文物管理所成立。1990年，落架重修伏羲台山门（又称十王殿）。1995年，伏羲正殿悬启功先生所书"亘古一人"贴金匾。1993年，新乐撤县建市，之后，市委、市政府规划建设伏羲文化城，投资重建伏羲正殿、后殿，扩建八卦台，制作安装汉白玉栏板，新建伏羲业绩展室，树立起古旧碑刻10通，建设从市区通往伏羲台的专程公路。1994年，复建寝宫龙师殿，仿明建筑。1995年，新建伏羲女娲业绩展室颂羲堂。同年，维修加固伏羲画卦台，制装汉白玉石栏板。同年，修复伏羲台北侧浴儿池、葫芦头、浴池亭。1996年，在伏羲台周围修建保护围墙，长4800米。新修仿古门坊。2002年，新建钟亭、鼓亭。同年新乐市委、市政府决定以伏羲台、人祖庙为核心，着手兴建伏羲文化园。2004年，复建华胥殿（俗称老娘殿）。

二　伏羲台建筑布局及其主要建筑简介

伏羲台的主体建筑是坐北朝南的人祖庙正殿六佐殿、龙师殿和伏羲女娲寝殿。高台以泥砖糙砌防护，台上制安汉白玉石栏板，台中轴线南端和八卦台东西两侧设有三个十八级台阶。台的南端为元代建筑十王殿，中轴线两侧为钟鼓楼和华胥庙（俗称老娘殿）、雷公庙、东西朝房等建筑。

山门　亦称十王殿，系元代建筑，面阔三间，进深一间，七架梁，悬山顶青布瓦。

图12　新乐伏羲台山门

六佐殿 面阔三间计12.84米，进深二间计8.76米，通高6.5米，悬山青布瓦顶。现存梁架大部分是元代或元代以前的遗物，结构为两柱七檩七架梁，所用大木表面不加斧凿。四根金檐柱用当地黄山石，斧凿为粗面不等边八角形状，古朴壮观。

龙师殿 为伏羲正殿，1994年复建。面阔三间计18.45米，进深一间计15.5米，通高13米。四周有八角回廊，重檐歇山绿琉璃瓦顶建筑，第一层平面呈不等边八角形，象征伏羲先天八卦。殿内供奉伏羲坐像。

寝宫 在龙师殿后，1994年复建。面阔三间，进深一间，通高7.76米。单檐歇山绿琉璃瓦顶，梁架结构为两柱七檩七架梁。殿内供奉伏羲女娲坐像。

华胥殿 俗称老娘殿，2003年复建。面阔三间计13米，进深一间计6.9米，通高7.55米。歇山青布瓦顶建筑，前檐明间施五抹隔扇，东西两次间施槛窗。

颂羲堂 1995年新建，为伏羲、女娲业绩展室。面阔五间，进深一间，水泥仿木结构，油饰彩画为仿明代雅五墨式样。

附：浴儿池

在伏羲台北，传为伏羲女娲兄妹成婚，生儿育女，洗浴婴儿之处。"浴儿朱草"或"浴池流红"为新乐八景之一。万历《新乐县志》卷2《地理志》说：

> 在羲台庙后，与浴河合，俗传伏羲生人洗身之处，故名。至今水流红艳，草偃赤光，名公游览，多留题咏。

明代建有凉亭，天启五年残碑有《伏羲浴儿池重建新亭记》。《读史方舆纪要》卷14真定府新乐城条引《寰宇记》说：

> 县西十五里有伏羲故城，中有羲台，台后有洗儿池，相传炎帝生此。

按：羲台后的洗儿池传说是伏羲女娲洗儿之所，"相传炎帝生此"应是非主流传说。又，清崔生华《浴儿朱草》诗序说：

羲台以北一里而近，有亭翼翼，数柳绕之。小桥水曲、稻畦十亩之间，一池规方，澄沏可濯者，浴儿池也。称伏羲生身处，亦称人祖生人处。人始生浴于斯，故水中至今间生朱草，即张华《博物志》所载"和气相感，则生朱草，仁主寿昌，民延寿命，天下太平者"是也。①

又，光绪《重修新乐县志》卷1《古迹》说：

洗儿池，在羲台后。俗传伏羲生人洗身之所。按，县有浴河、有义台，讹"义"为"羲"，遂多牵附。旧志谓"水流红艳，草偃赤光"，皆文饰之辞也。

按：光绪《重修新乐县志》所记属崔述式的考信派，对传说多所辩难。但不可否认，浴儿池是和伏羲台相关联的名胜，历代文人多有题咏。

1993年，新乐市伏羲文化城建设委员会复兴浴儿池、凉亭岗，有《复修浴儿池、凉亭岗浴池亭记》记其事，录如下：

相传很久很久以前，洪水漫世，人类灭绝，唯伏羲、女娲兄妹幸存，顺水漂流至此。二人成婚，生一肉蛋，用菅草刺开，有男女婴儿，以池水洗浴，水染红色。从此，这里再长出的菅草叶呈红绿各半，池水呈红色。

明万历年间碑文记有："以今观洗儿池，水流红艳，草映赤光，古迹昭昭可睹，其传信不诬也。"因年久日长，原浴儿池水早已干涸，刺孩草也已绝迹，凉亭岗也坍塌荡平。一九九三年一月新乐市人民政府作出建设伏羲文化城决定之后，为保护文物古迹，于一九九三年由新乐市水利局筹资，对浴儿池进行了复修建设，重新堆砌起凉亭岗，建起浴儿池。刺孩草又于一九九三年应运而生，从此古迹再现原貌复然。②

三　伏羲台庙会

相传农历三月十八为伏羲诞辰日，每年这一天伏羲台周围民众朝圣祭祖，

---

① 乾隆《新乐县志》卷18《续艺文志》。
② 相振稳主编：《伏羲城资料选编》，内部铅印本2001年版，第267页。

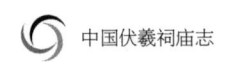

逐渐形成壮观的伏羲庙会。乾隆《新乐县志》卷9《礼乐志》说：

> 伏羲庙，在县西十五里羲台上，旧每岁三月十八日县官止具香楮一谒。万历十一年知县赵一经创祀典云。

说明伏羲祭祀从来都是官方民间共祀，赵一经的"创祀典"可理解为礼仪规范化、正规化。庙会期间，或做买卖，或上香祈福，或五行杂艺，人山人海，热闹非凡。既是祭祖活动，又是物资交流大集。新乐旧方志对此多有记载。清初新乐知县华林皖《登羲台记》说：

> 每岁暮春中浣八日，有司、绅士设宴台端，致祭庖羲，饬庖人治，庖必蠲洁，勿忘太古始制饮食之人，庶几能见圣于羹乎。是日也，俗称伏羲诞日，亦称羲台庙集。赶集者不惟新乐之人，即远迩邻封彼都人士，咸毂击肩摩而骈臻焉。吾谓此熙熙攘攘而来者，溯厥初生，皆当念伏羲为鼻祖，则今日集上诸凡年长者，皆当视之以伯叔；诸凡齿稚者，皆当视之以弟侄，眼前大众谁非毛离里之人？夫亦可以感悟而不忘其本矣。返本则知仁，知仁则相睦，相睦则不争，不争则无讼，而政以简，而俗以淳，太平可致，皆自羲台庙集始。①

另，王崇简《新乐县重修伏羲庙记碑》说：

> 每岁暮春十有八日，新市一百有八村之人咸牵车牛，治粢黍，赴羲台，如闻亲戚姻娅厥初生子，虽农忙之际必奔趋以相贺。②

庙会上最富特色的当属伏羲台附近何家庄和武家庄庙前搭戏台唱"对台戏"，赢的一方获祭祀贡品——卷子、馒头一箩和杀好的整猪一头。③

2000年始，地方政府在庙会期间不定期举办伏羲文化节，古老的人祖庙会已成为新乐市的一项重大的文化商贸活动。2008年的第四届伏羲文化节由

---

① 光绪《重修新乐县志》卷5《艺文志》。
② 光绪《重修新乐县志》卷5《艺文志》。
③ 刘青：《传统庙会何去何从 传统庙会的文化气息能否延续》，《燕赵晚报》2008年3月30日。

石家庄市人民政府主办，节庆当日，吸引了包括韩国、日本、加拿大等国际友人在内的 11 万人参加，包括《人民日报》《朝日新闻》等在内的国内外 32 家媒体集中报道活动情况。2011 年，新乐太昊伏羲祭典被列入第三批国家级非物质文化遗产扩展项目名录。

四　碑文选录

伏羲台上现保存有明清时期碑刻十余通，多为重建碑和功德碑。重要者有明嘉靖二十五年（1546 年）王思义所撰《伏羲台庙碑》、明万历十一年（1583 年）陈所学所撰《重修三司圣母殿宇记》碑、明万历二十一年（1593 年）苗遇时所撰《重修新乐县伏羲庙记》碑、清顺治十七年（1660 年）王崇简所撰《新乐县重修伏羲庙碑》、清乾隆二十五年（1760 年）《建立重修伏羲庙碑》、清嘉庆二十四年（1819 年）谢城所撰《重修伏羲庙记》碑、同治十二年（1873 年）刘燕所撰《重修伏羲台碑记》等。

（明）苗遇时《重修新乐县伏羲庙记》

邑西南何家庄之东隅，伏羲庙在焉。台榭奇耸，河水潆滞，诚一方胜概云。顾断碑岿然露天之下，苔藓蓊翳，字尽漫漶，其由来莫得考镜。父老相传，帝尝寓此生人，所以有庙。以今观，洗儿池水流红艳，草映赤光，古迹昭昭可睹，则其传信不诬也。第岁久，台庙就圮，往往来吊古者叹。

万历甲申三月十有八日，复值帝诞辰，四方以香火至者踵接肩摩。邑侯赵公一经亦往谒之。一登临，辄恻焉动容，慨图葺理。乃谕邑庠禀员张子羽、李子化龙暨义氓李定、马宗义捐赀倡修，住持道人阎然海募缘佐之。一时共事者若解秉彝、默容、李善、祖希圣辈，举相殚厥心力。越明年四月，工始告成。

无何，侯犹以礼祀未肇为缺典，既以本乡之集税办供牲帛庶品以祭，永为成规。迨万历庚寅，张侯继至，乃增希其所未备，润色其所未周，众乡佥以盛举为快，嘱余为记。余窃惟神恍于幻冥则慢，起工费于不赀则惮，生人情也。乃今财罔输之罔不输，力罔鸠之罔不趋，众罔纠之罔不协。台象八卦屹屹然，庙成具瞻巍巍然，廊祠门垣罔不翼翼秩秩然。而冠裳之骏奔，俎豆之登荐，又足延千万祀而无穷极焉。岂帝在天之灵阴以鼓舞乎？人如此耶？

抑开物成务之德深入人心而人自为鼓舞也。噫嘻！帝德诚弥久弥光，赵、张二侯以下庶人几知极德者矣。是为记。

张侯，讳正蒙，别号菊轩，山东历城人，登隆庆丁卯乡举。赵侯，讳一经，别号方塘，山东胶州人，登嘉靖乙卯乡举。御马监太监孙朝侄百户孙钦，尚膳监太监张用。

大明万历二十一年岁次癸巳冬十月廿日之吉。今万历二十七年五月吉立碑。

按：录自光绪《重修新乐县志》卷5《艺文志》。原碑立伏羲台。高232厘米，宽92厘米。无碑首，字迹模糊。

苗遇时，明新乐人。贡生。曾任曲沃县县丞。

（清）王崇简《新乐县重修伏羲庙记碑》

岁戊戌春，予同阿少司马奉钦命赈恤恒山、钜鹿诸郡，道出新市，登伏羲台，见其庙有古色。民多受赈，余心恻然。

越岁庚子冬，新市田间父老来都下，以重修伏羲台庙故，求余撰文勒之碑。余曰："庙何以至今始修之？"曰："新市居九省之冲，轮蹄络绎，民有差徭无宁晷。兼以历年水涝冰雹，伤残我禾稼，家且弗给，遑及庙宇。今林侯之治吾邑，均徭役，杜遮免，浚沟渠，兴水利，革杂派，绝赎锾，招逋亡，辟荒土，给种稑，付耕牛，缓追征，代赔解，新市之民始得有余暇登台而乐之。台以上树木苍茜，气象凉爽，为劳农乘阴休息之地。是岁，田工方兴，有牧人停午而惫，寝于台之侧，梦庙之神告曰：'惟上帝鉴尔侯之诚，为尔等请命，今岁不遣水涝冰雹来尔土。尔等有秋，其鼎新我庙宇。'醒而告于众。是岁，秋果大熟。众于是始有修庙之举，不数月而工告竣，请为文以纪之。欲神之奏格年年如今岁之收，亦欲使后之宰吾邑者人人如今林侯之惠也。"予闻父老言，心欣然曰："有是哉！可与言仁矣。天地之大德曰生，而仁者生之始，庖羲氏始生人，始养人，故称人祖者，为仁之祖也。"

自庖羲氏至于今，四千六百有余载，若此其远也。每岁暮春十有八日，新市一百有八村之人咸牵车牛，治粢黍，赴羲台，如闻亲戚姻娅厥初生子，虽农忙之际必奔趋以相贺，又若此其近，何也？报所生，报所养，虽千万年如一日，惟其仁至，是以近也。神之告，牧之梦，水不灾，秋大获，皆仁之所感召也。赛之报，诞之庆，庙之修，铭之勒，皆仁之美风俗也。今天下为良，有司无他道，惟与小民最亲切痛痒，动关至性，即一事之细，一念之间，皆祈于物有济，推而行之，仁之泽弘矣。庶无负圣天子仁慈遣官恤民至意。余爱笔而寿诸石，以垂永久，即谓与天下后世言仁也可。有能一日为体仁之学者，即谓千圣万贤皆自今日始生也可，何但伏羲哉！

林侯，讳华皖，闽中莆田人，盖其先世多以仁德显云。

顺治十七年岁次庚子冬十一月吉旦

按：录自光绪《重修新乐县志》卷5《艺文志》。原碑立伏羲台。高259厘米，宽87厘米。保存基本完好。碑题款"太子太保特进光禄大夫礼部尚书前吏部左侍郎国史院学士都人王崇简撰文"。

王崇简（1602—1678年），明顺天府宛平（今北京市）人。明崇祯十六年（1643年）进士。历任秘书院检讨、国子监祭酒、弘文院侍读学士、詹事府少詹事、吏部侍郎、礼部尚书等职。著有《青箱堂文集》《青箱堂诗集》。

（清）建立重修伏羲庙碑

遐览名胜之区、往古之迹，凡创立兴修，每纪年纪事纪人勒诸金石者，不时相与乐其成，实以俾后之览者，亦将有□于斯文□。

新邑之西南隅何家庄，有太昊伏羲氏之庙，其台榭池沼，相传已久，第断碑零落，未悉创立何年，而考之邑乘，亦若是云。惟所载明纪，万历甲申年邑侯赵公往谒，慨其墙垣倾圮，喻令绅士修葺，并等禋祀之举，有赞府苗公之记，彰彰可考也。

计自万历甲申，以迄国朝乾隆丁卯，相逾已一百四十年矣。为时已久，风雨摧残，庙貌不克如故。自乾隆十二年，适有道人饶清景募化，功德主刘长与诸君子祖庭几、阎恪、韩文炳、李因、李秀凤、李梅枝、李进道、李仲文、韩君、李进财、张亮、李秀、李茂才、李士豪、胡龙、李武科、李铎众善人，又恳祈县尊进士马公，公允其所请，捐清俸五十金，余捐清俸十金。后四处募化七百余金，尚不足用。刘长出资财三百余金，诸君子各施资财，多少不一，共千余金。遂相与踊跃，鸠工庀材，子来其事。越数月，功已告竣，尚余勒之贞珉。

去岁八月，金石既备，诸君商于余曰：年不可泯也，事不可没也，人不可遗也，请书共文，以垂永久。余缘其请故，于此境望之，巍然而高耸者，台也；渊然而静深者，池也；峻宇雕墙、撑飞鸟革者，伏羲庙也。登其台，清风徐来，衿袂而生凉，临其池浴水流红，赤草而生光。入其庙者，睹其圣像，宛然而如在。猗然休哉！诚新邑一伟观也，有令人流连不忍去。非功德主诸君子乐善不倦、尽心竭力，焉能庙貌更新以后其古哉！爰因其事而为之记。

大清乾隆二十五年岁次庚辰癸未十九辛卯榖旦，文林郎知新乐县事进士马绶。儒学教谕申讷。训导钱万选。

按：碑立伏羲台。高200厘米，宽86厘米。形无碑首，字迹基本可辨。撰者姓名因题款处字迹磨灭而不可考。

五　散文诗歌选录

（清）林华皖《登羲台记》

由新市县治西行四五里为赵家村，西望十里许，若城若山，若楼若阁，巍然云际，为伏羲台。登台高眺，北佩恒岳，右带太行，若挹浮丘之袖，而拍洪崖之肩，舆洗焚香，谒帝左右，容彩四射，同瞻拜者俱在光中，与天为游，故新市八景之一曰"羲台晓日"。盖取诸"沐日浴月"象帝之光也。

吾谓自伏羲生人以来，人人有此至性，亦各有此一点灵光，所谓日月在躬，志气如神者，即举以对伏羲。若以水映水，并无差别，则何人何处不可以见伏羲，又何独归新市欤？且帝服冕琉衮衣，从官簪组甲胄，便殿后宫图绘，侍御服食器用雕镂宝色，皆后代所尊崇而加丽之，伏羲时原未有此。按伏羲生于成纪，有星流华渚之祥，今秦州成纪县有画卦台，雪后犹见卦痕，又何复见新市欤？及考新市《旧志》云，伏羲曾寓此生人，故有庙。方知秦中纪帝自己所生之地，新市纪帝寓此生人之地，亦各不诬矣。

每岁暮春中浣八日，有司、绅士设宴台端，致祭庖羲，饧庖人治，庖必蠲洁，勿忘太古始制饮食之人，庶几能见圣于羹乎。是日也，俗称伏羲诞日，亦称羲台庙集。趋集者不惟新乐之人，即远迩邻封彼都人士，咸毂击肩摩而骈臻焉。吾谓此熙熙攘攘而来者，溯厥初生，皆当念伏羲为鼻祖，则今日集上诸凡年长者，皆当视之以伯叔；诸凡齿稚者，皆当视之以弟侄，眼前大众谁非毛离里之人？夫亦可以感悟而不忘其本矣。返本则知仁，知仁则相睦，相睦则不争，不争则无讼，而政以简，而俗以淳，太平可致，皆自羲台庙集始。

邵尧夫云："人当从羲皇心地上驰骋。"又云"古有伏羲，今日如睹其面焉"之语也。吾请勒铭台右，以告后之登斯台者。

时顺治十七年三月，新乐县知县加一级闽莆林华皖撰。

按： 录自康熙《新乐县志》卷17《艺文志》。

林华皖，字凝山，清福建莆田人。顺治十四年至康熙二年（1657—1663年）任新乐知县。任内修学整河，整修伏羲庙，倡修县志，多有政绩。著有《治鲜集》3卷。

（明）郑一麟《羲台》

登台上觉远峰低，古庙相传祀宓羲。人过祷祈香自爇，碑看剥落字难知。九州永别无名代，八卦初成有象时。元气淳风漓日久，徒瞻圣象一兴思。

按： 原诗题后注"上有牺皇庙"。录自万历《新乐县志》卷9《艺文志》。郑一麟，明绍兴人，曾任井陉县参政。

（明）杨浚《羲台》

崇台留古庙，题匾号羲皇。旭日扶桑出，流霞院宇光。
画卦前民用，为宫万姓康。乡邦仰人祖，千古沐休祥。

按： 原诗题后注"上有羲皇庙"。录自万历《新乐县志》卷9《艺文志》。杨浚，字德深，明忻州（今山西忻县）人。举人。弘治十九年（1506年）任新乐知县，有政绩。后升两淮盐运司副使。

（清）林华皖《羲台晓日》

离台悬树杪，谒帝出朝烟。臣愧黄农后，道参点画前。
扶桑看此日，沧海定何年？欲问生人祖，长生诀谁传？

按：录自乾隆《新乐县志》卷18《续艺文志》。

（清）刘雪《羲台晓日》

曙日生苍海，金光射石台。云栖当槛树，碑积历朝苔。
画壁丹青古，先天气象开。千秋登眺者，共是圣人胎。

按：录自乾隆《新乐县志》卷18《续艺文志》。

（清）郝应第《羲台晓日》

人处羲皇世，同登八卦台。俯观溪水曲，平倚太行回。
岁久螭头碧，风移鸟篆猜。自从新庙貌，群望古风来。

按：录自乾隆《新乐县志》卷18《续艺文志》。原诗题后注有小注："旧志推为第一，惜残碑埋于瓦砾久矣。岁辛丑，林父母始鼎新，喜而赋。"

郝应第，字苇村，明末清初河北新乐人。崇祯十二年（1639年）举人。曾任太谷知县、镇江知府等职。

六　民间传说选录

伏羲与女娲的传说

在很久很久以前，伏羲女娲父母早亡，男耕女织，相依为命。

一天，女娲送饭路过桥头的石狮。见石狮两眼血红，样子吓人，忙问其故。石狮告诉她："马上就要天塌地陷了。日落之前，你兄妹俩务必骑到我的背上，不可有误。"日落时分，二人疑疑惑惑来到石狮旁，刚爬到狮子背上，一声巨响，天崩地裂。大地摇摇下沉，洪水铺天盖地，瞬间，变成一片汪洋。

洪水过后，天下没了人烟，只剩兄妹二人。到了婚配年龄，女娲提出与哥哥成婚。伏羲不依，二人商定，各抱石头一块从山上往下滚，若合在一起，证明是天意；若不然便不能成婚。说罢，各滚石一块，随着咚咚的撞击声响，两块石头珠联璧合，天衣无缝，兄妹俩亦即结为夫妻。

次年春天，万物复苏，百草萌生，女娲怀孕。至秋收季节，女娲生下个大肉蛋。伏羲认为是个不祥之物。就把肉蛋扔到野外的涌泉边。没料想，肉蛋落地就滚动起来。伏羲觉得奇怪，顺手掐了一根菅草，把肉蛋划开，跳出一群娃娃，从赵钱孙李报起，整整一百个。这一百肉娃都在水池里洗了个澡，齐刷刷地跪在伏羲面前。此池便是浴儿池，池旁的菅草皆为红色。康熙《新乐县志》记载："伏羲台以北一里而近，有亭翼翼，数柳绕之，小桥水曲，稻畦十亩之间一池规方，澄澈可濯者，浴儿池也，即人祖生人处。人始生，浴于斯，故水中至今间生朱草。"有诗志之："自与群芳异，光摇水上天。赤文千古晓，奕叶几茎妍。露浥含香润，风行书带联。于今占瑞色，又向圣人前。"

伏羲死后，每年的三月十八，人们都要往坟上撒一把黄土。日久天长，黄土堆积如山。

唐朝显庆年间（656—660年），南方连年大旱，庄稼全部枯干。这年初秋，忽降暴雨，可种什么庄稼也晚了。正当人们为饥饿焦急万分之时，来了一位推独轮车的老者，大个方脸，留着三绺长髯。车上装着半袋三角黑棱，口称："此是荞麦种，秋种能秋收，能吃能救命。"人们在绝望中看到了希望，争相赊购，却总也买不完。人们问他家住哪里，等收获后还种。他手捋长髯一笑："家住直隶真定府，何家庄村有门庭，若是日后有难事，可找姓人的来帮助。"

秋后，遍地荞麦大获丰收，家家户户囤满囤流，为了报答救命之恩，家家户户加倍还种，大车拉小车推来到新乐何家庄。一打听，方知人祖已去世多年。于是，人们把送来的荞麦换成香纸，焚烧在人祖坟前。此后，每年的三月十八日，南方人也来烧香还愿。

至明朝开国皇帝朱元璋统一天下后，政通人和，百废俱兴。皇帝顺乎民意，念人祖生育之恩，救民之情，派军师刘伯温督工，在何家庄村东修了一座人祖庙。

自此，前来烧香还愿的，上至宫廷大夫骚客游人，下至绅士信徒平民百姓，不可计数。

按：录自新编《新乐县志》，中国对外翻译出版公司1997年版，第549—553页。

浴儿池与剌孩草

伏羲、女娲推石成婚，结为夫妻，自然要备些干鲜果品、鱼虾野味，夫妻对坐，庆贺一番。

虽是兄妹结合，也难免做些夫妻恩爱之事。过了些时日，这女娲渐渐闹起病来，整日里食不甘味，口吐酸水，不知是个啥滋味，今人知道乃女娲受孕之兆。你想这兄妹二人见曾未见，闻曾未闻，哪知道这是什么症候，只急得伏羲无奈，替妻着急，终日细心侍奉，也不见有多大好转，只见女娲肚子慢慢隆起，这症候才渐渐消失。

十月怀胎，一朝分娩。这女娲怀胎已满十月，终不见有分娩的预兆。直到怀胎千日，腹内才慢慢蠕动，似有生产之感，伏羲急做准备，盼望儿女降临。谁知女娲经过一阵疼痛之后，产下两个肉蛋来。你想这兄妹成婚，近亲婚配，焉有不生怪胎之理。伏羲看着两个肉球，非男非女，着急气愤，猛抓起两个肉蛋，意欲出门抛弃。女娲急问意往何处，伏羲说道："把这两个怪东西扔进西边池塘。"说完疾步向池塘走去。女娲见状也紧跟着来到池塘边上，用力一甩，那肉蛋一个骨碌碌滚进水里，一个在岸边跳来跳去。伏羲见状心生诧异，就顺手在地上采了一根菅草叶，将肉蛋剌开，看个究竟。就让女娲将肉蛋按住，用菅草叶在肉蛋上剌过。谁知这一剌，肉蛋自动裂开，里面跳出百个小男孩来，伏羲觉得奇怪，想那个肉蛋里也一定有小孩存在，急忙从水中捞出，同样用菅草叶剌开，里面走出百名童女，急将这百名童男童女在池中洗去胎血。这百名童男童女生来就会说话走路，齐刷刷站在伏羲、女娲面前。伏羲、女娲见状，自是高兴万分，一一为他们指名配姓、男女婚配，结为夫妻，生儿育女，繁衍人类。伏羲、女娲吩咐他们，因女肉蛋在水浸泡，故女人身单力薄，在家中操持家务，男子身强力壮，在田间劳作。

如今在新乐市人祖庙西北处有池塘,传说为伏羲、女娲为婴儿洗血之处,俗称浴儿池。这浴儿池自洗过婴儿后,池水变红,长流不止。"浴河流红"成为新乐古迹八大美景之一。那刺肉蛋用过的萱草,也与别处不同,那萱草半边红、半边绿。红的那边是刺肉蛋用过的那边,沾上了血,另一边未用,仍是绿色。"羲台芳草"之名由此而来,亦为新乐古代八大景观之一。如今只有人祖庙附近有这特种萱草,其他地虽有萱草,但没有半边红、半边绿者。

讲述人:胡银来,56岁,初中文化程度;整理:李瑞祥。

按:录自相振稳主编《伏羲台的传说》,2001年内部铅印本,第17—19页。

第二节 赵县双庙

一 双庙历史沿革考述

赵县双庙,本名人祖庙,又称伏羲女娲庙,俗称哥姐庙或哥哥姐姐庙,在赵县县城北8公里的大章乡双庙村。所谓双庙,是因为伏羲女娲各立一庙,两庙并排,故而称之。

隆庆《赵州志》卷4《祠祀》说:

> 龙井庙,在州北一里,金大定四年州民李通建。正统五年州判章纶重修,井旁有二庙相并(俗呼双庙),世传有龙潜于底,遇旱祷之辄应。
> 元太常院奉礼郎屈敏中《祷雨记》曰:赵有二祠……

康熙《赵州志》记载几乎完全承袭以上记述,所不同者,没有引屈敏中碑文,只说"元太常院屈敏中记其事";另加一句"岁时祭之",这是说清朝初年的祭祀情形。另,光绪《直隶赵州志》卷3《建置》说:

> 龙神庙二,一称龙王堂,故名龙泉双庙,在北门外里许。中庭一井,

素著灵应。有元皇庆元年碑。明万历五年重修（有碑记），四十七年又重修，并置赡田（有碑记）。崇祯元年重修（有碑记）。国朝康熙十三年有祈雨碑。

不论是"隆庆志"的龙井庙还是"光绪志"的龙神庙，所记都是同一祠庙——赵州北郊东宴头村龙井庙。而这一祠庙也有"双庙"的称谓，原因是"井旁有二庙相并"。"光绪志"称作"龙泉双庙"还是因为庙内的那口"素著灵应"的井亦名"龙泉"，据屈敏中《祷雨记》，双庙所祀，一名懿济圣后，一名显泽大王。

我们前面所述大章乡双庙村的双庙在明清"赵州志"上均未提及，但据民间传说，双庙村双庙和赵县北郊东宴头村龙井庙（即龙神庙）有连带关系。说以前历任赵州知州每遇干旱即前往双庙求雨，做完祭拜仪式回旧州衙，每至州北之东宴头村，便大雨倾盆，淋得上官狼狈不堪。如此者再三，便认定东宴头有神灵，而此地又正好有一井，于是便在此建庙，求雨之事便就近进行。至于何时在双庙村双庙之外，又建了东宴头双庙，谁也说不清，有言在元代者。据说东宴头新建庙宇时，将原双庙的大铜钟、碑碣一并迁往。这就是说在双庙创建之后，在东宴头又分出一院双庙，而因东宴头双庙地近州城，"领导"求雨方便，使之后来者居上，"双庙龙泉"列为赵州十景之一。明陆健有诗曰：

　　庙合联孤径，城阴带晚钟。空泉怜玉甃，春雨足神龙。
　　畎亩天王地，粢盛万国农。野云抵栋白，碧草白春茸。[1]

于是双庙村的双庙不为重视，"赵州志"上也就没有了名分。前面所引两段资料，不论是关于"龙井庙"还是关于"龙神庙"实际上和双庙村的双庙都有干系。对比两段资料记载的庙的重建情况，并无"交集"，"隆庆志"所言的创建和重建，"光绪志"只字不提。从中可推断，两段资料名为记载东宴头的双庙，而其中必然"混入"了记载双庙村双庙的内容，碑碣的搬

---

[1] 光绪《直隶赵州志》卷16《艺文志》。

迁导致考史者的混乱，于是在记述上就有了"各自为政"的现象。"隆庆志"所谓"龙井庙，在州北一里，金大定四年州民李通建"应说的是双庙村双庙。

通过以上分析，勾勒双庙村双庙历史如下。庙由赵州大户李通所建，时间为金大定四年（1164年）。古赵州城柏林禅院金大定七年《大金沃州柏林禅院三千邑众碑记》碑文有"双庙龙泉古钟"字样，[①] 可见庙从金代开始就是双庙格局。之后历经重修，虽然宴头另建分庙，而此庙保持了相当规模，香火持续旺盛，晚清时期的基本格局是"村民记得，清末双庙村仍保留一座古庙，悬挂巨大匾额，阳刻斗大楷书'人祖庙'三个大字。庙内并排两座庙；一曰伏羲庙，俗称'哥哥庙'；一曰女娲庙，俗称'姐姐庙'。庙前建有八角重檐琉璃瓦小亭。庙内亭中有井，曰'龙井''龙泉'。双庙龙泉古庄由来如是"。[②]

又，据双庙村和周围十几个村的老人回忆，哥姐庙实际上叫"哥哥姐姐庙"，也叫人祖庙、龙泉庙。"原来北面山门上悬挂着'人祖庙'匾额，这两座庙均为三间，东西相距5米，东边庙内奉祀哥哥，也叫龙哥；西边庙内奉祀姐姐，也叫龙姐，这是人们通常的叫法，而一些识字有学问的人则说这分别是伏羲和女娲。两座庙的神案前各有一口砖砌小井。庙内二井和庭院当中的一井相距十步，呈等边三角形排列。故有'五步两座庙，十步三眼井'之说。"[③] 1937年，日本侵略者窜入赵县为非作歹，兵荒马乱之中双庙毁于战火。1949年后，庙台上曾建过三座砖窑。从1979年始，因热心村民推动，设棚画像供奉伏羲女娲，恢复庙会。2000年始，在原基址恢复重建庙宇，东为伏羲庙，西为女娲庙，依然是"五步两座庙，十步三眼井"的固有格局。占地3000平方米，建筑面积200平方米。但因经费问题，恢复后继工作跟不上，庙至今依然在一片田地之中，玉米等作物长起，就只见玉米不见庙了。

至于东宴头村双庙民国时期的状况，当地学人有比较详细的采访记述。"今年酷暑时节，在县政协一次文史会上，一位文友向我展示了一张民国年间

[①] 力立：《双庙的由来》，《燕赵晚报》2000年7月4日。
[②] 力立：《双庙的由来》，《燕赵晚报》2000年7月4日。
[③] 张焕瑞：《奇特的哥哥姐姐庙——赵县双庙村伏羲文化初探》，力立、张焕瑞编：《双庙龙泉》，内部铅印本2000年版，第14—15页。

图 13　恢复重建后的赵县双庙

的老照片——照片上六位年轻男人身着民国年间流行的长袍，或站或坐，悠闲地面对着他们眼前的相机，其中一位青年头戴一顶白色礼帽，令时代色彩愈发鲜明。他们所取的背景即为赵州十景之一'双庙龙泉'。这里碑碣林立，草木葳蕤，大片的谷田标明当时的季节为秋季。左侧是一棵高大的椿树，右侧的建筑物，无疑是覆在神奇的八角琉璃井之上的八角琉璃亭了。八角琉璃亭乃双庙龙泉的标志性建筑，从图片上看瓦损檐朽，尽显出风雨飘摇的沧桑，这里曾经有过的重重大殿和层层廊檐，几经灾害和兵燹早已不见踪迹，让人空留时过境迁的叹息。至于这些年轻人是谁已无从得知，然他们留下的照片，却使当年的胜景得到了真实的再现……一日，我和两位同事经友人介绍，走进了东晏头村陈聚时老人的家中。84 岁高龄的陈老，民国 14 年（1925 年）出生，是个身板硬朗、耳聪目明、精神矍铄、善言健谈的老人，赋闲后常在村里的红白喜事上理事。他不识字，却有惊人的记忆力……我将老照片递给老人，请老人过目，并请他介绍所知道的龙神庙。老人眯缝起眼，仔细端详照片：龙神庙大得很，占地少说有十几亩，我小时候经常在这里玩，记得庙前有两眼井，村里人叫它'龙眼井'，过了龙眼井是一对把门的石狮子。庙门内，一侧更衣房，另一侧是道士的住房。院正中就是这眼神奇的井，井上有亭，瓦为琉璃，色彩多样，呈八角形，不用檩梁，均为卯榫楔构相咬扣，无数的榫头榫眼紧紧相扣，组成牢固的摔不散。因井上之亭均为琉璃盖顶，故称八角琉璃井。十六根粗大的滚柱将两层楼阁式亭脊擎托于凌空，高约三丈有余，飞檐斗拱，亭内全部彩绘，装有葫芦形脊刹，气宇轩昂，宏伟壮观。传说，这井里住着一条蛟龙，天旱求雨，有求必应。井前有块石碑，说的就是这个事。"[①]

二 庙会

双庙的庙会日为农历八月十三日至八月十五日。民国以前庙会红火，山东、天津、北京等地客商都是提前占摊位，庙后洋布棚搭成四条街，商家近千，人山人海。周围大户人家有些给长短工放假一天赶庙会。2000年庙会恢复之后每年一台戏，并邀附近民间艺术队表演。八月十五日是正会，最为热闹。

三 碑文选录

光绪《直隶赵州志》卷14《艺文卷》载有关于双庙的祷雨文二篇，一为元至正五年（1345年）屈敏中《龙井庙祷雨记》，一为明万历三十九年（1611年）杨森《龙泉双庙祷雨记》。两"记"都是因祈雨而作，以自身见闻说明祈雨之灵异，但都提到为报答祈雨灵异，重修庙宇的情形。前者叙及庙的基本情况，"赵有二祠，附城之北，面阴而背阳，左曰懿济圣后，右曰显泽大王。有井于祠之前，每遇旱而祷，但设空瓶，神格水溢，雨必应之……"可知所敬神为何许神，也可知"附城之北"的东宴头双庙从原双庙分出之后，所供之神完全成了祷雨的龙王，和伏羲女娲的形象已相去甚远。

（元）屈敏中《龙井庙祷雨记》

赵有二祠，附城之北，面阴而背阳，左曰"懿济圣后"，右曰"显泽大王"。有井于祠之前，每遇旱而祷，但设空瓶，神格水溢，雨必随之。既雨，乃还水于井中。至治庚申，命监州奉议公方，监倚郭之平棘，其年有魃为疟，公以奉金易香楮，斋沐致恳，拜祷良久，瓶水之至，若方诸承月，不酌而盈。翌日，甘澍沾足，由是公感神惠，屡省祠宇，恒令完洁，构宇以覆其井。举

[①] 赵志勇声宏紫阁博文《远逝的双庙龙泉》。

梁之日，有众集毕，偶见井泉之上，蛇形金色，蜿蜒而出，顷而忽失所在。时十月二十有一日也。

董役者陈兴，匠者郑璋，典肩镲者王忠辈走白于公曰："蛰虫已俯，而神泄灵异，盖我公至诚之所感与！"

后复二纪，公拜今命。至正己酉，视篆之明年也，夏秋之交，恒旸损稼，公暨同僚复祷于祠，不崇朝而雨周十里，岁则大熟，公谒予曰："神之惠我者，昔日灵异如此，今之应感又如此，愿子记始末于石，庶俾来者知神有可感之理，而所以致感之道自不容于不谨矣。"且曰："毋让。"予谓语常而不语怪，语人而不语神，固圣人之遗规，然御灾捍患，义所当论。夫公之拳拳于事神者，为生民御灾而然也。予不欲以语神辞，而为公纪实书也。

按：2014 年原碑出土。据报载，碑刻于元至正五年（1345 年），高 100 厘米，宽 70 厘米。①

屈敏中，元太常院奉礼郎。

（明）杨森《龙泉双庙祷雨记》

今何时哉！兵戎辐辏，饥馑洊臻。十室九空，苍黎劳于鲂赪；千疮百孔，绿林扰于蜂喧。所冀望有一幸者，惟在雨旸时若，以育养此孑遗耳。

辛亥岁，抚台张以恒阳捕役之繁，调予真定。予滇人也，黔技也，胡捕之能为！未几，而以赵事属之，猥有旱魃之祟。缘是率乡耆之众，为桑梓之举。乡人旋以龙神灵异之事告之，因谒其庙，而第见栋宇轩翔，亭台壮丽。观其井，则波澄镜净，气肃霜寒。阅其所勒之石，则不知庙貌堂构肯于何时？灵异奇传，昉于何氏。惟见元大至正之重修，洛阳王守之补葺。复讯其所以灵异之事，金曰："置瓶井上，仗拜阶下，诚求者叩祷未毕，水注瓶中，甚溢瓶外，而雨即淋漓，否则其瓶如故。若恳求再三，水复内注，而雨亦霡濡。即古今省直，白叟黄童，凡有请求，无不应验。"噫嘻！庙神之灵，何地蔑有，而龙神之灵而且异若是，不亦骇心骇目令人有不可度矧可射之思也。予尝横览古今祷雨之概，闻有观星履斗望风候气而雨者，有网罗蜥蜴咒祝柳枝

---

① 《道路施工挖出古赵州双庙龙泉祷雨碑》，《燕赵都市报》2014 年 5 月 21 日。

而雨者，亦有三车演法四布天花而雨者，亦有滏口置坛白龙双降而雨者。等而上之，又不有口矛身牺而天泽聿至者乎？不有号呼云汉而肥蟫立消者乎？不有露宿减膳而灵液下施者乎？不有环艾自焚而膏润千里者乎？不有积薪坐火而灌溉四封者乎？总之，下以明信为祷，上以霖雨为应，幻然茫无依据，皆未有置瓶赐水旋至甘雨者，较之观星咒锡诸法不显然有所凭依也。

予于是做前规，躬恳祷。俄而瓶水渊然，俄而雨泽沛然，诸人之言，无不应验。然尤其暂也，嗣是代博陵而祷，降五日之滂沱，驻恒阳而祷，锡数朝之时雨，摄信都而祷，普四日之甘霖。夫因瓶示水，因水示雨，已称奇矣。而雨随水应，不亦奇乎？在赵请求旋即得雨，已甚奇矣，而异地皆然，不更奇乎？于此见神之依乎人，甚于人之依乎神也，神之切于拯灾，甚于人之切于去灾也。乃说者曰："瓶水之事，怪诞之谈，非神所为也。不知怪诞者谈之则艳闻，按之则无实。今有是瓶，即有是水，有是水即有是雨，怪诞云乎哉！"说者又曰："瓶水非水也，乃祷者之真精渐渍而凝也。"然此反本穷源之论，要未悉神之灵异也。大抵此水也，不从天降，不由地涌，不假人挹，不烦转瞬。即求即应，亦万求万应。其神运耶！鬼输耶？亦窃窃冥冥之际，天人相与，别有斟酌而不可测识者耶？彼管窥蠡测，神吐之矣。

故予祷雨之暇，象两虎之神，建钟鼓之楼，茶房、大门无不焕然一新。且捐金数十于双庙后建大殿三楹，面阴者普化天尊，面阳者白衣观音，以踵元朝之重修，以补洛阳之未逮。因以答神庥于万一耳！非敢为谄媚计也。然语有之"黍稷非馨，明德惟馨"，又曰"天道无亲，常与善人"，则祷之贵诚尚矣。倘人生平念念违天，事事背理，则招灾在先，恐难邀马鬃之滴，即泥首在地，未必致石燕之波惟人"如丘之祷久矣"。则雨旸自尔时若，固无事于祷。即有时而祷，此感彼应，捷于影响也。兹皆予已试之应验。窃不自揣谬，撰芜言备述祈祷根由，因以彰龙神灵异，且以励乎同志云。

按：此碑所记重修情形，"赵州志"记载"龙井庙"的条目都没有提及，且记文题名"龙泉双庙"、不提"龙井庙"，似为在双庙村双庙祈雨而作。或许，东宴头龙井庙祈雨方便州官多数就近祈之，而双庙树的双庙龙泉依旧是祈雨场所，有些地方官还是祈远不祈近，就远而祈之，完全决定于心诚则灵的讨彩气。

杨森，明副使。

四　民间传说选录

哥姐成婚的传说

相传在女娲补天之后，赵州双庙一带依然洪水滔滔，困扰着当地百姓。有一天人们看见两男一女乘坐着一个大葫芦顺水漂流而来。到了双庙村北，他们用法眼看见有三个泉眼在汩汩冒水，这正是他们几天来一直寻找的洪水长期不止的原因。于是他们立即跳下葫芦，用石块、泥土堵塞泉眼，但用尽各种办法也堵不住。于是，他们决定用身体来堵。女娲、伏羲分别坐在两个泉眼上，洪水立即停止了。还有一个泉眼在北面一里处，伏金便跑到那里也坐在上面，洪水被彻底治服了。从此以后，伏羲、女娲便在这一带居住下来，他们各吃各的泉水。为了让人们生活过得好，便教人们种庄稼。没有种子，他们施展法术，让成千上万只鸽子从水中叼来一个个草穗，这就是后世的五谷杂粮。由于鸽子长期泡在水里，把腿都泡红了，所以，到现在鸽子的腿还是红的。

伏羲、女娲兄妹俩不知谁大谁小，所以伏羲为哥哥，女娲为姐姐，后人为了纪念他们，所建的两座庙，就叫做"哥姐庙"。哥哥姐姐在一起生活久了感情越来越深，哥哥便说："咱们结婚吧。"姐姐听了，心里很高兴，但面子上感到害羞，于是姐姐便说："这样吧，我画个大圆圈，我在前面跑，你在后面追，你什么时候追上，我就依你。"谁知追了很长时间也追不上，哥哥不高兴了。姐姐又说："咱们变变跑法，咱们都沿圈外边，我从北边向东跑，你从南边向东跑，碰了头儿，我们就结婚。但你得把脸抹成黑色。"哥哥同意了，二人就开跑，时间不长便碰面了。哥哥把姐姐抱起来，一直抱到自己庙里，结婚后，他们又挖了一眼井，合吃水，这就有了双庙一直流传的两句话："五步两座庙，十步三眼井。"哥姐结婚的一些形式，流传至今。赵县一带娶媳妇，新郎要抹黑脸，把女子背上轿。

整理：白京山。

按：录自力立、张焕瑞编《双庙龙泉》，2000年内部铅印本，第36—37页。

水上漂来两座庙

赵州双庙村的哥姐庙又称人祖庙，自古闻名，无人不知，无人不晓，但说起建庙时间，传说在元、明时代重修过，至于始建于何年，却无人能说清楚。那么，这庙到底谁人所建，建于何时呢？在百姓口头上倒流传着水上漂来的说法……

那是在洪荒时代，滔滔洪水，环山绕岭，人烟绝迹。为了拯救人类，治好洪水，伏羲、女娲乘坐两个大葫芦，周游世界，寻找水灾根源，治理水灾。经过多年辛苦劳作，治好了大部分洪水，但有些地区依然水势浩荡。一日，赵州一带几个难民看见两个大葫芦上坐着二人，自西而东顺水漂来，后来才知道他们是伏羲、女娲。二人漂到今天的赵州双庙一带，终于发现两个泉眼，在汩汩冒水，伏羲、女娲便跳下葫芦去堵，但怎么也堵不住。正在着急，忽然透过泉水，看见下面有两条黑龙施法驱水。哥姐俩对视一眼，各抽出一根树枝，迎风一晃，变成宝剑，分别跃入两泉，同黑龙战了起来。黑龙抵挡不住伏羲、女娲的攻势，逃出地面。他们又在水上战了起来，只见巨浪冲天、雷鸣电闪、雾雨茫茫，杀得天昏地暗。

女娲与伏羲联手舞剑，同黑龙大战九千九百回合，终于将两龙制服困在泉底，泉水不再泛滥，露出很大一片平地。女娲、伏羲将葫芦化作两座庙宇，各住一座，将两泉改成两眼水井，各吃一眼。结婚后，又挖了一眼井，井上盖了八角琉璃亭。

洪水治好后，伏羲、女娲将一些难民找回。为他们盖了一座村庄，这些难民都是她先前所造之人，因经不起大水浸泡，多有断臂缺腿的，自此以后，人们便出现了残疾人。女娲、伏羲派鸽子为村民叼来种子，教他们种植五谷杂粮。为了防止旱涝灾害，女娲便给两龙下令，遇涝排水，逢旱降雨，伏羲把两龙压在泉底，不知地面情况，便将两条无形之绳一头拴在两龙角上，一头拴在八角琉璃亭柱上。铜钟敲响，便能听到，黑龙便给人们降雨抗旱。从那以后多少辈子的村民每遇到干旱的年头，就敲响大钟，并淘一下井内淤泥，大雨便下了起来。伏羲、女娲在这里结婚后又住了几年，将各项事情安排好，看着人们安居乐业地生活了，便在一个早上驾云飞走了。

女娲、伏羲给人类办了那么多好事，人们非常敬重他们，便尊他们为人祖之神。每年大年初一，便来给两神拜年上祭。但有一年拜年时，女娲、伏羲没来迎接，便发现神去庙空。为了纪念和拜祭这两位神仙，人们集资为他们塑了金身，并定在正月初一过庙会。后来又改到八月十五。由于人们不知道伏羲、女娲哪个岁数大，所以就把一座庙叫"哥哥庙"，一座叫"姐姐庙"，合称"双庙"。又因庙神是人祖之神，所以又称人祖庙。两庙相距五步之遥，庙里三个泉眼由黑龙镇守，故称"龙泉"。附近的村庄，便因庙而得名双庙龙泉古庄，简称双庙。

由于双庙龙泉黑龙镇压，又受了"人祖之神"的训令，所以求雨十分灵验。不但赵州一带的居民在这里求雨，而且宁晋等附近各县的县官们也来求雨，有求必应。相传明朝年间，有位朝廷副史杨森还写过"祷雨记"。后来有个县官经常到双庙求雨，常常淋湿衣服，为了方便，这个县官不顾村民反对，强行把双庙大铜钟和八角琉璃亭搬到距县城一里地的东宴头村，龙泉却无法移走。失去铜钟和亭子，黑龙便不能及时得到下雨命令，再者黑龙也不满官府欺压百姓的行为，再也不管求雨之事。从此，不管是双庙求雨还是东宴头求雨都不再灵验了。

讲述人：白玉江等多人；整理：白京山。

按：录自力立、张焕瑞编《双庙龙泉》，2000年内部铅印本，第44—46页。

第三节　涉县娲皇宫

一　娲皇宫沿革及其建筑简介

娲皇宫，俗称称奶奶顶、吊庙，在涉县城西北约14公里的唐王山上，[①]行政区划属索堡镇唐王峧村。山上山下，宫室密布，依山构建，巧夺天工。嘉庆《涉县志》卷3《政典》说：

[①] 唐王山，一名唐王峧，一名中皇山，一名锦屏山，一名凤凰山。

娲皇庙，本邑南关河、南店、王堡、北岗等处皆有，以在县西二十余里唐王峧者为盛。倚岩凿险，杰构凌虚，金碧灿然，望若霞蔚。岁三月十八日为神诞，远近坌集。

正所谓"拥群峰以渲势，依悬崖以据险，夺天工以称奇，临清漳以蕴秀"。

关于娲皇宫的始建年份，主流观点认为是在北齐，也有认为是在唐代的，两说均来自《涉县志》。嘉庆《涉县志》卷1《疆域》说：

唐王山，县西二十里，一名唐王峧，后唐庄宗伐梁时常过此，因名。山下旧有北齐时离宫，传载文宣帝高洋自邺诣晋阳，往来山下，起离宫以备巡幸。于此山腰见数百僧行过，遂开三石室，刻诸尊像。及至天宝末，又使人往竹林寺取经函，勒之岩壁。今山上经像现存。世传唐文宗驻处者，误。上有娲皇宫，香火特盛。

又，康熙《涉县志》卷2《疆域》说：

唐王山，县西二十里。有娲皇庙，山壁刻释典，后载"唐文宗泰和六年"字迹。传唐王驻跸此山，故名。

康熙《涉县志》的"唐文宗泰和六年"说早就被后来的嘉庆《涉县志》否定，同时又提出"北齐说"，说得貌似有理有据，头头是道，于是"北齐说"成为"定论"，成为书刊介绍娲皇宫始建时间的主流观点。而马乃廷撰文《涉县娲皇宫摩崖刻经是北魏产物》指出，嘉庆《涉县志》所述有关唐王山的文字录自金朝时武安人胡励撰写的峰峰矿区常乐寺碑文，县志主纂者是将距娲皇一百多公里外的常乐寺碑文移花接木用以描述唐王山摩崖刻经的由来，从而严重误导了后人。[①] 接着马先生以娲皇宫摩崖刻经题记为主要依据，[②] 追索题记中出现的"刈陵县"的置县年代，最终断定娲皇宫石窟、石造像和摩

[①] 马乃廷：《涉县娲皇宫摩崖刻经是北魏产物》，《邯郸日报》2008年9月18日。
[②] 娲皇宫摩崖刻经题记：夫真容至理，言相俱纪。四□众生，沉迷未悟；会秸形教，方念菩提。是以佛弟子刘陵县令王崇孝敬奉无量□□并观世音、大势至二菩萨若上。皇帝□□皇太子□王以（商?），臣百□，当家眷□下及太共（襄?）此□，俱升□□。

崖刻经均由刈陵县令王孝崇主持建造，时间应在北魏。就是说在北魏时唐王山已有了佛教建筑，至于何时有娲皇宫史无确载。唐王山又称中皇山，山上"古中皇山"摩崖赫然在目，是因为伏羲、女娲、神农三皇之中女娲位置居中而得名，[1] 而在西汉之时女娲作为三皇之一的"中皇"地位已确立，似可证娲皇宫建于西汉。东西两汉大建女娲庙，现在遗存重要的女娲庙多建于两汉时期，甘肃天水凤凰山女娲和陇城女娲庙都建于汉代可为旁证。[2]

娲皇宫所在既为佛教胜地，又是道教场所，自然香火不断，但明代之前沿革情况史无记载，明代之后的重建碑多以"其来无考"作结论，我们也只好缺如了。至于有些文章所称的汉文帝刘恒游过此地遂命名为"中皇山"之类的记述属想当然尔，不足为凭。娲皇宫明清历经重修，有重建碑为证，[3] 列举如下：

1. 明万历三十六年（1608年）正月初八，殿宇遭遇火灾，"寸木片瓦，俱成灰烬"，涉县县令潘公、张公先后主持重修，万历三十七年冬工程完工，"第见榱桷巍峨，金□□□，视前焚殿又豁然开朗，焕然改观，其功盖有若或成之者也。"

——万历三十七年王希尧《新建娲皇庙碑》

2. 明天启四年至崇祯元年（1624—1628年），涉县令何可及创建娲皇阁。"创阁五楹，广四丈，延方原五丈五尺者"。

——崇祯元年张襄野《创建娲皇阁记》

3. 清顺治十三年至十六年（1656—1659年），涉县令刘璇主持重修娲皇宫，"重修先其大殿，次及钟楼、鼓楼，又次及墙垣。救之度之，筑之削之，百废俱兴"。之前大殿被大雨冲毁。

——顺治十六年《重修娲皇圣母庙碑记》

---

[1] 刘雁翔：《凤凰山·女娲山·中皇山》，《天水师范学院学报》2008年第1期。

[2]（明）胡缵宗《秦安志》卷2《地理志》说："凉州故古今以陇为关焉，其山当陇，城之北有女娲庙，建于汉以前。"

[3] 以下所引碑记资料均引自嘉庆《涉县志》和涉县地名地方志办公室编：《娲皇宫》，内部铅印本1998年版。

4. 清康熙五年（1666年）涉县令王凤九捐资购水地十二亩作为庙中香火供需。

——康熙五年王凤九《娲皇庙记》

5. 清康熙十七年至二十年（1678—1681年），王言捐资创建娲皇圣母梳妆楼。"自是斯庙貌巍峨，彩妆焕然"。

——康熙二十一年《创建娲皇圣母梳妆楼序》碑

6. 康熙二十九年（1690年），官方民间集资重建娲皇阁，"嗣加一阁，视囊制更加巍峨"。

——康熙二十九年《重建娲皇阁记》

7. 清雍正十三年至乾隆三年（1735—1738年），涉县令梁皎主持重修娲皇宫，"妆台共高阁以齐舞，鼓楼与钟楼而并丽"。

——乾隆三年张云倬《重修娲皇圣顶碑记》

8. 清咸丰二年（1852年）七月至咸丰三年六月，民众集资重修娲皇宫，"被灾之古洞、杰阁、享殿、妆楼，悉仍旧址为鼎新，轮奂翚飞，庄严宝相。"重建的原因是咸丰二年春"壬子春，不戒于火，祠宇尽毁，仅余钟鼓楼数事"。

——咸丰三年李毓珍《重修唐王峧娲皇宫记》

9. 清宣统二年（1910年），民众集资重修娲皇圣母庙。

——宣统二年程允升《古中皇山娲皇圣母庙重修碑记》

娲皇宫就在时有损坏、时有建修的轮回中保留了下来。抗日战争时期，朝元宫等建筑被日军焚毁。"文化大革命"期间，部分建筑损毁。1979年之后，政府投资对庙宇全面整修，恢复原有雄姿。娲皇宫分山上和山下两部分建筑，其间以十八盘通道相连。山下建筑有朝元宫、停骖宫、广生宫和碑坊等；山上建筑有娲皇阁、梳妆楼、钟楼、鼓楼、迎爽楼、木牌坊、皮疡王庙、水池房、六角亭、灵宫庙及山门等，并有摩崖石刻经数处及眼光、蚕姑洞石窟等古迹。计有房屋135间，历代碑刻75通，总占地面积15033平方米，其中建筑面积1632平方米。1982年娲皇宫明清古建筑被列为河北省级重点文物保护单位。1996年娲皇宫和石刻被列为全国重点文物保护单位。

朝元宫 原名大悲准提庵，又名十方院。为四合殿式建筑，其三官殿供奉天官、地官、水官，大成殿供奉千手千眼观音，两厢供奉四大天王和弥勒佛。

停骖宫　在朝元宫东行100米处，为旧时官员下马驻足之处，又称歇马殿，现建筑为清咸丰三年（1853年）所建。宫为独立四合院，正殿面阔五间，进深三间，悬山布瓦顶，供奉娲皇圣母、紫霞元君、碧霞元君。

广生宫　又名子孙殿，在停骖宫后面的山坡上。建筑由正殿、左右厢房和门楼组成。现建筑为清同治八年（1869年）重建。正殿阔五间，进深二间，硬山顶。殿内供奉五位奶奶，正中为广生奶奶，左右两边分别是水痘奶奶、糠疮奶奶、眼光奶奶、忌风奶奶。同治八年《重修广生宫记》说："每岁暮春，燕晋士女不远千里，奔走偕来，登临者必先于北宫瞻礼焉。"

十八盘　过广生宫，再跨风仙桥，即是"之"字形象征十八层天的十八盘山路。全长918米。沿路上有四座六角亭，分别为水秀亭、山明亭、望漳亭、眺峰亭，喻"山明水秀、望漳眺峰"之意。

娲皇阁　是为以娲皇阁为主的一组建筑，也是整个娲皇宫的主体建筑。建有山门、皮疡王庙、木牌坊、钟鼓楼、梳妆楼、娲皇阁、功德祠、迎爽楼等。娲皇阁首建在明代以前，倚崖而建，悬空独立。涉县旧志"倚岩凿险，杰构凌虚"即指此。史安昌《娲皇宫》记述详尽，录如下：

娲皇阁面宽五间16.8米，进深三间13.6米，为四层楼阁式建筑，高23米，前有同宽的拜殿。阁顶为歇山琉璃瓦顶，每层出檐较短，翼角翘起平缓。檐下有转角、柱头、平身各用一朵，均为龙头象鼻子拱。从斗拱用材及制作上看，为晚期的地方做法，但从斗拱的分体上看，反倒沿用了早期风格。

楼阁的第一层分内外间。外间为拜殿，雕梁画栋，朱柱紫扇。内间依山为北齐天启年间建的大石窟，石窟进深10余米，内有佛台、龛，正中供奉娲皇圣母，后边是九天玄女，两边是三郎、太宇尉。传说这里是女娲炼石补天休息的地方。其他三层楼阁就建在这石拱券的大石窟之上。

楼阁二屋四层为砖木结构，圆柱周匝，每层阁三面设走廊。二层名清虚阁，正中佛龛中的女娲手捧丹炉：女娲神在炼石。三层名造化阁，正中佛龛中的女娲手捧小人，后边有8幅女娲造人的壁画。四层为补天阁，正中佛龛中的女娲手持五彩石，后有两幅补天的壁画。这三层楼阁中的壁画再现了女娲创造人类、拯救人类的丰功伟绩。登临第四层楼阁纵目远眺，层峦叠嶂，清漳河如一条银练，俯视脚下，歇马殿、子孙殿好像积木。

楼阁后面的山岩绝壁上，凿有8个"拴马鼻"，用8根铁链将楼阁拴在刀削般的峭壁上。平时铁链自然弯曲，若游客盈楼时，重心逐渐前移，铁链自行拉直。因此，娲皇阁又有"悬楼""活楼""吊庙"之称。①

二 庙会

娲皇宫女娲庙会历来称盛，时间为每年农历三月初一至三月十八，② 敬神求子者不绝，香客远至周围数省。对于庙会的盛况，遗留碑记多有记载，明万历三十七年（1609年）《新建娲皇庙碑》说：

> 每岁三月，阖境男女并秦、赵、韩、卫之远，罔不谒诚进香，如孝子敬慕慈亲，是必有所以大感人心者在也。

又，清康熙二十九年（1690年）《重建娲皇阁记》说：

> 土人仿古郊禖之意，季春三月，相率祈禳于此，各得其所愿欲。自是西而秦晋，东而青兖，南而豫梁，北而燕冀，不远数千百里，扶老携幼，享献惟谨。金鼓观呼之声，震动山谷，迄今千有余年。

又，清咸丰三年（1853年）《重修唐王峧娲皇宫碑记》说：

> 涉西唐王山有娲皇宫焉，一邑之胜境萃于是，一邑之禋祀亦莫盛于

---

① 政协涉县委员会文史资料委员会编：《涉县名胜》（文史资料专辑），内部铅印本1999年版，第7—8页。
② 娲皇宫的庙会日，说法多样，碑文中就有三月初一至三月十八日，三月十五至三月十八两说，而杨利慧的调查结果，"娲皇庙会一般在每年农历的二月十五至三月十八日间进行。据说以前是三月初一到十五（一说十八），其他日子庙门不开。如今则一年全开放。"见杨利慧《女娲的神话与信仰》，中国社会科学出版社1997年版，第158页。不管是那一说，"三月十八日"被传为女娲生日，这一点是确定的。

是也。每岁三月朔启门，越十八日为神诞。远近数百里男女辇集，有感斯通，无祷不应，灵贶昭昭，由来久矣。

旧时庙会，娱神娱人，凑热闹之外，大多数赶庙会者是有所祈求而来，如医病、求子等。女娲宫庙会以求子习俗最为独特，有拴娃娃、吃黄土、看睡宫、戴锁儿、石磨求子、撒谷籽等名目，甚至坐夜野合。①

关于庙会的热闹场面，申子文《涉县女娲信仰和娲皇宫求子习俗》"娲皇宫每年两次庙会"描绘得很传神，录如下：

> 庙会的同时，也是当地最大的物资交流会，也称骡马大会。宫门外的百货摊点一摆三四里长，有绸缎棚、百货棚、卖布匹衣服的，卖粮食种子的，卖锅碗瓢盆的，卖箩筐农具的，卖骡马牛羊的，每次上会达数千头。赶会的人每天达两三万，从山上到山下，人山人海，有带着新买的物品进庙烧香的，有烧过香赶着买物品的，有人背着孩子，有人扛着农具，场面十分壮观。赶会的人多来自河北、山西、河南，还有来自陕西、山东、安徽、湖北的远途烧香人。近年来，国外游客也来旅游。人们来赶庙会，既买了农具、种子、布匹和日用品，又上山烧了香，求了子，祈了福，庙会长盛不衰。②

三　碑文选录

（明）王希尧《新建娲皇庙碑》

余观古圣贤赞鬼神之德曰：使天下之人齐明盛服，以承祭祀，大凡三皇五帝、圣后神禖，精□之结，与天为昭。史载，女娲氏佐太昊以正婚姻，诛共工以抑洪水。又云：能炼石补天。□中皇之坡，制笙簧弦瑟，是开辟之后又一开辟也。水旱灾荒，生育人物，祷焉辄应，其德泽灵爽，盖与天无极矣。所以使人畏敬奉□也，愈远而弥至矣。

---

① 求子习俗名目繁多，异常讲究，申子文《涉县女娲和娲皇求子术习俗》有详述，见《邯郸地区民俗辑录》，天津古籍出版社2006年版，第186—189页。

② 申子文：《涉县女娲信仰和娲皇宫求子习俗》，《邯郸地区民俗辑录》，天津古籍出版社2006年版，第186页。

涉西北唐王山顶有祠焉，其来无口（考），每岁三月，阖境男女，并秦、赵、韩、卫之远，罔不竭诚进香，如孝子敬慕慈亲，是必有所以大感人心者在也。万历三十六年，岁在戊申正月八日，偶被火灾，寸木片瓦，俱成灰烬。时邑侯潘公目击其事，恻然不忍于心。随命管工官王世昆、刘朝阳，公真口氏，郭口用、张进学、口存信、赵存美，住持道人口口口鸠工，后兴土木，复倚石龛建殿一座。未竣，而潘公擢淮藩矣。

幸邑侯张公甫下车，辄咨境内兴废，一闻兹举，即与潘公有同心焉。遂续前之迹，而愈增其规制，丽以丹青，增纤悉未备也者。第见榱桷巍峨，金口口口，视前焚殿又豁然开朗，焕然改观，其功盖有若或成之者也。以故远迩决心，咸相嘉曰：是足口口圣灵口口向秘我口口口念于始，张公毕虑于终，有是哉。是为记。

万历三十七年岁次己酉孟冬吉日

按：录自鲍江《娲皇宫志》，社会科学文献出版社2013年版，第206页。

王希尧，涉县人，曾任直隶阳州府通州判官。

（清）王凤九《娲皇庙记》

沙阳唐王山之巅，有古娲皇庙。其山为太行山之衍，中旷三洞，左元广深豁，瑶楼宏敞，皇之神妥焉。腋石级而上，倚琼楼，俯阁前，岸筑雉堞如霞际赤城。右二洞，镌石佛、菩萨、迦叶，安禅持钵，或合十携莲花叶、念珠，不一其状。洞上削壁千仞，玲珑叠黝，驳燥无元髓。史称"炼石补天"，殆其迹也。洞内外镂《法华》诸经，银钩铁划，质光莹，压鸦翎篆。残处类蝌蚪，不能句读。傍下为洞径，径覆以阁。俯视有关东任石刻诗。其对为钟楼香积。由楼返望，空庭高岸，上则为舟舫疏棂，楫列嶂夕照，而泉出其中，鬐沸从石眼，如丹液，汲者量节以取。坐舫观石壁，古柏森郁，从石罅倒挂，如虬龙。郊祲者觅罅，得元屑如珠。归皆应其下，出盘径至坦旷处为宫。宫高以丽，参错连翠，环峰嵯削，仰视巍楼瑶阁凌霄汉上矣。

余莅涉，溯漳河，诣皇庙，祀事如齐如鲁，沅湘秦晋之士咸敬共无外，始知皇德汪洋。余爰以八荒之享神者，以施以赈，以广神庥，协建神殿，复以其余。及余所捐者，贸水地十二亩，付道人张守初为庙中香供需。至于餐元气，翼太和，以阴阳为宰，天地为庭，余又乌知神之终穷也？因叙其事而记之。

大清康熙五年岁次丙午春月记

　　按：录自嘉庆《涉县志》卷8《艺文》。

　　王凤九，仙游人。康熙初年任涉县县令。

（清）李毓珍《重修唐王岐娲皇宫碑记》

粤稽世有代谢，事有废兴。而惟功德实被于人者，乃历久而不易。涉西唐王山有娲皇宫焉，一邑之胜境萃于是，一邑之禋祀亦莫盛于是也。每岁三月朔启门，越十八日为神诞。远近数百里男女坌集，有感斯通，无祷不应，灵贶昭昭，由来久矣。

壬子春，不戒于火，祠宇尽毁，仅余钟鼓楼数事。宫之创建，大约始于北齐。前明曾两修葺，迨我朝自顺治以迄嘉庆，叠次重修，碑记悉详邑志，且多宰是邑者为之倡。珍不才，忝司牧，设因循诿谢，使神灵不妥，古迹就湮，其愧前型、滋神恫也多矣。爰择其乡之绅商老成练达者十余人，或司募化，或督工役，诹吉兴工，期速蒇事。幸近境邻封赖神之庇，悉乐善好施，旬月间得资五千余缗。被灾之古洞、杰阁、享殿、妆楼，悉仍旧址，一为鼎新，轮奂翚飞，庄严宝相，较诸曩时，有大过焉者。而又于山门外，添立牌坊一座，颜曰"蓬壶仙境"，纪其胜也。山麓碑房五楹，丰碑林立，则布施之姓字、工程之细数载焉。入山门右建抱厦三楹，名曰"憩云"，以便进香者于此小憩焉。厦右建小亭一座，至此者觉烦襟悉涤，飘飘乎有登仙之想。享殿东建迎爽楼三楹，楼下即官厅，以备祭祀更衣之所，此则旧时无，而新设者也。计共费七千余缗。工始于咸丰二年秋七月，竣于三年夏六月。

噫！工诚巨也，力亦勤矣。乃在事诸公，咸归德于余，余曰："此神祇所默，相善士所捐，介诸公所经理，余虽挈领提纲，不过因人成事而已，何力之有焉。"功已毕，用述其巅末，以泐诸石。

赐进士出身知州衔知涉县事雁门李毓珍谨撰并书

大清咸丰三年岁在癸丑夏六月谷旦

按：录自鲍江《娲皇宫志》，社会科学文献出版社2013年版，第219—220页。

李毓珍，清山西崞县（今原平县）人。道光二十五年（1845年）进士。咸丰初年任涉县知县。

四　诗歌选录

（明）任澄清《春日谒娲皇庙》

层峦高万仞，谁创娲皇宫。隐约钟声度，纡回鸟道通。
穿云峰蹬险，含露薜萝葱。苔藓壁间绿，桃花洞口红。
雾垂溪谷暗，雨霁碧山空。郁郁林泉色，泠泠涧壑风。
古碑藏蝌蚪，危阁摩苍穹。炼石岂人力，补天赞化工。
山灵百世显，祈祝四方同。

按：录自涉县地名地方志办公室编《娲皇宫》，1998年内部铅印本，第66页。诗碑存娲皇宫鼓楼券道，涉县知县任澄清题，通州判官王希尧书。明万历四十三年（1615年）秋七月涉县典史洪钟鸣立石。

（清）戚学标《娲皇古迹》

霭霭生云雾，苔移玉座春。人天犹石色，枯木半龙鳞。
松柏瞻虚殿，衣冠拜紫宸。圣贤名古邈，自昔有经纶。

归俗存祠庙，尊荣迈等伦。洞房环佩泠，歌舞岁时新。
精魄凛如在，皇恩断若神。梦兰他日应，瑞锦送麒麟。

按：录自涉县地名地方志办公室编《娲皇宫》，1998年内部铅印本，第68页。诗碑存娲皇宫迎爽楼下厦廊，乾隆六十年（1795年）浙江太平戚学标题。戚学标（1742—1824年），时为涉县知县。

（清）邹廷桂《娲皇胜迹》

一樽菊酒快登高，九日晴开意气豪。劫火灰余新结构，危峦径辟旧蓬蒿。

千秋庙祀存娲后，合座诗歌绩雅骚。落笔兴酣恩撼岳，不同禹锡怯题糕。

按：录自涉县地名地方志办公室编《娲皇宫》，1998年内部铅印本，第60页。诗碑存娲皇宫娲皇阁拜殿。

（清）李霖《娲皇胜迹》

重览沙城胜，萧萧落木秋。风光何迅速，客迹尚勾留。
采菊逢佳节，登山续旧游。朝晴迎旭日，湍急泻漳流。
柿熟红盈橙，蔬香绿满畴。层台临绝顶，梵宇拟清幽。
花木深如此，娜嬛得似不。攀跻扶杖上，拾级踏云浮。
曲绕千盘蹬，高悬百尺楼。奇峰围四面，尘界豁双眸。
俯仰怀古今，酣歌互唱酬。停骖虚故址，避暑已荒邱。
齐魏繁华尽，英雄事业休。空存娲后祀，恍睹古皇猷。
余劫飞灰烬，寒声彻谷湫。规模新草创，畚挶费筹谋。
诗酒推仙吏，经营赖邑侯。携行寮友共，结契主宾投。
作赋应惭我，题糕孰与俦。扬鞭归路晚，遥指夕阳收。

按：录自涉县地名地方志办公室编《娲皇宫》，1998年内部铅印本，第62—63页。诗碑存娲皇宫娲皇阁拜殿。

（清）李毓珍《娲皇胜迹》

浩劫茫茫烁金石，成毁豫定何叹昔。千古有废必有兴，江山乃能留胜迹。
君不见沙阳台顶气蓊葱，顶上岿然娲皇宫。
题栋嵯峨插霄汉，雕嵌峭壁夺天工。天工异境天亦炉，一炬丹青成烟雾。
仿佛赤壁战鏖兵，兔惊狐嗥人哀吁。嗟嗟天运往复还，我来守土敢辞吁。
大声一呼群响应，涓滴成流指顾间。拼挡经营始草创，柿红露白心神旷。
秋水秋山秋气清，携酒登高互酢唱。片石新镌诗数首，漫与韩陵争不朽。
后来凭眺如有人，或者千金享敝帚。

壬子春，庙灾于火，是秋乃鸠工重建。政暇数往观工，值节届题糕。天气清朗，四山瘦耸。因偕寅友数人，携小榼作登高之会。酒阑兴逸，远眺川原，感慨古今，素怀兴废，爰濡笔作长歌一首，以纪其事。属尔和者海昌李君雨生、梁溪邹君秋谷。越明年落成，诸君请泐诗于壁，非敢谓如崔颢之题《黄鹤》足以垂久也，亦聊志一时雪泥鸿爪之寄云尔。

按：录自涉县地名地方志办公室编《娲皇宫》，1998年内部铅印本，第63—64页。诗及跋文碑存娲皇宫娲皇阁拜殿，题书时间为咸丰三年（1853年）。李毓珍为涉县知县，咸丰三年遭火焚毁的娲皇宫整修一新，李和僚属邹廷桂、李霖等前往参观，登高望远，酒阑兴逸，于是成诗多首，题碑刻之。同年秋天，太平军北伐军攻陷涉县，李死节。

第六章　山东省伏羲祠庙

　　山东省境内尤其是鲁西南地区多有伏羲遗迹，和《左传》所载风姓四小国有直接关系。换句话说，《左传·僖公二十一年》所载"任、宿、须句、颛臾，风姓也，实司太昊与有济之祀，以服事诸夏"，是山东省境内伏羲庙建立的基础。关于任、宿、须句、颛臾四国的地望，杨伯峻《春秋左传注》注解："任国故城在今山东济宁市……宿见隐公元年经并注……杜注，'须句，在东平须昌县西北'，则在今山东省东平县东南。据《水经注·济水》注，今东平县西北亦有朐城，引京相璠云，须朐一国二城，盖后迁都。在东平县西北者是……颛臾故城在今山东省费县西北八十里，即平邑县东。"[1] 注解中的"宿见隐公元年经并注"指隐公元年"九月，及宋人盟于宿"作者自己的注，"宿，国名，风姓，地在今山东省东平县稍东南二十里。与庄公十年'宋人迁宿'之'宿'为两地。此宿其后为齐邑，定公十年传'驷赤先如宿'可证"。[2] 至于"有济"杨先生认为是济水，"有济即济水，有为词头，犹有虞、有夏之有，加字以成双音节"。[3] 杨之注解和谭其骧《中国历史地图集》相对照，完全吻合，可视为主流观点。宿、须句在北，任在西南，颛臾在东南，如四地连线，其中心正好是以曲阜为中心的汶泗流域，这一带也是先秦时代经济文化最发达的地区。而四地连线的内圈，以峄山的余脉凫山为中心，南到峄城、北到泰山、东到费县、西到巨野正是伏羲、女娲遗址及传说最为密集的地区。如曲阜的伏羲庙，邹城的爷娘庙，微山的伏羲庙、八卦台，滕州

---

[1] 杨伯峻：《春秋左传注》，中华书局1981年版，第391—392页。
[2] 杨伯峻：《春秋左传注》，中华书局1981年版，第9页。
[3] 杨伯峻：《春秋左传注》，中华书局1981年版，第392页。

的伏羲庙、八卦台，泗水的伏羲庙，嘉祥的伏羲庙，枣庄山亭区伏羲庙、峄城区女娲陵，济宁任城女娲陵等。与此相对应，这一地域历年出土有大量的伏羲女娲画像石，如著名的嘉祥武氏祠汉画石刻即武梁祠石刻等。

纵观山东境内的伏羲文化遗迹，有以下几个特点：

1. 分布密集，数量众多。现有迹可循的伏羲文化遗迹基本上都分布在鲁西南地区即前面我们所言"四地连线的内圈"，和伏羲相关的伏羲庙、八卦台、华胥山、伏山等遗迹多达三十余处。

2. 每一处庙宇都是伏羲女娲共祀，单称叫伏羲庙或人祖庙，均可俗称爷娘庙。

3. 庙宇始建年代较早，基本上都是在宋金以前。鼎盛年代在金元明三代，这一时期的重建碑最多。

4. 所有伏羲庙的主要功用就是祈嗣，庙可通称"爷娘庙"也有这方面的原因。

第一节　微山伏羲庙

一　微山两城伏羲庙沿革及其建筑

两城伏羲庙，又称人祖庙，俗称爷娘庙。在山东省济宁市微山县两城乡刘庄村西。北遥依凫山余脉凤凰山，南遥对微山湖。庙后有六合泉、圣母泉、羲凤泉、小龙泉等泉眼，群泉汇流，环境清幽。始建时间不详，据《魏书》卷106《地形志》，兖州之高平郡领四县，其中高平县（今属微山县）"高平二汉属山阳，晋属……有洸水、千秋城、齐城、胡陆城、高平山、承雀山、伏羲庙"。依此，两城伏羲庙至晚建于北魏。唐司马贞《史记索隐》之《三皇本纪》说：

伏羲葬南郡，或曰冢在山阳高平之西也。

又，李吉甫《十三道图·图经》说：

> 单州鱼台县七十里曰辛兴里,其间有伏羲皇帝之陵,陵上有庙。

又,宋熙宁十年(1077年)石刻载:

> 鱼台县新兴里有伏羲陵,陵上有庙。①

从以上所引几条资料知,山阳高平或鱼台辛兴里伏羲冢、庙所指就是两城伏羲庙,此庙是庙陵合一形制。民国《济宁直隶州续志》卷8《秩祀志》陵墓之鱼台县伏羲陵说:

> 前志载,在县东北七十里,其前有庙。今按:陵当在鱼台县东北一百一十里,济宁州东南八十里,邹县西南五十五里。在东汉高平县故城东北之凫山东麓,即东汉高平县故城东北之凫山东麓,即今两城地。当指距县治而言也。

是为辨正陵庙位置,说明《魏书》所言高平县的伏羲庙就在两城,也说明陵庙的关系是前庙后陵。至于有些资料说庙建在陵上,大概不确。因为,前庙后陵是伏羲庙的固定形制,如河南淮阳的伏羲陵,甘肃天水的伏羲庙(明代存陵)均是如此。

唐代以下,祠庙历代均有建修。建修情形从遗留石碑及殿内石柱题刻可知其大概。如1995年维修祠庙,文物管理所人员拆开墙壁时,发现四根石质内柱上刻着"时大宋熙宁七年甲寅戊戌朔岁乙卯三月二十三日……""唯大宋国兖州仙源县长福乡白塔村户头郭城母韩氏、妻陈氏,弟都知兵马使郭勒……"等字样,② 可确证此庙北宋时进行过重修。盖重修时仙源县(今山东曲阜市)郭城全家捐建石柱一根,于是得以刻柱题名。大宋熙宁七年时当1074年。熙宁十年,大户严温等集资重建伏羲庙三门,并建玉皇堂等。③

元朝初年,宏元冲素大师赵道坚及其弟子孔志纯相继整修伏羲庙。孟祺

---

① 彭庆涛、彭术实:《始祖文化济宁探源》,中国社会出版社2011年版,第160页。今庙内尚存北宋熙宁十年残碑半截,镌刻捐资人姓名。
② 王志民主编:《山东省历史文化遗址保护现状调查报告》,齐鲁出版社2008年版,第567页。
③ 陈翕:《重建伏羲皇帝庙三门记》,光绪《鱼台县志》卷4《金石志》。

撰《重修伏羲庙碑记》记其事。据碑记，整修之前"里旧有庙，金运之季，更壬辰之乱，日就颓废，风雨渐不能蔽"。整修之后，"迄中统二年六月，工乃毕，有正寝以严仪像之列，有复殿以谨香烛之献，路门南启，缭以周垣，方池镜净，佳木云蔽，里人至者举手加额，不知其前日瓦砾之场也"。此碑尚存，立伏羲殿内。碑阴刻至元十六年（1279年）重修庙宇时还愿捐物者姓名，多达千余人，涉及地域有济州、曹州、台州、滕州、徐州、单州、鱼台县、滕县、金乡县、砀山县、沛县、丰县、潇县、丰丘县，南京归德府、辛里镇等，遍及今山东省西部及江苏、安徽北部地区，信众广泛。至元二十九年（1292年）再次重修，咸丰《济宁直隶州志》卷5《秩祀》说：

> 伏羲庙，在凫山麓。庙后有冢，冢东有画卦山……至元二十九年王公栋记，满德王和刘珍、孟兴、李旺、李珍、李又华重修，侯咸、王仲文乞为记。

明清又历经重修。据史志记载，明代重修两次，今伏羲大殿内存明万历四十一年（1613年）《重修伏羲庙碑》一通。民国时庙内多住和尚。

1950年后，庙内设大庙小学，除主殿外，其余附属建筑如三圣堂、钟鼓楼、女娲庙、关帝殿等逐渐拆除。如今残碑碎瓦随处可见，衰草遍地，颇有几分荒凉。庙内原有古柏两株，数人合抱，也于1976年砍除。

1992年伏羲庙被列为山东省重点文物保护单位。保护范围以伏羲大殿为基点，东50米，南130米，西90米，北130米。据2000年的现场调查资料，伏羲庙现状大抵如下：

> 伏羲庙，背依气势磅礴的凤凰山，前临烟波浩淼的微山湖，周围山水相映，环境异常优雅恬静。1993年山东省拨款3万元用于修庙；1995年又拨款5万元维修了大殿，并在殿后原址上重建了女娲殿；1996年山东省拨款万元用于改建庙前的公路。现存的大殿即为后来维修，大殿坐落于六米高的石砌云台之上，数里之外，即可遥观。沿着石块砌成的石阶拾级而上，古老的伏羲殿便呈现在眼前，殿古色古香，绿色琉璃瓦、朱漆大门、龙凤脊。殿门东西两侧各有一石碑，记载着近几年来维修伏

羲殿的情况。殿正中供奉着伏羲雕像，雕像上方挂一匾额，上写"人伦之始"四个大字。建筑形式为单檐歇山式，斗拱结构，殿内梁、檩、柱上皆施以彩绘，因年代久远现已模糊不清。殿顶为黄绿色玻璃瓦，脊瓦作对吻云龙图案。东部石础上分别刻有"大明正德二年（1507年）""嘉靖三十九年（1560年）"当地村人捐修记载。殿中顶檩上有"大明嘉靖三十九年重修"字样。殿内现还存有石碑两幢：一为蒙古中统二年（1261年）《重修伏羲圣祖庙碑》，位于东侧；一为明万历四十一年（1613年）《重修伏羲庙碑》位于西侧，另有元明清碑刻多宗。伏羲殿后是1995年在原地重建的女娲大殿，供奉着女娲像，像的上方有一块题为"女娲补天"的匾额，在两殿的周围，有刺槐数株。[①]

现存唯一的古建筑就是建于高台（台高4.6米，长40.5米，宽34.6米，占地1401.3平方米）之上的伏羲大殿，主体框架乃宋代基础，整体建筑为元代风格。殿面阔五间计15.4米，进深三间计9.2米，高8米。歇山顶琉璃背饰，饰以缠枝牡丹、龙兽、鸱尾等图案。前檐明间宽大，平柱约与后檐次间相对，柱上栏额肥大，次间栏额至明间犹如门楣形制。斗拱特殊，形制有四种之多，对研究古建筑颇具参考价值。

图14　微山伏羲庙伏羲殿

[①] 王志民主编：《山东省历史文化遗址保护现状调查报告》，齐鲁出版社2008年版，第568页。

二 孙星衍《伏羲陵考》

伏羲庙后山麓原有伏羲陵，清代著名学者孙星衍著文《伏羲陵考》详辨之。孙星衍（1753—1818年），字渊如，江苏阳湖（今武进）人。乾隆五十三年（1788年）进士。著有《尚书今古文注疏》《寰宇访碑录》《周易集解》《平津馆文稿》等著作十余种。作《伏羲陵考·鱼台陵》时孙的身份是分巡兖沂曹济、兼管驿传水利、黄河兵备道。文曰：

伏羲陵考

皇甫谧，伏羲葬南郡。或曰，冢在山阳高平之西也（《史记正义》）。

按：山阳郡高平侯国，汉晋治昌邑，即今金乡县地，与鱼台接境，此晋时郡县，故知为谧言，非张守节语也。

又按：《晋书·地理志》，高平国，晋初分山阳置，县有方与、湖陵、高平。《元和郡县志》，鱼台县本汉方与县。《太平寰宇记》，鱼台属山阳郡，县理城即汉方与城也。湖陵故城，秦汉为县，今废城在今县南一里。据此，则方与、湖陵，即今鱼台县境。高平国治在金乡。《元和郡县志》，金乡县昌邑故城，在县西北四十二里。《寰宇记》作县北，是也。今伏羲陵在鱼台东北十里凫山，则当是古山阳郡高平国之东，误作"西"字。罗苹云"帝冢在山阳高平西北"，盖用谧语。增多"北"字，或当作北耳。南郡辨见后文。

又按：鱼台伏羲陵，出皇甫谧《帝王世纪》，其言必有所本，是其迹在晋时已甚显也。

李吉甫《十道图》云："兖州之境伏羲陵。"（金田肇《凫山人祖庙碑》）。

按：鱼台县属兖州。《元和郡县志》，"方与县，贞观十七年（643年），废戴州属兖州，宝应元年（762年）改为鱼台县是也"。李吉甫作《元和郡县图志》，于鱼台不载伏羲陵者，志本有图，今亡，因其陵别见《十道图》欤。金田肇碑，今在邹县凫山爷娘庙殿东壁。

《图经》云："单州鱼台县之东北七十里，曰辛兴村，其间有伏羲皇帝之陵，陵上有庙。"（宋熙宁十年陈翕碑）。

按：隋《经籍志》有隋诸州图经集一百卷，郎蔚之撰。即隋图经也，其书在五代时矣。《重建伏牺皇帝三门记》，大宋熙宁十年岁次丁巳三月辛亥朔，二十日乙亥立碑，莆阳贡吏陈翕撰并书。

　　盖闻圣人不世出，出必有功于时也。鸿荒之世，朴略尤甚，虽人伦之化既有，而贵德之风方扇，天下以大道之为功，未有以仁义之为用，大道判则为仁义，仁义用则为法制，法制立则声华文物兴焉。仁义出乎道，非道出乎仁义也，仁义法制皆道之迹，圣人之功也。

　　夫道立本于无，为用于有，盖可见者存乎用，用可见者存乎迹，迹者道之济也，非道之本也。惟其以本求之，则至寂而无体；以用求之，则至虚而善应；以迹求之，至利而无穷，所谓形而上下者是也。老子曰："无名，天地之始。"元胎未形，杳杳冥冥，远之不可以名寻，近之不可以形诏，非探象先之原，则求知之勤矣。绝于形器，槁于无为，造之非我，理自冥化，此至寂而无体，其可见也。经为阴阳，合为至精，郁为元气，发为造化，而万物制命受形，以生死代谢，其所以鼓舞运动，雷风雪霜之威，日月水火之变，付有为于六子，收无为于功成，此至虚而善应，又可见也。圣人既得至寂之本以诚己，复达至虚之用以济物，扩而充之，发越挥散，兴至利于千万世而无穷泯者。

　　蒙考之于伏牺皇帝，用大道以王天下，而见其本末体用之邃焉。恭以伏牺皇帝，挺上古之初，德冠三皇之首，画八卦而备万物之象，典文籍而书百世之名，以结绳为弊政，而代之以书契；以神化为宜民，而为之以善法。首正人伦，复为器用，通其变，使之无倦，百姓日用而不知，故君臣由之，则肃而庄；父子由之，则和而恭；夫妇由之，则愿而雍；兄弟由之，则友而悌。天下陶成于大顺，盖人伦正之始也。为网罟以佃以渔，为栋宇以宁其居，为耒耜以济其饥，为舟楫以便其涉，为弧矢以威其乱，伏牛马以致其远。至乎揉木陶火，铄金凝土，一制一法，莫不由乎仰观俯察而始立之法。又有数圣继作，沿袭至尧而成，及周乃备，故曰法始伏而成尧，又曰匪伏匪尧，礼义哨哨。既立汉唐之久，下逮国家之盛，一祖四宗，六叶承天，执是法以御大有，通变以应天下之利，福周四海，生民享之而无穷者，亦以此也。

　　于伏牺皇帝之庙，尝遣使致祠焉，今之于春秋之间，无远近，无贵贱，不辞跋涉之劳，或负戴其亲，以至于此，祷祠敬献，无祈而不应也。

是知伏牺皇帝，体魄虽降，而其神未尝死也。说者曰："圣人之死曰神，未尝死，未尝生者也。"秦汉以来，分邦国为郡县，今伏牺皇帝之故壤，莫知其所在，按《图经》云："单州鱼台县之东北七十里，曰辛兴村，其间有伏羲皇帝之陵，陵上有庙。"古老曰："庙舍之东，有画卦之山。"南有古铭城，北有群仙洞，中有九龙潭，其古木胜概依稀存焉。居民严温者，世蒙其福，遂馨丹衷，自备己缯，兼化信士，重建三门一座三间，玉皇堂并神像，炳霎公堂并神像，砌道幡竿等，上以酬圣造之恩，下以求举家之庆，既毕功名，兪为之记。兪谀闻之学，不能尽万一，聊书岁月而已。

鲁桥镇郭下严温，妻王氏，男老儿彭寿，女二娘子，外甥李中舍，孙天保、天锡、天寿，女三娘子，外甥黄国博，孙小三娘子寿奴。

按：碑今存凫山。

罗泌《路史·太昊纪》："葬山阳。"罗苹注，按帝冢今在山阳高平之西北，高平襄阳之境。然《九域志》兖、单皆有伏羲陵。罗苹又注：太昊之国，有庖国，姒姓。庖水在山阳平乐，而帝墓又在山阳，则其故迹无疑也。

按：罗泌云伏羲葬山阳，用皇甫谧说，而不用南郡，亦知南郡之不可信也。泌则云高平、襄阳之境，或以襄州有关而误，其关见《太平寰宇记》。然泌下又引《九域志》"兖、单皆有伏羲陵"。按之《寰宇记》，称鱼台县属兖州，今隶单州，皆指鱼台之陵也。所引《九域志》，非今《元丰九域志》。

又按：庖水即泡水，在今沛县西。平乐城在今单县东四十里。《汉地理志》，山阳郡平乐有泡水，东北至济入泗，亦在丰、单之间，故罗苹附会"庖"字言之。

元中统二年，孟祺撰碑"鱼台县治东北七十里而近曰凫山，山南麓曰新兴里……周匝伏羲遗迹甚众，土人云死葬于山麓之半。其东一峰郁然者，今以画卦山目之。质之地图，北直古任，东接颛臾，皆诸风故封之地，所以奉太皞之世祀者也。"

按：碑今在凫山，文多，不具载。

元至治二年，吕惟忠撰碑："鱼台县治东北七十里有凫山，山南麓曰新兴里。有伏羲庙在焉。其遗迹于里之周匝甚多，其东峰峦崷崒，目之曰画卦山；

其西水声潺湲，目之曰圣水河；故以是为伏羲葬瘗之地。"宋熙宁十年石刻有云："按《图经》，鱼台新兴里有伏羲陵，陵上有庙。"以是考之，其土人所传，亦有自来矣。

按：碑今在凫山，文多，不具载。

又按：宋元地理志不载伏羲陵，而见于碑碣可据者如此。南宋地入金，遂不知其迹矣。故于钦《齐乘》亦云有墓，非也。

明嘉靖四十一年，竺该撰碑："鱼邑东境凤凰山，旧有太昊氏伏羲庙，离县治七十里，庙制极其雄伟。"又云："河南陈州亦有羲皇墓，旁生灵蓍，而此地亦建庙祀，何也？先王封羲皇于颛臾以主祭，故建庙于鱼之东者，就其后裔追祀地也。"

按：宋碑明言陵上有庙，而明人不信之，止言有庙，又不察皇甫谧山阳高平之言，徒以其时传讹太昊陵在陈州，遂为调停之说，明人之无识，大都类此。若云生蓍，即以为圣陵，蓍者封殖之处即生，非因地灵。今咸阳秦文王、武王陵，亦复生蓍，是其证也。

康熙五十二年修《兖州府志》："鱼台县伏羲陵，在县东北七十里凫山，其前有庙。"

按：志为张鹏翮所修，是时鱼台属兖，今属济宁州矣。至乾隆元年修《山东通志》，"鱼台县陵墓"无伏羲陵，盖后人因有陈州庙祀，而妄删其迹也。

按：录自孙星衍《孙渊如先生全集》，商务印书馆民国24年版，第167—174页。依照孙的详考，以为只有鱼台伏羲陵才是正宗。

三　画卦山

伏羲陵东有画卦山，又称画卦台。光绪《鱼台县志》卷1《庙坛》说：

画卦台，在凫山。山之南副，有辛兴里，里周匝伏羲遗迹甚众。山麓之半有伏羲陵，陵东一峰郁然者，名画卦山，即画卦台也。

画卦台原建有庙宇，有联两副，一曰："玄机秘密，一元造化连无穷；至道清微，万法流通斯有象。"一曰："座耸长松，紫气氤氲浮翠盖；阙临北极，群山俯视朝彤宸。"

四 碑文选录

（元）孟祺《重修伏羲庙碑记》

鱼台县治东北七十里而近曰凫山，南麓曰辛兴里，世传上帝以兄弟作配于此，用成化育人民之功，诸不经之谈所载亦往往如是，恍忽怪骇，绝不可考。说者谓至人以造化为准，乾坤生六子，中少长男女迭相感合以适变，斯不亦娲羲之事乎？抑上古之人母而不父，淳淳乎与飞走无别，是之有无果能必哉！愚以为圣人人伦之至，载籍所传嫁娶之礼自伏羲而始，将以厚男女之别也。以是揆之，万无此理。敢为是说，诬圣人于千古之下，其故果何以哉！精于理者必能辨焉。

里周匝伏羲遗迹甚众，土人云死葬于山麓之半。其东一峰郁然者，今以画卦山目之。质之地图，北直古任，东接颛臾，皆诸风故封之地，所以奉太皞之世祀者也，则土人之言信有征矣。山北而东，迤逦不绝，峰峦回互，岩谷窈冥，泗流萦其西，平野偃其下，云烟草树，弥望千里，徘徊瞻眺，而仰观俯察之迹，森若在目。

里旧有庙，金运之季，更壬辰之乱，日就颓废，风雨渐不能蔽。我大元恢复天下，世颇宁谧，甲辰秋，前县佐黄君谒黄冠师宏元冲素大师赵道坚于东大里，以住持为请，庶倚之而缮修之功得日起。赵唯而至，即辟庙西为重阳观，以栖其徒。时兵乱甫去，民物凋敝，庀徒蒇事，余十五六岁而殿舍仅就其十七。未几，赵以疾逝，徒族星散，里人遂有盛缘中止之叹。弟子孔志纯，年近七十，乃慨然曰："安有为弟子而不能卒其师之志乎？"独留不去，日与土本从事，皤然残喘，崎岖南北，经营缔构。又再阅寒暑，迄中统二年六月，工乃毕，有正寝以严仪象之列，有复殿以谨香烛之献，路门南启，缭以周垣，方池镜净，佳木云蔽，里人至者，举手加额，不知其为前日瓦砾之场也。既月乃日，孔茧足走东平，以县宰刘君暨诸耆旧命，求鄙文以纪其事。

仆谓匹夫匹妇谈鸿荒之世，必曰微伏羲氏作，林斯民举为异类矣，尚安得位三才而贵万物乎！夫然国典禋祀之外，奉而祭之，以神农、轩辕为配者在在有焉,犹葵藿之倾日,虽天光不为反照,而区区之诚有足佳者,矧陈迹所存,名为陵寝之地,庙享之仪,得不备其轮奂哉!仆辱在乡里,既喜庙之成,且嘉赵、孔其勤若此,不复以浅陋让,遂约其所说而书之。

若夫圣皇之德,茫茫混混,上下与天地同流,赞之一辞,是夸岳之高,议海之广,多见其不知量也,故略而不敢及,谨拜手稽首作诗,俾歌以祀。其词曰:

凫山南来郁蝉联,襟任带宿雄东偏。须句拱揖颛臾连,疆土宛是诸风捐。
泗流滔滔送清湍,平芜万顷开云烟。羲皇遗迹古老传,仰观俯察森在前。
东山阴雨锁坤乾,震雷离火铿阗阗。狐狸奔迸魍魅颠,庙貌万古超绵绵。
石泉载清蘋藻鲜,臣心有怀涕涟涟。鸿蒙一剖今几年,元气惨淡伤雕镌。
冲奸突利夸著鞭,方寸百态萌戈鋋。圣皇何当作九原,仓龙驱驰列缺先。
洪涛上挽天河源,浊秽一洗清漫漫。皇舆安静日月旋,民风浩浩还光天。

按:录自李修生主编《全元文》卷406,江苏古籍出版社1998年版,第701—702页。此碑现存微山伏羲庙大殿内,题名《重修伏羲圣祖庙碑》,和通行录文有异,落款为"中统二年辛酉秋七月"。

孟祺(1231—1281年),字德卿,原籍宿州符离,从父辈开始定居济州鱼台县。善骑射,精文章。先后任国史院编修官、山东东西道劝农副使、行省谘议、嘉兴路总管、浙东海右道提刑按察使等职。

五 散文诗歌选录

(清)孙星衍《凫山谒太昊陵记》

嘉庆二年太岁丁巳闰月壬申,自鱼台南阳湖泛二十里,至凫山南麓谒太昊陵。是时,天日清晏,风波不兴。既拜庙堂,祗惧陨越,精诚恍惚,若有感通。循阶周览,所见宋碑一、元碑七。北望山势,三面环抱,陵后九龙潭水,南流入湖。山麓为辛兴邨、房头邨,居民背山面湖,佃渔食力,稷黍咸穰,荷秸载道,使者顾而乐之。

先是,读古书,知太昊陵在山阳高平之境。又游陈州之墟,无古碑碣,知为明代流传之误。因访鱼台凫山,一误至东凫山之女娲庙,一迷道中返。

官有常程，异乎登临自适者，或神境幽秘，不诚不达欤？

今年五月，亢旱零雨，思神之灵，遣官通章，以端午日取九龙潭水至于兖郡，雨随泉至。月之上中旬，三郡一州连得甘泽，岁以大稔。闰六月甲子，使者奉上府檄，到历下折狱，大雨断道，复被檄回。自宁阳至是，获谒凫山，申谢雨泽，意神灵实诏之，使者何修而得此？

凫山，见于《诗》"保有凫绎"。或以为凫、伏声之缓急，古时即以伏羲葬名之。山之九龙潭入湖，或云泡水，《汉地理志》及许叔重《说文》所云出山阳平乐入沛者。湖即古菏泽，《汉志》称在湖陵，湖陵故城即在今鱼台也。宋罗苹谓泡水因庖羲葬得名，未知其审。今沛、泗乱流，为漕运堤防，菏泽分为东西两湖，失古时故道矣。凫山之连麓有两城，山在古亢父、郜二故城之间，上多汉画像石刻，疑即《地形志》所称亢父女娲冢，任国、须句、颛臾皆风姓，守伏羲、女娲之祀，则陵冢宜在此。孔子云：先王以为东蒙主。亦即谓风姓祀典也。古以四人帝分四方，亦必因其葬处定之。太昊在此，东方也。炎帝葬长沙，南方也。颛顼葬开州，北方也。少昊葬云阳，在关中，西方也。古人不重墓祭，故学者失考耳。

按：录自孙星衍《孙渊如外集》，北平图书馆民国21年版，第8—9页。

（清）马崇临《伏羲陵》

庙前灌木郁葱葱，犹见羲皇太古风。试看当年封守处，青山不改旧东蒙。

按：录自光绪《鱼台县志》卷4《艺文志》。

马崇临，清鱼台（今山东微山县）人。增生。工诗文，清末民初曾参加编修《鱼台县志》。

（清）马崇临《伏羲真像》

鳞身古像石苍然，岁月遥深不记年。若非鲁殿留遗迹，定出唐虞未禅前。

按：录自光绪《鱼台县志》卷4《艺文》。关于"鳞身古像"即伏羲画像石，光绪《鱼台县志》卷4《金石》说："汉伏羲画像石，昔人在凫山前获一麟身石像，刻画朴略。先正马帮举识之曰，此伏羲真像也。遂移置伏羲庙。考《鲁灵光殿赋》云'伏羲麟身，女娲蛇躯'此其鲁殿之遗欤？未可知也。要之，像极古拙，剥略殆尽，其为汉刻无疑。"

六　民间传说选录

凫山的传说

微山湖是由微山湖、昭阳湖、独山湖、南阳湖四湖组成，所以也叫南四湖。南阳湖、独山湖的东岸是近百里的凫山山脉。这凫山山脉的中间，耸立着两座大山，就是东凫山和西凫山。东西凫山的中间有一条山沟，山沟里有一座年深久远的爷娘庙。咋叫爷娘庙的？这其中有这么一个传说。

在很早很早以前，整个世界上，人们和和平平地生活着，大家都互相尊重，互相爱护，男的耕，女的织，成天忙忙碌碌。那些讹人骗人的、坑人害人的事扎根儿不兴，真是清平世界。后来慢慢就有人学着做坏事，欺人、诈人，好人受气，坏人吃香，世道越变越坏了，没意思得很。

一个村庄有这么夫妻俩，二老人被人所欺，一气死了，几亩地叫人讹去了。日子没法过啦，夫妇俩就跟了一家大财主，男的扛活，女的做饭，成天价出的牛马力，吃的猪狗食。为了自己的一双儿女，不管怎样的出力、吃苦、受气，还是忍着往前过。到了小姐弟俩长到十五六岁的时候，有一年，这夫妻俩连累带饿加受气，一病不起，几天工夫就咽了气。可怜姐弟二人，无家无业，无处存身，只好到处流浪，四海为家。这一天，姐弟俩到了一个山丘旁，山丘旁有个大石龟。姐弟俩白天挖野菜，用个小瓦罐一煮，胡乱吃下肚里充饥，晚上就依偎在石龟身旁过夜。过了一些天，老石龟突然开口说话啦："你们要每天多煮点野菜，也给我些吃。"姐弟俩听了老石龟的话，每天宁愿自己少吃点，也缺不了老石龟吃的。又过了一些天，有一天半夜子时老石龟开口说："明天午时三刻，世界上有大灾大难，你们姐弟俩千万别离开我的身旁。"姐弟俩很听老石龟的话。到了第二天午时三刻，正响晴的天，突然乌云滚滚，狂风大作，天黑得像锅底似的，霎时大雨预盆，像搬起井筒往下倒一样，简直不分个儿。这时老石龟把嘴一张，说："快到我肚里来吧！"，姐弟二人进了石龟肚里，一看里面存了好多煮熟的野菜，饿了时就吃一点，延着命能活着。石龟就带着这姐弟俩在水中凫呀，凫呀，不知凫了多少天，这一天来到一座大山上。老石龟说："到地方啦，你们快出来凉快凉快吧！"姐弟俩从老石龟肚里爬出来，一看来到一座大山顶上，四面全是茫茫大水，一片汪洋，没有一个人影，连牲畜、树木、庄稼、花草、虫鱼也没有了。姐弟俩心里凄凉难过，鼻子一酸号啕大哭起来。老石龟又说啦："你们也别哭了，现在这个世界上就还只有你们姐弟二人，你们要挺起精神来，今后还要靠你们俩创造一个新的世界，繁衍后代。"老石龟说完话又把肚里存放的野菜吐出来就不见了。姐弟俩哭了一阵，没啥法，只好在山上转悠，饿了就吃点老石龟吐出的野菜。过了好多天，洪水退下去了，二人从山上来到山下，住在一个石洞里。后来又开了点荒地采了点野谷子种上，慢慢地就有饭吃了，日子也好过啦。

有一天不知从那里来了一个道人，姐弟二人见到有人来了：可高兴啦。弟弟问："道长尊姓大名。从何处而来？"老道说："我姓石，道号龟子，不瞒二位，当初凫水带你们来此地的便是贫道。"二人一听是救命恩人，就双膝跪下谢恩。道人说；"你们也不要谢了，我今奉玉皇大帝的旨意，叫你们结为夫妇，以繁衍后代。"姐姐一听一下脸唰地红到了耳根子，说："长老说别的都行，这一点确实不能从命。"弟弟也说："俺是亲姊弟怎能成亲呢？"道人说："这样吧。这里有盘石磨，姐姐一个下扇，弟弟一个上扇，姐姐上西山，弟弟上东山，把磨扇往下滚，如两扇磨能滚到一处相对，你们就成婚，对不上就不成婚，你们看怎么样？"姐弟俩心想这么高的山，怎么能滚到一处呢？齐声说："那行！"便各自带磨扇上了山，往下一撒手，就看两个磨盘像吸铁石吸的一样，自动滚到一处，然后合为一盘磨。道人说："这可无话可说了吧。"姐弟二人只好答应。老道人主持了婚礼，插草为香拜堂成了亲，老道人一转眼就不知哪儿去了。

姐弟俩成了亲，搭了茅草屋，过起了日子。可是总不好意思在一块儿行房事。弟弟说："怎样繁衍人类呢？"姐姐说："咱就泥捏人吧！"就这样姐弟俩成天和泥捏人，开始的时候捏人没有经验，捏得皮肤粗糙，也不那么俊，后来越捏越巧，泥也和得细了，捏好晒干放进屋里，过了七七四十九天，真的都会走路了。就这样一批一批地都走了。有一天，突然天上乌云密布，下起雨来，姐弟俩就赶紧把捏好未晒干的泥人往屋里拾，拾了一些，雨下大了，来不及拾就用笤竹扫，有的把胳膊扫断了，有的把腿扫掉了，有的把眼睛戳瞎了，因此世界上的人后来有瘸腿、瞎子和断臂、掉臂的。现在人的身上有搓不完的泥灰，是因为老祖先是用泥捏成的。

后来人们把石龟凫水落脚的山起名就叫凫山了，为姐弟住的地方建造了一座庙，起名就叫爷（爹）娘庙，这个村庄也叫爷娘庙村了。不知是真是假，反正有这么个传说。

讲述人：李殿荣，76岁；搜集整理：鲍玉成。时间：1986年6月30日。

按：录自微山县民间文学三集成办公室编《微山民间文学集成》，1988年内部铅印本，第2-5页。

七 微山县其他伏羲祠庙

民国《沛县志》卷6《古迹志》说：

伏牺庙：旧志有二，一在夏镇南门内，元大德间重修。

元彭殿《重修伏羲庙记》。夫有天地，然后男女生，而万物备焉；有圣人；然后夫妇立，而礼乐兴焉。故伏牺者，乃经天立极、开物成务之圣人也。宜乎享万代无疆之休、无穷之祀。何哉？孔子系易曰：始作八卦，以通神明之德；复造书契，以代结绳之政；立五常五行，明君臣父子。至于结网佃鱼，象天法地以利于民者。伏羲也，宜乎享万代之祀，非幸也，诚宜也。按，《春秋图经》，沛本偪阳国，在《禹贡》则南徐之分。自大元奄有天下，始为济州属邑，邑东四十里有城曰戚，亦春秋雄要之国。南驰徐郡，北走滕阳，东峙峄山，西通厥邑，土俗古远，人物风流。城南有里曰夏村，古有伏牺庙者，即青帝太昊风姓氏庙。帝生于西方，出于震，死葬匡山，其后子孙封于任、薛，守其祭祀，故称山与庙曰"耶娘"，百姓习俗莫能改。于兹建庙，起于前代，神门、阶址、石柱参差，惜无碑铭，不知初见岁月。庙像中居，后妃配享，圣子圣孙，咸皆列位。四方居民，春秋祭祀，远迩咸臻。惜其殿宇崩摧，神门废坏。坏而复兴，理之常也。方今圣上，继体守文，未尝不以敬神为先。乃者，沛东数君子相率而谓邑人副使李瑛曰："是庙重修，非君莫能济。"公应曰:"允若作新,非众弗能。"乃与一方士民刘和、姚通、丁用、郭彬、王和同心协力,施资出镪,集木鸠工,不日而成。庙貌俨然,复以后妃配享,子孙列位,焕然一新。以春秋二奠之仪,使一方居民大惬瞻望,端可谓不负圣朝敬神报本之心矣。厥功既毕,爰授予简,以祈为文,辞不获已,因议集作新之能事,多□臆说,仆惑鲜能播其嘉美,公之介然,首能率众,无其难辞,终告成功。而喜询其实,聊为之记铭曰:"开天理事,太昊称皇;生于西土,出震东方。奄有天下,死葬于匡;于其子孙,继序孔彰;封任封薛,百代为乡;本其祖考,号曰耶娘。习俗相绍,语不更张;春秋祭祀,享于蒸尝。诚心荐庙,报本靡忘;愿祈明神,阴相四方。方今圣上,万寿无疆。"

明正德万历间又修,俱有记。

一在县南二十五里。

因行政区划变动,民国时原属沛县的夏镇1953年划入微山县。而这座元代之前就很有规模的伏羲庙,今已无存。"一在县南二十五里"的伏羲庙应在今江苏沛县,也湮灭无存。

第二节　邹城郭里伏羲庙

一　伏羲庙历史沿革

郭里镇伏羲庙,又称人祖庙,俗称爷娘庙,在今邹城市西南30公里东凫山西麓,郭里镇爷娘庙东村。始建年代无考。现通行书刊以后唐长兴二年(931年)"伏羲庙碑"为依据,推断认为在唐末五代时已初具规模,事实上这是误解。长兴二年的"伏羲庙碑"本在染山,染山即和今邹城相邻的滕州市大坞镇染山,与郭里镇伏羲庙互不牵扯。光绪《邹县续志》卷10《金石上》说"后唐长兴二年伏羲庙碑,在染山"可证。关于此碑,毕沅《山左金石录》记载和《邹县续志》略异。"伏羲庙碑,长兴四年十二月立。碑高四尺八寸,广二尺三寸,在滕县染山伏羲庙""右碑文十七行,两旁有刻施主姓氏七行，字体大小不一。额题'染山耶娘庙碑记'，正书，七字。碑文卑劣，书体多讹，兹皆不录"。显而易见，是为亲历所录，本碑著录应以此为准。元至大二年岳出谋《重修伏羲庙碑》开门见山说：

> 伏羲都陈，崩葬年及地不可考。至周，任、宿、须句、颛臾四国风姓，司太皞、有济之祀。邾灭须句，僖公母成风言于公曰："崇明祀，保小寡，周礼也。若封须句，是崇皞、济而修祀，可也。"当时庙斯山麓，亘古今存。①

这是表明此处伏羲庙祀历史悠久，但将郭里镇伏羲庙的始建年代直推到春秋时代，还是有些玄乎。又，元代于钦《齐乘》言：

> 凫山……古有伏羲庙。按《左传》，颛臾风姓，伏羲之后，实司太昊之祀，邹鲁有庙是也。

这依旧是重申岳出谋的观点，是讲伏羲庙建造很早。不过要指出，颛臾地望在今山东费县西北，离凫山还很远。康熙《邹县志》土地部上之"庙祠"目秉承元人观点：

> 人祖庙，二座，祀伏羲。一在县西六十里东凫山西麓，亘古今存。按，《左传》周时须句，风姓，司太昊、有济之祀。

认定东凫山西麓的人祖庙即伏羲庙"亘古今存"。我们对"亘古今存"存有疑问，但有一点毋庸否认，太昊的后裔春秋风姓四小国"任、宿、须句、颛臾"之须句的地望当在邹城，这是立庙的依据。有这么早的依据，立庙不一定在春秋时代，想必也不会太晚。

这里我们先列举一条根基可靠的资料——《鲁国之图碑》，此碑乃北宋之物，在图的下端城外南山，赫然标注着"峄山"和"伏牺庙"。② 此伏牺庙正

---

① 岳出谋：《重修伏羲庙碑》，康熙《邹县志》卷1《古迹志》。
② 李零：《周行天下——从孔子到秦皇汉武》，生活·读书·新知三联书店2016年版，第146页；刘真灵：《邹鲁凫山话伏羲》，齐鲁书社2017年版，第168页。

是郭里伏羲庙，可证此庙创建，至迟不会晚于北宋。再列举一些史志资料记载及遗址留存的残碑碑目——依次有北宋乾德二年（964年）"伏羲庙碑"、金天德三年（1151年）"伏羲二圣爷娘"碑、金明昌七年（1196年）《凫山人祖庙碑记》、元至大二年（1309年）《重修伏羲庙碑》、元至正二年（1342年）杨铎《重修伏羲庙献殿碑》、明正统四年（1439年）《国朝重修伏羲庙碑》、明万历四十五年（1617年）《历代帝王纪碑》、明万历四十七年（1619年）《创建三圣殿记碑玉上宫殿通宇牌》、清顺治四年（1647年）《创建王母阁殿杏祥碑》、清康熙六年（1667年）"四棱方碑"等。依据这些各式碑记，也可断定郭里镇伏羲庙至迟建于北宋之前，金元明清历代重修，逐渐形成以伏羲女娲崇拜为中心的多神灵祭祀建筑群。康熙《邹县志》土地部上之"庙祠"目说：

其庙规制巍峨，檐以琉璃，像以金碧，历代增修，金元明俱有碑刻。每值上巳节、重九，民间至庙祈子，有求必应，俗称爷娘庙。

可见在清代伏羲庙仍旧是规模宏大，香火旺盛。

民国18年（1929年），雄伟壮丽的伏羲庙建筑群被西北军阀梁冠英部一把火烧毁，昔日所有的辉煌在一日之内化为灰烬。事情经过是这样的——20世纪20年代，兵患匪祸连年不断，在鲁西南一带兴起保家自卫的"无极道"组织。郭里镇爷娘庙村道首名叫王传仁，有文才、能打仗，抗击抢掠散兵游勇，屡战屡捷，深受当地群众信赖。民国18年农历二月初二，王传仁召集无极道众二万余人进攻驻守济宁多次骚扰爷娘庙村的梁冠英师，虽然人多势众，但长矛大刀毕竟敌不过机枪火炮，结果大败而归。二月初十日，梁派部队到爷娘庙村报复，向当地百姓询问王传仁的住处，吓傻了的老百姓竟指着伏羲庙说那是王的家庙，梁部便焚烧庙宇以泄愤。"时值南风甚紧，风助火势，整个庙宇成了一片火海。瓦爆、墙崩、门倒、梁塌，火柱冲天，浓烟滚滚，数十里外都可以看到。大火从中午直烧到深夜，爷娘庙变成了一片灰烬瓦砾。"[①]从此当地流传着一句歇后语："王传仁的家庙——没谱。"本不是家庙，哪里

[①] 《爷娘庙事件》，政协邹县委员会编：《邹县史话》（近现代革命斗争史部分），内部铅印本1982年版，第22页。

有家谱呢？羲皇庙被烧后，当地群众草草搭盖殿顶，香火旺盛如初。20 世纪 50 年代"大跃进"时，拆除梳洗楼等砖木结构的建筑物，木料和砖用于大炼钢铁。20 世纪 60 年代初，又拆除了其他所有建筑，并砍伐庙内所有古树大木，用于郭里集村建公用房。从此遗址上就只剩下残石碎瓦和搬不动的巨碑、烧不了的石柱。

图 15　邹城伏羲庙遗址

原伏羲庙依山而建，南北长约 150 米，东西宽约 120 米，为亭、榭、楼、阁的集合体，结构严谨，气势恢宏。庙前有山门，门内有金水桥，东西各有一门，俗称东西华门。向北分东、中、西三路建筑，依山势呈上中下并列叠加分布，中路有礼门、东西庑、羲皇殿、娲皇殿，主体建筑为羲皇殿，东路有玉皇殿，西路有泰山行宫、关帝庙。整个建筑物共有大小 42 座庙宇，内供 1300 多尊神像。殿宇众多，构造奇特。

二　伏羲庙布局及其建筑简介

按《邹城市地名志》第八编《名胜古迹》的说法，未毁之前伏羲庙大致如此：

伏羲庙经历代多次维修，形成东、中、西三路，殿、庑、阁、楼一百余间，占地面积 3 万多平方米的古建筑群。中轴线上，南向正门三楹。

向北正中为礼门，再北是主体建筑羲皇殿，五楹三进，歇山转角飞檐斗拱式结构，绿琉璃瓦覆顶，前廊下六根高浮雕云龙石柱，云气间尚雕有雷公、云母等神话人物，雕刻精美，为元大德年间（1297—1307 年）刻制。殿内神龛中羲皇金像巍峨，着帝王冕旒。殿前东、西庑各 10 间，供奉道教塑像。殿后为娲皇殿，供奉"人祖奶奶"女娲像，仿原始社会的样子，全体赤裸，仅腰间遮树叶短裙，姿态生动。据说中国古代雕塑，裸体者屈指可数，但此处男女塑像都赫然赤裸，可能与伏羲女娲繁衍后代、生殖崇拜有关。东西跨院各有关圣殿、送子娘娘殿、华佗庙、梳妆楼等建筑。庙中碑刻百余块，多为重修祭祀碑、诗词赞咏碑。庙内古柏 300 余株，多为唐宋栽植，最大直径 3 米左右，"凫岭古柏"为古邹城十二景之一。①

而邹城文史专家张延龄有文《黄水干了立人烟——关于伏羲、女娲传说与凫山羲皇庙》，依据见闻及考证，对伏羲庙的建筑及艺术特色详尽描述。

凫山羲皇庙宏大。中轴线上，正门南向。向北越二门，即到人祖殿。这是羲皇庙的主体建筑。五楹三进，歇山转角飞檐斗拱式结构。廊下六根蟠龙石柱，鬣鬐多处镂空，雕工精细，造型威严。柱头、柱础还雕刻着神仙鬼怪的道教故事。石雕艺术很有特色。殿顶上覆碧色琉璃瓦，椽檩皆饰以彩绘。殿内神龛中金像巍峨，着帝王冕旒。殿前两侧有东西庑各 10 间，大抵供奉各种道教神祇。人祖殿后院中有寝殿供奉人祖及"人祖奶奶"像，仿原始社会的样子，全体赤裸着，仅腰间遮树叶短裙，姿态生动。据说中国古代雕塑，裸体者屈指可数。但此处男女塑像却都赫然赤裸。"人祖奶奶"体型丰腴，一对硕乳下垂于胸腹之间。与西方维纳斯身段颀长而富曲线、两乳高耸者迥异。这反映了当时塑像的艺术家们的审美观念，是崇尚实际的、写实的、不务虚饰的。这些塑像如保存至今，其艺术价值弥足珍贵。寝殿以北稍偏西有三楹小楼，俗称人祖奶奶梳洗楼，也有人说是三清阁。两个概念的距离很大，没有文字资料确定

---

① 邵泽元主编：《邹城市地名志》，山东人民出版社 2001 年版，第 495—496 页。

它究竟是什么，总之有那么三间两层砖木结构的楼房就是了。

中轴线两侧有东西跨院。东院随山势渐高，只一进院子，主建筑为玉皇殿，另一有些门、庑等附属建筑。西跨院二进，后为关圣殿，前有送生娘娘庙，俗称娃娃殿，是过去每年上巳、重九日祷庙求子的地方。娃娃殿院内有南屋三间，叫做卧奶奶庙。神像覆被仰面而卧，只露头足。头为女相，年可三十许。居然蟇首峨眉，楚楚动人。足为一双弯弯的莲钩，令人堪发一粲，此神不知有何出典。

中央二门以外有金水桥，桥外有一条东西向的大路，越过东西两跨院，各开一门通庙外。东名东华门，西名西华门。形式与名称都模仿皇宫。因为供奉的是"皇帝"。所谓"三皇"，历来说法不一。按司马贞《补三皇本纪》的说法，伏羲、女娲都在内，便占了三分之二。

从伏羲庙的体制庞杂上，一方面可以看出陆续增修的痕迹，另一方面也可看出古代中国人崇信多神的特点。①

1978年2月，伏羲庙遗址被公布为邹城市文物保护单位。2001年，被公布为济宁市文物保护单位。2006年被公布为山东省省级重点文物保护单位。

三　庙会

据康熙《邹县志》土地部上之"庙祠"目，伏羲庙会内上巳节、重九日，即三月三日和九月九日，这和元代三皇祭祀日期相同。而民间奉行的祭祀日期为三月三日和十月初一，不知这个"十月初一"是因何而来。俗话说"十月一，送寒衣"，这个祭日很可能和为庙中的"爷娘"送寒衣有关。另，据民国时傅热《爷娘庙庙会》记载："历来以清明节与十月一日的节，为本会之日期。"②

庙会一般持续三到五天，客商云集，买卖兴旺，交易物品以"耍货"（儿童玩具）、药材为多。主体民俗活动便是祈子求福，远近数百里善男信女，提篮背篓，云集此地，烧香许愿。多是组织结社参加庙会，妇女多于男性。

---

① 张延龄：《黄水干了立人烟——关于伏羲、女娲传说与凫山羲皇庙》，孙士让主编：《孟子故里邹县》，山东友谊出版社1992年版，第22—23页。

② 《山东庙会调查集》，李文海主编：《民国社会调查集》，福建教育出版社2004年版，第233页。

"届期有数百里的香客，专程前来祈福求子。人祖殿及其他各殿堂俱皆香烟缭绕。常常有许多发髻蟠然的老太太们在香气氤氲中亲切地寒暄着：'姐姐，你也来看咱娘？''我来看咱娘。妹妹，你也来了吗'好像她们真是一母所生的亲姐妹，一齐聚会在母亲膝前，来共享天伦的乐趣……爷娘庙村民非常好客，每到会期，预先准备酒和油炸食品招待赶会的亲属。以谁家到的客多为荣。要是哪一家没有客人，会感到很不好意思。"[1]

四　碑文选录

（金）田肇《人祖庙碑记》

混浊肇分，天地开辟，有民人则有君长。自盘古以来，遐哉邈乎，其详得。闻太古既远，三皇迭兴，为皇初之首者，伏羲也。

按《帝王世纪》，伏羲风姓，有大圣德，继天而王，位正东方，象日之明，以木德而治天下。仰以观乎天文，俯以察乎地理，近取诸身，远取诸物，始画八卦，以通神明之德，以类万物之情，连山归藏，实自启焉。然后于三圣为六艺之首，示万世之楷式。后之有天下者，莫不宗而师之。所谓法始乎伏羲者，信不诬也。而复治干戈而饰武，崇礼乐以尊文，造书契以代结绳之政，取牺牲以充庖厨之用，此伏羲氏行事之大略也。夫太古鸠危之世，人伦未立，男女混淆，夫妇无别，伏羲乃更造作，为父子君臣，初建人伦实始此。伏羲氏所以基皇德也，然后混淆之风一旦革之。故孔子曰：有天地然后有万物，有万物然后有男女，有男女然后有夫妇，有夫妇然后有父子，有父子则礼仪有所错焉。此道以行万世之后，犹以父母尊之，其成人之深也。

如此古滕之邹，盖春秋邾子之国也。山川奇秀，民物丰阜。之西南五十余里有山曰凫。《鲁颂》曰"保有凫绎"，即此山是也。东西二山相峙，皆目为凫，奇峰耸拔，高出云表，嘉木擢干，郁郁青青，真一方之胜地也。越东凫之西麓，有伏羲庙存焉。按李吉甫《十道图》云"兖州之境伏羲陵"，盖邹尝隶兖故也。然祠宇日久，堂庑倾摧，丹青剥落，罔堪顾之。先是泰定二十九祀，世宗皇帝有旨，凡庙宇载在祀典者，并使修完。自是之后未始兴造。

---

[1] 张延龄：《黄水干了立人烟——关于伏羲、女娲传说与凫山羲皇庙》，孙士让主编：《孟子故里邹县》，山东友谊出版社1992年版，第26页。

越明昌七载，有提判陈公巡按之滕，搜索稽滞。见斯事之未济，乃命州之主者亟为行之。使州乃以邹令张公专典其事，仍以省钱八十万为重修之费。公奉命后，鸠工聚财，起于是年秋九月建，十月而落成，一钱不取于民，一夫不动于众，优游而为之，仍以己俸修庙门，两掖垣墉。肇忝张公同事，因以斯文见托，义不可辞。

肇以为此一胜事也，有可尚者三：世宗皇帝钦崇祀典，使有功于民者，万世血食，此可尚者一也；判陈公能兴其滞而行之，此可尚者二也；邑令张君奉行其事而毕之，此可尚者三也。继今以往，春秋焚修之人，愈不远而来，络绎凫、峄矣。肇因纪其实而书之。明昌七年十月记。

按：录自康熙《邹县志》卷1下《祠庙志》。

田肇，金代人。作此记时官登仕郎、滕州邹县主簿兼管勾常平仓事。

（元）杨铎《重修伏羲庙献殿碑》

伏羲都陈，崩葬年及地不可考。至周，任、宿、须句、颛臾四国，风姓，司太昊有济之祀。邾灭须句，僖公母成风言于公曰："崇明祀，保小寡，周礼也。若封须句是崇昊济而修祀可也。"当时庙斯山麓，亘古今存。

原夫羲皇开天之道，仰观俯察，中观万物，远求近取。文从鸟迹，卦则龙图，以十三卦开物成务，切极圣神，道合希彝，圣齐视听。化被而物不知，功成而迹无朕。言非法誓，刑绝鞭扑。善不赏而劝，恶不罚而惩。一言方施，万方禀命。清净之风行，浇叛之俗绝。其道冠唐虞，挟文武、蹑五霸，万世不革事业。天地有裂，日月有缺，山岳有崩，河海有竭，维持宇宙，发育万物，生生而不穷者，羲皇之道也。呜呼！世道交丧，扰扰万绪。殷人作誓，民心愈疑，周人会盟，诸侯愈叛。骨肉残而不畏，钟驷赏而不行。长夜漫漫，薄俗纷纷，何时可已？

我皇元抚运龙兴，化崇无为，皇风是慕，遍礼百神，并走群望，咸秩无文。勅天下郡邑建三皇庙，朔望释菜，春秋释奠，敬仰之盛，亘古无之。

邹邑未立庙时，有司值上巳、重九祭于斯庙，升降颓檐坏屋之下，退而安然，罔以为恤，慢神渎礼莫甚于此，有负朝廷崇大道之美意。兹者薄梁逸民杨茂为之悯曰："后之贤者有立功于一时，兴利于一邦，犹追思立祠而祭之不乏。矧夫为天地立心，为民生立极，为万世开太平基之大圣人，今殿庑敝于上雨旁风，倾将难支。不惟不称竭虔妥圣之所，将有匮神乏祠之忧，如之何可？"率里人曰："开天圣祖，俗曰'爷娘'，俾君子小人亲贤乐利咸得其所，凡民谋祷，其嗣既应。可见羲皇之神赫赫在上，明明在下，使山川钟奇毓秀，真可谓天下万世生民之爷娘也。如此则非有司独为之祭，举天下生民皆合敬祭，而庙不修可乎？"秦珍等美是义，家赋户到，勇前响应，宁甘寒饿，各割己资。计程佣工，去弊桡朽陋之迹，增雄壮文采之奇。盖献殿五间、两廊十间，新绘涂塈之饰。至大二年春，告成，祭者观者叹其希有。

茂之子讳德中，字顺英，持敝献状，请予以文其实。予美杨茂为人贤善典雅，盖庙非谄神以求福，而为报圣神之功，可谓合典礼矣。噫！有司承流宣化者，于斯道也反不如黄耇鲐背一逸民耳。予不辞荒陋，遂为之铭云。

按：录自康熙《邹县志》卷1下《祠庙志》。碑文没有题名，作者题为岳出谋。据毕沅《山左金石志》卷24，碑题名为《重修伏羲庙献殿碑》，岳出谋为篆额，作者题为杨铎，兹从之。

（明）李勤《国朝重修伏羲庙记》

邹县治西南五十里，望之厥势巍巇、厥形苍翠者，东西之凫山也。两山断曳，中有蹊川，介然成路。以东则吕公修真之洞府，南北则有塘湖负羊山之峙，其余群峰罗列萦迂。东接沧溟，西连尾闾，此其形胜之大概也。左山西麓下有荒基，古碑记载伏羲氏之所祠，皆宋元时修复之，"记"若干通，殊不见其有创始之由。

且伏羲为开天之圣，德孚上下，化被草木，参三才而画八卦，宣人文以代结绳之政者。祀典重载，历世尊崇，有其出处矣。此胡亦有其禋祠乎？盖既为大化圣人，则岂无其所存之神妙。有祷辄应，敏如桴鼓之相应者焉。四方之人往来求禧者，道涂络绎而弗绝；临陛俟登者，鱼贯雁行而旅进。御捍灾患，依人而血食，可谓盛矣。

时宣德七年，钦差巡视河道。通政使司右通政王孜适逢其事，深喜，赞襄而共成之。且房公自洪熙纪元来宰邹邑，恤民肃神，两致诚意。于是躬谒神明，展敬祠下。睹昔遭兵燹而庙宇倾圮，垣墉蓁芜，遂兴慨叹，发虔心，断然以修复为己任。归而谋诸僚采，咸有协赞之志。议既克合，遂输材捐资，赁力鸠工，经营堂殿，缀塑像形。仍命乡耆人等董督其役经营之，载不逾岁，厥功告成。庙貌轩雄，列像严森，丹漆黝垩，交辉莹煌。瞻仰者不觉其悚敬，祈祷者率诉其真情。

落成有日，咸来告余曰："盛事遂矣，愿心塞矣。有匪令尹房公竭诚尽慎，处置得宜，吾侪何能臻斯？特请为文，勒诸坚珉，以垂悠久，可乎？"予惟伏羲，圣神也。惟圣神为能显灵异，昭示祸福，故祈诉之人众。令尹，主宰也。惟主宰为能致恭敬奉事神明，而修葺之功成。今焉，栖神之所既备，则神之威灵张。将见后来供奉之人愈远而愈多，又非已往者之可比矣。於戏！有废斯兴，有缺斯补，固守令之当为。至于事神育民，尤为重事。不有通达尚明之表里，而知识神民之一致者，孰能宜民宜神，而致蹶恭而罔殆，爰始而爰终，一念克诚而不逾者。即因复道其本末而谂其情实，为吾房公志其注意神民之赤忠云。

时大明正统四年秋九月吉日立

按：录自嘉靖《邹县地理志》卷2《古今记文》。

李勤，邹县人，曾任丕州学正。

五　诗歌选录

（明）潘榛《谒凫山人祖庙》

羲皇多感应，伏腊走如云。洞自东西出，山从左右分。
残碑留宋号，新殿纪明文。瞻礼情何极，名香次第焚。

按：录自万历《邹志》卷3《诗歌志》。

潘榛，字茂昆，明山东邹县人。万历二十年（1592年）进士。历任汝阳知县、庐州知府、山西按察司副使等职。著有《三迁志》等。

（清）娄一均《人祖庙》

飞来凫影作山峰，中有人皇绛节从。拟是王乔仙吏舃，宛遗泰山大夫松。
飞翔野鸟常栖石，寂静禅僧自杵钟。问俗褰帷礼人祖，华胥旧地俨重逢。

按：录自康熙《邹县志》卷 1 下《祠庙志》。

娄一均，字秉轩，清浙江会稽县人。康熙四十八年至五十七年（1709—1718 年）任邹县知县。有政绩。

第三节　滕州伏羲庙

一　染山伏羲庙

庙在滕州市大坞镇池头集村北染山。嘉庆《大清一统志》兖州府之"祠庙"所言"伏羲庙，在滕县西北五十里。《齐乘》伏羲庙在滕州染山。颛臾风姓，实司太皞之祀，邹鲁有庙是也"即指此。毕沅《山左金石录》著录伏羲庙碑 1 通，言明碑立于后唐长兴四年（933 年），"在滕县染山伏羲庙"（碑现藏滕州市博物馆），可证此庙至迟建于五代之前。

另据民国《续滕县志》卷 5《金石志》，著录有金大定二十五年（1185年）《金重修伏羲庙记》、明天顺元年（1457 年）《重修染山元始人祖庙记》、明成化元年（1465 年）《重修人祖丹泉记》、明成化十一年《重修染山人祖庙记》、明嘉靖元年（1522 年）《重修染山人祖庙记》、明万历二年（1574 年）《重修染山人祖庙记》、明万历十年《重修伏羲女娲庙记》、明万历二十六年《重绘人祖圣像记》、明崇祯元年（1628 年）《重修伏羲人祖祠碑》等重建碑 9 通，[①] 可证自金至于明，染山伏羲庙不断重修，尤其是明代，大修特修。另，2010 年伏羲庙遗址基础石发现金承安五年（1200 年）石刻文字，文曰："汉困村孟政虔心独管安砌前檐阶基，所用功匠力物自办了毕。承安五年正月上旬日，孟政记耳。"[②] 也可反映历史上的重修情形。道光《滕县志》卷 12《艺文》节录明张彩崇祯元年《重修伏羲人祖祠碑》，从中我们可以窥见明代伏羲庙梗概。

[①] 明代染山伏羲庙重建碑碣众多，而《金石志》只录名目，不录文字。
[②] 李娜、吕文兵：《大坞发现金代石刻》，《滕州日报》2010 年 12 月 23 日。

染山之前庖牺祠在焉，神庄严邃古，不类近代摹，然文献沦湮，经始无纪，好古君子或谓庖羲始画八卦，仿佛遗踪似在此也，讹言不可信……祠坼三邑封壃间，东南则滕，北则邹，西则鱼台，远近祈嗣者率来集会祷祠焉，祷往往有奇验……祠宇寝久，渐至倾摧。乙未、丙申间，适有顺德杨道士来，倡议更新，因藉旁近居士力，纠合劝募，首事庖牺祠，次人祖祠，各已落成，而杨偶以口语去，继之鲁郡王道士循其遗绪，门屏垣墉，渐就规理，而后寝又寻以圮坏，则有刘常德与其同侪侯常江者，补葺缘饰之，而庙貌遂濯濯一新。或谓祠宇之委置者众已，今祠何久而弥新也？曰人祖生育之始，庖牺文教之始，微二圣则造物几穷，然则是祠也，天地终始可也。

另，康熙《滕县志》卷4《祠祀》说：

伏羲庙，一在染山，创始无考。自唐长兴年重修，金大定年再修，乡进士赵大钧有记云："染山之祠，其兴久矣，推其所自，盖其西二十里，有伏羲冢、画卦山在焉，官为建祠，千里奉事。"《齐乘》云："颛臾风姓，实司太皞之祀，邹鲁有庙是也。"伏羲都陈，谓于凫山有基，非也。据《记》与《齐乘》，专祀伏羲。今殿二层，前祀伏羲、神农、黄帝，二帝不知何时增之。后殿更为帝像一、后像一，呼为人祖，岁以三月三日为醮会，乡人多就而祈嗣焉……一在王晁社，一在晋庄，无醮会。

这段文字道光《滕县志》卷4《祠祀》原文照录之，所反映的即是清代伏羲庙的"现状"。知清代染山伏羲庙既奉祀伏羲、神农、黄帝三皇，也奉祀伏羲、女娲"二皇"，情形独特。

民国时期，伏羲庙为多神合祀场所，有山门、钟鼓楼、神殿等。主体建筑为三大殿，前殿即"开天立地"殿，供奉人文始祖伏羲，山神、土地分列两旁；二殿、三殿供奉人母娘娘（女娲）、王母娘娘、火神、财神、阎王、华佗等神祇。庙会日期和邹县郭里镇伏羲庙相同，都是每年农历三月三和十月初一（有言每年上巳、重九日）。

20世纪50年代伏羲庙主体建筑被拆除，木料用于大炼钢铁。20世纪60

年代初，又拆除了其他建筑，并伐倒了大部分古树。现大殿、三殿石头基址还在，寝殿（供奉人祖奶奶）尚存，破败不堪。另有老柏20余棵。2008年，伏羲庙被公布为滕州市重点文物保护单位。2011年依旧址重建伏羲庙。"伏羲庙山门宽16.8米，高11.2米。山门窗户上的石雕为左青龙、右白虎，正门的'伏羲庙'三个字是由省书协副主席顾亚龙先生题写。伏羲庙的照壁（俗称影门墙）刻画的是二龙戏珠的图案。左右两侧的建筑分别是钟楼和鼓楼，钟楼位于东侧，鼓楼位于西侧，取晨钟暮鼓之意。两侧的石碑均是从农家收得，通过上面的碑文，可以想象当年'门前香火旺，滚滚绕群山'的情景。"① 新建大殿为五开间重檐歇山顶建筑。

对于染山伏羲庙的历史，山东大学姜宝昌有诗《伏羲庙纪实》有很好的概括："尝闻宏宇起炎汉，'开天立地'镌楣端。唐碑寻知香火盛，明楹诉说廊庑宽。殿上恭叩人文祖，门外礼拜易卦山。岁岁孟春玄鸟至，郊天祀禖并伟观。"

二 大彦人祖庙

大彦人祖庙，应为康熙《滕县志》所载三座伏羲庙之一，而旧志在提名而外，未记任何信息。兹据颜锡扬《滕州大彦人祖庙人文史话》②记述如下：

庙在滕州市西部8里处姜屯镇大彦村北2里处，庙里原供奉的是华夏人文始祖伏羲（又称"庖羲"，后世又被尊为"羲皇"）。据《古滕张氏族谱》记载：人祖寺、观有十余所，后因年久失修或战争等原因大多被毁。现原伏羲庙基址一片废墟，惟有后堂楼残存。后堂楼系砖木结构，一明间两暗开间构造，底上两层，共计六间。

大彦人祖庙今有俗家弟子刘继忠先生。刘继忠幼年曾被舍到庙里拜和尚为师。孩提时的刘继忠听师老爷（该庙主持长老）亲口传授说，该庙观始建于北魏时代，后因战争，原庙碑被庙里的和尚秘密埋藏，今已迷失具体位置。刘先生虽是亲耳所闻，但仍缺乏文字资料依据，只能待日后发掘原碑加以证实。20世纪60年代，当地兴建小型水库，重建的庙碑连同庙西南几代和尚墓

---

① 颜素珍：《走进伏羲庙 感受炎黄情》，《滕州日报》2011年3月8日。
② 颜锡扬：《滕州人祖庙人文史话》，《滕州日报》2009年8月4日。

地的经幢（圆形塔状的和尚墓碑），以及附近许多民间林坟的石碑均被毁掉，今无实物可考。幸而，大彦《古滕张氏族谱》里有这方面的资料记载。张氏族谱记载说："人祖庙重修于明代崇祯十年"，即公元1637年。

当地老人们说：70多年前，人祖庙香火旺盛。平时，善男信女三五成群地结伴上庙堂或烧香或许愿。二月初一是人祖庙的正式庙会，庙会前后，方圆百里的百姓纷纷奔来赶庙会。门前的景况真是人山人海，人声鼎沸，异常热闹。大彦人祖庙北20里有染山人祖庙。据明代滕县名人张彩考证：大彦村北的人祖庙是后人依据染山人祖庙所建。染山人祖庙每年夏历三月初三是庙会，大彦村人祖庙二月初一是庙会。施主、香客不远几十里、数百里来赶庙会，拜谒始祖伏羲，祈求人祖保佑，天下太平，风调雨顺，国泰民安。

81岁的张长宁先生是大彦张氏的后人，张先生回忆儿童时代的人祖庙说：大彦人祖庙是前、中、后三进庙院。前院是3间大殿，正殿神龛里供奉的是人祖神像，人祖的彩色塑像，面目慈祥，服饰古朴；东西配殿各是3间，东殿里供奉的是关帝塑像，有周仓、关平塑像服侍，西殿里供奉的是名医华佗塑像，身旁有侍从端着药具侍候。人祖庙庙门，坐北朝南，在前院的正中央。庙院里西南隅另有一间低矮的小瓦屋是土地庙，土地神像坐南面北，东、西、南三方诸神共同拱卫着人祖；中院的主殿是香堂，庙院里栽培着无数不知名的珍奇花木，这里是用来招待施主和香客的处所，东西厢房分别是存放物品处及招待客厅；最后一进院落是庙宅，堂楼里先后居住的是主持道士及主持长老（和尚），东西厢房居住的是众道士、众僧人兼作厨房。

县志记载：明代中期，滕县有名人张彩。张彩在山东省府考中解元第一名，官居南京刑部郎中。重修染山庙时，当地邀请张彩考证并撰写重修碑文。此后便载入清康熙《滕县志·重修染山庙碑》，后来又复载清道光《滕县志》。崇祯十年重修大彦人祖庙，此时已是明代的晚期，正处于改朝换代战争频起的动乱年代，从此以后县志失载。大彦"张氏族谱"是记载有关大彦人祖庙重修的唯一资料。查阅《古滕张氏族谱·重修大彦村人祖庙碑》记载：此庙名人祖观，亦名人祖庙。前期是比邱道士募捐重建；明崇祯十年，宽登道士再次重修。比邱以道家法嗣传给子孙。大彦人祖庙后堂楼，是前期比邱道士募捐重建还是后期宽登道士再次重修？确切年代目前还不清楚。

  清代，大彦人祖庙多神杂祀，住持为僧人，第一代住持和尚叫觉轮，二代和尚叫海洁，三代和尚叫了尘和了飞。和尚主持人祖庙，一直延续到中华人民共和国成立后，师兄了尘继续任主持守护庙宇，师弟了飞远去上海到新设的佛教学院进修。不久，主持了尘也去世。至此，大彦人祖庙便人去楼空，堂楼便由他人居住守护。当年三代住持在民间还收了许多弟子，末代弟子大多今已七八十岁，刘继忠先生就是当年最年轻的弟子之一。

  大彦村因人祖庙前的大雁洼而得名。据明清《滕县志》记载：大彦村的起源以人祖庙为坐标，庙前有开阔洼地叫大雁洼。明初，孙氏、张氏迁来此定居，明县志记载初名"大颜"，在集镇的名称中又叫作"大颜店"。孙、张二氏定居以后，注重读书，报效国家。因而人才辈出，代不乏人，又名"大彦"。当时这里是有名的集镇，大彦前店后村，商贸发达，交通便捷。中华人民共和国成立之初，政府号召组织成立全县物资交流大会，二月初一的大彦人祖庙会，才开始移迁到大彦村内，从那时一直延续至今。20世纪60年代末，姜屯公社利用这里的公众庙产，在人祖庙的前院和中院创办了大彦农业中学。由于殿堂年久失修，后来，大彦管区又集结辖区各村大队献工献料，由村里出动民工，重建了前后两排教室继续办学。

  清末至民国年间，私塾先生张体远是大彦村出名的学究，也见证了当年的"三教文化"的融合与繁盛。每逢庙祭，当地老者出面邀请这位饱读四书五经的儒家学者撰写庙祭祝文。庙祭大典上，则有众人推举德高望重的老者宣读。道、佛、儒三家的道士、和尚及儒家学究，更是一起参与。有作乐的，有敲磬念经的，有礼赞官呐喊祭奠程序，与民众共祭人文始祖。祈雨，民间又叫求雨。有一年求雨，在大彦村北门外设坛，从庙里抬出关帝神像，安置在祭坛上在烈日下曝晒，参加求雨的人也被晒得汗流浃背。地方士绅宣读《祈雨文》，和尚道人各自念经。祭典完毕，再用彩轿抬关帝沿街游行。如若天降大雨，还要在庙前搭台唱戏谢神，以谢上苍普降甘霖。靠天等雨，借神欢乐，是当时的生产生活习惯。张老先生人到晚年，还把《祈雨文》集结成册，送给了年龄最小的学生张长宁。《祈雨文》工笔正楷，记述了祈雨的盛况。可惜这本《祈雨文》文稿，在"破四旧"时被焚烧。

古老的滕州物华天宝，人杰地灵，悠久的历史文化博大精深。大彦人祖庙东有龙泉寺、北有龙泉寺和龙泉院、南有清凉寺、西有千佛阁、地藏寺以及周边的道教庙宇，星罗棋布。仅此一方天地，却隐居着无数的资深高人，虔诚地修炼，默默地传承着祖国优秀的历史文化。

第四节　山东省其他地方伏羲祠庙

一　嘉祥县伏羲庙

万历《兖州府志》卷24《祠庙志》说：

> 伏羲庙，在县西坨山之巅，金大定十五年巨室李平重建，邑人宋子贞为记。

又，乾隆《济宁直隶州志》卷5《秩祀》说：

> 伏羲庙，在县西坨山之阴，金大定十五年李平重建，邑人宋子贞为之记。按：县志作坨山庙有四，惟坨山巅修复，仍存。

又，宣统《嘉祥县志》卷1《方舆志》说：

> 伏羲庙，有四，一在马氏村，一在范山之阳，一在华林，一在坨山之巅。

这三则史料说明，嘉祥县旧有伏羲庙，始建于宋金之前；且伏羲庙不止一处，但以"县西坨山"伏羲庙最为重要，因为三则史料都提到了本庙。

西坨山伏羲庙即今嘉祥县卧龙山镇长直集村伏羲庙，在卧龙山坡，民国以来已毁坏。基址残存三开间殿宇一间，明万历年间重建碑一通，古柏数株。

二 曲阜市伏羲庙

清重修《阙里志》说：

> 伏羲庙，在曲阜城内东北隅，今为三皇庙。相传凫山为伏羲作八卦处，……《路史》云曲阜为太昊之虚，又号曰春皇。太昊氏其王于东方也。

知清代以前曲阜城内有伏羲庙，清时为三皇庙，奉祀伏羲、神农、黄帝。现庙已毁，其遗址为曲阜机关幼儿园。宣统《山东通志·古迹》之曲阜县说："伏羲庙，在县境。"所言应还是指曲阜城内的伏羲庙。

三 泗水县伏羲庙

光绪《泗水县志》卷13《旧迹志》说：

> 伏羲庙碑，俗称爷娘庙，在城东卞桥村北石屋山，一系金大定二十九立，一系元祐五年立。

依此可断定泗水县境内在宋金之前即有伏羲庙。卞桥村北石屋山即今泗水泉林镇卞桥村北的青龙山（又称卞山、关山等），伏羲女娲庙残存，当地俗称"爷娘庙"。其北大黄沟乡有东、南、西、北华村依华胥山，山环华村水库，即为古华渚，华渚之南的北庄伏羲山遗留元代《重修伏羲碑》，疑是另一处伏羲庙的遗留物。

另，泗水城东北三十里的八卦岭，旧时建有八卦庙，相传是伏羲画卦的地方。

四 枣庄市伏羲女娲庙

伏羲庙在山亭区西集镇伏里村南伏山（又称伏羲山、龟山）山巅龟山寨中。唐大足二年（702年）始建，现为废墟，基址乱石之中留有"历代帝王图碑"、"重建人祖庙碑"、《创建龙王庙记》碑、"爷娘庙碑"等碑碣。伏里村周围是传说中伏羲活动最多的地方，有教人抟土做陶撒豆成兵的红土岗、黄泥汪，有教人织网逮鱼的古龙沟，有教人种桑养蚕的桑行子，有教人尝百草治百病的大九峪、小九峪，有伏羲、女娲滚磨成亲的磨脐里、拉尾巴山。

女娲庙在峄城区阴平镇金陵山。康熙《兖州府志》卷20《祠祀》说：

> 女娲祠，在县南二十五里金陵山麓，宋庆历四年建。《路史》注"金陵平利山有女娲庙"是也。

2000年以来峄城区着力开发金陵山女娲文化，恢复新建女娲洞、女娲祠、人祖殿、抟土亭、普济寺、玉皇殿等祠宇。2006年"女娲神话传说"被列入山东省省级非物质文化遗产名录，2011年举办中国（峄城）首届始祖女娲文化节。

光绪《峄县志》卷10《祠祀》说：

> 金陵山庙，县南二十里金陵山麓，祀宓牺女娲，宋庆历四年建，今废。旧有庙号爷娘庙。

据此，则金陵山女娲庙原本就是俗称爷娘庙的伏羲庙。

五　肥城市伏羲庙

庙在肥城市东南布金山（又名小泰山，布山等），清代已湮灭无闻，几部《肥城县志》均无记载。好在清唐仲冕《岱览》有著录。[①] 唐仲冕（1753—1827年），清善化人，曾流寓肥城涧北村，乾隆四十六年主持泰山书院，对肥城掌故非常熟悉，所以其《岱览》在详述泰风物的同时，对泰山西南麓的小泰山布金山也有涉及，以切身体会，描述布金布风景幽美，寺庙高古。

> 布山，在玉泉山西二十里许，人称布金山，亦曰埠山。岑林翳蔚，称幽栖焉。唐王山人隐此。元张志纯习黄白术，仙去。志纯，布山人，号天倪子，后常居会真宫。郡人王天挺赞云：冰霜外洁，日星内炳。山上有大云禅寺，创于唐，重修于金、元、明。山南为布上店，有爷娘庙，

[①]（清）唐仲冕：《岱览》，嘉庆十三年唐氏果克山房刊刻。

盖古刹也。乾隆庚子冬，余以事旅于山村，友人何星田亦以事赴东平之安民山，过留数日。安民距布金，二日程。既别吟瓢，往复匝三月，至今不忘，故书之。

文后还辑录元代元至大三年伏羲庙重修碑文《重修伏牺圣祖之庙记》一篇。

竹林后人毕子麟天祥撰，门弟张仲宽济卿书丹并篆额。

古之于今，圣明之主，忠正之臣，载于文典，祭于殿堂者，耳闻目见，岂能尽言哉！普天之下，环海之中，京府州县，山村野店，人居之处，佛寺道观，峻宇雕梁，金碧晃耀，装饰之盛，费用之大，不啻万金，犹能兴成，必假众人之财之力而能为之也。

今岱岳之西有山，曰布金。山之南有店，曰埠上。店之南，街之北，有前人所兴祈福之地一方，约伍分。其地之中，正北面南，右曰伏牺圣祖之庙，左曰观音之堂；正东面西，中曰南岳昭惠灵显真君，右曰刘十八郎，左曰法汗司；正西面东，曰义勇武安王庙。以观音之堂，与东西二庙壮丽新鲜，除香火祭祀之余，别无用意。惟伏牺圣祖之一庙，历年深远，雨渍风吹，材木朽烂，墙壁倾斜。人见之，不无修补之心，思其费用之大，莫之能为，徒胆寒目惜而已！异日，有本乡社长张安德思之，有父母之遗命，欲行修盖，不果而下世。哀恸其心，如神所使，特□敬心礼，备香酒，祭祀庙前，再拜而誓之曰："以安德之身，为人微浅，诚意重修，恐独力难办，愿神加祐焉。"即日归家，置办筵馔酒果，请问亲旧、老长、伯叔、弟兄、朋友、好事之人，不限远近多寡，与安德同志，肯付于会，见面是幸。乡人闻之，递相劝勉，欣喜云集，或材木砖石，工匠人力，饮食破用，一问而足，不同而成。欲立斯石，记其姓名于碑之阴，固请子麟为文，辞之不免，以己之所闻所见而言之也。

世俗谓之爷娘庙者，古任之东南有山曰爷娘山，山下有庙曰爷娘庙，至今存焉。《易》之《序卦》云："有天地然后有万物，有万物然后有男女，有男女然后有夫妇，有夫妇然后有父子，有父子然后有君臣，有君臣然后有上下，有上下然后礼义有所错。"爷娘之为称者，是有夫妇、父子、人伦之道也。《书》序曰："古者伏牺氏之王天下也，造书契以代结绳之政，由是文籍生焉。"以伏羲之为尊号者，建于《尚书》序者也。又《易·系辞》曰："昔者伏牺氏之王天下也，仰则观象于天，附则观法于地，观鸟兽之文与地之宜。近取诸身，远取诸物。于是始作八卦，以通神明之德，以类万物之情。作结绳而为网罟，以佃以渔，盖取诸《离》。"《书》曰伏牺，《易》曰包牺，然字异义同也。自五帝之上，号曰三皇；又曰轩辕、神农之上，号曰伏牺圣祖，尊之至也。后之君子，见其殿宇纤毫堕废，早为修理，何难之有？斯立石之意也，不亦宜乎！记曰：

  伏牺圣祖，道化流传；居五帝止，在三皇先。始画八卦，观象于天。代结绳政，文籍生焉。作为网罟，以渔以佃。其谁立庙，布金山前；埠上古店，地秀人贤。张氏之子，罕与齐肩；父亡母化，志继心专。会合众力，时再新鲜；其石之立，期于万年。

  天圣寨元帅、兖州节度使、镇国上将军张男修武校尉张士表，安录府判官张士彧，洪沌万户显武将军张斌，宜授冲虚至德通元大师、东岳提点监修官、兼东平等路道门都提点张志纯重修，补塑维那张青。

  时大元至大三年孟春下旬□□张安德、弟张安仁同立石。

  奉高王端福、侄王忠干。

碑文后唐仲冕加一按语说："右碑，连额高六尺五寸，广二尺二寸。额作古篆，二行，行径二寸。文二十二行，行五十五字，字径寸，真书。在埠上店三皇庙中，即爷娘庙也。"

六　费县羲皇庙

光绪《费县志》卷5《祀典下》说：

  羲皇庙，在县东北三十里茅沟村。金天德二年重修。有碑（附后）。

此庙现已无存，而金天德二年（1150年）冬至三年春重修碑幸存，见上引《费县志》卷5《礼典下》，题名《重修牺皇庙碑记》，金代邑人宋仲威撰。

  费东北三十里，群峰环秀，有平峦横引，宛若屏扆，冠东山晴碧之麓，宜幽人高隐之墟。山之阳，崇丘特起，连延翠霭，出没云翳，青岚

· 352 ·

翠木，以快观览。昔人建庙于丘之绝顶间，其祠则曰羲皇庙也。

考诸《传》记，僖公二十四年，诸侯会于薄以释宋，子鱼曰："颛臾风姓，实祀太皞。"杜预注："太皞谓伏羲。伏羲之后四国，颛臾居一焉。"孔子亦言："颛臾昔为东蒙主。"则建庙于此，乃羲皇后胤封域之内，时享岁祀，固其宜也。绵历已久，灵宇敝蠹，梗栋摧折，鸳瓦飘坠，粉壁倾裂，真像暴露。天德二载，杜二评事及子敦武，念兹宇之摧朽，嗟祀事之弗虔，率乡间好义者同为修崇，鸠工治材，长榱短榱，方础圆桓，营构一新。丰不至华，简不至陋，以贻永久。堂高一丈三尺，广一丈五尺。兴于天德二年季冬，成于天德三年季春十有六日。杜公敦武以庙成见报，命为之记。

邑士宋仲威稽首而言曰："洪荒之世，圣人恶之。法始乎伏羲，画八卦以通神明之德，造书契以寄万物之情，为坟典以明大道，造甲历以正天时，睿恩圣泽，薰涵渗漉，保万七千七百余年之基业，育人者深矣，爱人者厚矣。世人以父母之名归之，以立慈庭之称，人起罔极之念，所以兴木垒土、登陟崔巍而不辞也。"

评事名喜，世为祠下茅沟人；敦武名玮，新城阳军莒县尉；同里张温等皆乡里上农，各以姓名勒于碑左，庶存不朽。而兹灵祠世俗俚语呼为"爷娘庙"云。评事父八十六岁康宁，能道往昔之事，谓庙旧在石栏村，一日神凭居民何怀自择斯地，颇出灵异，乡人畏敬，改卜于此，今始敝而新之也。

天德三年正月十六日乡贡进士宋仲威记并书

庙既然在天德二年至三年（1150—1151年）重修，足见其由来已久。

七　泰山人祖庙

庙在泰山庙高老桥北，现为三官庙。嘉庆《泰山志》卷10《祠庙志》说："三官庙，在高老桥北，明人祖殿故址也。"对此庙顾炎武《山东考古录》有《考人祖》专门考证。

泰山上有人祖殿，不知何取。《三秦记》："骊山巅有人祖殿，不斋戒而往，则风雨迷道。"《长安志》曰："即秦始皇祠"。盖本之《史记》所云："人祖者，人之先也。"今《临潼志》以始皇不应祀典改为三皇庙。《史记·封禅书》："南山巫祠南山秦中。秦中者，二世皇帝。"二世尚祀，奚必始皇之不祀乎！

论其实质，人祖者，人宗也。人祖殿就是人宗殿，也就是通常所说的伏羲庙。今骊山山巅九龙顶有人祖庙，供奉伏羲女娲神，[①] 也可旁证泰山人祖庙就是供奉伏羲的神庙，与秦始皇无涉。《长安志》所谓"盖本之《史记》所云'人祖者，人之先也'"，《史记》卷6《秦始皇本纪》作"祖龙者，人之先也"，和"人祖"没有任何干系，互相类比，也就没有说服力，也可侧面证明泰山人祖庙和秦始皇原本就是两码子事，"联系"是人为生搬硬套的结果。

另，乾隆《泰山图志》卷4《祠宇》说：

> 三皇庙，在岱宗坊北，祀伏羲、神农、黄帝，配以八腊，两庑礼先医，以岁十二月八日致祭。

可见泰山祭礼华夏先祖的风俗历来盛行。

第五节　任城女娲陵

唐李吉甫《元和郡县图志》卷10兖州任城县"承注山条"说：

> 承注山，在县东南七十六里。女娲生处。按今山下有女娲庙。

北宋乐史《太平寰宇记》卷14济州任城县目承袭"元和志"说法，"承匡山，在县东南七十里，云女娲生处，今山下有女娲庙"。又增加女娲陵条说："女娲陵，在县东南三十九里。"就是说在济宁既有女娲庙、又有女娲陵，女娲遗迹集中。清代以来济宁地方志如康熙《济宁州志》、乾隆《济宁州志》、

[①] 庞进：《大悟骊山》，陕西师范大学出版社2002年版，第17页。

咸丰《济宁直隶州志》等对女娲陵都有记载。其如咸丰《济宁直隶州志》卷2《方舆》说：

> 一作承匡……《元和志》：在任城县东南七十六里，相传女娲生出。《寰宇记》云：在任城县东南七十里。

又，其卷5《秩祀》说：

> 古女娲陵，在州东南三十九里。《太平寰宇记》：任城县有女娲陵，在县东南三十九里。

可见清代方志的记载完全来自"元和志"和"寰宇记"，目的是存古，实际上在清代或者说更早以前任城女娲陵已经衰败无闻。正因为如此，民国《济宁县志》已不列"女娲陵"条目。而今济宁任城区也没有了女娲遗迹。

孙星衍在任职山东期间，曾专程踏访女娲陵庙，最终见到了济宁、邹县、滕州三地交界处的遗庙，怅然若失，写下《邹县山程访女娲遗迹》长诗：

> 一山如匡叠石方，按古图籍颖承筐（《元和志》，任城有承筐山，即邹县此山也）。女娲欲出混沌死，剩有巧骨支天荒。披榛三里得遗庙，结构盘郁松青苍。延缘石级剔碑版，瞻拜庙貌登堂皇。俪皮昔日始嫁娶，民俗传说呼爹娘。此邦风姓按风后，任国不祀颙臾亡。千秋祭赛足香火，三县交错迷圻疆（女娲遗迹，唐隶任城，今隶邹县，凫山兼隶鱼台）。一抔究竟落何许，道士指点依岗前。山阳旧是伏羲葬，郁郁陵冢遥相望（晋皇甫谧云伏羲陵在山阳。唐李吉甫《十道志》云在兖州，皆今鱼台县凫山。明代误以太昊陵在陈州，于古无据）。我来访古契太始，翻碑识字充中肠。长天不了日斜出，四山回合身中央。心空万里见虚白，眼过百事如秕穅。居人淳朴聚三五，口说上世遗陶唐。匆匆不及饱鸡黍，却笑旌旆前飞扬。出山恍惚问甲子，岁除已逼何奔忙。①

---

① 孙星衍：《孙渊如先生全集》，商务印书馆民国24年版，第409—410页。

何以任城在唐代就有关于女娲陵的记载，主要还是任城本是春秋时期古任国地，《元和郡县图志》说："古任国，太皞之后，风姓也。"唐代还流行一种说法"女娲本是伏羲妇"，任城有女娲庙、女娲陵顺理成章。中国的女娲陵在明清以前有名者如华州女娲陵、赵城女娲陵等，任城女娲陵也是一处女娲名陵。

第七章 其他各省伏羲祠庙

伏羲祠庙主要分布在黄河流域,长江以南甚少,东北的辽宁、吉林、黑龙江,西南的云南、贵州、西藏,西北的新疆、青海等地则全无伏羲祠庙踪迹。长江以南即便是史志有载的伏羲祠庙,绝大多数今已不存,且资料很少。因此,冠"其他"以"其他各省伏羲祠庙"为题,将黄河流域之外的伏羲祠庙全部集中于本章考述。近年,宁夏的隆德县有北莲池①即伏羲诞生地雷泽之说,有北莲池周围伏生峡、伏羲洞曾建人祖庙之说,而康熙《隆德县志》、民国《隆德县志》不载,诸如此类找不到历史根基的伏羲遗迹、祠庙,本章不设节记述。

第一节 江苏省伏羲祠庙

一 徐州市铜山区人祖庙

同治《徐州府志》卷14《祠祀考》说:

> 人祖庙,在南门外西夹墙,古建。一在团阜。

民国《铜山县志》卷12《建置考》说:

---

① 民国《隆德县志》所记北联池或北乱池,宋代即有惠泽太王庙,"遇旱祷雨,每多灵验"。"北联灵湫"是隆德八景之一。

人祖庙，在南门外西夹墙，古建。一在团阜（以上同治旧志）。又城东北象山南报恩谷亦有人祖庙。

这是说，民国之前铜山县（2010年改为铜山区）有三处人祖庙即伏羲庙。一在县城南门外西夹墙，一在团阜即今铜山区大许镇团埠村，一在今铜山区柳泉镇象山南。此三处伏羲庙今已无存。

二　沛县伏羲庙

同治《徐州府志》卷14《祠祀考》说：

伏羲庙，沛县有二，一在夏镇南门内，一在县南二十五里。

民国《沛县志》卷6《古迹志》说：

人祖庙，"光绪志稿"有二，一在县南二十五里，一在县东北四十五里邢家堂，有明天启间碑记。

耶娘庙，"光绪志稿"，在三河口集北三里，有明成化二十二年重修碑记，殿宇多圮。

夏镇，民国时属沛县，1953年划入微山县，现为微山县人民政府驻地。三河口集现属于微山县付村镇。邢家堂即现微山县欢城镇的邢堂村。依此，民国《沛县志》所载伏羲庙或耶娘庙（即伏羲女娲庙）多不在今沛县境内。"一在县南二十五里"的伏羲庙应在沛县境内，今已无存。

第二节　安徽省伏羲祠庙

一　肥东县伏羲山伏羲庙

庙原在肥东县城东稍偏北约四十五里的阙集乡伏羲山，今已不存。嘉庆《庐州府志》卷2《山川志上》说：

伏羲山,"明隆庆志",在府城东七十里,有伏羲庙。

又,嘉庆《庐州府志》卷18《坛庙志》说:

伏羲庙,"明隆庆志",在府城东,山亦以伏羲名。

又,嘉庆《合肥县志》卷4《山水志》说:

伏羲山,在城东七十里。上有伏羲庙,故名。即浮槎别峰也。

又,嘉庆《合肥县志》卷12《祠祀志》说:

伏羲庙,在伏羲山。

又,光绪《续修庐州府志》卷6《山川志上》说:

伏羲山,在合肥县东七十里,上有伏羲庙("明隆庆志")。浮槎之支也("康熙志")。

又,光绪《续修庐州府志》卷18《祠祀志上》说:

伏羲庙,在府城东,山亦以"伏羲"名("明隆庆志")。

由以上所引六条资料知,清代合肥县有伏羲山、伏羲庙,而伏羲山是浮槎山的别峰或支脉,且山名"伏羲"是因为山上有伏羲庙。所谓"府城东"是说伏羲山、伏羲庙在府城即庐州府城之东。时庐州府城的治所在合肥县,"府城东七十里"和"城东七十里"指的是同一地方。明清以来,庐州府、合肥县行政区划多次变动,这个"府城东七十里"或"城东七十里"的地方,现在肥东县阚集乡境内。由嘉庆《庐州府志》引"明隆庆志"记载知,此伏羲庙至迟建于明隆庆之前,民国以来已湮灭无闻。或言伏羲山,又名太子山、寨山,山顶曾经有补天寺,庙祀伏羲和女娲。此补天寺今已不存。

二 李孚青《伏羲山》诗

李孚青（1664—1715年），字丹壑，清合肥人。康熙十八（1679年）进士。官至翰林院编修。著有《野香亭集》《道旁散人集》等。李本是合肥人，辞官之后，纵情山水，对家乡风物多有题咏。有《伏羲山》云：

> 虚白曳云衣，浓绿施烟鬟。峚崿失平地，刚耿当重关。钩梯耸绝壁，清涧时湾环。啼鸟异凡声，老鹿驯欲仙。未审上古帝，遗迹奚由传。盛衰几沧桑，山名犹昭然。或因悯流俗，故开淳朴天。所以高上士，必话羲皇年。低徊动遐瞩，百里落眼前。二华与五峙，俱可蝼蚁观。殿阁渺何许，钟磬非人间。青松涵太空，浩荡难追攀。堪嗟下土愚，瞻顾知无端。回风吹矫首，斜日催征鞭。灵境不可驻，此去仍尘寰。

诗见嘉庆《合肥县志》卷31《集文》。言伏羲遗迹历史悠久"盛衰几沧桑，山名犹昭然""殿阁渺何许"。

三 界首市大黄镇人祖庙

庙在阜阳市之界首市（县级）大黄镇。庙不知建自何时，20世纪60年代损毁。[①] 1986年重修，1998年扩建，现有人祖庙、人祖坟等，皆是新建。当地传说，伏羲在淮阳定都后，在大黄之黄龙坡设陪都，归位后头颅葬大黄、身体葬淮阳云云。据说大黄有人祖庙因此而起。农历三月二十六始为人祖庙会，会期7天。

民国《阜阳县志》卷1《舆地志》提及"人祖庙保"，其卷6《学校志》在记述学田时提及"人祖庙"。1953年设立的界首县和清代的阜阳县在行政区域上多有交集，不知《阜阳县志》所言"人祖庙"和大黄镇人祖庙有无沿革关系。

[①] 新编《界首县志》有"大黄庙"词条，言大黄庙古建筑群相传建于唐代，其中有伏羲楼、神农楼、娃娃殿等建筑，建筑群计108间，有庙地480亩。见新编《界首县志》，黄山书社1995年版，第411页。

第三节　湖北省伏羲祠庙

一　天门市皂市镇五华山伏羲庙

嘉靖《沔阳志》卷5《提封上》说：

> 景陵东北七十里曰五华山，其山周九百丈，高十有五丈，其上有风城，有伏羲庙，其下曰临津门，有神农庙，有白龙寺，有仙真观。

又，嘉靖《沔阳志》卷6《提封下》说：

> 风城，在县五华山。故志，古风氏之国。相传伏羲之后封于此，故有伏羲庙。叙按《左传》，任、宿、须句、颛臾，风姓也，实司太皞与有济之祀。杜预注：四国伏羲后，故主其祀封，近于济，皆鲁之附庸也。则今风城非伏羲后矣。胡明仲记不及此，盖亦疑之也。

又名嘉靖《沔阳志》卷10《秩祀》说：

> 伏羲庙，在县五华山麓。
> 宋胡寅记。① 古祭法之义，有报而无祈，非仁与知，孰能与于此哉？德莫盛于五帝，而庖羲为首，盖三千余岁于兹矣。景陵庙祀未详肇始，考圣德之所建，万世依被而不能违，则有民者亦何可而不祀耶？昔司马迁作本纪，列黄帝、颛顼、辛、尧、舜五人焉。其言曰："孔子所告，宰予儒者，或不传及，《春秋》《国语》发明五帝，德系姓章矣。"《书》缺有间，乃时时见于他说，善乎宏人论曰，判古者之昏，当折衷于仲尼，系易历、叙制器致用兼济生民者，独称羲、农、黄帝、尧、舜氏，盖以

---

① （宋）胡寅"记"，胡寅《斐然集》题作《复州重修伏羲庙记》，正文个别字句和《沔阳志》所录有异。胡集见《四库全书》集部四别集类三。

为五帝也，而颛、辛无闻焉，太史公所载特形容之虚语尔，乌得舆羲农比哉！岂迁自见于《尚书》之断自唐尧，而无见于《易》之首称庖羲欤？故凡人论道义事，一折衷于仲尼，则无失者。置仲尼而取史籍所载及他说为据，未有能臻其当也。然则，今羲为帝首，盖祖诸仲尼耳。谨按：庖羲，风姓，生于成纪。母曰华胥，推木德继天而王，号曰太昊，都于宛丘。河中龙马负图，帝乃则之画八卦、分三才，通神明之德，类万物之情，以著开物成务之道。龟为卜蓍为筮。时当洪荒，人民睢盱，禽兽同居，未知伦理养生，帝始推择贤圣可共代天工者，得金提、乌明、视默纪、通众、阳侯以为辅佐，始有书契代结绳之政，建官分职以龙纪，昭布天下，统民治事。始教民稼穑，用俪皮为礼。始教民作网罟，佃鱼，养马牛羊、豕狗鸡充庖厨、荐神祇。在位百有十年，群生和冷，各安其性。民到于今，蒙赖日用之实，非虚语也，可谓盛德矣哉！是宜载之祀典，昭其报于罔极矣。呜呼！汉唐而后，道术不明，异端并作，学士大夫昧于鬼神之情状，凡戕败伦理、耗斁斯人，下俚滛祠、巫祝所讬以窃衣食者，则相与推尊祇奉，徼冀福利。至于古先圣帝明王有功有德，仁人义士扶世道民，不可忘也。则或湮没而莫之承，或文具而莫致其享，郡邑长吏政教不善，感伤和气。一有水旱虫火之灾，顾汲汲然旅缁、旅黄擎跽拜跪谒诸偶像，适会灾变自止，因即以为土木之赐、禳祷之效，日滋日迷，正理大坏。复州焦侯惟正，秉心纯，抚民惠，在郡三岁，人和年丰。会绍兴十二年，合宫赦令，诏长吏修缮境内祠庙，侯曰莫先于庖羲氏矣。鸠工阐事，肃给告成，有尊报之诚心，无希望之谄意，庶几于知古道、悯俗失良二千石也。乃推明帝德之本、列号之正、经史之是非，使刻之圣珉，以示来者。

据以上三条资料知，五华山的伏羲庙至迟建于南宋绍兴十二年（1142年）。胡寅（1098—1156年），宋建州崇安（今福建武夷山市）人。进士出身，著名理学家。著有《论语详说》《斐然集》等。他的"记"即《复州重修伏羲庙记》非常重要，考论伏羲氏的伟大功绩，表明之所以被尊崇的理由，更重要的是记载复州知州焦惟正绍兴十二年重修伏羲庙的故实，为考证五华山伏羲庙提供了一个重要的时间节点。复州，北周初年设置，南宋时今天门市境归其管辖。

万历《承天府志》卷4《山川》说：

> 火门山西南十五里曰青山、惠亭山，东南七十里曰五华山，上有伏羲庙，旧有古风城。

又，万历《承天府志》卷5《典祀》说：

> 伏羲庙，在白雪门内。"元和志"云，县本古之风国，而风太昊伏羲姓也。

据以上二条资料知，在明代五华山伏羲庙尚存。所言白雪门内的伏羲庙似在安陆府城（治今湖北钟祥市），而非五华山。

乾隆《天门县志》卷1《地理考》说：

> 五华山，县东北七十里。脉自京邑大洪山，经大月、灵泉二山，逦迤至此，以其矗中而枝麓四布，如花五出，故名。北峦远而嵚崎，屏罗黛列。南浦近而澄澈，月吐烟舍。上有羲农庙。旧云：周九百丈，高十五丈。

又，乾隆《天门县志》卷2《建置考》说：

> 羲农庙，在五华山上。旧志，二帝各庙，先儒胡寅有记。岁久缺祀。康熙戊申，缙绅毛一骏等请于郡守张崇德，复祀。今合祀一庙。

又，民国《湖北通志》卷30《建置六·庙坛》说：

> 羲农庙，在县北五华山。其先二帝各一庙（《县志》）。伏羲庙在五华山麓（按：《纪胜》引《图经》云，在子城上）。县本古风国，风，伏羲姓（按：《元和志》古之风国，即伏羲姓。《纪胜》云，伏羲庙在竟陵，谓此。宋胡寅有记，不录）。神农庙，在县五华山临津门（《嘉庆志》），按《纪胜》作烈山庙，在临津门外）。清康熙七年，邑人毛一骏等

请于知府张崇德，合祀一庙。乾隆五十九年，举人刘梦苏等修，嘉庆十九年复修（《县志》）。

由所引资料知，清代五华山的伏羲庙衰落，祭祀缺如。康熙戊申即七年（1668年），因地方绅士毛一骏推动，得安陆府知府张崇德支持，勉强恢复祭祀。乾隆《天门县志》"今合祀一庙"，是说在乾隆年间伏羲、神农合祀一庙，于是庙也就称做羲农庙了。据民国《湖北通志》，清康熙七年恢复祭祀时，伏羲、神农业已合祀一庙。大抵应是伏羲庙破落后再未恢复，而是将圣像迁移于相邻神农庙了事。乾隆、嘉庆时进行过重修。

此羲农庙遗址在今天门市皂市镇五华山中学内，其庙宇民国20年（1931年）被焚毁，残余"须句氏旧都""羲皇古处"等刻石1967年被毁。遗址现为天门市重点文物保护单位。

二 伏羲冢

（南宋）罗泌《路史》说：

> ……（伏羲）在治百六十四载落，而女弟炮娲立，年百九十四，葬山阳。

对此，罗苹注云："《世纪》云葬南郡，在襄阳。按：帝冢（冢）今在山阳高乎（平）西北。高乎（平），襄阳之境。"[①] 就是说，在南宋是即有伏羲冢在襄阳的说法。但不知何故，光绪《襄阳府志》、同治《襄阳县志》等襄阳地方志没有记载。

2014—2019年，襄阳在岘山利用废弃采石场之山崖，建成巨型伏羲摩崖石刻头像。高约70.5米、阔约230米。山像合一，蔚为壮观。

三 竹山县女娲庙

乾隆《竹山县志》卷4《形势》说：

[①] （南宋）罗泌：《路史·后纪》，四库备要本，中华书局1936年版，第61页。

女娲山，县西五十里。俗传女娲炼石补天处，有女娲庙。宋刘光祖诗："女娲山下少行人，洞谷声中一鸟鸣。"

又，乾隆《竹山县志》卷9《古迹》说：

女娲山，去县西八十里。山上有女娲庙，世传女娲炼五色石补天，即此。

又，同治《竹山县志》卷3《山川》说：

女娲山，城西八十里。相传女娲氏炼石补天处，上有女娲庙。《唐书·地理志》及《兴安府志》俱云，平利县有女娲山。《舆地纪胜》亦言，女娲山在平利县东。《九域志》，西城县有女娲山。考《康熙字典》，注明女娲山在竹山县西，可据。王象之诗："女娲山下少行人，洞谷声中一鸟鸣。"有陈光迪《炼石补天》论，祥常、范二志。

这三段资料，对女娲山距县城的距离、《女娲山》诗句的作者，记载不一，需要辨明。关于女娲山位置，乾隆《竹山县志》一记为"县西五十里"，一记为"去县西八十里"，自相矛盾。同治《竹山县志》记为"城西八十里"。盖以"城西八十里"为确。关于"女娲山下少行人，洞谷声中一鸟鸣"二句诗的作者，乾隆《竹山县志》记为刘光祖，同治《竹山县志》记为王象之。事实上，这二句诗是王象之《舆地纪胜》在记述有关房州及属县竹山等诗句之"诗"这一目带出来的，诗句后明确注明作者是刘光祖。① 同治《竹山县志》记为王象之，大误。《舆地纪胜》记竹山女娲山的原文是："女娲山，在竹山县。燕子山相对"。② 与同治《竹山县志》所引有异。由《舆地纪胜》所记可证，女娲山的说法宋代就有。明清时"娲山青锁"为竹山八景之一。

此女娲山在今竹山县宝丰镇境内。2005年后竹山县在女娲山打造出一系

---

① （南宋）王象之：《舆地纪胜》，广陵古籍刻印社1991年版，第734页。《康熙字典》释"娲"有云："又女娲山，在郧阳竹山县西，相传炼石补天处。王象之诗，女娲山下少人行，洞谷云深一鸟鸣。"同治《竹山县志》的错误应和受《康熙字典》影响有关。

② 同上书，第733页。

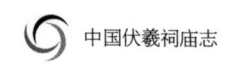

列与女娲相关的人文景观，如女娲宫、女娲祭坛、女娲补天巨型铜造像等，现为AAAA级景区。2006年之后景区举办过多次女娲文化节。

第四节　湖南省伏羲祠庙

一　平江县幕阜山伏羲陵

同治《平江县志》卷21《艺文志》著录邑人张瓒昭著作，其中有《楚陵述略》2卷，小注引用原文说：

> 平江之天岳即《禹贡》东陵，其下有皇坛，乃伏羲氏之陵。

幕阜山又称天岳山，或连称天岳山幕阜山，为湘、鄂、赣三省边界最高峰，主峰在平江县南江镇东面，是平江名胜。关于此山，明清几部《平江县志》都有记载，但未提及伏羲陵。张瓒昭《楚陵述略》考及，想必由来有自。

二　郴州市伏羲女娲庙

南宋王象之《舆地纪胜》卷57郴州之"古迹"说：

> 伏羲庙，在郴县。[①]

这是说郴州之郴县（今郴州市）有伏羲庙。虽然只有题名，不及其余，但由此我们可知今郴州市建修伏羲庙的历史，不会晚于南宋。不过，万历《郴州志》、康熙《郴州总志》、嘉庆《郴州总志》等志书都未记伏羲庙，这个南宋之前就有的伏羲庙是如何传承的，不得而知。

2014年，郴州市北湖区槐树下村发现乾隆四十五年（1780年）《重修庙碑》和道光六年（1826年）"庙田碑"，可知在清代郴州有伏羲女娲合祀庙。其中《重修庙碑》为重修庙宇功德碑，记述建庙缘由，开列缘首、信士36人

---

① （南宋）王象之：《舆地纪胜》，江苏广陵古籍刻印社1991年版，第550页。

姓名，其捐款 1500 文至 100 文不等，史料价值较高，录文如下：

> 盖闻立社之义，原以报其养物之功。社□（祠）也者，即土神者也。夫土神之关系于人民，不□□少。而人民之倚赖，于土神正匪轻耳。考□女娲、伏羲之事，莫详其始，而为一里之神，亦□□莫知其由矣。但本境原有庙宇一间，内供女娲、伏羲圣像，然代远年湮，俱已倒覆数年。本境人等众议轮流敬奉福主，亦不乐以为止居。惟是境内仁人目击心伤，慨念靡已，常怀创修之心。故四十五年因议，首士九人，合聚乐捐。仍依原地，尽系新造，不忍土神之失所。又三十七年，本境众姓置福田一处，在于境内泉塘侧，田大小三丘，禾谷九担，税米四升。其水系荷叶塘、泉塘二水灌润，其文契一纸在，曹廷珍收贮。本庙门首田一丘，以为福主香灯之资。然后威灵显应，神欢而人乐矣。因叙其事，以承列诸君之名而镌之于碑，以志不朽云尔。
>
> 缘首：曹廷珍一千五百，李汉文一千二百，刘继靖一千二百，田来山一千七百……
>
> 皇清乾隆四十五年八月穀旦立①

由碑文知，此伏羲女娲庙或者说女娲伏羲庙，功用类土地庙。现残存三间，民间祭祀遗俗尚存。

三 邵阳市伏羲祠庙

道光《宝庆府志》卷59《形胜记》记述府城街巷说：

> 罗祖巷之右老师庙，东墙伏羲庙……

这是在记述府城街巷时带出此地有伏羲庙。宝庆府的治所在今邵阳市城区，此伏羲庙现已不存。

---

① 锺兴永、刘旃：《南方伏羲文化生成及天岳幕阜山伏羲信息遗存》，《湖南社会科学》2016年第5期。

第五节　广东省、广西壮族自治区伏羲祠庙

一　广东始兴县伏羲庙

民国《始兴县志》卷6《建置志》说：

> 伏羲庙，在上台村。

上台村，即今始兴县太平镇上台村。此伏羲庙今已不存。

二　广西陆川县伏羲祠庙

民国《陆川县志》卷5《建置》说：

> 伏羲宫，在谢鲁村，清光绪二十三年吕琴南等倡建。
> 伏羲庙，在新村。清光绪二十三年重修。
> 伏羲庙，在山背水口。清光绪二十三年余业湘等倡建，其父擢租一石为香灯之费。
> 伏羲庙，在木岛村万庆寺左。清光绪十三年钟文清等倡建。[1]

一个县有4处伏羲庙，比较少见。就建修时间而言，新村伏羲庙为重修，创设应较早，谢鲁等村3处伏羲庙均为光绪年间创建，自然较晚。而现在陆川县境内此4处伏羲庙今均已不存。

三　广西兴业县伏羲庙

庙在石南镇韦鸣村。相传始建于明代成化年间。现存庙宇为20世纪80

---

[1] 民国《陆川县志》卷5《建置志》记载这4处伏羲庙并非依次记载，而是按所在地记载，对照现在的行政区划，谢鲁村伏羲庙在今陆川县乌石镇谢鲁村，新村伏羲庙在今陆川县良田镇，山背水口、木岛村伏羲庙在今陆川县乌石镇。

年代新建,门楣题关岳阁。内置三龛,正中伏羲殿,伏羲居中,关公、岳飞赔祀;左侧巾帼宫,供奉观音菩萨;右侧文武阁,供奉文昌帝君和真武大帝。自1983年始,每逢农历四月廿八日(当地人认为的伏羲诞生日),都要举办伏羲文化节,有祭祀、祈福、歌舞表演、捉鱼比赛等活动。

第六节　四川省伏羲祠庙

一　威远县伏羲庙

光绪《威远县志》卷1《建置志》说:

> 三皇庙,额题人祖庙,乾隆三十六年李南晖捐建人祖庙于翔凤山之麓。(以祀伏羲、神农、轩辕也。观其"记",似谓此山为县脉之祖,故以人文之祖配之,地理当否不必论。三圣人实帝王道统之祖,故传心殿祀之直省,所颁祀典俱无。此庙似有限制,于其间至庙,应有基业,后抵城脚,前齐街心,左右俱以短墙为界。自罗家街第二间米行至于三眼井一带,民房店基归庙,征收租利。)

《威远县志》所言三皇庙,光绪《重修通渭县志》卷11《人物》李南晖本传言:"南晖在任时,作伏羲庙于城西南隅,别构一亭,为退食著易之所。"就是说乾隆三十六年(1771年)时任威远县令的李南晖所建是伏羲庙,而非三皇庙。[①] 观光绪《威远县志》卷3《艺文志》所载李南晖文《创修人祖庙记》,极力颂扬伏羲氏功绩,通篇不提炎帝神农、轩辕黄帝,似也可证明"三皇庙"原称人祖庙或伏羲庙。另,光绪《威远县志》卷3《艺文志》载威远进士罗珍写人祖庙的诗,题名曰《伏羲庙》,可为旁证。称"三皇庙"应是奉祀伏羲,配祀神农、轩辕的缘故,还是人祖庙或伏羲庙的叫法符合创建者

[①] 嘉庆《四川通志》卷34《舆地志·祠庙》之威远县条列有伏羲庙,言:"伏羲庙,在城西南隅。国朝乾隆三十八年知县李南晖建。"所记此庙的创建时间和光绪《威远县志》有异,但用的是"伏羲庙"的称谓,和光绪《重修通渭县志》同。

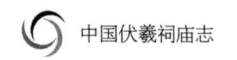

的原意。民国时人祖庙内办学。① 庙现已不存。

二 李南晖人祖庙诗文

李南晖（1709—1784年），字仲晦，号青峰，清甘肃省通渭县城人。雍正十三年（1735年）举人。乾隆三十年至乾隆四十三年（1765—1778年）任四川威远县令，多有政绩。离任后士绅"塑像于人祖庙庭"，后又在人祖庙旁建李公祠。至今威远县清风砦顶青峰寺内，仍保留有青峰祖师祠，奉祀李南晖。李是著名易学家，著有《读易观象惺惺录》《孔门易绪》《周易原始》《太极图说》《羲皇易象》《天水问答》等。乾隆十六年他在羲皇故里秦州讲学时，曾夜梦伏羲召见赐食，于是顿悟易理。"在秦州时，画太极、河图等象于壁间而玩之。一夕，梦古帝王召见，状貌衣冠，若世所传人祖者，赐食物。次早，观图顿有所悟，自是体验益密，神明默成者三十余年。"② 从此，对人祖伏羲的信仰深入骨髓，在威远任上创建人祖庙，顺理成章。兹录其诗文各一篇，可见威远人祖庙概况。

创修人祖庙碑记

盈天地间皆物，而莫贵乎人。人有阴阳奇耦、男女老少、尊卑贵贱、远迩亲疏。有有知有觉，有无知无觉。其秉于气，则有强弱醇驳之不齐，而其性则有善而无恶，其染于习则有厚薄、庞刻、淳良、奸顽之殊。其举而纳之于学，则志可立、道可明、德可修，由有文有字之后，悟无文无字之先。即无文无字之先，恍然于有文有字之后，务其本，不迷其途，而揆所由来于人之事，其庶几焉。

我羲皇，大圣人，万世人文之祖也。以聪明睿知神武之身，仰则观象于天，俯则观法于地，观鸟兽之文与地之宜，近取诸身，远取诸物，于是始作作八卦，以通神明之德，以类万物之情。盖幽显晦昭，举目皆我，举目皆人，举目皆道。即反观内视，目不加瞬，我与人与道，故无须臾之离。此所以于有文有字之处，可以得大圣人垂教千百万世无穷之意。而于无文无字之先，

---

① 雷启云等：《威远风物见闻录要》，政协威远县委员会编：《威远文史资料选辑》第2辑，内部铅印本1984年版。
② 光绪《重修通渭县志》卷11《人物》。

可以默会洗心，退藏之秘于千百万世下，而亦与之为无穷也。自龙马负图，八卦成列，因而重之以成六十四卦，此易之祖也。而即道之祖、学之祖，所以为人之祖也。有图有象而无文字，所谓先天之学也。至周则文王系卦辞，周公系爻辞，我夫子孔子大圣人系之以十翼，此皆祖羲皇之图与象，而为之文字，以遗留千百万世之人，使之范围曲成、化裁通变于无穷。于是千百万世之人，以佃以渔，则祖结绳而为网罟；以耕以耨，则祖斫木揉木而为耒耜；聚货交易，则祖日中为市之义以致天下之民；为舟，则祖诸刳木也；为楫，则祖诸剡木也；为杵臼，则祖诸斫木掘地也；弧矢，则祖诸弦木剡木；引重致远，则祖诸服牛乘马也。穴居野处者，祖圣人之宫室，有栋宇之安，无风雨之飘摇也；葬之中野者，祖圣人之棺椁，使丧期之有定制也。夫然后百官万民皆有文书备记载，而要之祖圣人结绳之治，使斯人不至或有遗忘焉。圣人南面而听天下、建万国、亲诸侯、省方观民、作乐崇德，以裁成天地之道，辅相天地之宜，则斯人经纶之祖也。凡天地之数五十有五，大衍之数五十，乾之策二百一十有六，坤之策百四十有四，藏往知来，受命如响，则斯人筮卜之祖也。和顺于道德而理于义，穷理尽性以致于命，无思无为，开天下之物，成天下之务，广大悉备而神化莫测者，则斯人理学之祖也。祖忠信之意，则可以进德而修业。祖易简之理，则可以夕惕而朝乾，举斯人，立庙享。帝遇主干父，从妇见夫，得妾取女，锡命征方，伏戎乘墉，迁国告邑，登天见斗，履霜遇雨，眇视跛履，愆期失禽，反目包羞，饮食逋窜，舆庐出入，咷笑涕洟，与夫人之遭物，若黄金白马，载鬼张弧，鸣鹤灵龟，文豹陆鸿，田狐颙鼠，羸豕包鱼，丧羊射隼，高墉幽谷，枯杨漏瓮，地际天交，凡平淡无奇之物，及人世一切可惊可愕、可骇、可诧之事，情伪万绪，用舍百端，罔不悉备于八卦图象广大之中，而莫之或遗。上下千古，人日祖此而莫之知、莫之觉，是真可叹矣！周濂溪先生谓：天地间至难得者人，人而至难得者道德，有于身而已矣。夫人真难得也。人知人本于祖，犹物之本于天，而不难乎是焉，则尤难矣！

威故无人祖庙，有之自予始。威之县脉自城西蜿蜒而来，傍城分而二之。一自紫金山入，结文庙学宫。一自翔凤山入，结县治。皆兹邑之人之祖脉也。予宰兹邑，捧檄修城，因土得胜，因俗成化，视风脉之可培者，一一为邑人培之。于紫金山固庇之以亭矣。适公中存银六十余金，于翔凤山亭下虔创此庙，以妥羲皇圣帝之神。命工画河图及八卦诸图于其顶壁，使斯人之瞻仰乎是者观而玩焉，肃然警惕，即山之祖以思人之祖，即人之祖以思文之祖，更即人文之祖以进思夫斯道之本原，实有自来而为之。斋戒沐浴以清其心，履信思顺以实其事，通德类情以平其理，穷神知化以合于一。俾斯人之为吾士者，谨言慎行，悦心研虑，上交下交，著宽居仁行之美，求无愧于人道焉斯可矣。俾斯人之为吾民者，知讼则终凶，谦则终吉，勤尔耕获，舍旧图新，毋相征逐以嬉，求无愧于人身焉斯可矣。俾斯人之临斯土斯民者，知劳民勤相之义，必明慎用刑，教思无穷，内外知惧，惧以终始，则于治人之职，庶几可以无愧矣。

文成示客，客曰："夫羲皇，大圣人，开天明道，觉世牖民，云龙风虎，燥火湿流，弱木蕃草，班马牝牛，与夫日月寒暑，昼夜刚柔，动静鬼神，失得虞忧，贯进退屈伸而无不在，括吉凶悔吝而无不周，其道甚大，其理甚深，儒者终岁守四圣人之遗经，或未能洞悉底里，又何望乎齐民。"余曰："余虽宰是邑也，而不敢以物物人。夫人之不昧所从来者鲜矣，昌黎韩子不云乎人其人。吾之立是庙也，使斯人皆敦念祖之意，不以物物人，而以人人人。"

按：录自乾隆《威远县志》卷6《艺文志》，又见光绪《威远县志》卷3《艺文志》，二者个别字句略有不同，兹对照著录之。

恭别人祖庙

红墙绿树傍山城，肃拜丹霄事远行。千载有怀劳梦想，寸心何计诣专精。传薪早许终身业，问卜深繁毕世情。观象台边重仰止，长途当不惮遄征。

按：此诗之碑刻尚存。碑原立于县城李公祠，现镶嵌在威远县文物管理所碑墙上。系李南晖离任时所作，署名"渭城李南晖题"。

三　阆中市"华胥之渊"

南宋罗泌《路史·后记》卷1《太昊纪》说：

太昊伏戏氏……母华胥,居于华胥之渚(记云,所都国有华胥之渊,盖华胥居之而名,乃阆中俞水之地)。

括弧中的文字是罗泌子罗苹的注释,就是说在宋代有一种说法——伏羲母亲华胥居地"华胥之渚"地在今阆中市。道光《保宁府志序》有言:"夫阆中渝水华胥之渊,伏羲所都,三巴首导神功也,五丁始通奥区也。"依此,阆中有关于华胥、伏羲的传说流行。或言七里坝西侧长青寺中,曾有伏羲殿和伏羲塑像,[①] 南池妈皇山脚下双交寺祀神为伏羲女娲交尾像。[②] 咸丰《阆中县志》等没有关于华胥庙或伏羲庙的记载。咸丰《阆中县志》卷7《志余》引罗泌《路史》,意引罗苹注作"注所都国有华胥之渊,乃阆中渝水地也",表明华胥和阆中关联。

第七节 台湾省伏羲祠庙

一 台北伏羲八卦祖师纪念庙

此庙全称是"中华文化始祖太昊伏羲圣帝八卦祖师纪念庙"。20世纪初始设于台湾南投县草头镇,1945年迁驻台北市甘谷街,1979年迁台北市民权东路,1982年迁台北市松山区复兴北路433号。[③] 1984年,在日本国静冈高岛易断总部设分庙,供奉伏羲圣像。庙在街边大楼一层,额题"伏羲八卦庙",没有庭院。信徒众多,香火繁盛。

此伏羲庙住持由家族一脉传承,依次是薛真、薛君枝、薛清泉、薛炎助。台北的开基住持是薛清泉,现为薛炎助。前后已传四代。

1988年始,台北伏羲庙由薛炎助带队多次参加甘肃省天水伏羲庙、卦台

[①] 李文明:《华胥故里话华胥》,李文明等编:《中华始母华胥》,四川大学出版社2013年版,第5页。

[②] 侯国刚:《阆中南池是华胥传说及华胥文化的凝聚点》,李文明等编:《中华始母华胥》,四川大学出版社2013年版,第20页。

[③] 薛炎助主编:《台湾伏羲八卦庙寻根祭祖三十周年》(画册),内部铅印本2018年版,第1—2页。

山，河南省淮阳太昊陵，北京市历代帝王庙祭祖活动。至2018年，薛曾26次来天水，24次到淮阳。其历次参加祭典所用祭文固定不变，为国民党元老陈立夫1987年所撰。文曰：

> 大哉羲皇，百圣之先；龙龟献瑞，图书是传。画卦作易，文化绵延；阴阳九九，以合天道。采铜为琴，治丝为弦；立浑测极，勾股量天。衣冠礼仪，垂六千年；无远弗界，教化万千。恭逢圣诞，敬治华诞；神灵在上，鉴此拳拳。尚飨。[①]

二 宜兰伏羲庙

庙在台湾宜兰市清华一路769号，是宜兰市对外推介的景点之一。没有庭院，神龛设在钢构建筑敞棚内，庙额题"伏羲庙"，神龛额题"太昊宫"。现住持为王青木，多次参加甘肃省天水伏羲庙等地伏羲祭典活动。

[①] 薛炎助主编：《台湾伏羲八卦庙寻根祭祖三十周年》（画册），内部铅印本2018年版，第5页。

附：黄河流域伏羲祠庙考察日记

2011年7月29日至8月15日，因研究课题需要，我和同事余粮才老师合作考察黄河流域伏羲祠庙，涉及四个省，历时17天，探访伏羲女娲文化遗迹8处，比较好地完成了预计任务。外出考察，每天都有见所未见、闻所未闻的新人新事，于是在旅途顺手写成考察日记17篇，有事而记，有感而发，以记录行程。

7月29日　星期五　晴

吵叫多日的黄河流域伏羲遗迹考察活动终于成行。一行四人，我及同事小余一家三口。原本约好带女儿同行，但她在临夏州积石山县参加社会实践活动，时间冲突，我家就只有我一人外出了。

乘兰州—太原普快。去山西只有这一趟车，还是现已难得一见的绿皮车，破烂、脏乱差、上铺。没办法，忍吧！没空调，忍吧！

列车行程——晚21时天水始发，到考察第一站临汾为次日9时，刚好12小时。山西伏羲遗迹尽皆集中在临汾，故第一站便选地在此。

7月30日　星期六　晴

6时不到醒了。下铺两妇女各领一小孩，先笑后闹，不得安宁，就醒了，就没有了睡意。

第一次进入山西，有些新鲜，随行进的列车掠影窗外风光。左手一指是太行，右手一指是吕梁，中间就是哗啦啦的汾河水。汾河谷地肥沃富饶，平广宽阔，给人一种到了关中平原的感觉。秦汉隋唐汾河流域发生过许多影响中国历史进程的大事件，盖和此地经济发达相关。亲眼目睹汾河平原的富足，结合河东有特大盐池的故实，便可以理解为何这里就是华夏族最早的中心所在。地理环境使然也。田野一片葱绿，应是小麦收割后种植的玉米。

车上一直按图索骥在地图上查找下榻之所，最终锁定八一宾馆。理由：军队招待所，安全卫生有保障，也不会太贵。一下车打出租车直奔八一宾馆，标间140元，条件不错，果然不出所料。满意。

房间有导游图书，查明当地名吃有老三削面。中午，就找上门吃老三削面，客人很多，量大味美，名不虚传。

下午14:30，辛中南先生应约而至宾馆来会。辛先生是临汾有名的地方文化专家，有关于女娲的专著数部。约先生来，主要是想了解临汾辖县洪洞和吉县的伏羲文化遗迹。我和小余对着地图听辛老讲遗迹情况，方知洪洞境内的伏羲庙已没有了踪影。原来如此！原见到资料上如何等情介绍一大堆，事实上祠庙已荡然无存。

和辛先生一起出来，乘11路公交车去尧庙。临汾是古之平阳，传是尧都所在，故临汾市政府所在称尧都区。"尧庙"为朱镕基总理所书，庙的规模颇不小，绿化也很不错。令人费解的是，历史悠久的尧庙现存碑文最早无过清代者。尧庙主殿前回廊新碑不少，均系改革开放以来者。更令人费解的是，碑文言尧庙主殿曾被犯罪分子焚毁。庙内主殿前柏抱槐和柏抱揪两株古树堪称奇观，看老柏粗壮的枯干，基本能断定树龄起码在千年之上。庙外附设诸多娱乐等商业经营项目，乱七八糟。

18时归，在鼓楼旁一家小店吃羊杂碎，口感尚可，这也是临汾的名吃之一。

晚，闲溜平阳广场，和小余各尽啤酒1瓶。

7月31日　星期日　晴

接受辛先生建议，改变行程，打算先去吉县再去洪洞。这是前一天就规划好了的。经联系，吉县人祖山文化旅游开发有限公司派车来接。8点刚过，公司的车就到了，一辆大越野，司机姓王，人很和善。临汾至吉县120多公里，两个小时车程，崇山峻岭，路不好走。高速正在建设中，年底才能通车。

据一些资料看，吉县就十多万人，是个小县，森林覆盖面积在80%之上。进入吉县境，满山绿色扑入眼帘，空气清新宜人，这和未来之前认定的黄土高坡相去甚远。10:30到公司，副总及公司司职文化开发方面的人来接谈。据说，夜来暴雨，原计划上人祖山参谒人祖庙的计划基本搁浅，因为上山的路有一段完全被冲毁，公司一辆"现代"车还烂在泥里呢。

公司安排住明珠大酒店。饭后由阎金铸先生陪同参观吉县名胜。阎从事过文物工作，是当地有名的文史专家。车在山间盘旋，时见成片的苹果园。据同行者说吉县苹果在50万亩之上，农民发家致富全赖此君，家庭年收入普遍都在数万之上，收入十数万元者大有人在。途中选择一观测点，遥望崇山之中的人祖山。

第一游览点：第二战区司令部所在地克难坡。这是抗战时期阎锡山的指挥部，基本上是在黄土高坡上刻出来的，三分之二为窑洞建筑，据说最多时住有万余人。有纪念堂，有各部门办公室，有食堂，有训诫士兵的训诫室，还附设许多秘密通道。崖边险要处黄河在望，有望河楼。阎老西（本字应是阎老醯。醯者，醋也。山西人爱吃醋，所以阎锡山得此绰号）是山西的土皇帝，这个"皇帝"在山西建设等方面还是很有业绩的。

第二游览点：壶口大瀑布。瀑布位于山陕之间，名声很大，山西这边的游人及陕西那边的游人撒满河滩，远望过去疑似赶集。此瀑布从电影、电视上多次看到，《黄河绝恋》尤其感人至深，亲眼见到"实物"尚属首次。其壮观大抵一是声音，二是颜色。现在并不是丰水期，相对而言状观程度减弱。

回归路上，路过著名的柿子滩旧石器时代遗址。遗址在公路下河谷滩地，我们随阎先生指点俯瞰之。阎参加过发掘工作，他现身说"法"，讲了许多发掘及"伏羲"岩画的情况。

18时回到吉县城。明珠酒店用餐，老总耿世文先生来见，谈他对人祖山及伏羲迁徙的见解，头头是道。据他说他本是教师出身，后来下海搞煤，有了积累，于是想到投资文化。其人很有魄力，很有眼光。

饭后，耿总安排公司业务人员座谈，计有刘副总、阎金铸、冯教授、李主任、我和小余。公司方面学者就他们对伏羲女娲的认识谈见解——谈人祖山伏羲庙的特点，柿子滩岩画特征，吉县一带特殊的婚俗，女娲遗骨，空洞山的来历，伏羲女娲大小故事，等等，很受启发。还谈到中华民族的早期谱系问题。他们都旨在说明吉县应是人祖诞生地或人祖迁徙时的必经之地，不能定于一尊，如伏羲生于成纪、长于新乐、崩于淮阳，吉县也是不可或缺的。21:30 会议结束。

8月1日　星期一　阴

夜来风雨声。雨下了整整一夜，早上又很知时节地晴了。

早上公司派刘副总等来饯行，喝小米绿豆粥两碗。此物好喝富养生，到山西不吃小米等于白来。早餐过于丰盛，食之不尽。

饭毕，收拾行囊去公司话别。公司接待人员赠送人祖山光盘及《人祖文化源与流》等图书数册，虽人祖山因连日大雨不能登临，但资料基本收齐。公司依旧派王师傅开车直送至刚来临汾时的下榻地八一宾馆。迎来送往，其情可感。

而辛中南老先生在宾馆已等候多时。路上就接到他老人家打来的电话，因信息不好，加之方言所限，没有太明白所说内容。到八一宾馆方才知道，他已联系到好友专车，从洪洞来接，大出意外，其情可感。司机姓杨，一个很麻利的帅小伙，是辛老朋友刘凤翔老先生的专职司机。一路行来，先至刘先生府第小叙。说"府第"还真不是恭维之词，院落广数亩，中间青砖小楼，四周花草簇拥，呈小型园林格局。最有意思的是后院辟敞房一间，陈列刘先生使用过的各种农具，供忆苦思甜之用。并辟有菜地数畦，供刘老夫妇健身活动之用。事后得知，刘老之子乃洪洞排名第一的大老板，其集团公司资产达数十亿。

刘府出来，顺路去辛老家乡辛村，考察辛村女娲庙，山西河北一带多女娲庙，这又是一例。庙残存很少一部分，梳妆楼廊下有碑数通，时间都在清代以下。大殿、寝宫全都是新建，无有可观者。塑像粗俗，更无有可观者。大殿侧面有殿名娥英殿，应是祀娥皇、女英，这倒很新鲜。庙内尚有龙王庙，亦觉新奇。

按刘老安排，吃住都在自家公司宾馆。午饭上一道红烧肉，味道好极了。

下午，计划拜访洪洞县志办公室主任张青。张山西大学历史系毕业，从事地方志工作多年，研究地方文化卓有成就，著有《洪洞大槐树移民志》等专著多部。经联系会面时间约定在于次日上午9时。

闲来无事，游览县城景点。

一是明代监狱，即鼎鼎有名的苏三监狱。面积很小，因是明代监狱的实物，又有苏三故事，于是成为著名景点。监狱之夹沙高墙、碗口大的井、黑牢、死牢等闻所未闻，大长见识。

二是大槐树祭祖园。"若问家乡在何处，山西洪洞大槐树。"洪洞大槐树是移民的标志，也是永久的记忆。渭河流域许多村庄都有"山西洪洞大槐树底下来的"的说法，我小时候就听到过不少。后来，从事地方志工作时又听到不少。其中多有附和说词，但天水一带的移民有部分来自山西大槐树底下当是没有问题的。到了"根"之所在，当然要一游并参谒那株老树。园区规模很大，是近年来人造景观风潮的杰作，如"根式门"，仿唐大明宫的祭祖大殿等皆是，而旧景依然最是耐看。现存有叶子的大槐树并不大，据说是第三代古槐。二代古槐已枯死，估计树龄最多也不过千年。我也纳闷，家乡天水街道上树龄超过千年的槐树足足有几十株，至今郁郁葱葱，而洪洞水土条件上佳，那槐树怎么就死了又死呢？树下有祠堂，供三皇，注记为伏羲、神农、燧人。这是连日来考察伏羲遗迹以来第一次见到伏羲，非常亲切，功德箱塞入10元钱以示崇敬。

游明代监狱、大槐树园，辛老全程陪同，并多讲解，而门票也因他旅游局的朋友而全免。17:30和辛老作别。连日来老人为我们提供了各种方便，真诚热情，让人感动。辛老乃是6月份天水伏羲文化节期间在研讨上结识者，缘分啦！

从到临汾的第一天起每天品尝山西各种面食，今天又点了别样的铁锅焖面，味道依旧不错，而量太大，点的时候把握不住，又剩下了。盖三人一锅就差不多了。山西的面食花样多，街上时见牛肉丸子面、过油面、羊汤面、羊杂面、狗舌头面等招牌。

晚，刘老专程来公司宾馆看望，小谈，又以其专用房让我住，其情可感。

8月2日　星期二　阴晴互见　时有小雨

按计划，上午9时访张青主任，在其临时办公地点洪洞宾馆见面。人比原先其著作勒口上的形象沧桑许多，岁月啊！张说话少而直接，我说明来意，言及洪洞伏羲女娲遗迹，他如数家珍，不愧是县志办主任。并建议，赵城之女娲祠、卦底之伏羲庙虽为遗址，但还是值得一看。并言及租车细节。临了

· 379 ·

赠整理本《洪洞县志》1部、《寻根在洪洞》1册，得此宝贝，大喜过望。

按原计划，拜访张主任后直接上太原，听其建议，打消遗址"看头不大"的想法，就地住洪洞宾馆，决计不论如何困难也得去看上一番。出得门来，很快谈妥一车，价90元。师傅对赵城、卦底二地都很熟悉。

先奔县城北面的赵城女娲庙。庙在侯村，几经周折总算得见容颜。庙所在原为学校，据说因开发缘故已搬迁，而开发尚未进行，一片破败景象。庙内残存古柏三株，均已枯死，虽雄姿壮观，毕竟没有了生机。据说庙内原有古柏108株，属周柏。古柏不远处有巨碑两通，一为元碑，碑文隐约可见；一为宋碑，漫漶严重。庙东正在建设一座佛殿，一和尚模样的人说，各建各的。佛殿后是女娲庙，此女娲庙系1980年代以后恢复者。院内残碑数通，多为近些年的重建碑，女娲殿既不雄伟，也不精致，女娲塑像亦显粗拙。庙墙上贴有女娲庙历史的简单考证"墙报"，拍照数张。管理者掌握相关资料小书，赠送三册，赶忙布施20元为值。赵城女娲庙，史上鼎鼎大名，宋元以来确定为国祭女娲物所，沦落成如此模样，让人感慨不已。

广胜寺。今天本来没有列广胜寺行程，但去赵城沿路见指示牌有广胜寺，想到琉璃塔的风姿，于是临时动议走上一遭。寺分上下两寺，为第一批全国重点文物保护单位，票价35元。下寺多为元代建筑，高大壮观，特色鲜明。其中一座有类山西五台山佛光殿，大有唐代遗风。水神殿遗留碑刻较多，有经守条约等，都是上好的水利资料。下寺出来，再沿山坡石级直上，终至上寺琉璃塔下。塔之制作精美异常，殿内佛像各具形态。著名寺院果然名不虚传。

卦底伏羲庙。午饭之后直奔卦底伏羲庙。卦底村，又作卦地村，因传说伏羲在此画卦而得名。开车师傅到过卦底附近的村子，轻车熟路，路遥但还算省时。在南卦底村终见到伏羲庙遗址，瓦砾遍地，间或留存散落的琉璃物件，其中龙形脊兽大致可见原形，生动精美。采访祠庙损坏缘由，大家伙异口同声"叫日本人烧的"。这日本鬼子不远万里来到中国撒野，连一小庙也不放过，可恶至极。瘖寐思服，而见着的伏羲庙只有残砖断瓦，让人很是不爽，但眼见为实，不虚此行。村中采访崔福兴老人，言及庙的始建时间、庙会日、布局等，头头是道。细询之，则知他是卦底伏羲庙兴衰的见证人，按他提供的情况，同村李文生著成《石破天惊》一书，真是找对人了。老人说着说着还展示《石破天惊》让我们看，可惜他家中只有一册，无法得到。回到洪洞已是18时。

开车师傅姓孙，其人忠厚诚实，尽职尽责，工作一天毫无怨言，等人耗时，不见烦怒。原本说好的90元，最后付费时加50元至140元。主动加价，以表谢意。

晚，宿洪洞宾馆。

8月3日　星期三　晴

早餐后告别洪洞，按计划乘汽车去太原。

明姜高速公路口截车，最终得乘中型面包，13时许抵达。住网上预订的快捷酒店，条件尚可。

太原附近没有伏羲庙，也就没有考察计划。"今日得宽余"，正好约见在太原工作、多年未见的三位山西老同学。一打电话，他们也都是"今日得宽余"。晚，相约在我住处附近的"清徐人家"用餐。相见甚欢，相谈甚欢。白丽容同学毕业二十年兰州聚会时见过，而杨文、段和森二同学都是二十年未见者。时光易逝，让人感慨。

8月4日　星期四　晴热

上午，参观山西省博物馆。杨同学驾车全程接送，还是同学亲啊！博物馆为新建，鼎形，很是壮观。展览以专题布展，如文明摇篮、夏商踪迹、晋国霸业、民族熔炉、佛风遗韵、戏曲故乡、土木华章、明清晋商、瓷苑艺葩等。其中晋国霸业最见特色，青铜重器震撼人心。

下午13:47乘太原至石家庄动车，票价70元，1小时20分到石家庄。车快了就是好。

今天没有考察任务，正好约见多年未见、在石家庄工作的同宿舍老同学韦占彬。一打电话，老韦即驾车前来赴会。晚，老韦邀请在一巨型川菜馆用餐，相谈甚欢，饭菜味道颇佳。饭毕由老韦驾车导引参观他的工作单位石家庄学院。学院占地800亩，规划整齐，建筑大气，在校生15000人。

8月5日　星期五　晴

今日按考察计划前往赵县。赵县，古称赵州，历史文化深厚，文物古迹众多。而此次前往，主要探访者不是举世闻名的赵州桥，而是双庙，即伏羲女娲庙。

乘车点在南焦客运站。早起到达，而买着的票为9:40可直达双庙村者。此村在赵县城北8公里处，属前大章乡。约12时车到双庙村，经同车人及街上人指点，在村北玉米地里找到双庙。让人大吃一惊的不是庙门紧闭，而是庙掩映在高过人头的玉米田之中。再回街上辗转打听，找到拿钥匙之人白军伟。时其人正光着上身烙千层大饼。说明来意，报上所为来者何，他非常热情，拿出中华伏羲文化研究会所编《伏羲》画册让我们翻阅。当我指着封底责任编辑署名说"这就是我"之后，他在非常热情的基础上又加了一层热情。

等白师傅忙完之后，我和小余随掌钥匙的他二至双庙。据白师傅介绍双庙毁于1937年，我们所见为1990年代村民集资重建者。其东为伏羲庙，西为女娲庙，相距五步。而伏羲殿神像前和女娲殿神像前各有井一口，加上庭院中的一口井，便有了"五步两座庙，十步三眼井"的说法。现如今古井尚存，而已没有了往日风姿。拍照片等一应工作来结束，又应邀到白师傅家中小坐。白系赵县双庙伏羲文化研究会的主事人，他父亲对庙事很热心，去世后，他便子承父业，继续热心庙事。家中还有一些资料，给了我们复印件，并赠《双庙龙泉》小册子2册、《赵州揽胜》1册。临了还招待了我们一顿牛杂汤，其情可感。

事毕，又赶往赵县城，这一次的目的地是赵州桥。街上无意中看到柏林寺，顺势一游。是为禅宗著名寺院，妙相庄严，古柏遍地，香火非常之旺。如此有名的寺院不收门票，可敬。

赵州桥在赵县南，早就耳熟能详，今日得睹真容，伏羲之缘也。河水已干，而桥依就风姿绰约，美丽无比。桥岸有博物馆，展出历代残存的桥栏板，并有古碑立于岸边。其中有乾隆御碑，像其他地方的御碑一样，诗晦涩而烂，可惜了石头。在旅游商店淘得粗布中式短袖一件，中意。

回到石家庄已是下午18时，虽然疲惫异常，凡热晕者数次，而该整的资料都整到了，又参观了赵县两大名胜，满心愉悦。

8月6日　星期六　晴　热

继续跑点，今日目标为新乐伏羲台伏羲庙。

搬旅馆，找乘车点费去不少时间。上车时近10时，到新乐已是11时。事前约好由原伏羲台文管所所长相振稳先生为向导。我和相在2003年天水开伏羲文化研讨会时业已认识，也算老熟人。此君对宣扬新乐伏羲文化不遗余力，在馆长任上出有《伏羲城资料汇编》等有关伏羲文化的书籍3种，而家下均有收藏。我们在小白楼约集之后，立刻打的赶往伏羲庙。而此时庙门紧闭，据说已下班了。平时游人少，开门时间随文管所上下班而定。得相先生斡旋，顺利考察之。

伏羲庙建在台上，台本是新石器时代文化遗址，文化氛围很浓。建筑现有六佐殿、龙师殿、寝宫、老娘殿等。古建筑只剩六佐殿，原本是过庭，元代建筑，梁架结构很有特点。龙祖殿前台阶下有重建碑、功德碑十余通，多漫漶不清。伏羲庙成规模者，全国有4处，此为1处。台四周树木葱郁，环绕羲台，颇有景致。

中午，文管所杜所长做东，地点是伏羲餐饮公司。相在介绍伏羲台的时候，提及新乐东北之承安镇另有三皇庙。承安即新乐旧县城所在，文物古迹众多。饭毕，一出饭店门即租车前往，相陪同。庙在新乐市二中院内，玉皇殿为古建筑，有元代风格，而三皇庙系恢复重建者。据相介绍建庙之台应始于东周，是观象台。庙内另有三清殿等。天水玉泉观现存玉皇殿，据资料记载也该有三皇庙，正可与之对照。回归时顺路又看文庙一眼，庙也在一校园内，仆倒碑首有"景羲书院"字样。据说，古代新乐南城门称迎羲门。可见新乐"羲皇圣里"名不虚传。

送相先生回市内，而后急匆匆拦下一辆中巴回石家庄。回到住处已是下午18时。原想着今日任务单一，可以早去早回，不料又是一天。不过，收获颇丰，再苦再累也值得。

8月7日　星期日　晴阴互见　热

今日任务是由河北省会石家庄"杀向"历史文化名城山东济宁。

8:30，乘石家庄至济宁长途班车前往山东第一站济宁。据资料知山东两处伏羲庙，都在济宁市境内。车至夏津（属山东省）之后下高速公路走一级路，一路还算顺利。14:30 到达目的地，行程 6 小时，计 400 余公里。一路华北大平原玉米、棉花等农作物在望，赏心悦目。

找旅馆。太原、石家庄旅馆系网上订购，价格优惠，最主要的一下车有地方可找。而在济宁完全是边走边看边找，最后在货比三家之后，确定下榻银座佳驿连锁店，贵是贵点，但清新整洁。

收拾停当，逛街，在南站打探次日行程车次。而后再逛街，城市没有原先想象的那么大，也没有那么发达，更没有那么整洁。

晚，在婆婆奶奶粥屋用餐，番茄牛腩非常不错。而一张两三口可以下咽的飞饼 12 元，极天下之大观，享用两张 24 元。今天车上没怎么吃东西，午餐、晚餐并一处，吃好是必须的。

8月8日　星期一　晴　热

今日任务是寻找两城伏羲庙和郭里伏羲庙。

7:30 坐济宁至微山班车，车极烂也极不卫生。给师傅安顿过好几次到地方了喊一声，但还是错过了目的地两城镇。不过，歪打正着，在路上看见有伏羲庙的招牌，随即下车。再灵机一动——想着租一辆车跑两地。经路旁一老人介绍，租到路旁一小老板摩的一辆，以 100 元谈妥。先两城伏羲庙，后邹城爷娘庙，跑两地。

两城伏羲庙，在陈庄、刘庄之间。伏羲殿在网上多次看过，其余建筑格局不知所以，今日得观，算是了却一桩心愿。庙后遥靠凤凰山，前遥对微山湖，风水宝地。伏羲殿内存有古碑两通，一为元代，一为宋代，碑文依稀可辨。大殿建在 2 米多高的台上，结构外观都是典型的元代风格。伏羲殿为古建筑，寝殿塑女娲像，系重建。据管理人员讲，庙解放后一直由大庙小学占用，除主殿外，其余附属建筑全部被拆除。原有古柏两株，数人合抱，也于 1976 年砍伐换钱。如今残碑碎片、瓦片随处可见，衰草遍地，颇有几分荒凉。

由两城伏羲庙所在转到后山凫山之麓即有邹城伏羲庙，因和女娲殿并存，于是命名爷娘庙，所在村名叫爷娘庙村。此庙早已沦为废墟，残存的石质大柱和巨碑零零散散乱立在废墟之中，很是荒凉。附近农田中断碑、碑首、碑座等比比皆是，令人怜惜不已。遗址规模庞大，可窥见庙宇未毁之前是何等的雄伟壮观。庙甬道前照壁绘制有庙宇拟恢复全图，落款为爷娘庙委员会，据说是招商引资用的。照壁旁正好有一位老婆婆在干农活，略加采访，知庙先毁于军阀，彻底毁坏于50—60年代的各种运动。

两处遗迹考察完毕已是13:00，收获不小。因赶路，决计回到济宁城里后再找饭吃，虽饿，只有将就了。吃毕，已是15:00。稍加休整，再行出发寻找有关伏羲文化研究书籍，最终瞎打冒撞找到市政协文史委，得孙业旺主任赠《始祖文化济宁探源》两册，和先祖崇拜相关，对研究伏羲大有好处。

晚，在一家老菜馆用餐，装饰很有特色，饭菜味道不错，尤其是清炒莲藕，酸辣适中，清脆可口，一绝。

回住处，闲看电视，美国债务评级下调，全球股票大跌。

8月9日　星期二　晴　热

考察任务基本完成，心里轻松。宝贝女儿社会实践活动结束后，约好来山东会合，而后蹭着我们考察，游山玩水。按约定时间娃今日可到，在兖州下车，父女相会再去曲阜。愉快啊！

济宁至曲阜间100公里，有城际公交车，这个好。在兖州路口下车，搭3路公交直奔兖州火车站。要接娃，首先熟悉地形等事，如出租车之行情，去曲阜的汽车情况，车站、出站口位置等。火车是12:30到，为时尚早，溜达至兖州市博物馆，进不去，原因11:00不进人了。门卫曰下午2:30之后来。那就只好不来。博物馆后有一兴隆塔，旁边在建一座大型主题公园，搞拜佛圣地。

火车站候车室，有空调，待着舒服。174次列车正点到站，正点接上娃，立即乘兖州至曲阜快客前往曲阜。在新公交站再乘3路车到所订"如家"，收拾停当已是14:00。和小余一家在"二轻"用餐，量还行，味一般。

饭后，立刻朝拜先圣。先孔庙，后孔林，联票150元。孔庙无愧天下第一文庙，气象雄伟，规模盛大，壮观者如巨碑，如九龙柱等。而最引人注目者还是参天古柏，数量多，树龄古，形态异。大成殿开间至九，月台宽阔，王者风范。

17:30出孔庙，闻孔林不限时间，便直奔之。孔林者，孔陵也。为孔子家族墓地。人工植树成林，古柏参天，有如原始森林，奇观也。尤其是神道两旁古柏齐整，柏与柏相间只有一米，更是奇观中的奇观。天色渐暗，蚊虫猖狂，参谒三孔墓即回归。傍晚时分，在大柏之下看数不清的万骨坟堆，阴森可怖。

用餐时已近20：00，街上遍布孔家菜，也不知那家是真孔家菜。经司机推荐，找了一家门面大些的，结果还是不怎么样，一道"孔门豆腐"价45元……孔门圣里黄包车夫、马车夫、导游极其热情，招揽生意，足以达到让人烦的程度。

疲乏至极，早睡。

8月10日　星期三　晴　热

早起，径直去昨天没来得及去的孔府。孔府比之以前所见大家族庭院，其规制大抵相同，就是层次更多，院落更大，且有办案办事之庭堂。和孔庙相仿者依然是参天古柏，当然还有不少奇花异草，多了些"家"的氛围。历代衍圣公居此行事，礼来礼往，不知自在否。总想到巴金的《家》。购《孔门圣里志》1册，祭祀程序书1册，比较满意。一路购书、索书，屡有斩获。

参观庙侧汉画像石馆，见到心仪已久的礼器碑、张迁碑、史晨碑等众多汉代名碑，异常兴奋，又不禁拍摄，于是狂拍一通。碑已伤痕累累，风韵犹存。

10：00出馆、出庙，还有些时间，再奔曲阜师范大学看校园。11：00撤回，因为要退房，要赶往泰安。

紧急行动，吃饭、退房，13：00许搭去泰安的车，效率奇高。

住华夏良子宾馆，此宾馆也够潮的，到处画得五颜六色，似是新装修。

晚，在宾馆旁一街道尽头川鲁菜馆用餐，味道颇不恶。

8月11日　星期四　晴阴互见　热

早起，收拾爬泰山。

票价每人157元，听导游讲，泰山之门票、车票、缆车费全年收入在6亿元之上。哇，太厉害了。

行程。先乘车至中天门，徒步跋涉至南天门、天街、上玉皇顶，而后返回，至南天门乘缆车至中天门，乘车下山。总的观感，泰山不如想象中的那样雄奇，不如《雨中登泰山》等名文写得那样美。本人感觉迟钝，人声鼎沸，摩肩擦踵，缆车穿梭，汽车轰鸣，感觉就更少了。最美妙的当属峰顶畅观云海，云雾不时变幻，自我飘飘欲仙。最能体现文化的还是随处可见的摩崖石刻，只是未见泰山金刚经，不知身藏何处。

峰顶"五岳独尊"处照相之人多至排队争吵，也是难得的景观。

游客多，对收入来说当然是好，而对泰山来说不堪重负。申报世界文化遗产本意是为了更好地保护遗产，而非借"世保"之名更加彻底地开发、攫取。

晚，再至川鲁菜馆用餐，暴食以补中午山上饮食之不足。

8月12日　星期五　阴见晴　热

山东行程完毕，今天任务是转移河南。

行程——泰安至郑州，没买上火车票，只好乘汽车。9：00的车延时至10：00。始发站就晚点，百思不解其意。至郑州已是15：30。合议不再在郑州停留，马不停蹄，转乘郑州—洛阳班车，到洛阳时已是19：30。全天坐车，难受。车上无聊，看景，田野皆是玉米、棉花，少变化，没有山，更少变化。闲看《魏明伦随笔集》，文采飞扬，此君不愧鬼才。

晚餐毕，和小余去火车站买好后天回程火车票，有座号，相当不易。

8月13日　星期六　晴　热

今日任务，主要考察龙马负图寺。

上午，由火车站乘去吉利的班车，至会盟镇，其北往西数百米即是龙马负图寺。之前在图片上看殿宇非常宏伟，事实上庙院并不太大，只有伏羲殿是古建筑，其余全是恢复性的新建筑，即如大门、钟鼓楼、三皇殿、文王殿、朝房等。据载，寺建于晋朝，这个下来还得仔细考证。伏羲殿内墙壁镶嵌古碑颇不少，拍照存之。住持岳世明道长热情讲解。参观毕，购书数册，以孙顺通著作居多，如《龙马负图寺金石录》等。

听负图寺工作人员介绍光武帝陵就在附近，想到光武帝的丰功伟绩，于是再向西探访之。道旁有羊汤店数家，在标有"非物质文化遗产"的一家享用，味一般。羊汤店不远处即是光武陵，墓道石人均是新造，说明原物早已彻底破坏。陵园古柏参天密麻，有如孔林，是为一大特色。最大一株古柏名奶奶柏，标示牌动辄和升官发财、吉祥如意硬搭，讨人烦。

回程，一鼓作气顺路再游白马寺。寺院整洁清幽，很有宗教氛围。此寺是中国最古老的寺院之一，而建筑多为明清重建者，可怪！

17:30回到所住锦江之星酒店。累极。

今天，女儿和小余夫人去了少林寺。及至回来，我一家和小余一家在北京涮羊肉店用餐，大啖一顿。啤酒免费，总价148元，便宜。

8月14日　星期日　晴　死热死热

行程计划先去龙门石窟，而后再去洛阳博物馆。

龙门石窟在城郊，路程较近，我们出发也就较迟，至石窟时已是10:00。1989年曾来过此地，已有些淡忘，感觉最大的变化是商铺比原先整齐多了。电瓶车往来穿梭，商业气氛较原先更浓了。龙门石窟因山体石质坚硬，造像均是雕像。石窟数量极多，有窟龛2345个，造像十万余，而现今大多造像，依然在风吹日晒，毫无遮拦，如何保护这是大问题。石窟之外，景区开发有东山景区，有白园、香山寺等景观。石窟有著名的龙门二十品石刻，但都是望而不见。香山寺纯粹是新建，布局尚可，但没有古味。白园是白居易的陵园，风水绝佳。此公会写文章，会当官，会享受人生，成功人士也。

今天是出门半月以来最难熬的一天，热不可耐，汗水珠流，几至昏厥，旅游乃花钱买罪受之谓也。没办法，以背心蘸水降温。女儿亦是寸步难移。水深火热，此之谓也。

因为热，直接回旅馆，取消博物馆之行，以待来日吧。

晚23:30乘上海—西宁377次列车回归。次日8:30到天水。

本次考察起讫共17天。在此，谨向在考察过程中给予我们热情帮助的辛中南、刘凤翔、耿世文、闫金铸、张青、崔福星、白军伟、相振稳、孙业旺、岳世明等先生，我的老同学杨文、白丽蓉、段和森、韦占彬以及所有好心人，表示衷心的感谢！

参考书目

一 史志类著作

（西汉）司马迁：《史记》，中华书局 1959 年版。

（东汉）班固：《汉书》，中华书局 1962 年版。

（后晋）刘昫等：《旧唐书》，中华书局 1975 年版。

（北宋）乐史：《宋本太平寰宇记》，中华书局 2000 年版。

（北宋）欧阳修等：《新唐书》，中华书局 1975 年版。

（南宋）王象之：《舆地纪胜》，广陵古籍刻印社 1991 年版。

（南宋）祝穆撰：《方舆胜览》，施和金点校，中华书局 2003 年版。

（北齐）魏收：《魏书》，中华书局 1974 年版。

（北魏）郦道元撰：《水经注疏》，杨守敬、熊会贞疏，江苏古籍出版社 1999 年版。

（北魏）郦道元撰：《水经注校证》，陈桥驿校证，中华书局 2007 年版。

（唐）房玄龄：《晋书》，中华书局 1974 年版。

（唐）李吉甫撰：《元和郡县图志》，贺次君点校，中华书局 1983 年版。

（唐）魏徵等：《隋书》，中华书局 1973 年版。

（元）刘应李编：《大元混一方舆胜览》，郭声波整理，四川大学出版社 2003 年版。

（元）脱脱等：《宋史》，中华书局 1985 年版。

（元）脱脱等：《金史》，中华书局 1983 年版。

（元）于钦：《齐乘》，明嘉靖四十三年刻本。

（明）包大爟修纂：《兖州府志》，万历五十二年刻本。

（明）曾储修，童承叙纂：《沔阳志》，嘉靖十年刻本。

（明）陈镐纂，孔允植重纂：《阙里志》，清康熙八年刻本。

（明）胡缵宗纂，（清）王一经重纂：《秦州志》，顺治十三年刻本。

（明）胡缵宗纂：《秦安志》，嘉靖十五年刻本。

（明）李侃修，胡谧纂：《山西通志》，成化十一年刻本。

（明）李贤等纂：《大明一统志》，三秦出版社1990年版。

（明）闵槐修纂：《平阳志》，正德四十四年修，明刻本。

（明）宋濂等：《元史》，中华书局1976年版。

（明）孙文龙纂：《承天府志》，万历三十年刻本。

（明）张正蒙修，陈实纂：《新乐县志》，万历十九年刻本。

（明）赵懋昭纂修：《赵州志》，隆庆元年刻本。

（清）安锡祚修，刘复鼎纂：《赵城县志》，顺治十六年刻本。

（清）毕元撰：《关中胜迹志》，张沛点校，三秦出版社2004年版。

（清）毕沅《山左金石录》，嘉庆二年刻本。

（清）常丹葵修，邓光仁纂：《竹山县志》，乾隆五十年刊本。

（清）常明等修，杨芳灿等纂：《四川通志》，嘉庆二十一年刻本。

（清）崔应阶修，姚之琅纂：《陈州府志》，乾隆十一年刻本。

（清）杜瑾修，刘源涞纂：《大宁县志》，雍正八年刻本。

（清）杜之昂修，路跻垣纂：《平顺县志》，康熙三十二年刻本。

（清）费廷珍修，胡釴、陶奕曾纂：《直隶秦州新志》，乾隆二十九年刻本。

（清）高维岳修，李华堂纂：《大宁县志》，光绪九年刻本。

（清）高昱修，王开沃、王苇纂：《蓝田县志》，嘉庆元年刻本。

（清）郭显贤修，杨呈藻纂：《蓝田县志》，顺治十七年刻本。

（清）胡德琳、蓝应桂修，周永年、盛百二纂：《济宁直隶州志》，乾隆四十三年刻本。

（清）胡翼修，章镰纂：《天门县志》，民国11年石印本。

（清）黄浚修，王特选纂：《滕县志》，康熙五十六年刻本。

（清）黄云修，林之望、汪宗沂等纂：《续修庐州府志》，光绪十一年刻本。

（清）黄泽修，窦彝常纂：《涉县志》，康熙五十三年刻本。

（清）黄宅中修，张镇南、邓显鹤纂：《宝庆府志》，道光二十九年刻本。

（清）觉罗石麟修，储大文纂：《山西通志》，雍正十二年刻本。

（清）金明源修，窦忻、张佩芳纂：《平定州志》，乾隆五十五年刻本。

（清）金棨纂修：《泰山志》，嘉庆刻本。

（清）赖昌期、张彬等纂修：《平定州志》，光绪八年刻本。

（清）雷鹤鸣修，赵文濂纂：《重修新乐县志》，光绪十一年刻本。

（清）李复庆修纂：《阜阳县志》，民国7年刻本。

（清）李敬修修，陈爱等纂：《费县志》，光绪二十二年刻本。

（清）李荣和、刘钟麟修，胡仰廷纂：《永济县志》，光绪十二年刻本。

（清）李升阶纂修：《赵城县志》，乾隆二十五年刻本。

（清）梁溥修纂：《阌乡县志》，乾隆十二年刻本。

（清）廖有恒修，杨通睿纂：《济宁州志》，康熙十二年刻本。

（清）林华皖修，郝应第纂：《新乐县志》，康熙元年刻本。

（清）刘思恕、汪鼎臣修，王维国、王守恭纂：《阌乡县志》，光绪二十年刻本。

（清）刘於义修，沈青崖纂：《陕西通志》，雍正十三年刻本。

（清）娄一均修，周翼纂：《邹县志》，康熙五十五年刻本。

（清）卢朝安修纂：《济宁直隶州志》，咸丰九年刻本。

（清）麻廷璸纂修：《新乐县志》，乾隆二十二年刻本。

（清）孟常裕、徐元灿修纂：《孟津县志》，康熙四十七年刻本。

（清）戚学标纂修：《涉县志》，嘉庆四年刻本。

（清）瞿昂修，刘侃纂：《淮宁县志》，道光六年刻本。

（清）升允、长庚修，安维峻纂：《甘肃全省新通志》，宣统元年刻本。

（清）史传远纂修：《临潼县志》，乾隆四十一年刻本。

（清）宋恂修，于大猷纂：《西华县志》，乾隆十九年刻本。

（清）孙传栻修，王景美纂：《直隶赵州志》，光绪二十三年刻本。

（清）唐仲冕纂：《岱览》，嘉庆九年刻本。

（清）唐咨伯修，杨端本纂：《潼关县志》，康熙二十四年刻本。

（清）王清彦、张喆修，莫尔灌纂：《续修陈州志》，康熙三十四年刻本。

（清）王政修，王庸立、黄来麟纂：《滕县志》，道光二十六年刻本。

（清）吴葵之修，裴国苞纂：《吉州志》，光绪五年刻本。

（清）吴若灏修，钱柏纂：《邹县续志》，光绪十八年刻本。

（清）吴世熊、朱忻修，刘庠、方骏谟纂：《徐州府志》，同治十三年刻本。

（清）吴增辉修，吴容纂：《威远县志》，光绪三年刻本。

（清）向淮修，王森文纂：《续潼关县志》，嘉庆二十二年刻本。

（清）谢长青修纂：《重修延川县志》，道光十一年刻本。

（清）刑国弼修，卢敏纂：《重修通渭县志》，光绪三十二年抄本。

（清）许勉炖修，禹殿鳌纂：《汜水县志》，乾隆九年刻本。

（清）许容修，李迪等纂：《甘肃通志》，乾隆元年刻本。

（清）严长宦修，刘德熙、张思诚纂：《秦安县志》，道光十八年刻本。

（清）杨恩纂修，纪元补辑：《巩昌府志》，康熙二十七年刻本。

（清）杨廷望修，张沐纂：《上蔡县志》，康熙二十九年刻本。

（清）杨延亮纂修：《赵城县志》，道光七年刻本。

（清）余泽春修，王权、任其昌纂：《秦州直隶州新志》，光绪十五年刻本。

（清）张培仁修，李元度纂：《平江县志》，同治十三年刻本。

（清）张鹏翮修，叶鸣銮纂：《兖州府志》，康熙二十四年刻本。

（清）张廷玉等：《明史》，中华书局1974年版。

（清）张祥云修，孙星衍等纂：《庐州府志》，嘉庆八年刻本。

（清）张祥云修，左辅纂：《合肥县志》，嘉庆七年刻本。

（清）张紫岘纂修：《巩县志》，乾隆五十四年刻本。

（清）章廷珪修，范安治纂：《平阳府志》，乾隆元年刻本。

（清）章文华、官擢午修撰：《嘉祥县志》，宣统元年刻本。

（清）赵世德纂修：《秦州志》，清康熙二十六年抄本。

（清）赵英祚修，黄承腊纂：《泗水县志》，光绪十八年刻本。

（清）赵英祚修纂：《鱼台县志》，光绪十五年刻本。

（清）赵擢彤修，宋缙纂：《孟津县志》，嘉庆二十年刻本。

（清）周凤鸣修，王宝田纂：《峄县志》，光绪二十五年刻本。

（清）周景柱纂修：《蒲州府志》，乾隆十九年刻本。

（清）周士桢修，黄子遂纂：《竹山县志》，同治四年刊本。

（清）周铣修，叶芝纂：《伏羌县志》，乾隆三十五年刻本。

（清）朱孝纯纂修：《泰山图志》，乾隆三十九年刻本。

陈赓虞纂：《始兴县志》，民国 15 年石印本。

崔公甫等修，高熙喆、生克中等纂：《续滕县志》，民国 30 年刻本。

方廷汉等修，陈善同等纂：《重修信阳县志》，民国 25 年铅印本。

古济勋修，吕晋堃、范晋藩纂：《陆川县志》，民国 13 年刻本。

哈锐、任承允、贾缵绪等纂：《天水县志》，民国 28 年石印本。

韩垧纂：《洪洞县志》，上海商务印书馆 1916 年版。

郝兆先修，牛兆濂纂：《续修蓝田县志》，民国 30 年餐雪斋铅印本。

皇甫振等修，李光宇纂：《昔阳县志》，撷华石印馆民国 4 年版。

《嘉庆重修一统志》，四库丛刊续编，上海书店 1984 年版。

焦作市文物局编：《焦作市文物志》，中州古籍出版社 2005 年版。

李天煦：《天水乡土教材稿》，民国 16 年手写油印本。

李亚太：《大像山志》，内部铅印本 1998 年版。

李裕民：《山西古方志辑佚》，内部铅印本 1985 年版。

凌甲烺、吕应南修，张嘉谋纂：《西华县续志》，民国 27 年铅印本。

刘尔炘：《兰州五泉山修建记》，和通印刷馆 1930 年版。

刘莲青、张仲友纂修：《巩县志》，民国 26 年刻本。

刘雁翔：《伏羲庙志》，甘肃文化出版社 2004 年版。

刘郁芬修，杨思、张维等纂：《甘肃通志稿》，甘肃图书馆油印本，1964 年版。

潘守廉修，袁绍昂、唐烜纂：《济宁直隶州续志》，民国 16 年铅印本。

任承允纂：《秦州直隶州新志续编》，民国 28 年石印本。

邵泽元主编：《邹城市地名志》，山东人民出版社 2001 年版。

孙顺通：《河图之源：龙马负图寺志》，中州古籍出版社 1997 年版。

田金祺修，赵东阶、张登云纂：《汜水县志》，世界书局民国 17 年版。

潼关县地名志编纂委员会编：《陕西省潼关县地名志》，内部铅印本 1987 年版。

新编《河南省志》，河南人民出版社 1993 年版。

新编《淮阳县志》，河南人民出版社 1991 年版。

新编《界首县志》，黄山书社 1995 年版。

新编《上蔡县志》，生活·读书·新知三联书店 1995 年版。

新编《西和县志》，陕西人民出版社 1997 年版。

新编《昔阳县志》，中华书局 1999 年版。

新编《新乐县志》，中国对外翻译出版公司 1997 年版。

延川县地名志编辑委员会编：《陕西省延川地名志》，内部铅印本 1986 年版。

颜刚甫：《兰州五泉山公园》，1957 年抄本。

阳泉风景名胜志编委会编：《阳泉风景名胜志》，三晋出版社 2006 年版。

于书云修，赵锡蕃纂：《沛县志》，上海商务印书馆民国 9 年版。

余家谟修纂：《铜山县志》，民国 15 年刻本。

张维：《陇右金石录》，俊华书局 1944 年铅印本。

张仲炘，杨承禧纂：《湖北通志》，民国 10 年刻本。

郑康侯修，朱撰卿纂：《重修淮阳县志》，开明印书局民国 23 年版。

朱允明等纂：《甘肃乡土志稿》，民国 37 年抄本。

邹县地方志办公室编：《邹县旧志汇编》，内部铅印本 1986 年版。

二 文献类著作

（晋）皇甫谧：《帝王世纪》，丛书集成初编，中华书局 1985 年版。

（东晋十六国）王嘉撰《拾遗记》，齐治平校注，中华书局 1988 年版。

（梁）萧绎撰：《金楼子》，许逸民校笺，中华书局 2011 年版。

（三国魏）曹植撰：《曹植集校注》，赵幼校注，人民文学出版社 1984 年版。

（唐）司马贞：《史记索隐》，文渊阁《四库全书》影印本第 246 册，上海古籍出版社 1987 年版。

（南宋）罗泌《路史》，四库备要本，中华书局 1936 年版。

（南宋）马端临：《文献通考》，中华书局 1986 年版。

（明）胡缵宗：《鸟鼠山人集》，嘉靖三十三年刻本。

（清）朱彝尊编：《明诗综》，康熙四十四年西泠清来堂刻本。

（清）周灿：《愿学堂集》，康熙二十四年刻本。

（清）黄奭：《黄氏逸书考》，民国23年朱长圻补刻本。

（清）孙星衍：《孙渊如先生全集》，商务印书馆1935年版。

（清）彭定求等辑：《全唐诗》，中华书局1960年版。

（清）顾炎武：《顾亭林诗集》，王蘧常校注，上海古籍出版社1983年版。

（清）杨应琚：《据鞍录》，载杨建新主编《古西行记选注》，宁夏人民出版社1987年版。

（清）崔述：《崔东壁遗书》，顾颉刚编订，上海古籍出版社1988年版。

（清）董诰等辑：《全唐文》，上海古籍出版社1990年版。

（清）任承允：《桐自生斋文集》，《中国西北文献丛书》第107册，兰州古籍书店1990年版。

（清）宋琬：《宋琬全集》，辛鸿义等点校，齐鲁书社2003年版。

（清）秦嘉谟等辑：《世本八种》，中华书局2008年版。

唐晏：《涉江先生文钞》，民国4年铅印本。

徐宗元：《帝王世纪辑存》，中华书局1961年版。

袁珂：《山海经校注》，上海古籍出版社1980年版。

杨伯峻：《春秋左传注》，中华书局1981年版。

李修生主编：《全元文》，江苏古籍出版社1998年版。

马俊杰等编：《山西戏曲碑刻辑考》，中华书局2002年版。

罗琨、赵嘉朱：《炎黄汇典·方志卷》，吉林文史出版社2002年版。

王贵民、杨志清：《炎黄汇典·史籍卷》，吉林文史出版社2002年版。

三　地方学人内刊著作

天水市政协文史资料委员会编：《天水文史资料》，内部铅印本，第1辑、第2辑、第10辑。

政协邹县委员会编：《邹县史话》，内部铅印本1982年版。

新乐县地名办公室编：《新乐县地名资料汇编》，内部铅印本1983年版。

政协威远县委员会编：《威远文史资料选辑》第2辑，内部铅印本1984

年版。

张自修：《丽山古迹名胜志》，内部铅印本 1985 年版。

临潼文化馆编：《骊山风物传说》，内部铅印本 1985 年版。

蓝田县政协编：《蓝田文史资料》第 6 辑，内部铅印本 1986 年版。

孟津县文化馆编：《孟津史话》，内部铅印本 1988 年版。

上蔡县政协编：《上蔡文史资料》第 4 辑，内部铅印本 1991 年版。

陇西县政协编：《陇西县文史资料选辑》第 2 辑，内部铅印本 1995 年版。

王来全：《大象山》，内部铅印本 1997 年版。

洪洞县志办公室编：《洪洞名胜与传说》，内部铅印本 1998 年版。

涉县地名地方志办公室编：《娲皇宫》，内部铅印本 1998 年版。

政协涉县委员会文史资料委员会编：《涉县名胜》（文史资料专辑），内部铅印本 1999 年版。

力立、张焕瑞编：《双庙龙泉》，内部铅印本 2000 年版。

李铭魁主编：《平定碑刻文选》，《平定文史资料》第 14 辑，内部铅印本 2001 年版。

相振稳主编：《伏羲城资料选编》，内部铅印本 2001 年版。

相振稳主编：《新乐古诗文》，内部铅印本 2001 年版。

相振稳主编：《伏羲台的传说》，内部铅印本 2001 年版。

上蔡县政协编：《古蔡春秋》，内部铅印本 2003 年版。

天水女娲文化研究会编：《女娲文化论丛》，内部铅印本 2007 年版。

西安市政协文史资料委员会编：《西安佛寺道观》，《西安文史资料》第 28 辑，陕西人民出版社 2009 年版。

薛炎助主编：《台湾伏羲八卦庙寻根祭祖三十周年》（画册），内部铅印本 2018 年版。

四　相关学术著作

薄生荣：《洪洞春秋》，三晋出版社 2011 年版。

鲍江：《娲皇宫志》，社会科学文献出版社 2013 年版。

蔡衡溪：《淮阳乡村风土记》，民国 23 年铅印本。

陈伟涛：《中原农村伏羲信仰》，上海人民出版社 2013 年版。

董素芝：《伟哉羲皇》，中华书局 2004 年版。

范乃文主编：《和顺文史》，中国文史出版社 2009 版。

高力升主编《新密民俗志》（下卷），成都时代出版社 2009 年版。

谷迁乔、岳献甫主编：《周口神话故事》，学苑出版社 2006 年版。

何光岳：《楚灭国考》，上海人民出版社 1990 年版。

何光岳：《炎黄源流史》，江西教育出版社 1992 年版。

霍进善等：《三皇之首太昊伏羲》，河南美术出版社 1998 年版。

李炳武主编：《骊山女娲文化论文集》，三秦出版社 2007 年版。

李根柱：《负图探秘》，中国文联出版社 2009 年版。

李红军：《寻根淮阳》，河南大学出版社 2009 年版。

李乃庆：《太昊陵》，中州古籍出版社 2004 年版。

李文明等编：《中华始母华胥》，四川大学出版社 2013 年版

李文生：《石破天惊》，中国文联出版社 2004 年版。

梁福誓等：《伏羲太极文化探秘——伏羲故里　龙蛇郡望》，三秦出版社 2009 年版。

梁思成：《梁思成文集》（第一卷），中国建筑工业出版社 1986 年版。

刘惠萍：《伏羲神话传说与信仰研究》，台湾文津出版社 2005 年版。

刘剑主编：《巩义风物传说》，作家出版社 2007 年版。

刘毓庆主编：《华夏文明之根探源——晋东南神话、历史、传说与民俗综合考察》，学苑出版社 2008 年版。

刘真灵：《邹鲁凫山话伏羲》，齐鲁书社 2017 年版。

刘中正主编：《古蔡风物》，中州古籍出版社 2002 年版。

鲁泽主编：《陇西史话》，甘肃文化出版社 2006 年版。

欧大年等主编：《邯郸地区民俗辑录》，天津古籍出版社 2006 年版。

庞进：《大悟骊山》，陕西师范大学出版社 2002 年版。

彭庆涛、彭术实：《始祖文化济宁探源》，中国社会出版社 2011 年版。

齐玉珍主编：《太昊陵庙》，海天出版社 2005 年版。

《全景延安》编委会：《伏羲故里——延川县》，朝华出版社 2007 年版。

陕高升等编：《人祖文化源与流》，陕西人民出版社 2010 年版。

申怀信：《中华之母女娲》，山西人民出版社 2003 年版。

孙红玉、杨恒海：《中华文明起源新探——伏羲文化》，光明日报出版社 2012 年版。

孙士让主编：《孟子故里邹县》，山东友谊出版社 1992 年版。

汤可敬：《说文解字今释》，岳麓书社 2001 年版。

田造栓：《羲皇圣里在新乐》，花山文艺出版社 2004 年版。

王献唐：《炎黄氏族文化考》，青岛出版社 2006 年版。

王向阳编著：《临潼史话》，陕西旅游出版社 1990 年版。

王振江等：《史话巩义》，中州古籍出版社 2008 年版。

王志民主编：《山东省历史文化遗址保护现状调查报告》，齐鲁出版社 2008 年版。

辛中南：《华夏始祖女娲与伏羲》，民族出版社 2005 年版。

杨复竣：《人祖传说故事》，海燕出版社 1990 年版。

杨复竣：《中华始祖太昊伏羲》，上海大学出版社 2008 年版。

杨利慧：《女娲的神话与信仰》，中国社会科学出版社 1997 年版，

杨利慧：《女娲溯源》，北京师范大学出版社 1999 年版。

张宏根：《神秘的华胥国》，西安出版社 2010 年版。

张舜徽：《说文解字约注》，华中师范大学出版社 2009 年版。

张振犁：《中原古典神话流变论》，上海文艺出版社 1991 年版。

张振犁：《中原神话研究》，上海社会科学院出版社 2009 年版。

中华伏羲文化研究会编：《伏羲——中华各民族的人文始祖》（画册），内部彩印本 2007 年版。

邹文生、王剑：《陈楚文化》，辽宁教育出版社 1998 年版。

后　　记

终到撰写后记时。

今年，又有一书稿完成了，该到写后记了，多好啊！平时写后记总得说些艰难，这次，真的不想说，因为经历得太多，不知从何说起。不说也罢。我们装都要装得轻松些。

这本叫《中国伏羲祠庙志》的书，是由我所主持的国家社会科学基金西部项目《黄河流域伏羲祠庙及伏羲信仰研究》（项目号：06XZS006）脱胎而来。项目的上编为"伏羲祠庙研究"、下编为"伏羲信仰研究"。将前者从项目中抽出来，再将黄河流域之外全国各地的伏羲祠庙从史志之中搜寻出来，罗列考述，加将进去，这样黄河流域的伏羲祠庙研究就成了全国范围的伏羲祠庙研究，于是就有了这本名头很大的书。

略微解释一下。之所以将下编"伏羲信仰研究"甩开，是因为愚以为这一部分没有写到位，一些关键的问题没能解决好，不敢轻易放手。那么，书就叫"黄河流域伏羲祠庙志"好了，为何要冠之以"中国"。其实，在做项目时我就有将来为全国的伏羲祠庙算一个总账的野心。及至以地方志为主对全国的伏羲祠庙摸底之后，发现数量并不多，于是就趁势而为，让野心变成了现实。再解释下书题的后缀"志"。如同课题"绪论"谈写作特点时所言——上编其实是带地方志特点的伏羲庙考，甚至可以说是以省为单位、以庙为章节的若干"伏羲庙志"。于是因势利导，以"志"名书。1995年我出的第一本书就是关于天水伏羲庙的专志《伏羲庙志》，2004年修订再版。这样，用"志"称呼，还有些遥相呼应的意味。

回过头来再说说课题。课题，就是《黄河流域伏羲祠庙及伏羲信仰研究》，2006年1月申报，2006年6月批准立项。全国哲学社会科学规划办公室2006年度国家社科基金项目立项通知书下达的时间是2006年6月26日。完成，结项，2012年9月"交卷"，全国哲学社会科学规划办公室颁发的结项证书标明的时间是2013年2月26日。鉴定等级：良好。结果还不错。2006年6月26日到2013年2月26日，其间6年有余。及至写后记、准备公布部分成果的现在即2019年8月，其间又是6年有余。两相一加就是13年。有道是"英雄不问出处"，我们也来个成果不计时间。在做课题的日子里，我担心完不成，想着万一人家撤项之类的事，吓得长时间不敢花科研经费。某日，一同事说：哎！即便完不成，收只是收没用完的部分，并不是全部……哎！我这瓜子（方言，傻瓜之意）。画外音：做课题之前，每次体检，一切指标正常，体重75公斤；完成课题之后，成了典型的"三高"，体重65公斤。当然，这，或许是巧合。因为"才料不足昼夜忙"，需要"为伊消得人憔悴"嘛！

我们天水人有个和伏羲相关的习俗，比如过年，别的地方过了正月十五元宵节，年就算过完了，天水人正月十六伏羲庙朝完人宗爷年才算过完。遇到难场事，也不忘祈祷伏羲爷保佑。我因做课题需要，朝过国内许多著名的伏羲庙，也凭吊过不少伏羲庙遗址。完成课题之外其成果能为传承中华优秀传统文化有所裨益，吾之愿也。

人文始祖，龙瑞呈祥。护佑中华，复兴辉煌。

现在，在课题完成之后，反映课题部分成果的书稿终告完成，并在不远的将来可以公开出版，可喜，可贺。

写全国的伏羲庙，最怕写不全。尽管做了很多地努力，可能还有遗漏者，考述也或有不周之处，乐意听到指谬。

2019年8月8日于两可斋